Vermittlungskulturen im Wandel

Joachim R. Höflich
Julian Gebhardt
(Hrsg.)

Vermittlungskulturen im Wandel

Brief
E-mail
SMS

PETER LANG
Frankfurt am Main · Berlin · Bern · Bruxelles · New York · Oxford · Wien

Bibliografische Information Der Deutschen Bibliothek
Die Deutsche Bibliothek verzeichnet diese Publikation in der
Deutschen Nationalbibliografie; detaillierte bibliografische
Daten sind im Internet über <http://dnb.ddb.de> abrufbar.

ISBN 3-631-39456-X
© Peter Lang GmbH
Europäischer Verlag der Wissenschaften
Frankfurt am Main 2003
Alle Rechte vorbehalten.

Das Werk einschließlich aller seiner Teile ist urheberrechtlich
geschützt. Jede Verwertung außerhalb der engen Grenzen des
Urheberrechtsgesetzes ist ohne Zustimmung des Verlages
unzulässig und strafbar. Das gilt insbesondere für
Vervielfältigungen, Übersetzungen, Mikroverfilmungen und die
Einspeicherung und Verarbeitung in elektronischen Systemen.

www.peterlang.de

Inhalt

Joachim R. Höflich
Einleitung: Mediatisierung des Alltags und
der Wandel von Vermittlungskulturen 7

Friedrich Krotz
Kommunikation im Zeitalter des Internet 21

Joachim R. Höflich
Vermittlungskulturen im Wandel:
Brief – E-Mail – SMS 39

Reinhard M.G. Nickisch
Der Brief – historische Betrachtungen 63

Christian Stegbauer
Form und Beziehung am Beispiel schriftlicher Kommunikation 75

Wolfgang Fuchs
Der Brief als Marketinginstrument: Direct Mail 95

Klaus Schönberger
„... dass jemand mal vorbeischreibt". E-Mail im Alltag –
zur Kulturanalyse eines neuen Mediendispositives 111

Bonka Boneva, Robert Kraut, David Frohlich
E-Mail und interpersonale Beziehungen.
Das Geschlecht macht den Unterschied 147

David Owens, Margaret A. Neale
Der Mythos vom egalitären Medium: E-Mail und Status 173

Eva L. Wyss
Metamorphosen des Liebesbriefes im Internet.
Eine korpusgestützte textlinguistische und
kommunikationswissenschaftliche Bestimmung
des Liebesbriefes und seiner Pendants im Internet 199

Nicola Döring
Internet-Liebe: Zur technischen Mediatisierung
intimer Kommunikation 233

Joachim R. Höflich, Julian Gebhardt, Stefanie Steuber
SMS im Medienalltag Jugendlicher.
Ergebnisse einer qualitativen Studie 265

Eija Liisa Kasesniemi, Pirjo Rautiainen
Das Leben in 160 Zeichen: Zur SMS-Kultur
finnischer Jugendlicher 291

Autorenverzeichnis 313

Einleitung: Mediatisierung des Alltags und der Wandel von Vermittlungskulturen

Joachim R. Höflich

Bis zur Erfindung des Telegraphen war der Brief nahezu das einzige Medium, um über Distanzen hinweg mit anderen in Kontakt zu treten oder Beziehungen aufrecht zu erhalten. Die lange, konkurrenzlose Zeit des Briefes machte ihn zu einem zentralen Kulturgut, das nun, erst recht eingedenk immer größer werdender Alternativen, droht, ersetzt zu werden. Mit einer gewissen Geringschätzung spricht man in Verbindung mit dem Brief von einer Schneckenpost und stellt dieser die größere Beschleunigung neuer Medien der technisch vermittelten Kommunikation gegenüber, wenngleich das nur die halbe Wahrheit ist. Mitte und Ausgangs des viktorianischen Zeitalters wurde beispielsweise in London die Post jede Stunde, 12 Stunden am Tag, ausgeliefert, wiewohl diese Unmittelbarkeit allerdings nur lokal begrenzt war und jetzt global möglich ist (vgl. Danet 1997: 19). Wenn im Übrigen von technisch vermittelter Kommunikation gesprochen wird, so erscheint der Brief nur auf den ersten Blick als ein nichttechnisches Pendant. Man bedenke nur, welch ein technischer Aufwand betrieben wird, bis ein Brief von einem Briefschreiber zu einem Briefempfänger gelangt. Davon zeugt schon ein Blick in die komplizierte Maschinerie eines Briefzentrums, in dem Tag für Tag Unmengen von eingehender Post für die Auslieferung sortiert werden. Allemal stimmt es jedoch, dass noch nie so viele Medien zur Verfügung standen, um mit anderen in Kontakt zu treten. Diese zunehmende Durchdringung des Alltags mit Medien der interpersonalen Kommunikation ist ein Aspekt der *Mediatisierung des Alltags* (Krotz 2001), welcher wiederum als Metaprozess sozialen Wandels überhaupt verstanden werden kann. Gleichwohl vermag das stete Mehr an Medien eine von Knoblauch so bezeichnete „geschwätzige Gesellschaft" zu bedienen. Alltagsbeobachtungen legen zumindest nahe: „Unabhängig und schier pausenlos scheinen die Menschen zu reden, zu schreiben, zu lesen, in Bildschirme hineinzustarren oder auf Tastaturen zu drücken" (Knoblauch 1996: 8). Wozu sie dies tun ist indessen nicht immer klar. Und insbesondere stellt sich die Frage, welches Medium denn nun zu verwenden sei, um bestimmte Kommunikationsabsichten zu verwirklichen. Das Problem ist zumindest schon mal erkannt, wenn auch eine Antwort noch aussteht. In einem Beitrag in DIE ZEIT war denn zu lesen: „Die Vielfalt verlangt nach Entscheidung, mehrmals täglich: Man muss sich überlegen, wie man jemandem etwas mitteilt, welchen Einfluss das gewählte Medium auf die Botschaft hat und welche Kanäle der Adressat in welcher Weise benutzt. Der eine korrespondiert gern, der andere hängt ewig an der Strippe. Ein Dritter ist von Kopf bis Fuß auf E-Mail eingestellt. Ein Vierter zieht das Mündliche dem Schriftlichen vor, egal in welcher Form. Ein Fünfter mag es nicht, wenn es bei ihm klingelt, sei es am Telefon oder an der Haustür" (Stock 2001: 47).

Neue Medien bringen das Alltagsgefüge der kommunikativen Praktiken temporär durcheinander. Man hat es gewissermaßen mit einem *anomischen Zustand* zu tun, wenn man darunter versteht, dass die bisherigen vertrauten Regeln nicht mehr greifen und sich neue Regeln im medialen Umgang noch nicht etabliert haben. Das wiederum hat eine gewisse Verhaltensunsicherheit zur Folge, der man mitunter dadurch glaubt entgehen zu können, indem man die Muster des Gebrauchs alter Medien auf die neuen überträgt. Oder es kommt, gemessen an dem Repertoire der bisherigen Regeln, zu Entgleisungen des Verhaltens. Die frühen Jahre des Telefons zeigten in dieser Hinsicht, dass erst einmal gelernt werden muss, ‚richtig' – und zwar in einem sozialen Sinne ‚richtig' – zu telefonieren. Und Widerstände ergaben sich gegenüber dem Telefon gerade deshalb, weil von der Face-to-Face-Kommunikation abweichende Verhaltensregeln erforderlich wurden. Zunächst galt es deshalb, diese zu vermitteln. Davon zeugen mitunter Beiträge in Zeitungen und Zeitschriften, die die Leser mit solchen Regeln vertraut machen wollten. Es wurde eine „Etiquette of the Telephone" gefordert und „Bad Telephone Manners" angeprangert (Höflich 1989: 213). Ähnlich wie in der Frühphase des Telefons wird auch beim Computer als Kommunikationsmedium ein enthemmendes Verhalten aufgrund der zunächst unklaren Regeln festgestellt. Bei der Polizei von Los Angeles musste etwa ein Team von Zensoren eingesetzt werden, nachdem Polizisten der Verkehrsstreife die Computer in ihren Fahrzeugen für radikale Entgleisungen und sexuell offensive Scherze benutzt haben (vgl. Scott 1993: A28). Entgleisungen am Computer werden als ‚Flaming' bezeichnet und meinen einen rauen, gar feindseligen Umgangston, Beschuldigungen oder Flüche bzw. ganz allgemein eine emotionalisierte Sprache. Sie entstehen gerade deshalb, weil eine normative Grundlage fehlt, sich noch keine gemeinsamen Regeln der Mediennutzung ausgebildet haben. Im Zeitablauf, so ist allerdings anzunehmen, lernen die Menschen mit den Medien umzugehen und es bilden sich auf gemeinsamen Regeln basierende Erwartbarkeiten, oder, um mit Erving Goffman zu sprechen, gemeinsame (Medien-)Rahmen aus, mit denen (mehr oder weniger) klar zum Ausdruck kommt, „was vor sich geht" (vgl. Goffman 1977: 9; vgl. auch Höflich 1998). Ein aktuelles wie auch prominentes Beispiel ist schließlich das mobile Telefon, hierzulande kurz ‚Handy' genannt. Zu dem ‚Wie' und dem Zweck kommt hier allerdings noch der Ort hinzu. Welche Orte eignen sich dazu, angerufen zu werden bzw. anzurufen, ohne die Regeln der öffentlichen Kommunikation durch eine Invasion des Privaten zu verletzen? Hier beginnen sich wohl auch gerade Verhaltensregeln auszubilden. Restaurants sind, neben vielen anderen, beispielsweise Orte, bei denen es immer weniger toleriert wird, dass man das Handy nutzt (vgl. Ling 1998). Ob von Angesicht-zu-Angesicht oder technisch vermittelt, Kommunikation wird ohne einen gewissen Bestand an gemeinsamen Regeln nicht auskommen. In diesem Sinne fordert Freyermuth (2002) soziale Standards für die digitale Epoche, eine neue Etikette der Kommunikation, Kommunikette genannt. Allerdings ist nicht unbedingt davon auszugehen, dass universelle (Medien-)Regeln eingedenk des rasanten Wandels und der Variabilität der Kommunikationskontexte zu erwarten sind (vgl. Marx 1994: 548), wenn dies auch nicht notwendigerweise heißt, dass Kommunikation damit der Beliebigkeit ausgesetzt ist.

Wenn von *Vermittlungskulturen* gesprochen wird, dann bezieht sich dies darauf, dass sich Regeln des Mediengebrauchs und damit bedeutungsvolle (soziale, regelgeleitete) Praktiken im Umgang mit Medien (hier: der interpersonalen Kommunikation) ausgebildet haben. Der Kern des Wandels von Vermittlungskulturen ist deren *Pluralisierung*. Damit ist zweierlei gemeint:
1. dass sich in Verbindung mit einem singulären Medium eigene Praktiken im Kontrast zu denen im Umgang mit anderen Medien ausbilden. In diesem Sinne spricht man beispielsweise von einer Briefkultur, einer Telefonkultur oder einer Handykultur. Der Vielzahl von Medien entspricht somit eine Vielzahl von Vermittlungskulturen, die je unterschiedlich mit einander verzahnt sind.
2. dass der Umgang mit Medien nicht homogen ist, so wie Gesellschaft nicht homogen ist: „Vor allem in der Moderne sind die allgemeingültigen normativen Grundlagen der Gesellschaft immer mehr durch eine Vielfalt fortlaufender Praxisstile entwertet worden" (Hörning 2001: 223). Soziale Segmente eignen sich Medien auf je unterschiedliche Art und Weise an, so dass es nicht nur eine Briefkultur, eine Telefonkultur usw. gibt, sondern unterschiedliche Briefkulturen, Telefonkulturen usf. Dies ist vor dem Hintergrund zu sehen, dass ab einem gewissen Grad der allgemeinen Zugänglichkeit einer Technik eine soziale Differenzierung nicht mehr allein in ihrem Besitz, sondern in der Art der Handhabung zeigt (vgl. Claisse 1989: 278). Pluralisierung heißt so verstanden, dass ein und dasselbe Medium von verschiedenen Segmenten der Gesellschaft je unterschiedlich angeeignet wird.

In beiden Fällen wird ein Wandel nachgerade dadurch ausgelöst, wenn ein neues Medium hinzukommt. Dabei müssen sich zum einen neue Praktiken des Umgangs mit diesem Medium etablieren und zum anderen muss das Medium in das *Repertoire der bisherigen Praktiken* eingebaut werden – was wiederum bedeutet, dass diese dadurch verändert werden. Allemal befinden sich Vermittlungskulturen jedoch in einem steten Wandel, denn das zu Eigen machen von Medien ist ein Prozess, in dem die Medien immer auch wieder neu ‚erfunden' werden. Gerne wird in einem solchen Zusammenhang auf den Historiker Wolfgang Riepl verwiesen. Ihm zu Folge werden Medien nicht durch andere verdrängt (was, blickt man beispielsweise auf den Telegraphen, nicht ganz richtig ist), sondern, und dieser Hinweis ist wichtiger, sie verändern ihre Funktionen (vgl. Riepl 1913: 5). Dies kann allerdings auch mit einem Funktionsverlust einhergehen und würde dann bedeuten, dass das Neue das Alte nicht vollständig verdrängt, sondern seine Bedeutung reduziert (vgl. Freyermuth 2002: 95). Eine Veränderung des Gefüges kommunikativer Praktiken hat sowohl für den Handelnden in seinem Alltag wie auch für den Wissenschaftler, der sich diesem zuwendet, den Effekt, dass die bisherigen Medien in einem neuen oder zumindest anderen Lichte erscheinen. In anderen Worten: „Manchmal bringt erst die spätere Medienentwicklung Perspektiven mit sich, unter denen man alte Medien neu interpretiert" (Biere/Holly 1998: 8). Das gilt auch für den Brief – und dieses erst recht vor dem Hintergrund neuer Medien der schriftlichen Kommunikation, nämlich der E-Mail und den Short Message Service (kurz: SMS).

Sowohl die E-Mail als auch der Short Message Service stellen eine gewisse Renaissance der Schriftlichkeit dar. Dabei ist die E-Mail zur dominanten Nutzungsweise einer Online-Kommunikation geworden. Folgt man beispielsweise der ARD/ZDF-Onlinestudie 2001, so versenden und empfangen 80 Prozent der Befragten mindestens einmal in der Woche eine E-Mail und für 78 Prozent ist die Möglichkeit, E-Mails versenden und empfangen zu können ein Grund, sich überhaupt eine Online-Verbindung zu Hause an zu schaffen (vgl. Eimeren u.a. 2001: 386/387). Dabei ist die E-Mail, wie übrigens auch der Short Message Service, eher ein Zufallsprodukt. Dem Programmierer Ray Tomlinson ist es dabei nicht nur zu verdanken, dass er vor etwas mehr als dreißig Jahren das erste E-Mail-Programm entwickelt und die erste E-Mail – in diesem Falle an sich selbst – verschickt hat. Er gilt auch als Erfinder des zum Inbegriff der elektronischen Kommunikation überhaupt gewordenen @-Zeichens. Der Weg des Computers hinein in den Alltag ging, wie auch bei vielen anderen Medien, über dessen Einsatz im organisatorischen Umfeld. Doch in dem Maße, in dem der (vernetzte) Computer häuslich geworden ist, war dies auch bei der E-Mail der Fall. Galt die Angabe einer E-Mail Adresse auf einer Visitenkarte noch Anfang der 90er Jahre als eine außergewöhnliche Angelegenheit, so ist das mittlerweile eine Selbstverständlichkeit. In diesem Zusammenhang zeigt sich allerdings auch die Kehrseite der Entwicklung: Den Möglichkeiten einer schnellen wie auch weltweiten Kommunikation steht eine Flut von kaum zu bewältigenden Nachrichten gegenüber – als E-Mail Overload wird dies gemeinhin bezeichnet. Und mit der E-Mail sind die häuslichen Computer verletzlicher geworden – Viren werden transportiert und machen der Software ganz schön zu schaffen. Und manchmal schleichen sie sich, wie der „I-Love-You-Virus", unter dem Vorgaukeln einer an sich ja gerne gesehenen Liebesbotschaft ein.

Die erste SMS-Nachricht soll – in diesem Fall zwischen einem Personal Computer und einem Mobiltelefon – im Dezember 1992 im Vodafon-GSM-Netz verschickt worden sein (vgl. Buckingham 2000). SMS steht für einen Dienst im Rahmen der Mobilkommunikation, mittels dem es möglich ist, (zumindest mit der bisher gebräuchlichen Technik) 160 Zeichen via Handy zu senden oder zu empfangen. Zunächst in den nördlichen Ländern Europas, namentlich in Finnland, etwas später in Deutschland, hat sich der Short Message Service boomhaft entwickelt. Kein Mobilfunk-Anbieter hätte bis dahin eine solche Entwicklung auch unter Berücksichtigung der kühnsten Prognosen erwartet. Und das Erstaunliche daran ist, dass es gerade die Jugendlichen sind, die mit dem Handy zum Schreiben gekommen sind. Das Handy ist für sie gewissermaßen zu einer SMS-Maschine mutiert, die in einem solchen Ausmaße genutzt wird, dass schon wieder eine neue Sucht – eine SMS-Sucht – damit verbunden wird. Auch geht die pädagogisch inspirierte Frage um, ob eingedenk des kurzen Zeichenvorrats nicht das Sprachvermögen der Jugendlichen darunter leide. Im Falle des Short Message Service scheint jedoch das (vermeintlich) Neue nicht weit weg vom Alten zu sein: als ein Wiederbeleben eines Telegrammstils. Diesbezüglich hat sich Karl Knies bereits 1857 seine Gedanken gemacht: „Vielleicht bringt uns auch die Zukunft die Einführung eines telegraphischen „Briefstellers" zu Gunsten einer Abkürzung im Korrespondieren. Wir haben schon erwähnt, wie sich die Depeschen dem Inhalt nach in bestimmte Gruppen haben zusammenstellen lassen. Sehr viele Depeschen aber wiederholen sich dem Sinn nach ganz gleichmäßig, so dass immer nur ein paar eigenthümliche Worte in Mitten der viel größeren Zahl von sich gleich bleibenden auftreten. Wir erinnern an die große Zahl von Depeschen der Reisenden, welche in einem Hause etwas zurückgelassen haben und es nach einem bestimmten Platz sich kommen lassen wollen. Statt daß nun die gewöhnliche Depesche immer wieder lautet: „Ich habe zu Karlsruhe im Gasthof zum Erbprinzen eine Reisetasche liegen lassen und bitte mir dieselbe nach Freiburg poste restante besorgen zu wollen. – Antwort: Die Reisetasche hat sich gefunden und wird Ihnen geschickt werden" – könnte unter Anwendung der Schemata des telegraphischen Briefstellers die Korrespondenz so abgekürzt werden: „Nr. 7 Karlsruhe Gasthof zum Erbprinz – Reisetasche – Freiburg poste restante" – (Antwort) Nr. 10. – " (Knies 1996: 211). Mit einer SMS geht es manchmal sogar noch kürzer: „HDGDL: Hab Dich ganz doll lieb!"

Was die Nutzung von E-Mail und SMS anbelangt, so gibt es allerdings forschungsseitig noch Einiges auf zu arbeiten. Das gilt nicht zuletzt auch mit Blick auf die Zukunft des Briefes eingedenk dieser neuen Möglichkeiten der schriftlichen Kommunikation. Wenn auch nicht so intendiert, so fand just zur Zeit des 30. Geburtstags der E-Mail (vgl. Zoll 2001) am 12. Oktober 2001 ein Symposium an der Universität Erfurt statt, das sich dem Thema des Wandels von Vermittlungskulturen unter den Vorzeichen von Brief, E-Mail und SMS widmete. Der vorliegende Band geht im Wesentlichen auf diese Tagung zurück, wenngleich noch einige weitere Beiträge hinzugekommen sind. Ziel ist, wie schon bei der Tagung, eine (erste) Bestandsaufnahme der Forschung, indem Wissenschaftler unterschiedlicher Disziplinen vor allem aus aktuellen Projekten berichten. Damit soll nicht zuletzt ein interdisziplinärer Diskurs gefördert und erst recht ein erweiterter kommunikationswissenschaftlicher Blickwinkel eröffnet werden.

Hier bietet der Beitrag von *Friedrich Krotz* über die ‚Kommunikation im Zeitalter des Internet' einen entsprechenden Hintergrund. Die Kommunikationswissenschaft konzentrierte und konzentriert sich immer noch vorwiegend an den klassischen Massenmedien und hat, so Krotz, als Folge dieser ‚Selbstbeschränkung' auch und gerade die mediatisierte interpersonale Kommunikation vernachlässigt. Krotz fordert, von der Kommunikation von Angesicht-zu-Angesicht respektive dem Gespräch auszugehen und daraus wiederum das je spezifische einer medialen Kommunikation abzuleiten. Das setzt notwendigerweise voraus, dass ein weiter Kommunikationsbegriff, also nicht nur ein solcher, der sich auf eine Massenkommunikation bezieht, zu Grunde gelegt wird. So verstanden ist Kommunikation nicht nur ein Transport von ‚Botschaften', sondern ein bedeutungsvolles, auf gegenseitige Bezugnahmen gründendes symbolisches Geschehen. Schließlich umreißt Krotz den Prozess der Mediatisierung, der gleichsam eine theoretische Klammer um all die Beiträge in diesem Band darstellt. Mediatisierung meint dabei die zunehmende mediale Durchdringung des Alltags. Doch erschöpft sie sich nicht nur in einer quantitativen Dimension. Vielmehr zielt sie nachgerade auf neue Formen und Qualitäten der Kommunikation, wobei mit dem Hinzukommen neuer Medien immer auch der Umgang mit den alten Medien verändert wird. Das ist schon das Stichwort für den darauffolgenden Beitrag ‚Vermittlungskulturen im Wandel: Brief – E-Mail – SMS', der ebenso den Titel dieses Bandes liefert.

Der Beitrag von *Joachim Höflich* widmet sich der Bedeutung des Briefs eingedenk medialer Alternativen schriftlicher Kommunikation. Dabei geht es um die Funktionen, oder besser: um die funktionalen Images von Brief, E-Mail und SMS: Welche Gebrauchsweisen werden mit diesen Medien verbunden und wo steht diesbezüglich der Brief? Berichtet wird aus einem umfassenden Projekt (aus dem im Übrigen auch der Beitrag von Höflich, Gebhardt und Steuber stammt) über die kommunikative Funktion des Briefes in der telematischen Gesellschaft, wobei in diesem Falle vor allem Ergebnisse einer Fragebogenstudie herausgegriffen werden. Klar tritt hier noch einmal zu Tage, dass der Brief im Vergleich zu dessen früheren Ubiquitäten Funktionen eingebüßt hat, wobei er diese nicht zuletzt an das Telefon abgegeben hat. Gleichwohl schließt dies nicht dessen Bedeutungslosigkeit ein. Denn trotz der (schnelleren – und auch bequemeren) Alternativen wird er immer noch als ein wichtiges und auch glaubwürdiges Medium angesehen. Gilt immer noch die Norm, dass ein Brief (sofern er überhaupt geschrieben wird) durch einen Brief zu beantworten ist, so zeigt sich ein Wandel der Vermittlungskulturen im Kontext einer Mediatisierung des Alltags gerade darin, dass diese unimediale Form der Reziprozität ‚überlappenden Praktiken' des Mediengebrauchs weicht.

Dieser Band wäre unvollständig, fände sich nicht auch ein Einblick in die Geschichte des Briefes. Einen solchen eröffnet *Reinhard Nickisch*. Der von ihm geschlagene Bogen reicht vom Brief in der Antike, über das Mittelalter, das 16. und 17. Jahrhundert, die Hochphase einer Briefkultur im 18. und 19. Jahrhundert bis hinein in die Neuzeit. Allein schon beim Brief zeigt sich dergestalt ein Wandel von Vermittlungskulturen im historischen Verlauf. Und die Ausführungen enden nicht, wie dies des Häufigeren der Fall war und ist, mit einem Wehklagen über den Untergang des Briefes. Der Brief hat seine Funktionen verändert und bedient sich neuer Trägermedien. Nickisch bringt dies in Anlehnung an von Clausewitz mit der markanten Formulierung auf den Punkt: „Der Nachrichtenverkehr per E-Mail und SMS ist nichts als eine Fortsetzung des brieflichen Verkehrs mit anderen Mitteln."

Briefliche Kommunikation liefert nicht zuletzt einen Anlass um über das Verhältnis von (Umgangs-)Formen als Beziehungsindikatoren nachzudenken. *Christian Stegbauer* tut dies aus einer soziologischen Perspektive unter dem Titel: ‚Form und Beziehung am Beispiel schriftlicher Kommunikation'. Formen sind notwendig für die Verständigung und aus Formen wiederum lassen sich Beziehungen erschließen. Das sind – in Bezugnahme auf Georg Simmel und Leopold von Wiese – die Ausgangspunkte der Überlegungen von Stegbauer, die ihn wiederum hinführen zu einer formalen Betrachtung schriftlicher Kommunikation. Drei für die Analyse relevante Ebenen werden hierbei unterschieden: die Beziehungsform, mit der Rollenbeziehungen gemeint sind, und die sich gerade in ritualisierten Anrede- und Schluss- bzw. Grußformeln des Briefs widerspiegeln, die äußere Form, zu der das Briefpapier und der Briefumschlag gehören, und der Anlass der schriftlichen Kommunikation, quasi vom Liebesbrief bis zum Kondolenzschreiben. Die E-Mail, angesiedelt zwischen schriftlicher und mündlicher Kommunikation, wird eher mit einem informellen Umgang assoziiert. Dem entgegen hält Stegbauer indessen fest, dass auch im Falle der elektronischen Post Momente der Form nicht suspendiert werden. Und auch bei der elektronischen Post hängen die Formen von den Beziehungen zwischen den Kommunikationspartnern ab. Doch weil ein spezifischer Charakter der E-Mail nicht konsensualisiert ist, bleiben Missverständnisse nicht aus. Aber gerade diese unterstreicht die Bedeutung der Formen.

Einen pragmatischen und marketingorientierten Blick auf den Brief wirft *Wolfgang Fuchs* mit seinem Beitrag: ‚Der Brief als Marketinginstrument: Direct Mail'. Direct Mail ist eine individualisierte werbliche Briefkommunikation. Was indessen für die Empfänger solcher Briefe ein Ärgernis darstellt ist für die Post das große Geschäft. Wie Fuchs ausführt, sind es die ersten zwanzig Sekunden, die darüber entscheiden, ob es ein solcher ‚Brief' schafft, überhaupt beachtet, geöffnet und gar näher betrachtet zu werden, wobei die individuelle Ansprache, beginnend mit der Gestaltung des Briefcouverts, im Vordergrund steht. Obwohl vom ökonomischen Stellenwert weniger wichtig ist der Privatbrief in diesem Zusammenhang jedoch keinesfalls bedeutungslos: er ist gewissermaßen der Türöffner für die (individualisierte) Direct Mail. Erwartet man keine persönlichen Briefe mehr, dann braucht sich eine solche Werbepost auch nicht darum bemühen, ein persönliches Gesicht zu zeigen, um auf diesem (manchmal falsche Tatsachen vortäuschenden) Wege in den Haushalt zu gelangen.

Aus einer kulturwissenschaftlichen/volkskundlichen Perspektive beschäftigt sich *Klaus Schönberger* mit der ‚E-Mail im Alltag' und dem, „...dass jemand mal vorbei schreibt". Es handelt sich um Ergebnisse eines Projekts in Zusammenarbeit mit dem Forschungsinstitut für Arbeit, Technik und Kultur (FATK Tübingen) zur ‚Transformation der Alltagsbeziehungen von Internet-NutzerInnen', wobei es konkret um die Frage geht, ob und wenn ja, wie sich mit dem Internet und der Netzkommunikation im sozialen Nahraum soziokulturelle Veränderungen ergeben. Recht anschaulich wird auf der Basis einer Befragung von acht Familienmitgliedern aus drei Generationen das empirische Material entfaltet. Schönberger grenzt sich von einer deterministischen Position ab, indem er nachgerade darauf verweist, dass Kommunikationsbedürfnisse nicht allein durch die bloße Verfügbarkeit von neuen kommunikationstechnologischen Möglichkeiten in veränderte mediatisierte Formen umgelenkt werden. Relevant ist die Rückbindung in (bereits bestehende) Alltagspraxen. Technik, Anwendungsformen und Nutzungsmuster, kurz: die ‚Technisierung von symbolischen Prozessen' leitet sich, so Schönberger, nicht primär aus den technischen Strukturen ab, sondern sie geht aus den Interpretations- und Verständigungsleistungen der Akteure hervor. Schließlich gibt es nicht *den* Gebrauch der E-Mail. Statt sich auf die Suche nach einem allgemeingültigen Mediendispositiv zu machen sind vielmehr die vielfältigen Praxen des Mediengebrauchs zu untersuchen, womit gleichsam noch einmal darauf zu verweisen ist, dass Pluralisierung von Vermittlungskulturen nicht nur aus einer Vermehrung von Bindestrich-Kulturen (wie eine Brief-Kultur u.a.), sondern in einer Pluralisierung von Medienpraxen besteht.

Dem Thema der E-Mail widmen sich auch *Bonka Boneva, Robert Kraut* und *David Frohlich* unter dem Vorzeichen von ‚E-Mail und interpersonale Beziehungen' insbesondere mit Blick auf geschlechtsspezifische Unterschiede. Die empirische Grundlage der Studie liefern quantitative und qualitative Daten, die im Rahmen des sogenannten HomeNet-Projekts in Pittsburgh gewonnen wurden. Bei diesem Projekt handelt es sich um einige der wenigen Studien überhaupt, die sich der Nutzung und den Wirkungen des Internets im Zeitablauf gewidmet haben. Auch hierzulande wurde die wissenschaftliche Diskussion angeregt, wenn nicht sogar angeheizt, durch eine aus dieser Studie hervorgegangenen Publikation mit dem Titel ‚Das Internet-Paradox' (vgl. Kraut u.a. 1998) und der darin vertretenen (und wenn auch mittlerweile wieder entschärften) These, dass das Internet einsam und depressiv mache. Ganz so spektakulär sind die Resultate der vorliegenden Studien indessen nicht. Unterstrichen wird, dass sich insbesondere durch die E-Mail-Kommunikation kein dramatischer Wandel in den geschlechtsspezifischen Kommunikationsmustern ergeben würde. Vielmehr ordnet sich die (häusliche) E-Mail in geschlechtsspezifische Kommunikationsmuster ein, was sich wiederum darin widerspiegelt, dass Männer und Frauen mit diesem Medium unterschiedlich umgehen. Frauen sind schon aufgrund der häuslichen Rollenmuster ‚zuständig' für die Aufrechterhaltung der sozialen Netzwerke. Zu diesen Zwecken werden auch die Medien der interpersonalen Kommunikation verwendet: das Telefon, der Brief – und eben auch die E-Mail.

Schriftliche computervermittelte Kommunikation im Allgemeinen und eine Kommunikation via E-Mail im Besonderen werden mit einer Entkontextualisierung verbunden, indem ansonsten hinsichtlich der interpersonalen Kommunikation von Angesicht zu Angesicht wirksame verbale wie nonverbale Hinweise ausgeblendet werden. Mit einer solchen Entkontextualisierung werden zum einen kommunikative Restriktionen, zum anderen aber auch positive Effekte verbunden. Ein solcher Effekt wird darin gesehen, dass durch eine Entkontextualisierung ansonsten wirksame statusanzeigende kommunikative Hinweise ausgeklammert werden, mit der Folge einer Egalisierung der computervermittelten Kommunikation. Mit Blick auf den organisatorischen Nutzungszusammenhang ist damit nicht zuletzt die Hoffnung auf eine effektivere Kommunikation verbunden, gerade weil statusinduzierte Kommunikationsbarrieren wegfallen. Dies führt gleichwohl zum ‚Mythos vom egalitären Medium' – so auch der Titel des Beitrags von *David Owens* und *Margaret Neale*. Ihre in dem Bereich der Organisationskommunikation fallende Studie zeigt auf, dass sich die Nutzung der E-Mail in die je unterschiedlichen Statusstrategien von Mitgliedern verschiedener

Statusebenen einreiht. Solche Strategien werden im Einzelnen herausgearbeitet, vor dem Hintergrund, dass Medien, und hier wiederum die E-Mail, in soziale/organisatorische Kontexte eingebaut sind, die wiederum einen Rahmen der Mediennutzung darstellen. Demnach lassen Medien eine Organisation nicht voraussetzungslos besser funktionieren; eine hierarchische Struktur wird nicht allein dadurch, dass ein neues Medium verwendet wird, quasi automatisch egalisiert. Schließlich heißt dies: Nicht Medien machen etwas mit den Menschen, sondern die Menschen mit den Medien.

Was wären Betrachtungen brieflicher Kommunikation ohne den Liebesbrief? Und wie ist es um die Liebe im Zeitalter des Internets bestellt? Solchen Frage widmen sich die beiden folgenden Aufsätze. *Eva Lia Wyss* verfolgt dabei die ‚Metamorphosen des Liebesbriefs im Internet'. Ihrer Analyse liegt authentisches Material vor, das sie im Rahmen des von ihr aufgebauten Züricher Liebesbriefarchivs mit über 5000 vor allem deutschsprachigen Liebesbriefen gesammelt hat. Die vorliegende Untersuchung der E-Mail gründet auf 250 E-Mail-Liebesbriefen aus der 2. Hälfte der 90er Jahre, wobei als Vergleichsmaterial um die 400 weitere handschriftliche Briefexemplare aus demselben Zeitraum herangezogen worden sind. Wie Wyss zeigt, klaffen nun der handschriftliche Liebesbrief, als der Prototyp des Liebesbriefs überhaupt, und der E-Mail-Liebesbrief gar nicht so weit auseinander. Es handelt sich bei ihm, mit anderen Worten, um eine mediale Adaption des handschriftlichen Briefes, bei der sich die ältere Form in einem ‚neuen Kleid' präsentiert. Dabei stellt Wyss gar Ähnlichkeiten mit den Brautbriefen des 19. Jahrhunderts fest, also jenen Briefen, die sich ein Paar in der Zeit der Verlobung schreibt. Gleichwohl hat auch ein Wandel der Funktionen schriftlicher Kommunikation als Ausdifferenzierung von Textsorten über die medialen Adaptionen des handschriftlichen Liebesbriefes hinaus stattgefunden.

Das Thema des Beitrages von *Nicola Döring*: ‚Internet-Liebe: Zur technischen Mediatisierung intimer Kommunikation' knüpft nahezu lückenlos an den Brief im Zeitalter des Internets an. Intimität online basiert dabei (immer noch) auf schriftlicher Kommunikation, gleichwohl vor dem Hintergrund neuer technischer Möglichkeiten. Döring bietet eine grundlegende Auseinandersetzung mit dem Phänomen, das schon längst keine exotisch anmutende Randerscheinung mehr ist. Online-Liebe lässt sich überdies nicht als eine Defizit-Liebe reduzieren, selbst wenn statt der Liebe das erotische Abenteuer im Cyberspace tritt. Gerade die hierzu gegebenen Möglichkeiten mögen durchaus auch reizvoll sein für jene, denen eine Beziehung unter dem Vorzeichen der Unverbindlichkeit nicht gerade ungelegen kommt. Der Leser und die Leserin erfahren etwas über die Wege der Partnersuche via Online-Kontaktanzeigen bis zum beiläufigen Kennen-lernen beispielsweise in Online-Foren, über Beziehungsformen der Internet-

Liebe, einschließlich von ‚Nebenbeziehungen' und Cyberuntreue. Im Zuge einer Mediatisierung von Paarbeziehungen scheint sich jedoch die Liebesbeziehung von der trauten Zweisamkeit zu lösen. Zu beobachten sind nämlich gerade Grenzverschiebungen zwischen dem Privaten und dem Öffentlichen durch Veröffentlichung der privaten Liebeserfahrungen. Damit tragen solche Formen computervermittelter (Liebes-)Kommunikation zu weiteren ‚Grenzverschiebungen' bei, die auch im Kontext der Nutzung anderer Medien zu beobachten sind.

Das Medium, das in letzter Zeit eine Verschiebung von Grenzen, nicht zuletzt zwischen einer öffentlichen und privaten Kommunikation, hat besonders augenfällig werden lassen ist das Mobiltelefon. Der Short Message Service kann dabei als eine Konsequenz der Aufdringlichkeit des mobilen Telefons verstanden werden, in dem er bei all den Gelegenheiten, bei denen das öffentliche Telefonieren ein Problem darstellt, sei es, dass es mit Peinlichkeiten verbunden oder schlicht untersagt ist. Jugendliche haben vor allem das Handy und erst recht das Senden und Empfangen von SMS-Botschaften für sich entdeckt. Die beiden letzten Beiträge stellen Ergebnisse aus Studien zur SMS-Nutzung Jugendlicher vor. In dem Beitrag von *Joachim Höflich, Julian Gebhardt* und *Stefanie Steuber* wird zunächst ein kurzer Blick auf den Stand der Forschung geworfen. Anschließend werden Ergebnisse aus einer qualitativen Studie vorgestellt, die auf 19 explorativen Gruppendiskussionen basiert. Für die Jugendlichen ist das Handy vor allem ein ‚persönliches Medium' und deshalb von besonderer Bedeutung. Es ist überdies ein Medium, das einen größeren Freiraum als Loslösung von der elterlichen Kontrolle verspricht, in einem durchaus ambivalenten Sinne jedoch eine Zunahme der Kontrollmöglichkeiten impliziert und sich nicht zuletzt im empfundenen Zwang, immer erreichbar sein zu müssen, nieder schlägt. Über dies wird in der Studie doch eine gewisse ‚Widerspenstigkeit' der Jugendlichen festgestellt. Nicht alles, was auf den Markt drängt wird notwendiger Weise von ihnen akzeptiert. Womöglich ist dies aber auch schon wieder Ausdruck einer (gleichwohl hier schnell verlaufenden) Veralltäglichung von Technik, bei der man ein ‚In-Sein' nicht mehr unbedingt durch die Anschaffung des aktuellsten Handys demonstrieren muss, sondern sich mit dessen Funktionsfähigkeit begnügt (was im Einzelnen allerdings noch näher zu prüfen wäre).

Der letzte Beitrag von *Eija Liisa Kasesniemi* und *Pirjo Rautiainen* gibt unter dem Titel: ‚Das Leben in 160 Zeichen: Zur SMS-Kultur finnischer Jugendlicher' einen ersten Einblick in die über den Zeitraum von drei Jahren, von 1997 bis 2000 gehenden Studien der finnischen Forscherinnen an der Universität Tampere. Es handelt sich um die erste, über einen längeren Zeitraum gehende Untersuchung der Nutzung des Mobiltelefons durch Jugendliche im Allgemeinen und des Short Message Service im Besonderen, wobei unter anderem knapp 1000 Jungendliche befragt worden sind. Besonders hervorzuheben ist die sich mit der Zeit entwickelnde kollektive Kultur der Mediennutzung. SMS-Botschaften werden gemeinsam geschrieben und gemeinsam verschickt, wobei für besondere Fälle Experten z.B. im Verfassen von Liebensbotschaften herangezogen werden. Schließlich finden regelrechte SMS-Gespräche statt, die immer auch einen gewissen Zwang zur Rückantwort mit sich bringen. Allen Unkenrufen zum Trotz hat sich diese seltsame Art des umständlichen Verfassens von Kurznachrichten mittels der kleinen Handy-Tastaturen bislang durchaus behauptet (und, am Rande vermerkt, damit dem Daumen eine besondere Bedeutung zukommen lassen). Es wird sich weisen, wie dies über Generationen hinweg aussieht – und was die jetzige ‚SMS-Generation' macht, wenn sie über das Jugendalter hinausgewachsen ist.

Abschließend betrachtet fühlt man sich vor dem Hintergrund der Beiträge dieses Bandes zumindest in der Hinsicht bestätigt, dass von dem vermeintlich Neuen doch gar nicht so viel neu ist, wie es auf den ersten Blick scheint. Das liegt aber schon daran, dass sich kommunikative Praktiken mit dem Hinzukommen ‚neuer' Medien nicht schlagartig ändern. Medien werden in bestehende Praktiken eingebaut, wiewohl sie diese im Zeitablauf verändern. Gerade wenn es um Formen schriftlicher Kommunikation geht, so zeigt sich eine Einbindung in vertraute Praktiken. Eine davon ist unübersehbar die geschlechtsspezifische Prägung der Mediennutzung, hier: der Nutzung von Medien schriftlicher Kommunikation, vom Brief, über die E-Mail bis hin zum Short Message Service.

Welche Lektionen lassen sich schlussendlich mit Blick auf den Brief in einer vielmedialen Konkurrenzsituation ableiten. Sicherlich die, dass das Briefschreiben hinter dem Schreiben von E-Mails und SMS-Botschaften zurücksteht und zugleich mit diesen wiederum revitalisiert wird. Der ‚klassische', handgeschriebene Brief besticht dabei gerade, weil er zu einem knappen Gut geworden ist und gerade deshalb (immer noch) eine herausragende Bedeutung trotz des zurückgehenden Gebrauchs hat. Und erst recht, weil ein ‚richtiger' Brief noch ‚Handarbeit' ist, hebt ihn hervor – denn ein ‚object that is made by hand is not quite like any other object. It is unique, and carries the inescapable marks of the person who made it" (Cheal 1987: 158). Vor allem aber: In einer „beschleunigten Gesellschaft" (Glotz 1999) stellt der Brief einen herausragenden Gegenpol – ein entschleunigendes Medium – dar, das gerade dann, wenn die Geschwindigkeit schwindelerregend wird zur besinnlichen Rast der Gedanken einlädt.

Literatur:

Biere, Bernd U./Holly, Werner (1998): Zur Einführung: Medien im Wandel. Neues in alten, Altes in neuen Medien. In: Holly, Werner/Biere, Bernd U. (Hrsg.): Medien im Wandel. Wiesbaden.

Buckingham, Simon (2000): An introduction to the Short Message Service. Berkshire. URL: www.gsmworld.com/technology/sms_success.html.

Cheal, Daniel (1987): Showing Them You Love Them: Gift Giving and the Dialectic of Intimacy. In: The Sociological Review, 36, 1987, 150-169.

Claisse, Gerard (1989): Telefon, Kommunikation und Gesellschaft – Daten gegen Mythen. In: Forschungsgruppe Telefonkommunikation (Hrsg.): Telefon und Gesellschaft. Beiträge zu einer Soziologie der Telefonkommunikation. Berlin, 255-282.

Danet, Brenda (1997): Books, Letters, Documents. In: Journal of Material Culture, 2, 1997, 5-38.

Eimeren, Birgit van/Gerhard, Heinz/Frees, Beate (2001): ARD/ZDF-Online-Studie 2001: Internetnutzung stark zweckgebunden. In: Media Perspektiven, 8, 2001, 382-397.

Freyermuth, Gundolf S. (2002): Kommunikette 2.0. E-Mail, Handy & Co. richtig einsetzen. Hannover.

Glotz, Peter (1999): Die beschleunigte Gesellschaft. Kulturkämpfe im digitalen Kapitalismus. München.

Goffman, Erving (1977): Rahmen-Analyse. Ein Versuch über die Organisation von Alltagserfahrungen. Frankfurt/Main.

Höflich, Joachim R. (1989): Telefon und interpersonale Kommunikation. Vermittelte Kommunikation aus einer regelorientierten Perspektive. In: Forschungsgruppe Telefonkommunikation (Hrsg.): Telefon und Gesellschaft. Beiträge zu einer Soziologie der Telefonkommunikation. Berlin, 197-220.

Höflich, Joachim R. (1996): Technisch vermittelte interpersonale Kommunikation. Grundlagen – organisatorische Medienverwendung – Konstitution „elektronischer Gemeinschaften". Opladen.

Höflich, Joachim R. (1998): Computerrahmen und Kommunikation. In: Prommer, Elizabeth/Vowe, Gerhard (Hrsg.): Computervermittelte Kommunikation. Öffentlichkeit im Wandel. Konstanz, 141-174.

Hörning, Karl H. (2001): Experten des Alltags. Die Wiederentdeckung des praktischen Wissens. Weilerwist.

Knies, Karl (1996): Der Telegraph als Verkehrsmittel. Über den Nachrichtenverkehr überhaupt. Faks.-Nachdruck der Orig.-Ausgabe Tübingen 1857, München.

Knoblauch, Hubert (1996): Einleitung: Kommunikative Lebenswelten und die Ethnographie einer ‚geschwätzigen Gesellschaft'. In: Knoblauch, Hubert (Hrsg.): Kommunikative Lebenswelten. Zur Ethnographie einer geschwätzigen Gesellschaft. Konstanz.

Kraut, Robert et al. (1998): Internet Paradox: A Social Technology that Reduces Social Involvement and Psychological Well Being? In: American Psychologist, 53, 1998, 1017-1031.

Krotz, Friedrich (2001): Mediatisierung kommunikativen Handelns. Der Wandel von Alltag und sozialen Beziehungen, Kultur und Gesellschaft durch Medien. Wiesbaden.

Ling, Rich (1998): "One can talk about common manners!" The use of mobile telephones in inappropriate situations. In: Teletronikk, 2, 1998, 65-75.

Marx, Gary T. (1994): New telecommunications technologies require new manners. In: Telecommunications Policy, 18, 1994, 538-551.
Riepl, Wolfgang (1913): Das Nachrichtenwesen der Altertums. Mit besonderer Rücksicht auf die Römer. Leipzig und Berlin.
Scott, Jamy (1993): On-Line und Maybe Out of Line. In: Loss Angeles Times, Sept. 24, 1993, A1, A28-A29.
Stock, Ulrich (2001): Bitte melde dich! In: DIE ZEIT, Nr. 30, 19. Juli 2001, 47-49.
Zoll, Mareike (2001): Glückwunsch, die E-M@il ist 30. In: Spiegel Online, 10. Oktober 2001. URL: http://www.spiegel.de /netwelt/netzkultur/0,1518,161,724,00.html.

Kommunikation im Zeitalter des Internet

Friedrich Krotz

Einführung

Wir leben in einer Zeit rapiden medialen Wandels und der darauf bezogenen gesellschaftlichen Kommunikationsformen. Der Computer als ‚Universalmaschine' und seine telekommunikative Vernetzung als PC im Internet und als Kern von mobilen Telefonen verändern Alltag und Freizeit, Arbeit und Medien, interpersonale Kommunikation und Politik und auch sonst so gut wie alle Bereiche des Lebens. Sie beeinflussen auch die Wahrnehmung der Menschen von Kultur und Gesellschaft, von sozialen Beziehungen und ihrer eigenen Identität.

Dieser Wandel stellt die (sozialwissenschaftliche) Kommunikationswissenschaft vor völlig neue Herausforderungen, und zwar in vielfältiger Hinsicht, so die hier vertretene Ausgangsthese. Schon immer gilt, dass die Kommunikationswissenschaft sich (zumindest in Deutschland) auf die Massenmedien konzentriert hat. Ihre Fragestellungen und ihre Begriffe sind in dieser Perspektive entstanden. Im Wesentlichen hat sich die Kommunikationswissenschaft deshalb, etwas verkürzt ausgedrückt, längs der berühmten Lasswell-Formel entwickelt: Wer sagt was zu wem über welchen Kanal und mit welchen Auswirkungen? Diese Formel benennt nicht nur die wichtigsten Fragestellungen, mit denen sich die Kommunikationswissenschaft im Hinblick auf Massenmedien auseinandergesetzt hat, sondern charakterisiert sogar die disziplinäre Untergliederung dieser Wissenschaft. Die Kommunikationswissenschaft hat sich in der Folge dieser Selbstbeschränkungen weder hinreichend um die mediatisierte interpersonale Kommunikation gekümmert noch kultur- und medienwissenschaftliche Fragen und Perspektiven angemessen integriert. Es fehlt auch eine Kommunikations- und Mediengeschichte und es fehlt ein Verständnis der sozialen und kulturellen Bedeutung von Kommunikation und Medien für Alltag und soziale Beziehungen der Menschen, für Identität, Kultur, Gesellschaft.

Natürlich sind diese Einschränkungen schon immer kritisiert worden. Heute macht aber der Erfolg der computervermittelten Kommunikation (computer mediated communication oder CMC) klar, dass diese Struktur und die Selbstbeschränkung der Kommunikationswissenschaft in Zukunft nur um den Preis der Marginalisierung dieser Wissenschaft aufrecht erhalten werden können: Entweder beschränkt sich die sozialwissenschaftliche Kommunikationsforschung auf eine Zuarbeit zu Medien- und Kontrollinstitutionen und bleibt eine geringfügig erweiterte Publizistikwissenschaft, oder sie nimmt sich ihres Themas breit an und wird zu einer der zentralen Grundlagenwissenschaften der nächsten Jahrzehnte.

Meine generelle These ist deshalb: Die Kommunikationswissenschaft muss restrukturiert werden, sie muss sich, wie es heute so schön heißt, selbst neu erfinden. Es bedarf einer Überprüfung der Grundbegriffe und der etablierten Theorien, es bedarf eines Einbezugs semiotischer, literatur- und sprachwissenschaftlicher und auch bildbezogener Ansätze, es bedarf neuer, umfassenderer theoretischer Entwürfe wie auch einer breiteren Methodologie. Insgesamt steht also eine fundamentale Neuordnung auf dem Programm, die nur die Kommunikationswissenschaft und die sie tragende WissenschaftlerInnengemeinschaft als ganzes in einer gemeinsamen Anstrengung leisten können.

Wenn diese These hier einigermaßen radikal formuliert ist, so soll das nicht heißen, dass damit die bisherigen Erfolge der Kommunikationswissenschaft nicht anerkannt werden sollen. Vielmehr soll diese Deutlichkeit dazu beitragen, dass ein Diskussionsprozess in Gang kommt. Die Tagung über Vermittlungskulturen im Wandel, aus der die hier versammelten Beiträge hervorgegangen sind, ist im Lichte dieser These ein wichtiger Schritt.

Im weiteren Text werde ich einige grundlegende Überlegungen skizzieren, die vielleicht dazu beitragen können, die für eine breite Kommunikationswissenschaft notwendigen Grundlagen zu entwerfen. Zunächst werde ich mich mit dem Kommunikationsbegriff, dann mit dem Medienbegriff beschäftigen und weiter auf die sozialen Prozesse eingehen, die mit der Medienentwicklung verbunden sind – dies tue ich unter dem Oberbegriff der Mediatisierung kommunikativen Handelns.

Paradigmen der Kommunikationsforschung

Wenn die Kommunikationswissenschaft sich über sich selbst verständigen und auf die Herausforderungen von heute eingehen will, muss sie sich mit ihrem Kommunikationsbegriff auseinandersetzen, der bisher auf die Erfordernisse einer Massenkommunikationsforschung bezogen war. Sie braucht einen breiten und umfassenden Begriff von Kommunikation, weil darüber ihr Gegenstandsbereich festgelegt ist.

Historisch wurzelt die Kommunikationswissenschaft einerseits in der Publizistikwissenschaft, andererseits in auf quantitative empirische Forschung gestützten sozialwissenschaftlichen Einsichten, die sich auf Massenkommunikation beziehen. In dieser Orientierung hat sich diese Wissenschaft auf unterschiedliche, aber insgesamt einseitig ausgeprägte Kommunikationsbegriffe beschränkt, die dann natürlich auch nur reduzierte Erträge ermöglichen. Spätestens seit dem Aufkommen der CMC ist dies m.E. nicht mehr möglich, weil man die Kommunikationsformen von heute in dieser überlieferten Begrifflichkeit nicht mehr adäquat fassen kann.

Kommunikation ist allerdings schwierig konsensuell zu definieren. Schon Merten (1977) hat zahlreiche Kommunikationsdefinitionen zusammengetragen und versucht, deren Gemeinsamkeit zu finden, ohne dabei zu allgemein akzeptierten Ergebnissen zu gelangen. Andere haben versucht, unterschiedliche Definitionsklassen oder basale Kommunikationsmodelle herauszuarbeiten – etwa McQuail (1994), Groeben/Vorderer (1992) oder Jensen/Rosengren (1990). Hier soll auf die Unterscheidungen McQuails Bezug genommen werden, der vier in der Wissenschaft verwendete Kommunikationsmodelle voneinander unterschieden hat:

- Das so genannte *Anzeige- und Wahrnehmungsmodell*, das Kommunikation als Selektion und Aufmerksamkeit begreift, die sich auf (kommunikativ gemeinte) Reize konzentriert. Es wird in Teilen der Psychologie und der Werbewirkungsforschung verwendet und grenzt Kommunikation nur durch die Intention des Kommunikators von anderen Reizen ab.
- Das *Informationstransportmodell*, nach dem man in Anlehnung an Shannon und Weaver dann von Kommunikation spricht, wenn es um die Distribution von Kommunikaten geht. Kommunikation wird nach diesem Modell etwa als Verbreitung von Aussagen verstanden, die absichtlich und mit dem Ziel einer Mitteilung an Empfänger verschickt werden, und denen eine wie auch immer begründete Wirkung zukommt. Aufgrund der Definition, die sich nur auf formale Eigenschaften bezieht, eignet sich diese Sichtweise von Kommunikation besonders für quantitative empirische Kommunikationsforschung (Maletzke 1978).
- Das vor allem von James Carey (1989) vertretene *rituell-expressive Modell*, das Kommunikation als Teilhabe begreift, über die sich Individuen als Teil der Gesellschaft reproduzieren, und bei dem die Inhalte der Kommunikation weitgehend belanglos bleiben.
- Schließlich das sogenannte *Rezeptionsmodell*, unter das sich vor allem qualitativ-interpretativ orientierte Ansätze wie etwa die psychoanalytische Kommunikationsforschung oder die Cultural Studies subsumieren lassen. Danach ist dann von Kommunikation zu sprechen, wenn die Empfänger bzw. Rezipienten sich Kommunikate interpretierend aneignen.

Im Hinblick auf diese Modelle kann man in Anlehnung an Thomas Kuhn (1978) auch von *Paradigmen der bisherigen Kommunikationsforschung* sprechen. Denn zu jeder dieser Modellvorstellungen gehört eine Wissenschaftlergemeinschaft, die sich nach dieser Modellvorstellung richtet und darauf achtet, dass entsprechende Forschungsweisen und -methoden angewandt, entsprechende Fragestellungen bearbeitet und die damit verbundenen Normen eingehalten werden.

Wie immer man diese Modelle von Kommunikation – die ja als Modelle nicht wahr oder unwahr, sondern in bezug auf bestimmte Fragestellungen adäquat oder nicht adäquat sind – im einzelnen beurteilt, es ist offensichtlich, dass es sich jeweils um Abstraktionen handelt, die ihrerseits Probleme aufwerfen. Beides sieht man am deutlichsten, wenn man ein Gespräch zwischen zwei Menschen – also die Urform aller differenzierten Kommunikation – mit einem solchen Modell untersucht. Mit keinem der aufgeführten Kommunikationsmodelle *allein* bekommt man die volle Wirklichkeit des mit einander Sprechens und dessen Bedeutung in den Griff, erst recht nicht, wenn man sich auf Modelle beschränken muss, die nicht geeignet sind, ganze Kommunikationsketten zu analysieren. Wir verweisen hier ohne weiter darauf einzugehen auf die Diskussion von McQuail selbst (1994) mit weiteren Literaturangaben sowie auf Krotz (2001).

Wie funktioniert Kommunikation?

Statt Kommunikationswissenschaft auf diese nur manchmal nutzbringenden Modelle von Kommunikation zu beschränken, wäre es insgesamt adäquater, von breiteren, allgemeiner gültigen und weniger auf Massenkommunikation bezogenen Grundannahmen auszugehen. Eine derartige Grundlegung in einer handlungstheoretischen Richtung könnte knapp skizziert etwa folgendermaßen aussehen:

Der Mensch hat einen Körper und lebt – auch – darüber in Zeit und Raum. Zugleich aber sind Zeit und Raum keine natürlichen und nur physikalisch fassbaren Kategorien, sondern soziale, die in historischen und kollektiven Produktionsprozessen hergestellt werden (Berger/Luckmann 1980). Denn nach seiner definitorischen Besonderheit ist der Mensch ein symbolisches Wesen, das in einem symbolischen Universum lebt (Bourdieu 1997, Cassirer 1994, Elias 1989), und dieses symbolische Universum ist interaktiv hergestellt. In der abendländischen Wissenschaftstradition wird dieses symbolische Universum als Kultur und Gesellschaft untersucht. Es ist zugleich in einer Mikro-Perspektive die symbolische Umgebung jedes einzelnen Menschen, in der sie oder er sich bewegt, zusammen mit seinen kommunikativen und kulturellen Ressourcen, über die er bzw. sie mit den anderen und mit sich selbst in Kontakt steht.

Kommunikation ist dementsprechend also der Basisprozess, über den sich Menschsein definiert und über den Realität hergestellt wird. Zwar verfügen auch andere Wesen auf dieser Erde über Kommunikation, aber nie in der differenzierten Form, wie sie Menschen möglich ist und wie sie sie auch für ihr Zusammenleben brauchen. Insofern ist es angemessen, den Menschen über seine Kommunikationsfähigkeit und seine Kommunikationspraxis zu definieren. Menschen sind deshalb in einer symbolischen Welt zu Hause, in einer zu deutenden und gedeuteten Welt, in der sowohl Symbole als auch Bedeutungen kommunikativ fundiert sind und in konstruktivem Zusammenhang stehen (Krotz 2001).

So gesehen ist es dann aber auch offensichtlich, dass Kommunikation im Prinzip nichts mit Transport zu tun hat. Wenn jemand eine Geste vollzieht, so wird dabei nichts übertragen. Man macht eine Handbewegung oder verzieht das Gesicht, und dies ist als Geste und damit als Symbol von anderen beobachtbar, aber nur als physiologische Bewegung oder Gesichtsverzerrung. Sehr viel schwieriger ist es für den Beobachter, die Bedeutung dieser physiologisch feststellbaren Geste herauszufinden. Die Person, die die Geste vollzogen hat, hat sich dabei etwas gedacht, und der Beobachter als Empfänger muss herausfinden, was damit wohl beabsichtigt und gemeint war. Wenn ihm oder ihr das – ob richtig oder falsch, ist egal – gelingt, wäre ein Glied einer Kommunikationskette erfolgreich konstituiert, weil der Beobachter antworten könnte. Die Frage ist, wie der Beobachter es im Detail anstellt, etwas zu verstehen. Ganz genauso gilt: Zwar werden beim Sprechen Schallwellen produziert, die sich durch die Gegend bewegen, und beim Telefonieren oder beim Fernsehen werden Kommunikate distribuiert, aber nur in ihrer beobachtbaren oder hörbaren physikalischen Form als Symbole. *Der Prozess der Kommunikation beginnt* aber natürlich nicht beim physiologischen Eintreffen von Schallwellen, sondern *da, wo sich der Empfänger darum bemüht, die gemeinten Bedeutungen zu entschlüsseln und in Bezug darauf zu handeln.* Der Transport von Informationen ermöglicht nichts als den Zugang zu Symbolen, die eigentliche Arbeit des Verstehens und damit der *Vollzug von Kommunikation* beginnt erst dann.

Deshalb lässt sich in Anlehnung an G.H. Mead (1969, 1973) *Kommunikation als etwas definieren, was im Kern darin besteht, dass die Kommunizierenden sich miteinander beschäftigen*: Alle Beteiligten an einem Gespräch müssen sich zumindest phasenweise intensiv auf ihr Gegenüber einlassen. Wer etwas sagt, muss sich überlegen, was, und wie er das tut, damit er verstanden wird. Er muss also voraussehen, was der andere erwartet und verstehen kann, aber auch, wie er selbst seine Absichten unter diesen Bedingungen am besten umsetzt. Umgekehrt der Zuhörer muss mit ähnlichem Aufwand verstehen, was gemeint ist und wie er damit umgehen will bzw. was er antworten will, um seine Zwecke zu verfolgen. Kommunikation verlangt mithin sich aufeinander einzulassen, auf die Intentionen, Symbolwelten, Inszenierungen und Ausdrucksweisen des anderen, und erst und nur dann kann man von Kommunikation sprechen. Diesen Prozess des sich Einlassens kann man nun in symbolisch-interaktionistischer Sprache beschreiben, und man kann damit klären, wie er vor sich geht und wie Zuhörer bzw. Beobachter einer Geste sich ihren Sinn klar zu machen versuchen.

Dies kann hier freilich nur kurz angedeutet werden: Was der andere meint, kann ich mir nur erschließen, wenn ich mich *imaginär in seine Rolle versetze* und in dieser Rolle und der damit verbundenen Perspektive reproduziere, was wohl gemeint war. Genauer ausgedrückt, kann ich natürlich immer nur verstehen, *was ich selbst wohl gemeint hätte, wenn ich in der Rolle des anderen, soweit ich mich in sie hineinversetzen kann, diese Geste ausgeübt bzw. in der aktuellen Situation diese Aussage gemacht hätte.* Das heißt: Ich verstehe einen gesprochenen Satz oder allgemeiner, ein Kommunikat nicht, weil es sich in mein Ohr drängt, sondern weil ich es als Kommunikat eines Menschen akzeptiere und mich darauf einlasse, indem ich es übernehme und ausprobiere und es dann von meiner Rolle aus in meiner Perspektive interpretiere und beurteile (vgl. Krotz 1992: 2001).

Zusammenfassend kann man also sagen, dass erstens im Lichte der angeführten Argumente die bisherigen Kommunikationsmodelle der Kommunikationswissenschaft zu einseitig sind. Denn Kommunikation ist *ein hoch komplexer Prozess, der einerseits äußerlich und beobachtbar stattfindet* – man kann im allgemeinen feststellen, wenn etwa jemand etwas sagt – *der andererseits aber zugleich vor allem durch intensive innere Aktivitäten aller Beteiligten gekennzeichnet ist.* Zweitens kann sich die Kommunikationswissenschaft, die sich bisher mit auf Massenkommunikation anwendbaren Modellen begnügt hat, darauf nicht mehr beschränken, wenn sie die mediatisierten Kommunikationsformen im Zeitalter des Internet zu ihrem Gegenstandsbereich rechnen will, insbesondere, wenn sie die Formen individueller Kommunikation bzw. individualisierter Massenkommunikation sowie den interaktiven Umgang mit den neuen Medien zu ihrem Thema machen will. Vielmehr muss die Kommunikationswissenschaft das *Gespräch als Urform jeder Kommunikation* begreifen und als Bezugsmuster verwenden. *Mediatisierte Kommunikationsformen sind dann davon konzeptionell abzuleiten und empirisch in ihrer Besonderheit zu untersuchen.* Noch allgemeiner gesagt, kann der Kommunikationswissenschaft eine Grundlagendiskussion über ihre basalen Begrifflichkeiten nicht mehr erspart werden, wenn sie die mediatisierten Kommunikationsformen von heute zu ihrem Gegenstandsbereich rechnen will.

Dies gilt insbesondere im Hinblick auf die mediale Entwicklung. Sie ist zur Zeit dadurch gekennzeichnet, dass immer schneller immer mehr Medien eingeführt werden und sich in der Folge darauf bezogene Kommunikationsformen mit allen Konsequenzen in Alltag und Erleben der Menschen einprägen und eine immer größere Rolle spielen. Diese Entwicklung lässt sich also als ein Vordringen der Medien und ihres Einflusses auf Kommunikation und kommunikatives

Handeln beschreiben. Dies setzt aber zunächst die Auseinandersetzung mit einem kommunikationswissenschaftlichen Medienbegriff voraus, der von Buch bis zum PC, von Radio bis zum Telefon reicht.

Medien

Ein kommunikationswissenschaftlich brauchbarer Medienbegriff existiert nicht, wie etwa der Reader von Pias u.a. (1999) oder der in die Thematik einführende Text von Bentele und Beck (1994) zeigen. Manchmal wird unter Medien der soziologische Begriff der symbolisch vermittelten Verbreitungsmedien in Anlehnung an Parsons, Habermas oder Luhmann verwendet – darunter versteht man Geld, Macht und allerlei anderes, was gemeinhin nicht zum Themenbereich der Kommunikationswissenschaft zählt. Manchmal ist die Rede von Distributionsapparaten oder Verbreitungsmedien, darunter fällt dann beispielsweise der Telegraph. Hier steht dann die irrtümliche Ansicht Pate, Medien müssten unbedingt und vor allem etwas transportieren. Gängig ist es auch, eher pragmatisch von publizistischen oder von Kommunikationsmedien zu sprechen und sich so ohne weitere begriffliche Klarheit auf das zu konzentrieren, was die Massenkommunikationsforschung untersucht, nämlich Zeitung, Radio und Fernsehen vor allem. Das ist begrifflich nicht zufriedenstellend; obendrein gehören nach dieser wie nach vielen anderen Definitionen das Telefon und überhaupt die Medien, die für die interpersonale Kommunikation genutzt werden, nicht dazu. Eine andere häufig zu hörende Definition von Medium benutzt beispielsweise Real (1989: 19). Er bestimmt Medien in Anlehnung an McLuhan als „technological extensions" (1989: 19) der Menschen (vgl. auch Krotz 2001a, McLuhan 1992). Im Sinne McLuhans ist ein Auto ein Medium, insofern es die menschlichen „Organe", in diesem Fall die Füße, erweitert und die Fortbewegung perfektioniert: es vermittelt zwischen Raum und Individuum. Als Kommunikationsmedium ließe sich dann auch die Hupe bezeichnen. Ebenso ist dann auch die Luft ein Medium, weil sie es ja erst ermöglicht, dass Schallwellen übertragen werden.

Das alles ist aber nicht Objekt einer sinnvoll ausdifferenzierten Kommunikationswissenschaft – diese Definition ist bei weitem zu weit. Auch Räder oder Pistolen sind im gängigen kommunikationswissenschaftlichen Sinn keine Medien. Vielmehr ist der kommunikationswissenschaftliche Medienbegriff deutlich enger angelegt.

Deshalb wäre in der hier eingenommenen Perspektive folgendes Verfahren zur Entwicklung einer Definition bzw. die daraus folgende Definition vorzuschlagen: *Die Kommunikationswissenschaft beschäftigt sich mit der differenzierten menschlichen Kommunikation und dem davon ableitbaren kommunikativen*

Handeln. Deshalb macht es Sinn, den Medienbegriff der Kommunikationswissenschaft so zu wählen, dass darunter genau die Mediatisierungsphänomene fallen, unter deren Verwendung mediatisierte Kommunikation so komplex möglich ist, wie sie als Face-to-face-Kommunikation üblicher Weise stattfindet. Das heißt also, wir definieren die Medien der Kommunikationswissenschaft als die Medien, die Kommunikation ebenso komplex abbilden und transformieren können wie sie es auch ohne Medien ist. Die Hupe zählt nicht oder nur am Rande dazu, weil sie die differenzierten Ausdrucksweisen menschlicher Kommunikation nicht adäquat, also insbesondere vergleichsweise differenziert vermitteln kann – man kann beispielsweise nicht ironisch hupen, wenn es nur Kommunikation per Hupe gibt. Das heißt also, dass man beim Medienbegriff der Kommunikationswissenschaft an der Definition des Menschen als symbolisches Wesen ansetzen sollte, also an der Sprache und der damit möglichen differenzierten Ausdrucksweise, die als charakteristische Eigenschaft der Menschen gelten kann. Von Medien im Sinne einer derartig konzipierten Kommunikationswissenschaft wäre dann zu sprechen, wenn es um eine diesen differenzierten Kommunikationsformen angemessene Mediatisierung geht.

Und noch einmal mit anderen Worten: Wir sprechen dementsprechend dann von Medien, wenn es sich um technisch-soziale Phänomena handelt, die kommunikativ genutzt werden und dafür geeignet sind, die Komplexität menschlicher Kommunikation zum Ausdruck zu bringen und der Interpretation der Menschen zugänglich zu machen. Das gilt für den Fernsehschirm, aber nicht für ein Gebäude, für das Telefon, aber nicht für die Hupe. Medien müssen also eine hinreichend ausdifferenzierte kommunikative Nutzung gestatten, um als Medium im Sinne der Kommunikationswissenschaft zu gelten. Medial vermittelte Kommunikate können dann offensichtlich persönlich oder allgemein adressiert sein, sie können industriell oder spontan durch ein Individuum hergestellt werden, sie können standardisiert aufgebaut oder individuell kreiert sein; hier sind viele Unterscheidungen möglich. Als Grundunterscheidung sollte die Unterscheidung der Adressiertheit der Kommunikate gelten, weil man darüber die für den Vollzug von Kommunikation notwendige Rezeption in den Blick nimmt.

- Kommunikationswissenschaftlich gesehen sind Medien nach dieser Definition bestimmte, strukturierte, bedingte Kommunikationsweisen, die manchmal rezeptiv, manchmal wechselseitig, manchmal nur mitteilend genutzt werden.
- In einer anderen Perspektive ausgedrückt sind Medien Einrichtungen zur Organisation von Kommunikation und damit Kristallisationspunkte von darauf bezogenen Intentionen und Erwartungen: Einerseits ermöglichen sie Kommunikation, andererseits stellen sie an die mögliche Kommunikation bestimmte Ansprüche. Beides konstituiert sie als Organisationsform

von Kommunikation. Sie sind damit Bündel kommunikativer Praktiken mit darauf bezogenen Erwartungen, die Zugang zu spezifischen Sinnwelten ermöglichen.
- Zugleich sind Medien Institutionen, die nicht technisch bestimmt sind, sondern einen Rahmen für Kommunikation bilden, der in soziale Alltage eingebettet und mit bestimmten Verrichtungen verbunden ist. Insofern sind sie von Gewohnheiten und Praktiken getragen und auch deshalb mit bestimmten Erwartungen verbunden, weil jede Kommunikation ja erst als Versuch beginnt, der glücken muss. Sie bilden so einen *Erlebnisraum* für die Rezipienten.
- Eine weitere wesentliche Eigenschaft von Medien ist, dass sie eine Entäußerung und Reduktion von Kommunikaten verlangen. Das klingt zunächst trivial, weil Kommunikation ja gerade darin besteht, dass man ein Kommunikat mitteilt und es damit gewissermaßen den Kommunikator verlässt. Die Verwendung eines Mediums zielt aber gerade darauf ab, dass Kommunikation nicht unmittelbar und face-to-face stattfindet, sich also nicht so situativ verbraucht, wie es im Falle etwa eines gesprochenen Wortes der Fall ist: das Medium dient ja auch dazu, räumliche oder zeitliche Begrenzungen zu überwinden. Deshalb ist das Medium ja auch ‚Träger' der Kommunikation, es verlangt von einem Kommunikat eine bestimmte Form, damit es mit dem Medium kompatibel ist, wodurch es sich andererseits verwandelt (eine Botschaft hängt auch von dem Medium ab, über das sie transportiert wird: ein Satz im Fernsehen bekommt einen anderen Charakter, wenn er im Internet aufgerufen werden kann). Deshalb sind mediale Kommunikate oft abruf- und wiederholbar, und Medien sind (aus Sicht der Kommunikatoren) *Inszenierungsmaschinen*, weil diese Kommunikate medienadäquat gestaltet werden können. Nur deshalb sind Fernsehsendungen auch durch Werbeeinblendungen unterbrechbar.
- Schließlich sind Medien Institutionen, deren konkrete Form von der Geschichte und der Gesellschaft abhängt: Im kapitalistischen System sind Medien auch Organisationsformen, die einerseits allgemein zur Strukturierung demokratischer Gesellschaften beitragen, andererseits eben zum Geldverdienen gedacht sind: Medienkommunikation ist kontrollierbar, verbraucht Energie und ist ein wesentlicher Teil des marktwirtschaftlichen Systems. Kommunikate eignen sich als Güter, wenn sie breit und wiederholbar distribuiert, also zugänglich gemacht und vorrätig gehalten werden können.

Ausdifferenzierung von Medien und Kommunikation durch neue Entwicklungen

Wir können nun nach *dieser Klärung der Grundbegriffe Kommunikation und Medien* in einer kommunikationswissenschaftlichen Perspektive die heutige Entwicklung als einen Prozess skizzieren, der dadurch charakterisiert ist, dass sich Medien und darauf bezogen Kommunikationsformen rasch ausdifferenzieren. Dies kann in zweierlei Hinsicht beschrieben werden: im Hinblick auf unterschiedliche Kommunikationsformen und im Hinblick auf medienvermittelte Erwartungen und Praktiken.

Im Hinblick auf *Kommunikationsformen* hatten wir oben postuliert, dass jede Form der mediatisierten Kommunikation eine Modifikation der face-to-face-Kommunikation, also des Gesprächs ist. Dann lassen sich heute prinzipiell drei Typen mediatisierter Kommunikation finden, wobei hier nach der Art des Gegenübers bzw. nach den daraus resultierenden Kommunikationsmöglichkeiten unterschieden wird:

- Kommunikation mit inszenierten medialen Inhalten, also Medienrezeption von Websites, Fernsehen oder Büchern
- Kommunikation mit Menschen mittels Medien – etwa per SMS, Brief, oder Telefon.
- Kommunikation mit „intelligenten" Computerprogrammen bzw. innerhalb von kommunikativen Rahmen, wie sie durch intelligente Software gegeben sind – also ‚Gespräche' mit Softwarerobotern oder intelligenten Anrufbeantwortern, wie man sie im Netz oder in Muds findet, oder kommunikative Aktivitäten etwa innerhalb von Computerspielen.

Ergänzend muss man die Verflechtung solcher Kommunikate berücksichtigen – es entstehen dadurch zumindest zum Teil weitere eigenständige Kommunikationsformen: Internet-PC und Mobiltelefone sind Endgeräte, die alle möglichen Typen von Kommunikation ermöglichen – horizontal im Sinne von gleichzeitig oder vertikal, wenn eine Kommunikationsform auf einer anderen aufbaut.

Andererseits lässt sich die Entwicklung heute dadurch charakterisieren, dass immer neue mediale Angebote als *kommunikationskonstitutive Erwartungsbündel* entstehen bzw. die vorhandenen sich ausdifferenzieren und verändern. Die computervermittelte Kommunikation verändert die klassischen Massenmedien, insofern beispielsweise „Zeitung" nicht mehr nur ein Päckchen Papier, sondern zugleich auch ein SMS-Dienst oder ein Internetangebot ist, zu dem auch Fernsehsendungen gehören mögen. Insofern beeinflusst das Potenzial der Computervermittelten Kommunikation die Erwartungen der Nutzerinnen und Nutzer an einzelne Medien und ihre Angebote und die Kommunikationsformen, und verändert sie so. Aber auch die interpersonale Kommunikation differenziert sich durch die neuen Medien aus, wie E-mail und Chat, mobile Phone und SMS, Bildtelefon und andere Dienste zeigen. Zugleich entwickelt sich der Telegrammdienst zum bloßen Schmucktelegrammdienst weiter. Obendrein entstehen neue interpersonale Kommunikationsgewohnheiten in spezialisierten sozialen Settings, wie sich gerade bei Handy und SMS zeigt.

Jede dieser Ausdifferenzierungen impliziert immer spezialisiertere Medien und auf deren Gebrauch bezogene Nutzungs- und Rezeptionsformen im Alltag der Menschen. Deshalb kann man die Entwicklung als *Mediatisierung kommunikativen Handelns* begreifen, wie wir im nächsten Paragraphen argumentieren werden. Im Hinblick auf mediale Differenzierungen allerdings eine brauchbare multidimensionale Typologie zu entwickeln wäre eine wichtige Aufgabe der Kommunikationsforschung. Man könnte daran auch mediengeschichtlich zeigen, wie sich Alltag mediatisiert und um-mediatisiert und wie sich Kommunikationsformen und Kommunikationserwartungen ausdifferenzieren und fortentwickeln, durchaus nicht nur in eine Richtung

Zusammenfassend soll hier festgehalten werden, dass wir uns als Kommunikationswissenschaftler nicht mehr mit Kommunikation an sich beschäftigen, sondern dass dieser Begriff in eine Reihe von Klassen zerfällt, deren Eigenschaften wir kennen lernen sollten. Insbesondere ist eine ausdifferenzierte Klassifikation von Medien und von Kommunikationsformen in Abhängigkeit von Medientypen notwendig.

Der Prozess der Mediatisierung

Man kann nun alle diese Veränderungen als einzelne Entwicklungen begreifen, die in die sogenannte Informationsgesellschaft führen. Dies ist aber eine problematische Begriffsbildung und Entwicklungskonzeption. Kleinsteuber (2000) hat den Begriff der Informationsgesellschaft ob seiner Ungenauigkeit und Ideologielastigkeit kritisiert; das Konzept reserviert zudem ebenso wie ‚Wissensgesellschaft' etwas für eine spezifische Gesellschaft, ohne das Gesellschaft ja gar nicht gedacht werden kann. Hinzu kommt, dass dieses ‚Ziel' von Entwicklung nichts darüber aussagt, wie dieser Prozess in historischer Perspektive verläuft und in welchem Verhältnis heute beobachtbare Entwicklungen dazu stehen.

Wir beschreiben den sozialen und kulturellen Wandel unserer Zeit mit Begriffen wie Individualisierung und Globalisierung. Genauer besehen sind diese Begriffe konzeptionelle *Konstrukte*, unter die wir bestimmte Phänomene, ihre Ursachen und ihre Auswirkungen zusammenfassen und uns damit die Welt und ihre Entwicklung (wissenschaftlich) handhabbar machen.

Globalisierung beispielsweise drückt aus, dass sich die Wirtschaft zunehmend überregional und überstaatlich ausrichtet. Gemeint ist damit zugleich aber auch eine Vielfalt von davon abhängigen und damit zusammenhängenden Entwicklungen, zum Beispiel im Medienbereich: Medieninhalte und -formate werden heute überall hin verkauft, Kindheit und Jugend werden in allen industrialisierten Ländern durch Pokémon, SimCity, die Teletubbies und Harry Potter geprägt, Medienereignisse wie die Fußballweltmeisterschaft oder die Beerdigung von Lady Diana versammeln Hunderte von Millionen von Menschen in aller Welt vor den Bildschirmen.

Begriffliche Konstrukte wie Globalisierung oder Individualisierung bezeichnen also keine einzelnen Phänomene, die wir empirisch überprüfen können, sondern *Metaprozesse*, deren Existenz wir annehmen, um die vielfältigen sozialen, kulturellen und ökonomischen Entwicklungen zu ordnen und zu begreifen. Das ist nichts Neues: Alphabetisierung oder Industrialisierung sind ebenfalls derartige Konstrukte. Dass es sich dabei um Konstrukte handelt, besagt natürlich auch nicht, dass sie beliebig sind: Individualisierung oder Globalisierung setzen als Metaprozesse an den Erfahrungen der Menschen und an ihrer Lebenswirklichkeit an und verweisen auf tatsächlich erlebte einzelne Zusammenhänge.

In gleicher Weise scheint es als sinnvoll, einen universellen historischen Prozess der *Mediatisierung* anzunehmen, der dazu dienen kann, die Vielzahl einzelner empirischer Phänomene auf dem Gebiet der Entwicklung der Medien und der Kommunikation zu ordnen und in Bezug zueinander zu setzen. *Mediatisierung wird hier ebenfalls als Metaprozess sozialen Wandels verstanden. Damit ist gemeint, dass es sich um eine aus vielen Quellen gespeiste Entwicklung handelt, an der sich der soziale Wandel der Gesellschaft insgesamt konzipieren, beschreiben und verstehen lässt, die in ihrer Komplexität nicht auf einzelne Teilprozesse reduziert werden kann.*

Das heißt, *das Konzept ‚Mediatisierung' soll hier phänomenologisch und in einem allgemeinen Sinn als Metaprozess verwendet verstanden werden:* Menschliche Geschichte kann als Entwicklung gesehen werden, in deren Verlauf immer mehr Kommunikationsmedien entwickelt wurden und auf unterschiedliche Weise Verwendung fanden und finden, wobei alte Medien durch das Hinzukommen neuer sich anders im Alltag der Menschen positionierten und an andere Erwartungsbündel spezifischer Kommunikationsformen geknüpft sind – beispielsweise, wenn Radio zum Nebenbeimedium wird. In der Konsequenz entwickelten sich immer mehr verschiedene mediale Kommunikationsformen sowie Kommunikationserwartungen im Alltag, und Kommunikation findet immer häufiger, länger und in immer mehr Lebensbereichen und bezogen auf immer mehr Themen in Bezug auf Medien statt. (Auch) dadurch *verändern sich Alltag, Gesellschaft und Kultur, ebenso wie dieser Wandel für Ökonomie und*

Arbeit, für die Art der persönlichen Erfahrungen, für Identität, Weltsicht und soziale Beziehungen der Menschen von Bedeutung ist. Dieser Prozess, der heute in der Durchsetzung der digitalisierten Kommunikation kulminiert, aber mit dem Internet längst nicht zu Ende ist, soll einschließlich seiner sozialen und kulturellen Folgen als Prozess der Mediatisierung bezeichnet werden.

Dieser Prozess ist natürlich historisch nicht neu. Vielmehr gab es schon immer Mediatisierungsschübe in der einen oder anderen Richtung. In seiner historischen Entwicklung ist dieser Prozess – allerdings unter anderem Label – in mancherlei Teildimensionen analysiert, konzipiert und diskutiert worden. Im Hinblick auf Schrift hat sich beispielsweise Walter Ong (1990) damit beschäftigt, im Hinblick auf die damals ‚neuen' Medien Telegraphie und Fotographie zu Beginn dieses Jahrhunderts hat der US-amerikanische Pragmatiker Charles H. Cooley auf zu erwartende Veränderungen hingewiesen (1950, zuerst 1909), im Hinblick auf die Fernsehgesellschaft hat Meyrowitz (1990) dazu substanzielle Untersuchungen vorgelegt.

Beispielsweise ist die häufig zu hörende oder implizit immer wieder unterstellte These kaum haltbar, dass die medialen Entwicklungen von heute auf das Vordringen der Computervermittelten Kommunikation und vielleicht noch der mobilen Telefone reduziert werden können. Denn auch die ‚alten' Medien machen derzeit einen Entwicklungsschub durch; so entstehen Schul- und Bildungsfernsehen, Fernsehen auf öffentlichen Plätzen wie Bahnhöfen, Restaurants oder Sport-Bars (Krotz 2001). Das Fernsehen erobert sich neue Zielgruppen, etwa mit den Teletubbies, und es entstehen Neuerfindungen von Fernsehprogrammen wie derzeit 9live oder Giga-TV, die als telefongestütztes bzw. internetbasiertes Fernsehen angesehen werden können. Von unterschätzter Bedeutung ist die Entwicklung bei den Computerspielen und auf dem Markt der für interpersonale Kommunikation wichtigen Geräte – das mobile Telefon, die Möglichkeit des Abrufs von Internetangeboten, die Handyspiele, SMS. Die soziale Konstitution dieses Geräts als jugendlich und statusfördernd legt ebenfalls nahe, diese Entwicklungen in einem umfassenderen Zusammenhang zu sehen.

In einer eher allgemeinen Form können wir zusammenfassend die folgenden Thesen (in Anlehnung an Krotz 2001) als konstitutiv und verbunden mit dem Prozess der Mediatisierung angeben:

- *These der Allgegenwart* der Medien: kommunikativ gemeinte, allgemein adressierte mediale Angebote (in Fernsehen, Radio, PC, Gameboy, Buch ..., also einer zunehmenden Vielfalt von Medientypen sowie von online- und offline-Medien) sind an immer mehr Plätzen öffentlicher und privater Art auf immer unterschiedlichere Weise üblich und alltäglich; sie sind zeitlich in immer längeren Phasen oder zeitunabhängig jederzeit für die Menschen verfügbar. Und ihre Inhalte beziehen sich auf immer mehr

Handlungsbereiche der Menschen und präsentieren immer mehr Sinn- und Orientierungsangebote. Die Medien, die bisher Zugang zu bestimmten und eingeschränkten Sinnprovinzen im Alltag vermittelt haben, entgrenzen sich zunehmend von- und vermischen sich auf neue Weise miteinander.

- *These der Verwobenheit der Medien mit dem Alltag der Menschen*: fast alles, was wir wissen, wissen wir auch aus den Medien. Mit fast allen Menschen, mit denen wir kommunizieren, kommunizieren wir auch mittels Medien, über Medieninhalte oder wir nutzen mit ihnen zusammen Medien. In fast allen Situationen verwenden wir Medien, wenn auch in unterschiedlichem, pragmatisch bestimmtem Ausmaß. Ebenso wie face-to-face Kommunikation ubiquitär und zu jeder Zeit stattfindet, findet auch Medienkommunikation ubiquitär und ständig statt.
- *These der Vermischung von Formen der Kommunikation*: Face-to-face-Kommunikation und Medienkommunikation in ihren verschiedenen Formen, also mit und mittels Medien, verschränken sich im Alltag der Menschen immer weiter miteinander und üben wechselseitig Einfluss aufeinander aus, ohne sich deswegen substituieren zu müssen.
- *These von der zunehmenden Alltagsbezogenheit der Inhalte der standardisierten Kommunikation*: Die Inhalte der verschiedenen Medien und ihre Präsentationsformen nähern sich in Adressierung und Anmutung, in ihrer thematischen Breite und ihrem alltäglichen Bezug dem Alltag der Menschen an – eine entsprechende Entwicklung lässt sich auch umgekehrt vermuten.
- *These von der Veralltäglichung medienvermittelter interpersonaler Kommunikation*: Kommunikation findet zunehmend sowohl räumlich als auch zeitlich und sinnbezogen auf medienvermittelte Weise statt, und die Medien der interpersonalen Kommunikation werden wichtiger, was soziale Gelegenheiten, Inhalte und Formen bzw. Gattungen von Kommunikation angeht.
- *These von den Konsequenzen für Alltag und Identität, Kultur und Gesellschaft*: Für diese Bereiche hat die zunehmende Medienkommunikation und die damit verbundenen sozialen Praktiken unmittelbar Bedeutung. Dabei steht der Prozess der Mediatisierung aber auch in Zusammenhang zu anderen gesellschaftlichen Prozessen wie Vergeldlichung, Ökonomisierung, Individualisierung, Modernisierung, Globalisierung etc. (van der Loo/van Reijen 1992).

Konsequenzen und Folgerungen

Mit dem Konstrukt Mediatisierung verfügen wir über einen *Rahmen, innerhalb dessen wir eine Vielfalt kommunikationswissenschaftlich untersuchter und zu untersuchender Entwicklungen in Zusammenhang bringen können.* Insbesondere können die medialen Entwicklungen ebenso wie der Wandel medial vermittelter Kommunikationsformen als Modifikation von face-to-face-Kommunikation kategorisiert, beschrieben und eingeordnet werden. Dies kann hier natürlich nicht ausgeführt werden (vgl. auch Krotz 2001).

Natürlich lassen sich in bezug auf diesen Prozess auch *neue Fragen* formulieren, die mit empirischen oder theoretischen, aber auch mit historischen Arbeiten beantwortet werden müssen: Welche Rolle spielt es beispielsweise, wenn sich die gesellschaftlich vorherrschenden Kommunikationsformen radikal ändern? Und was bedeutet es für Sozialisation einerseits, für Kultur andererseits, wenn Kinder im Internet unkontrolliert Erwachsenenerfahrungen machen und sogar besser und geläufiger mit diesem Medium umgehen als die Erwachsenen? Welche Rolle spielt die ubiquitäre Erreichbarkeit der Mobilphone-Besitzer, aber umgekehrt auch ihr Vermögen, zu jeder Zeit und von jedem Punkt aus andere anrufen zu können?

Zudem ist eine Reihe von *Folgerungen* aus dem Mediatisierungskonzept zu ziehen, von denen hier nur eine wichtige erwähnt werden kann: Die Vorstellung von der kommenden Gesellschaft, in die der Mediatisierungsprozess hineinführt, impliziert kurz- wie langfristig massive soziale und kulturelle Verwerfungen: Es geht nicht nur um eine Gesellschaft, wie wir sie kennen, plus einiger neuer Medien.

Allerdings: Wie und wohin die Reise geht, entscheidet heute weitgehend die Wirtschaft. Der Prozess der Mediatisierung wird in erster Linie vom ökonomischen Handeln vorangetrieben. In der Logik der Ökonomie lassen sich aber die sozialen und kulturellen Folgen der in Gang gebrachten Entwicklungen nicht bewältigen, noch nicht einmal verstehen – sie reichen weit in die Sozialisation der Kinder, die sozialen Beziehungen, das demokratische Grundverständnis und die Formen des menschlichen Zusammenlebens hinein. „Digital Divide" ist nur eine erste problematische Konsequenz, die daraus resultiert. Die Entwicklung darf deshalb nicht als bewusstloser Teil von Ökonomisierung und Globalisierung stattfinden und auch nicht der immer hilfloseren Politik überlassen bleiben.

Plakativ gesagt, kann die Entwicklung entweder in eine *Pixelgesellschaft* münden, in der der einzelne sich wie ein Pixel auf dem Bildschirm je nach Anforderung funktional anzupassen hat – Richard Sennett (1999) hat den daraus resultierenden flexiblen Menschen beschrieben. In der *Netzwerkgesellschaft* dagegen, also der Alternative dazu, ist der Einzelne der Mittelpunkt eines kreativ und auch medial gestalteten Beziehungsnetzes. Welche Gesellschaft es sein soll, ist eine Frage, die *die Zivilgesellschaft entscheiden muss, nicht die Ökonomie*: Denn Demokratie ist sinnlos, wenn Entwicklung nicht gestaltbar ist.

Literatur:

Bentele, Günter/Beck, Klaus (1994): Information – Kommunikation – Massenkommunikation: Einführung in die Grundbegriffe der Publizistik- und Kommunikationswissenschaft. In: Jarren, Otfried (Hrsg.): Medien und Journalismus 1. Eine Einführung. Opladen, 16-50.

Berger, Peter L./Luckmann, Thomas (1980, zuerst 1969): Die gesellschaftliche Konstruktion der Wirklichkeit. Frankfurt am Main.

Blumer, Herbert (1973): Der methodologische Standort des Symbolischen Interaktionismus, in: Arbeitsgruppe Bielefelder Soziologen (Hrsg.): Alltagswissen, Interaktion und gesellschaftliche Wirklichkeit, Bd. 1, Reinbek bei Hamburg, 80-146.

Bourdieu, Pierre (1997): Zur Soziologie der symbolischen Formen. 6. Auflage. Frankfurt am Main.

Carey, James W. (1989): Communication as Culture. Essays on Media and Society. Boston.

Cassirer, Ernst (1994): Wesen und Wirkung des Symbolbegriffs, Darmstadt.

Cooley, Charles H. (1950): The Significance of Communication, in Berelson, Bernard/Janowitz, Morris (Hrsg.): Reader in Public Opinion and Communication. Illinois, 145-153. (Reprinted from Social Organization, 1909).

Elias, Norbert (1989): The Symbol Theory: An Introduction. Part One. In: Theory, Culture & Society 6 (1989), 169-217. Part Two. In: Theory, Culture & Society 6 (1989), 339-383. Part Three. In: Theory, Culture & Society 6 (1989), 499-537.

Jensen, Klaus Bruhn/Rosengren, Karl Erik (1990): Five Traditions in Search of the Audience. In: European Journal of Communications 5, 207-238.

Kleinsteuber, Hans J. (1999): Die Informationsgesellschaft – Eine Gesellschaft ohne Informationen über sich selbst? Einige Thesen. In: Donges, Patrick/Jarren, Otfried/Schatz, Heribert (Hrsg.): Globalisierung der Medien? Medienpolitik in der Informationsgesellschaft. Opladen, 21-38.

Krotz, Friedrich (1992): Handlungsrollen und Fernsehnutzung. Umriss eines theoretischen und empirischen Konzepts. In: Rundfunk und Fernsehen 40, 2, 222-246.

Krotz, Friedrich (2001): Die Mediatisierung kommunikativen Handelns. Der Wandel von Alltag und sozialen Beziehungen, Kultur und Gesellschaft durch die Medien. Opladen.

Krotz, Friedrich (2001a): Marshall McLuhan Revisited. Der Theoretiker des Fernsehens und die Mediengesellschaft. In: Medien- und Kommunikationswissenschaft 49/1, 62-81.

Kuhn, Thomas S. (1978): Die Struktur wissenschaftlicher Revolutionen. 3. Auflage, Frankfurt am Main.

Maletzke, Gerhard (1972, zuerst 1963): Psychologie der Massenkommunikation. Theorie und Systematik, Neudruck, Hamburg.

McLuhan, Marshall (1992, zuerst 1964): Die magischen Kanäle. Düsseldorf.

McQuail, Denis (1994): Mass Communication Theory, Third edition. London u. a.

Mead, George Herbert (1969): Philosophie der Sozialität, Frankfurt am Main.

Mead, George Herbert (1973a): Geist, Identität und Gesellschaft, Frankfurt am Main.

Merten, Klaus (1977): Kommunikation. Eine Begriffs- und Prozeßanalyse. Opladen.
Meyrowitz, Joshua (1990a): Die Fernsehgesellschaft, 2 Bd., Weinheim/Basel.
Ong, Walter J. (1995): Orality and Literacy. The Technologizing of the World. London/New York.
Pias, Claus/Vogl, Joseph/Engell, Lorenz/Fahle, Oliver/Neitzel, Britta (Hrsg.): Kursbuch Medienkultur. Die Maßgeblichen Theorien von Brecht bis Baudrillard. Stuttgart.
Sennett, Richard (1990): Verfall und Ende des öffentlichen Lebens. Die Tyrannei der Intimität, Frankfurt/Main.
Van der Loo, Hans/van Reijen, Willem (1992): Modernisierung. Projekt und Paradox. München.
Vorderer, Peter/Groeben, Norbert (1992): Audience research: What the humanistic and the social science approaches could learn from each other. Poetics 21, 361-376.
Weizenbaum, Joshua (1982): Die Macht der Computer und die Ohnmacht der Vernunft. 3. Auflage, Frankfurt a. Main.

Vermittlungskulturen im Wandel: Brief – E-Mail – SMS

Joachim R. Höflich

Von der Briefkultur zu Vermittlungskulturen

Das achtzehnte und neunzehnte Jahrhundert gelten als die Blütezeit einer deutschen Briefkultur. Der Brief hat sich von den Zwängen eines beengenden Kanzleistils befreit, auch wurde nicht mehr in Latein, sondern in deutscher Sprache geschrieben. Galt der Brief immer schon als ein *Redesubstitut* respektive als ein ‚schriftliches Gespräch', so wurde die Orientierung an der Rede sogar zur neuen Leitlinie des Briefschreibens. Schreibe so wie du redest, das war gewissermaßen die Handlungsanleitung, die insbesondere mit dem Namen Christian Fürchtegott Gellert (1715-1769) verbunden ist. Überspitzt formuliert könnte man in dieser Hinsicht in Gellert sogar einen Vordenker einer von allem formalen Zwängen entbundenen elektronischen Post sehen, bei der in der Tat nicht selten so geschrieben wie geredet wird. Das würde Gellert allerdings nicht unbedingt gefallen. Denn es geht nicht darum zu schreiben wie man reden, sondern: „Wenn ich scheibe: so thue ich nur, als wenn ich redte, und ich muss das Natürliche nicht bis zum Ekelhaften treiben" (Gellert 1989: 113). Im Kontrast zum sperrigen und auch nicht selten devoten Kanzleistil war das Stilideal nun die Natürlichkeit und Leichtigkeit. Es gab den kühl-rationalen, nüchtern-klaren Brief. Vor allem denkt man indessen unter dem Vorzeichen einer deutschen Briefkultur an den empfindsam-schwärmerischen Privatbrief, der nicht nur als ein schierer schriftlicher Austausch, sondern als ein „Seelenbesuch" verstanden worden ist, getragen von einer zum Teil überhöhten Inniglichkeit, von Herzensangelegenheiten, Freundschaftsideen, von Fragen des Geistes, der Bildung, der Philosophie und der Erziehung.

Zugleich war eine Briefkonversation nicht mühelos: Briefe hatten nicht selten einen stattlichen Umfang, und die Kosten, um einen Brief zu versenden, waren so beachtlich, dass schon von daher ein Ausschlusskriterium bestand. Doch die Kosten gingen zurück. Dafür steht schon die Institution der Briefmarke, mit der, ohne Rücksicht auf Entfernung und Jahreszeiten, ein einheitliches wie auch niedriges Porto eingeführt worden ist (vgl. Siegert 1996). Ja, insgesamt verbesserte sich das Postwesen, dessen heute selbstverständlichen weiteren Insignien wie der Briefkasten und der Briefträger erst im 19. Jahrhundert aufkommen (vgl. Fontius 1988: 277). Dafür will man sich, wie es scheint, nicht mehr den Mühen des Verfassens von (gar langen) Briefen unterziehen. So hat Georg Steinhausen in seiner mehr als einhundert Jahre alten Geschichte des deutschen Briefs schon eingedenk der Postkarte und erst recht des Telegramms bereits den Untergang einer Briefkultur kommen sehen, „denn", so schreibt er bezüglich des Briefes, „seine eigentliche Geschichte liegt hinter uns, und es scheint, als ob es mit seiner weiteren Entwicklung überhaupt vorbei sei" (Steinhausen 1889: 410). In seiner Situationsbeschreibung ist Steinhausen immer noch aktuell. Denn schon damals stellte er fest, dass die Zeit gekennzeichnet sei durch Kürze und Bequemlichkeit, bis hin zu dem, dass die ‚wertvollen' Äußerlichkeiten und Formalia, die den Brief ausmachen, immer mehr verbannt würden. Ein ausgeprägter Pessimismus hinsichtlich der Zukunft des Briefes ist seitdem nicht abgebrochen (vgl. Hess-Lüttich 1997: 225f.). Das gilt erst recht, seit in einer telematischen Gesellschaft die mediale Konkurrenz zugenommen hat.

Zwar werden nach wie vor beachtliche Mengen an Briefen befördert – und das sind entsprechend den Angaben der Post so um die 72 Millionen Briefe pro Tag (siehe unter: http://www.post.de). Doch nicht einmal ein Zehntel davon entfällt auf den privaten Briefverkehr. Dafür stehen so viele mediale Alternativen wie noch nie zur Verfügung, um mit anderen in Kontakt zu treten. Eine Briefkultur wird – wenn auch nicht erst seit dem Internet und der Mobilkommunikation[1] – durch eine Pluralität von Vermittlungskulturen erweitert, wenn nicht sogar ersetzt. Nicht zuletzt spricht man, neben einer Brief- beispielsweise von einer Telefon-, Telefax-, E-Mail-, Handy- oder SMS-Kultur. Verwiesen wird damit auf je unterschiedlich sich ausprägende Praktiken im Umgang mit einem Medium. Wenn hier von Kultur gesprochen wird, dann in einem weiten Sinne – und zwar zur Bezeichnung der „sinnhaften Praktiken und Umgangsweisen, die in einer gegebenen sozialen Welt vorzufinden sind" (Hörning 2001: 157). Vermittlungskulturen sind so verstanden bedeutungsvolle kommunikative Praktiken im Umgang mit Medien der interpersonalen Kommunikation. Diese Praktiken sind indessen keineswegs uniform. Hinter dem Gebrauch eines Mediums steht eine Vielzahl von Praktiken. Vermittlungskulturen gründen so gesehen nicht (allein) auf den Praktiken beim isolierten Gebrauch eines einzelnen Mediums, sondern auf dem Gebrauch im Kontext umfassender kommunikativer und insbesondere medialer Aktivitäten: „Wer sich (...) sinnvoll mit dem Gebrauch von Medien auseinander setzt, muß verschiedene Medien ins Auge fassen, er muß rechnen mit dem Medienensemble, mit dem heute jedermann umgeht" (Bausin-

---

[1] Gleichwohl war der Brief zumindest bis vor dem Telegrafen ohne Konkurrenz. In diesem Sinne schreibt Karl Knies (1996: 75) in seiner 1857 erschienen Abhandlung über den Telegraphen als Verkehrsmittel: „Wie verschiedenartig auch an sich die Formen und die Transportmittel des Nachrichtenverkehrs sind, bis zur Benützung des elektrischen Telegraphen dachte man bei der Erwähnung desselben zumindest doch nur an den B r i e f und an die auch die Zeitungsblätter befördernde B r i e f p o s t."

ger 1983: 32/33). In Anlehnung an Friedrich Krotz (2001: 33) kann von einem umfassenden *Prozess der Mediatisierung* gesprochen werden, in dem Sinne, dass im geschichtlichen Verlauf „immer neue Kommunikationsmedien entwickelt wurden und auf unterschiedliche Weise Verwendung fanden und finden. In der Konsequenz entwickeln sich immer mehr immer komplexere mediale Kommunikationsformen, und Kommunikation findet immer häufiger, länger, in immer mehr Lebensbereichen und bezogen auf immer mehr Themen in Bezug auf Medien statt." *Telematisierung* soll als ein Teil einer umfassenden Mediatisierung verstanden werden. Ausdrücklich wird mit dem Begriff der Telematisierung hervorgehoben, dass der Alltag von Medien der ‚Fernkommunikation' durchdrungen wird. Das reicht von der ‚multi-medialen' Ausstattung der Haushalte mit Telefon, Telefax, Anrufbeantworter, Internetanschluss und E-Mail bis hin zur Allgegenwart medialer Kommunikation durch mobile Gerätschaften. Dabei können zumindest dahingehend Gemeinsamkeiten mit dem Flusserschen Begriff der Telematik, gesehen werden, wenn man darunter jene Technik versteht, „dank welcher wir einander näher rücken" (Flusser 1998: 18), ohne ihm dabei in der Idee folgen zu müssen, dass es sich um eine Technik handele, „welche das Errichten einer Gesellschaft zum Verwirklichen des einen im anderen aus dem Utopischen ins Machbare überträgt."

Auch wenn das in Zukunft anders aussehen wird, momentan werden die neuen Medien als Schreibmedien benutzt. Wenngleich sich die Hochphase einer Briefkultur auch darin zeigte, dass der Wunsch sich mitzuteilen kaum zu unterdrücken war (Nickisch 1991: 45), so wird wohl derzeit so viel geschrieben wie noch nie zuvor. Über das Internet treffen sich Menschen zu einem via Computertastatur ablaufenden (zeitgleichen) schriftlichen Geplaudere, dem Online-Chat, und sie hinterlassen ihre Gedanken und Meinungen schriftlich in öffentlichen Foren. Zu erwähnen ist nicht zuletzt die dominante Nutzungsweise des Internets: das Versenden von E-Mails. Folgt man beispielsweise der ARD/ZDF-Studie 2001 so handelt es sich um *die* dominante Nutzungsform des Internets (Eimeren u.a. 2001: 387). Die E-Mail ist mit ihrer mittlerweile mehr als 30jährigen Geschichte bereits ein ‚altes' Medium. Relativ jung ist hingegen der Short Message Service, kurz: SMS, also die Möglichkeit, über das Handy kurze Textbotschaften – bislang mit einem Umfang von bis zu 160 Zeichen – zu senden und zu empfangen. Gerade das Versenden von SMS-Botschaften hat sich in kürzester Zeit rasant und vor allem als Domäne der Handy-Nutzung Jugendlicher entwickelt. Aber wie zu erfahren ist, greift das SMS-Phänomen um sich: Auch die Abgeordneten haben dieses Medium für sich entdeckt, schon um das Handy-Verbot im Bundestag zu umgehen (O.N. 2001).

Im Weiteren soll, mit dem Brief, insbesondere die E-Mail und der Short Message Service betrachtet werden. Man mag sich dabei fragen, ob es sich bei diesen Erscheinungen schriftlicher Kommunikation überhaupt um Manifestationen einer, wenn auch im Wandel sich befindlichen, „Briefkultur" und damit um eine neue elektronische epistolare Praxis handelt. Uka (1994: 108) hat folgende Briefdefinition vorgeschlagen: „Kommunikationstheoretisch ist der Brief eine auf Papier geschriebene, an eine Adresse gerichtete Kommunikation (einwegig, wenn die darin enthaltene Botschaft informativ und gebietend ist, zweiwegig, wenn eine Antwort erwartet wird) und wird durch eine Person oder Organisation (Post) übermittelt." Würde man dem folgen, so hätte man es bei den angesprochenen Medien E-Mail und SMS mit keinem Brief zu tun. Selbst wenn man zögert, darin einen Brief zu sehen, so ließe sich doch von Formen ‚brieflicher Kommunikation' sprechen, mit denen Funktionen verbunden sind, die auch und gerade dem universalistischen Medium Brief zukommen. Dem könnte man insbesondere folgen, wenn man die von Nickisch vorgeschlagene Definition des Briefes anhand von dessen Grundfunktionen unterstellt. Demzufolge sind durch die Informationsübermittlung, das Appellieren und die Selbst-Äußerung die invarianten kommunikativen Möglichkeiten des Briefes markiert. In den Worten von Nickisch (1991: 12): „Da der Brief als Redesubstitut zum Zwecke eines dialogischen Austausches fungiert, weist er wie jeder kommunikative Akt ein diesem entsprechendes Merkmal als dominant auf: Er informiert (sach-orientiert), appelliert (partner-orientiert) oder manifestiert (selbst-orientiert)." Brief, E-Mail und SMS haben ferner gemeinsam, dass es sich um Medien der schriftlichen Telekommunikation unter dem besonderen Vorzeichen eines *zeitlichen Phasenverzugs* handelt (und sei dieser, wie bei dem Senden und Empfangen von Textnachrichten via Handy, noch so kurz). Gerade dieser Phasenverzug unterscheidet diese Medien beispielsweise von einem Online-Chat, der zwar auch schriftlich aber synchron verläuft. Zudem soll hier der private Brief interessieren. Online-Foren fallen so gesehen aus der Betrachtung heraus, wiewohl sie durchaus als Form eines öffentlichen Briefes verstanden werden könnten.

Bezogen auf die Analyse des Wandels von Vermittlungskulturen lässt sich an eine funktionale Betrachtung anknüpfen. Damit verbunden ist die Frage: Welche Funktionen werden diesen Medien im Kontext einer (gemeinsamen) kommunikativen Praxis zugewiesen? Ein solcher Wandel manifestiert sich insbesondere darin, dass mit neuen medialen Möglichkeiten bestimmte Gebrauchszwecke (Funktionen) verbunden werden, die diese Medien von anderen medialen Alternativen – hier insbesondere vom ‚klassischen' Brief – abgrenzen. Schließlich werden durch neue Medien immer auch die alten tangiert. Denn es kommen nicht nur neue Medien hinzu, die ihren Platz im Gefüge kommunikativer Praktiken finden (müssen), sondern es verändern sich auch die bisherigen Medien, „insofern sie für neue Zwecke genutzt, ihr Anwendungsbereich erweitert oder auf einen Teil reduziert und zugleich spezialisiert wird" (Krotz 2001:

19). Damit wird noch einmal die Notwendigkeit unterstrichen, Medien im Gesamt der (medialen wie nicht-medialen) kommunikativen Alltagsaktivitäten zu untersuchen. Dem sollte wiederum auch die empirische Vorgehensweise entsprechen.

Formen und Funktionen ‚brieflicher' Kommunikation – empirische Befunde

Dem Stellenwert von Medien der ‚brieflichen' Kommunikation kann nur in einem umfassenden Forschungszusammenhang nachgegangen werden. So ist denn auch die Analyse des Wandels von Vermittlungskulturen am Beispiel von Medien schriftlicher Kommunikation in diesem Falle eingebunden in ein umfassendes kommunikationswissenschaftliches Projekt. In dessen Rahmen wurden verschiedene, qualitative wie auch quantitative Einzelstudien durchgeführt: Im Juli 2000 waren zunächst jugendliche Handynutzer im Visier des Interesses. Insgesamt wurden dabei 204 Jugendliche zu deren Gebrauch des mobilen Telefons und insbesondere des Short Message Service mündlich befragt – im Übrigen zu einer Zeit, als sich der SMS-Boom gerade erst abzeichnete. Bis zum Anfang des darauf folgenden Jahres wurden, als qualitative Ergänzung dieser Studie, des weiteren 19 Gruppendiskussionen mit Jugendlichen durchgeführt, bei einer Gruppengröße von in der Regel 6-8 Personen. Schließlich wurden im Juli/August desselben Jahres 367 Erwachsene mit eigenem Haushalt schriftlich befragt. Vor allem auf diese Teilstudie soll im Weiteren Bezug genommen und einige erste Ergebnisse dargestellt werden. Es handelt sich um keine repräsentative Studie, wenn auch versucht wurde, über Quotierungen (Alter, Geschlecht, Familienstand, Kinder im Haushalt, Medienausstattung) eine Breite der Befragten sicher zu stellen. Die hier angeführten Befunde müssen gleichwohl im Gesamtzusammenhang der multimethodisch angelegten Studie gesehen werden. Doch sie sind insofern exemplarisch, da sich hierbei die Ergebnisse der vorgängigen explorativ angelegten qualitativen Vorstudien spiegeln und die sich gerade deshalb besonders gut eignen, ausgewählte Befunde deutlicher darzustellen. Diese Studie zielt, noch deutlicher als die anderen Teilstudien, konkret auf die Funktionalitäten von Medien der Individualkommunikation. Weiter wird davon ausgegangen, dass diese Funktionalitäten mit grundlegenden *medialen Orientierungen* verbunden sind. Mit diesen kommen bestimmte Medienaffinitäten, in dem hier interessierenden Zusammenhang: bestimmte Affinitäten zu Medien schriftlicher Kommunikation im Allgemeinen und zum Brief im Besonderen, zum Ausdruck. Idealiter korrespondieren solche medialen Orientierungen mit dem Gebrauch. Schrift- und Leseorientierungen gehen gemäß einer solchen Annahme mit einer intensiveren Buchlektüre und beispielsweise einem vermehrten Schreiben von Briefen einher. Mediale Orientierungen lassen sich analog zu einer motivationalen Begründung der Mediennutzung verstehen. Doch wie gerade im Zusammenhang mit dem in der Massenkommunikationsforschung beheimateten Uses and Gratifications-Ansatz zu lernen war, sind die mit der Mediennutzung assoziierten Gratifikationen nur begrenzt Prädikatoren der Mediennutzung. Um so mehr drückt sich mit diesen eine Haltung gegenüber Medien bzw. eine Einschätzung von deren ‚Image' aus. In diesem Sinne sind auch die medialen Orientierungen zu verstehen, wobei weiter davon ausgegangen wird, dass diese Orientierungen nicht nur individuell-idiosynkratisch, sondern segmentspezifisch (z.b. abhängig etwa von der Bildung oder vom Geschlecht) geprägt sind.

Schon die vorgelagerten Gruppendiskussionen zeigten, dass es recht klare Einschätzungen in der Wichtigkeit von Medien gibt – und der Brief in einem doch erstaunlichen Maße hervorsticht. In einem ganz profanen Sinne wurde denn auch konkret danach gefragt, für wie wichtig und glaubwürdig die Medien eingeschätzt werden. Die Frage nach der Wichtigkeit einzelner Medien der interpersonalen Kommunikation ergibt folgendes Bild:

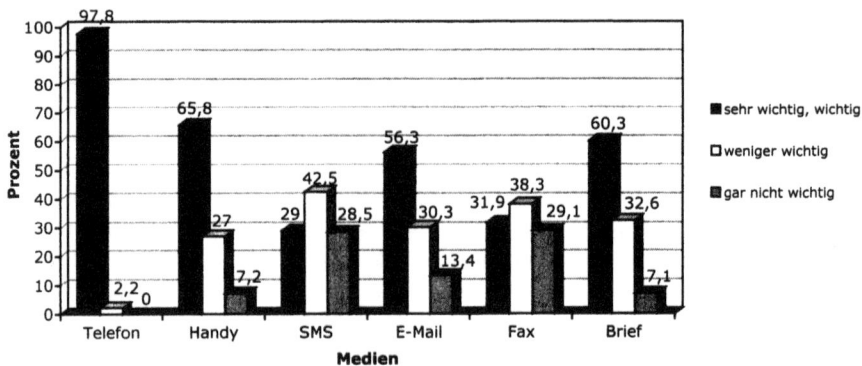

Abbildung 1: Wichtigkeit von Medien

In das Schaubild ist das Gespräch von Angesicht-zu-Angesicht nicht aufgenommen. Dabei zeigt sich, dass die Face-to-Face-Kommunikation nahezu durchgängig – und auch in Übereinstimmung mit anderen Studien (vgl. z.B. Katz u.a. 1973) – von zentraler Bedeutung ist und fast allen Formen medialer Kommunikation vorgezogen wird. Dann sticht, keinesfalls unterwartet, das häusliche Telefon hervor, immerhin gefolgt von dessen mobilen Pendant, dem Handy. Das Handy wird hierbei vom häuslichen Telefon unterschieden, denn es ist, selbst wenn man damit auch telefonieren kann, etwas anderes als nur ein unabhängig vom jeweiligen Ort verwendbares Telefon. Es entwickelt sich immer mehr zu einem Multifunktionsgerät, das über den Abruf von Informationen hinaus (Abruf- und Informationsmedium) auch dazu herangezogen werden kann, schriftliche Kurzbotschaften zu versenden. Um wiederum diese besondere Möglichkeit hervorzuheben, wird das Versenden von SMS-Nachrichten als eigene mediale Qualität herausgestellt. Das Schaubild zeigt allerdings auch, dass, wenn auch knapp gefolgt von der E-Mail, für mehr als 60% der Brief als sehr wichtiges und wichtiges Medium gilt, mit dem, folgt man Harper u.a. (2002), soziale Leistungen verbunden sind, die anderen Medien abgehen. Eine finnische Studie kommt zu einem ähnlichen Ergebnis, wobei vor allem der emotionale Wert des Briefes betont und weiter hervorgehoben wird, dass es vor allem der *handschriftliche Brief* ist, der hoch im Kurs steht (vgl. Leppänen 2001: 53).[2]

Ein Medium ist nicht nur ein schieres (neutrales) Vehikel zur Übermittlung von Botschaften. Es hat immer auch eine metakommunikative Bedeutung, die sich gleichsam auch auf den vermittelten Inhalt auswirkt. Nicht unwesentlich ist es deshalb, über welches Medium eine Nachricht verbreitet wird. Schließlich ist die Wichtigkeit eines Mediums nicht zuletzt damit verbunden, für wie glaubwürdig man die damit vermittelte Botschaft einschätzt (vgl. die folgende Abbildung).

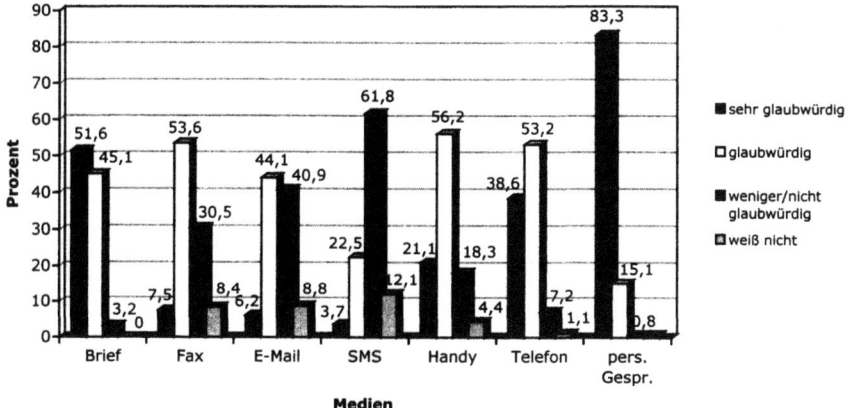

Abbildung 2: Glaubwürdigkeit von Medien

---

[2] Die Gruppendiskussionen verweisen ebenso auf die besondere Bedeutung der handschriftlichen Briefes. Ja, als ein „richtiger" Brief wird vor allem jener empfunden, der mit der Hand geschrieben ist.

45

Für sehr glaubwürdig gilt das Gespräch unter Anwesenden, aber dann schon folgt der Brief, noch vor dem Telefon. Neueren Medien gegenüber scheinen die Menschen skeptischer zu sein: Der Short Message Service, die E-Mail und dann das Handy gelten als die weniger und nicht glaubwürdigen Medien. Sowohl was die Wichtigkeit als auch was die Glaubwürdigkeit anbelangt, scheint die Einschätzung der Medien mehr in Vertrautheiten als im faktischen Gebrauch zu gründen. Denn obwohl der Brief nicht die Spitze der Nutzungspräferenzen einnimmt gilt er für wichtiger und glaubwürdiger als die neuen medialen Alternativen. In der erwähnten finnischen Studie ist diesem entsprechend zu lesen: „Paper is considered a reliable method of communication. Something that has been said on paper (black on white) is true to the receiver in a different way than an electronic message could make it. It is something concrete. Of course, one could make a printout of an electronic message, but it is not the same thing. One might accidentally delete an electronic message, or an important message could be lost among the other e-mail messages. A paper message is considered a document (an official paper, proof)" (Leppännen 2001: 53).[3] Vor allem sollten eine besondere Institution des Briefverkehrs in seiner Bedeutung nicht vergessen werden: das Briefgeheimnis. Schon die mit Jugendlichen durchgeführten Gruppendiskussionen zeigen, dass dieses besonders hoch eingeschätzt wird und damit dem Brief eine Qualität zukommen lässt, die anderen Medien abgeht.[4]

Mediatisierung meint auch und gerade eine Allgegenwart von Medien. Doch diese kann insofern ein Problem darstellen, dass man den Medien nicht mehr entkommt, es kaum noch Zonen ohne Medien gibt. Angesprochen ist die Aufdringlichkeit von Medien, dass einem die Medien auf ‚die Nerven' gehen und sie als ‚störend' empfunden werden. Gefragt wurde: „Manchmal können einem bestimmte Medien schon mal auf die Nerven gehen. Wenn andere in Ihrer Gegenwart ein bestimmtes Medium nutzen, welches würden Sie für sich persönlich als besonders störend empfinden?" Die Einschätzungen zeigt das folgende Schaubild:

---

[3] Wie schnell sich so Momente der Glaubwürdigkeit ändern können, zeigt sich in der Folge der Terroranschläge des 11. September 2001: Denn wie hält man es mit der Glaubwürdigkeit, wenn es sich bei dem Inhalt um Milzbranderreger handeln kann?

[4] Hier stößt man, legt man die Studie von Harper u.a. (2002) zu Grunde, gleichwohl auf kulturelle Differenzen. Während hierzulande das Briefgeheimnis größte Priorität hat, so wird dieser Studie zufolge der Brief in England als kollektive Angelegenheit gesehen, die gewissermaßen die ganze Familie angeht.

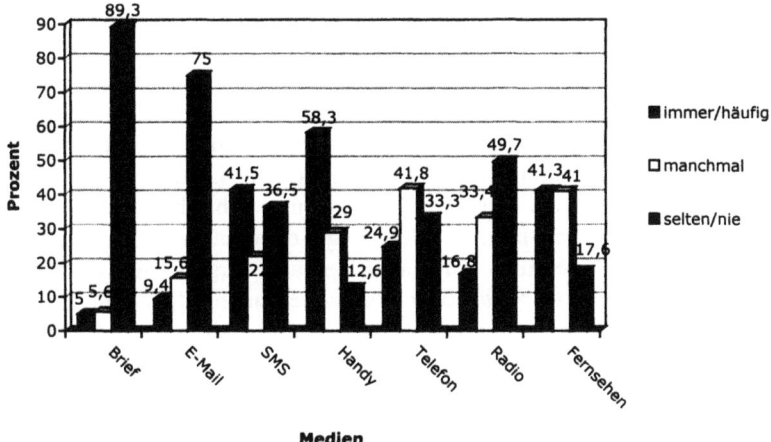

Abbildung 3: Aufdringlichkeit von Medien

Störenfried Nummer eins ist das Handy: Es gibt eben kaum noch handyfreie Orte – überall wird man durch dessen ‚inappropiate sound' (vgl. Ling 1998a: 70) belästigt und muss, obwohl man sich dies nie aussuchte, als unfreiwilliges Publikum das in die Öffentlichkeit getragene Private des Telefonierenden mit anhören.[5] Diese Daten stehen nicht allein. Auch andere Studien zeigen nämlich, dass sich um die zwei Drittel der Befragten durch das Mobiltelefon belästigt fühlen (vgl. Ling 2002). In der Aufreihung der aufdringlichen Medien folgt dann nicht etwa das Telefon, sondern das Fernsehen, das anscheinend immer mehr Menschen auf die Nerven geht. Entgegen den Erwartungen wird gleich mit dem Fernsehen das vermeintlich unaufdringliche Medium des Short Message Service, wenn auch durchaus ambivalent, genannt. Dabei ist es indessen nicht der Empfang der Botschaft, der belästigend ist, sondern dass die vertraute interpersonale Ordnung durch den Akt des Eintippens von Nachrichten gestört wird. Kaum überrascht, dass der Brief als *das* unaufdringliche Medium gilt.[6] Dann folgt die E-Mail. Erstaunlicherweise – und das nur am Rande – ist für knapp die Hälfte aller Befragten das Radio selten oder nie störend. Ganz offenkundig hat

---

[5] „Mobile phone conversation are still regarded as annoying, but perhaps no longer because they are personal but because they exclude the persons who overhear it and, paradoxically, impose the presence of the speaker on them, forcing them to adopt evasive behaviour" (Kopomaa 2000: 96).

[6] Selbst wenn es Menschen geben mag, die selbst die ungebetene Post als aufdringlich empfinden. So etwa der Philosoph Friedrich Nietzsche: „Der Brief ist ein unangemeldeter Besuch, der Briefbote der Vermittler unhöflicher Überfälle. Man sollte alle acht Tage eine Stunde zum Briefempfang haben und danach ein Bad nehmen" (zitiert nach Seitz 1999: 9).

man sich so an dieses Medium als beständigen Begleiter des Alltags gewöhnt, dass es keine Störung darzustellen scheint.

Das alles spricht für den Brief: Er wird für wichtig erachtet, gilt als glaubwürdig und, entgegen den Aufdringlichkeiten elektronischer Medien, als unaufdringlich. Erstaunlich ist die doch positive Wertschätzung des Briefes, da knapp ein Drittel der Befragten keine und knapp ein weiteres Drittel nur äußerst wenige Briefe (d.h. weniger als einen Brief pro Monat) schreiben.[7] Paradox anmutend ist diese Situation insofern, da in der Regel davon auszugehen ist, dass sich die Bedeutung eines Mediums durch den Gebrauch ergibt, sich hier aber Bedeutungsdimensionen trotz Nicht- oder Wenig-Gebrauch offenbaren.

Hinsichtlich der medialen Orientierungen wurde insbesondere nach Einflüssen der Ausbildung, der Geschlechtlichkeit und des Alters geschaut. Wider Erwarten zeigten sich weniger Bildungseffekte. Doch geht es um das Thema Schreiben, dann stößt man um so mehr auf das Moment der Geschlechtlichkeit. *Frauen schreiben mehr Briefe.* Das zeigt das folgende Schaubild:

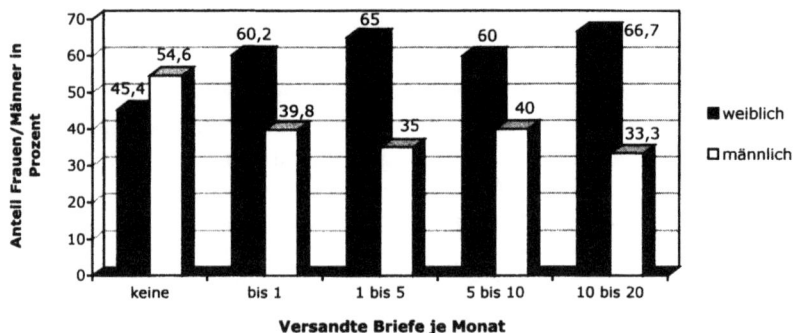

Abbildung 4: Geschlecht und Brief

Auch über das Schreiben von Briefen hinaus ist eine Affinität zur Schriftlichkeit festzustellen.[8] Daten der Studie zeigen, dass Frauen auch mehr SMS-Botschaften schreiben. Bei den E-Mails ergibt sich ein heterogenes Bild. Die Domäne der E-Mails ist immer noch stark männlich bestimmt. Doch ist zu erkennen, dass Frauen auch hier eine immer größere Rolle spielen. Formen brieflicher

---

[7] Es scheint, dass man eher Brief erwartet als dass man sie selbst schreibt. Denn nur 16% geben an, dass sie überhaupt keine Briefe empfangen.
[8] Hinsichtlich der E-Mail vgl. z.B. auch die Arbeit von Boneva u.a. in diesem Band, bezüglich SMS: Höflich/Rössler 2001; Ling 2001).

Kommunikation – von dem Brief an Bekannte bis zu den Urlaubsgrüßen – haben nicht zuletzt Funktionen der sozialen Einbindung des Haushalts (vgl. Di Leonardo 1987: 448). Und dies zu erledigen ist die Aufgabe der Frau. Das spiegelt sich auch darin, dass unter den Hausfrauen der geringste Teil all jener ist, die überhaupt keine Briefe schreiben. Medienverhalten – insbesondere die Affinität zur Schriftlichkeit – ist, das wird in diesem Zusammenhang erneut unterstrichen, im Kontext des geschlechtsbezogenen Rollenverhaltens zu untersuchen. Mit Blick auf den Brief spitzt dies Barton (1991: 9) mit folgender Formulierung zu: „Wives write Xmas cards...Husbands write cheques." Er fährt fort: „In couples, often women write in the personal sphere, keeping in contact with friends and relations, while men deal with the business world. These roles can be followed to the extent that men are unable to write personal letters and women do not know how to write a check." Mediensozialisation und Geschlechtssozialisation hängen zusammen:

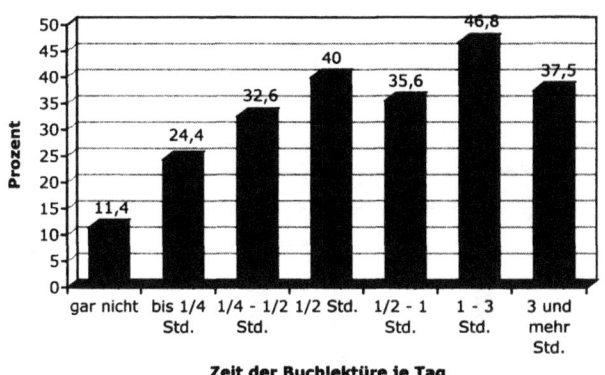

Abbildung 5: Buchlektüre und Briefschreiben (1-5 Briefe pro Monat) von Frauen

Frauen haben eine größere *Affinität zum Buch* als Männer, zumindest was die Lektüre in der Freizeit angeht. Während gemäß der Media Analyse 2001 von 42,1 Prozent der Frauen mehrmals in der Woche Bücher gelesen werden, so ist dies nur bei 25,5 Prozent der Männer der Fall.[9] Interessant ist, wie das Schaubild zeigt, der Zusammenhang zwischen der Lektüre von Büchern und dem Schreiben von Briefen. Je mehr Zeit mit der Lektüre von Büchern verbracht

---

[9] Nachzulesen unter: www.ard.de/ard_intern/mediendaten/index.phtml/4_2. Vgl. auch: Saxer/ Langenbucher/Fritz 1998: 49.

wird, um so eher werden Briefe geschrieben. Wer nicht liest, der schreibt auch keine Briefe (hier: Knapp drei Viertel der Nichtleser legen auch auf das Schreiben von Briefen keine Wert), was umgekehrt indessen nicht gilt. Das spricht für die Annahme einer grundlegenden Medienorientierung, hier: einer Orientierung hin zu Medien schriftlicher Kommunikation. Und nicht zuletzt spiegelt sich dies im Kontext der Mediensozialisation respektive des erzieherischen Einwirkens auf die Mediennutzung der Kinder wider: Vielleser(innen) empfehlen den eigenen Kindern eher ein gutes Buch zur Lektüre. Auf das Briefschreiben ist der Einfluss nicht so klar. Wird indessen nicht gelesen und werden keine Briefe geschrieben, dann werden auch die Kinder weniger zum Briefschreiben angehalten. Vertiefende Analysen müssen hier noch mehr Klarheit schaffen.

Ein weiterer Zusammenhang ergibt sich zwischen dem Alter und der Mediennutzung. Allgemein zeigt sich dies in einer eher skeptischen Haltung von älteren Befragten gegenüber neuen Medien (vgl. auch Kopomaa 2000: 107). Erst recht gilt dies hinsichtlich der E-Mail und dem Short Message Service. Je jünger die Befragten sind, um so eher haben Sie E-Mails und ebenso SMS-Botschaften verschickt. Bezogen auf das Versenden von Kurznachrichten über das Handy zeigt dies beispielhaft das nachfolgende Schaubild:

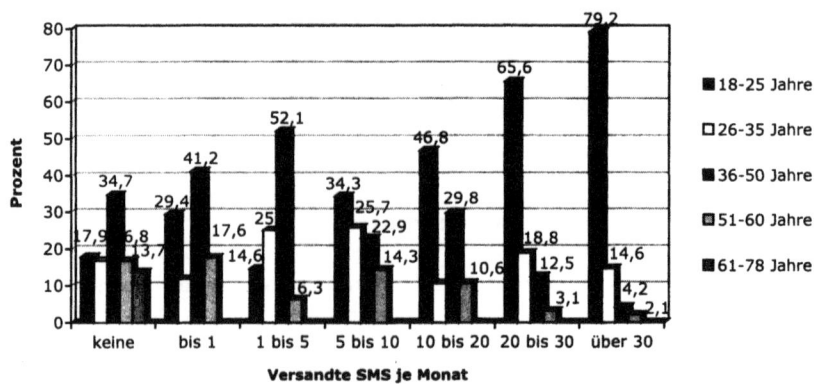

Abbildung 6: Alter und SMS

Damit wird gerade hervorgehoben, die jugendlichen Handynutzer stärker ins Visier zu nehmen (vgl. Höflich 2001; Höflich/Rössler 2001; Ito 2001; Karvinen 2001; Ling 2001; Kasesniemi/Rautiainen in diesem Band). Für sie steht die Nutzung des Short Message Service sogar noch vor dem Telefonieren via Handy. Wie sich zeigte, dient das Handy im Allgemeinen und der Short Message Service im Besonderen insbesondere zur Organisation des städtischen Alltags der Jugendlichen, d.h. vor allem zu Zwecken der Verabredung und der Rückversicherung („wie geht es dir – mir geht es gut"). Der Brief ist hier ganz offenkundig fehl am Platze. Das Handy wiederum kommt der ausgeprägten Peer-Group- und Außenorientierung entgegen – als wäre es gewissermaßen gerade für diese Zwecke als ein „eigenes Medium" für die Jugendlichen erfunden worden. Wie wichtig in dieser Hinsicht das Handy für Jugendliche ist, veranschaulicht folgender Auszug aus einer der Gruppendiskussionen. In der Annahme, dass schon beinahe jeder Deutsche ein Handy hat (was erst recht zu der Zeit, als diese Diskussionen durchgeführt wurden, weit überschätzt war), zeigt sich überdies, wie selbstverständlich dieses Medium für die Jugendlichen geworden ist. Zu diesem Selbstverständnis gehört allerdings, dass es für die noch jüngeren als unnötig angesehen wird, denn die sind nämlich nicht ‚unterwegs'.

„A: Ich glaube, heutzutage haben 90 Prozent in Deutschland ein Handy. Wenn nicht sogar 95 Prozent. Wenn man raus geht und da kommen kleine Kinder von der Grundschule und haben voll das coole Handy und rufen irgendjemanden an.
B: Wenn ich in der Stadt vorbei schaue und da sehe ich welche, so Zehnjährige, die mit dem Handy einfach so wild herum telefonieren. Da denk ich mir, wenn sie schon ein Handy haben, dann sollten sie sich nicht unbedingt die teuersten raus suchen. Da frag ich mich, wo die Eltern arbeiten. Ich meine, die sind ja auch nicht gerade stinkreich...Aber ein Zehnjähriger!
A: Der braucht ja nicht unbedingt ein Handy!
B: Der ist doch nicht unterwegs oder so...Wenn ich raus gehe, dann ist es schon praktisch. Aber für einen Zehnjährigen ist das irgendwie übertrieben."

Auch in Verbindung mit der SMS-Nutzung ist übrigens aufgefallen, dass Mädchen nicht nur mehr und längere SMS-Botschaften versenden, sondern überdies auch mehr Briefe schreiben als die männlichen Jugendlichen. SMS ist für sie allerdings kein Briefsubstitut, eher schon ein Postkartenersatz, auch wenn dies nicht genau zutrifft. Vielmehr wird er mit den Schülerzettelchen verglichen, die man unter der Bank herumreicht (vgl. Cherubim 1981). Schon bei den Studien über die Mediennutzung Jugendlicher zeigte sich jedoch, dass trotz – oder gerade wegen – der medialen Alternativen der Brief (immer noch?) eine besondere Wertschätzung erfährt und dies dazu führt, „...daß ein Bewusstsein für die Eigenart der Briefkorrespondenz entstanden ist, die sich eben nicht in der technisch langsameren Übertragungsart erschöpft, sondern eine andere Art des Austausches von Empfindungen und Gedanken ermöglicht" (Baier 2000: 70). Der Brief gilt immer noch als ein Medium, um Persönliches und Vertrauliches mitzuteilen. Auch dient er dazu, zu zeigen, dass man an jemand denkt und nicht zu-

letzt wird er geschrieben, um sich bei bestimmten Anlässen (wie zu Weichnachten) wieder mal zu melden. Und trotz SMS und E-Mail werden auch von Jugendlichen noch Briefe, insbesondere Liebesbriefe, geschrieben. Womöglich hat also Bausinger doch recht, wenn er feststellt, dass wahrscheinlich auch die Enkel der heute Jungen in einigen Jahren die gesammelten Werke der Großeltern entdecken. Andererseits sei es aber sicher, „daß das Hin und Her der Verabredungen, die Vereinbarung von Treffpunkten, die simple Frage nach dem aktuellen Empfinden der oder des Anderen (und das war in den frühen Briefwechseln von Verliebten die reale Grundlegung der Emotion!) heute eher einem anderem Medium anvertraut wird: dem Telefon" (Bausinger 1996: 297)[10] – respektive dem Handy und dem SMS, so könnte man ergänzen. Zumindest dahingehend ist Bausinger zu zustimmen, wenn er festhält, dass Briefe, anders als die weniger Aufwand erfordernden Telefonanrufe, fast automatisch als Zeichen der Zuwendung gelten würden. Hier stehen E-Mail und SMS eindeutig zurück. Mehr noch: E-Mail und SMS scheinen eher funktionale Äquivalente der telefonischen Kommunikation zu sein, auch wenn sie über alle Bereiche schlechter als das Telefon bewertet werden. Nachfolgendes Schaubild legt dies nahe:
Das Schaubild zeigt die Einstufung von Medien (hier: Brief, E-Mail und SMS im Kontrast zum – häuslichen – Telefon) auf der Basis vorgegebener Nutzungsgründe.[11] Eine funktionale Äquivalenz von Medien wäre dann gegeben, wenn sich die Nutzungsgründe (weitgehend) decken – wenn sich, mit anderen Worten, die Kurven überlappen würden. Eine tendenzielle Äquivalenz ist anzunehmen, wenn die Einschätzungen zwar nicht deckungsgleich, aber in ihren Ausprägungen analog verlaufen (wie sich dies beim Vergleich von E-Mail, SMS und dem Telefon zeigt). Bei einer partialen Äquivalenz gibt es hinsichtlich bestimmter

---

[10] Dabei zeigt sich, dass bei einem temporären Wegfall des Telefons nicht zwingend wieder auf den Brief zurückgegriffen wird. Zumindest legt dies die Studie von Wurtzel und Turner (1979) nahe. Nach einem Telefonausfall der New Yorker Telephone Company im Februar 1975 sind für 23 Tage die Telefone ausgefallen. Doch ist in dieser Zeit nicht etwa auf andere Medien und insbesondere auf den Brief ausgewichen worden, außer dass die Hinwendung zur passiven Rezeption der Massenmedien zugenommen hat. Anders ist dies allerdings bei einem langfristigen Medienentzug. Studien über die Nutzung des Briefes durch zum Tode Verurteilte zeigen, dass hier der Brief geradezu wieder Funktionen des Telefons übernimmt (vgl. hierzu: Maybin 1999).

[11] Im Einzelnen handelt es sich um folgende Statements: Um mich zu bestimmten Anlässen (z.B. zu Weihnachten) mal wieder zu melden; um zu zeigen, dass ich an jemanden denke; um zu wissen, was meine Freunde, mein Partner oder mein Kind gerade machen/ob es ihnen gut geht; um etwas Persönliches oder Vertrauliches mitzuteilen; um bei Sorgen Trost zu suchen oder getröstet zu werden; um einen Konflikt (z.B. einen Streit) mit anderen auszutragen; um jemandem eine ‚schlechte' Nachricht zu übermitteln; um mir die Zeit zu vertreiben, wenn es mir langweilig ist; um Verabredungen zu treffen oder Termine zu vereinbaren; um offizielle geschäftliche Dinge (z.B. etwas bestellen) zu erledigen.

Nutzungsgründe Abweichungen. Im Falle des Briefes zeigen sich diese eindeutig für die Möglichkeit der Rückversicherung („schauen wie es anderen geht") und um sich zu verabreden. Hier gibt es so etwas wie eine Nische, die den anderen Medien einen Vorteil bietet und, nutzentheoretisch gesprochen, größere Gratifikationen verspricht (vgl. Dimmick u.a. 2000). Wenn es darum geht, sich Persönliches und Vertrauliches mitzuteilen, dann trifft sich der Brief sogar mit dem Telefon. Und will man zeigen, dass man an jemand denkt, dann rückt er diesem zumindest sehr nahe. E-Mail und SMS nehmen so gesehen zwar einen immer größeren Stellenwert im Alltag ein, doch sind sie, zumal sie noch sehr neu sind, ein gutes Stück davon entfernt, in die mit der persönlichen Kommunikation verbundene Domäne der telefonischen, ganz zu schweigen von der Face-to-Face-Kommunikation einzudringen.

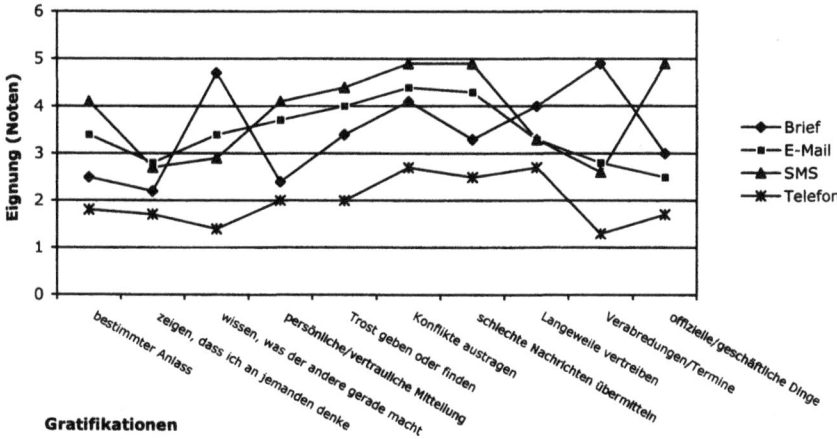

Abbildung 7: Brief, E-Mail, SMS und Telefon im Vergleich

Mediale Praktiken im Wandel – theoretische Einordnungen

Mediale Innovationen bringen einen Wandel der Medienökologie mit sich. Wenn hier der Wandel empirisch auch nicht in einem prozessualen Sinne als Langzeitstudie untersucht worden ist, so werden doch Veränderungen augenfällig. Forschungsleitend war dabei die Frage nach dem Stellenwert von Medien brieflicher Kommunikation respektive welche Funktionen diese Medien in einer telematischen Gesellschaft übernehmen. Ein Wandel von Vermittlungskulturen zeigt sich, wie gesagt, darin, dass zu dem bisherigen Medienrepertoire neue Medien hinzukommen, die sich funktional ausdifferenzieren, bis hin zu dem, dass sie Funktionen übernehmen, die vorgängige Medien mangels Alternativen übernehmen mussten. Dabei verändern sich die Funktionen der bisherigen Medien, bis hin zu dem, dass sie im Extrem an Bedeutung verlieren. Man denke nur an das mittlerweile durch die Post aufgegebene Telegramm.

Insbesondere wird angenommen, dass die den Medien zugewiesenen Funktionen mit generellen Medienorientierungen zusammenhängen, die zwar situativ gebrochen aber gleichwohl eine Affinität zu bestimmten Medien nahe legen. Eine solche Medienorientierung – und zwar im weiteren Sinne hin zu Medien schriftlicher Kommunikation – wurde, abgesehen vom Alter, insbesondere in Verbindung mit dem Geschlecht festgemacht. Die enge Beziehung zwischen Geschlecht und Brief besteht schon seit der Hochphase einer Briefkultur. Der Brief als „Herzblut im Briefcouvert" (Steinhausen 1889: 287) und damit gerade die gefühlvolle und empfindsame Qualität der Briefes wurde mit einem besonderen weiblichen Vermögen verbunden.[12] Das scheint sich bis heute erhalten zu haben. Eine psychologische Studie zur Einschätzung der Kommunikationsqualität unterschiedlicher Medien zeigte nämlich, dass die Frauen ihre Fähigkeit sei es zur Mitteilung eigener als auch zur Einschätzung fremder Gefühle bei einer Reihe von Medien – es handelte sich neben dem Telefon, der E-Mail und dem Chat auch um den Brief – signifikant besser einschätzen als die Männer (vgl. Hartig u.a. 1999). Insbesondere sticht indessen der Zusammenhang zwischen geschlechtsspezifischer Rollenzuteilung und Medienverhalten im Allgemeinen und dem Briefverhalten im Besonderen hervor. Hier gibt es des Weiteren Anknüpfungen zur Telefonnutzung von Frauen, die nachgerade den Rollenaspekt betonen: denn Frauen telefonieren auch mehr als Männer (vgl. z.B. Höflich 1989: 210). Frauen übernehmen, wie schon gesagt, im Wesentlichen die sozialen Außenkontakte der Familie und damit die Aufgabe, *die sozialen Netzwerke aufrecht zu erhalten*. Mit Ling (1998) könnte man sogar fortfahren, dass die Untersuchung sozialer Netzwerke gleichsam der Untersuchung des besonderen kommunikativen Beitrages von Frauen gleichkommt. Wenn nun Geschlechtssozialisation immer auch mit einer Mediensozialisation verbunden ist, dann ist

---

[12] Das hat insbesondere Gellert (1998: 136) hervorgehoben: „Wer unter vielen Vorstellungen, durch die Hülfe einer zarten und glücklichen Empfindung die leichtesten, feinsten und nötigsten wählen, und einen gewissen Wohlstand in ihrer Verbindung beobachten kann, der wird gewiß gute Briefe schreiben. Aus diesem Grunde kann man sich sagen, woher es kömmt, dass die Frauenzimmer oft natürlichere Briefe schreiben, als die Mannsperson. Die Empfindungen der Frauenzimmer sind zarter und lebhafter, als die unsrigen. Sie werden von tausend kleinen Umständen gerührt, die bei uns keinen Eindruck machen."

durchaus zu erwarten, dass mit veränderten Rollenmustern auch ein Wandel von Vermittlungskulturen einhergeht.

Eine ergänzende Anmerkung ist indessen angebracht. Mediale Orientierungen erklären den Gebrauch nur unzureichend. Nicht jede schriftliche Kommunikation steht in Konkurrenz zum Brief. Obwohl es sich sowohl bei der E-Mail als auch bei der SMS um Medien schriftlicher Kommunikation handelt, ist eher eine Nähe zum Telefon auszumachen. Das zeigt schon: Jedes Medium eröffnet ein Spektrum des Gebrauchs. Insbesondere bedeutet dies, dass eine E-Mail oder eine SMS-Nachricht mal mehr, mal weniger ‚briefartig' oder ‚telefonartig' sein kann. Bezugnehmend auf Koch und Oesterreicher (1994) ließe sich zum einen eine mediale Ebene festmachen, die mit den angeführten Orientierungen verbunden ist (gemeint ist die Wahl zwischen einem Schrift- und Sprachmedium). Zum anderen lässt sich davon ein *Kontinuum von konzeptioneller Schriftlichkeit und Mündlichkeit* unterscheiden, mit denen auch gleichsam grundlegende Eigenschaften der Kommunikationssituation i.S. einer Distanz und Nähe zum Ausdruck kommen. Eine E-Mail kann beispielsweise einem formalen Brief entsprechen (konzeptionell schriftlich sein). Im Extrem kann das so aussehen, dass ein formaler Brief im elektronischen Anhang mitgeliefert wird. Sie kann auch als informelle schriftliche Sprache in Erscheinung treten (konzeptionell mündlich sein), bis hin zu dem, dass sie dialogische Züge annehmen kann. Gestützt durch Befunde anderer Studien (vgl. z.B. Androutsopoulos/Schmidt 2001; Dürrscheid 1999; Günther/Wyss 1996) ist anzunehmen, dass E-Mail wie auch SMS gerade als Medien der Beziehungskommunikation auf der konzeptionell mündlichen Seite anzusiedeln sind – womit sich auch deren funktionale Nähe zur telefonischen Kommunikation erklärt. Das schließt, wie gesehen, allerdings nicht aus, dass der Brief im Kontext bestimmter Kommunikationsanlässe eine persönliche Nähe zum Ausdruck bringt, die die anderer Medien überschattet.

Auf ein Paradox wurde schon verwiesen: Wie es scheint hat der private Brief seinen Zenit überschritten – und dennoch wird ihm immer noch eine zentrale Wertschätzung entgegengebracht. Mit William Ogburn (1969: 134) lässt sich von einer *„kulturellen Phasenverschiebung"* sprechen, „wenn von zwei miteinander in Beziehung stehenden Kulturelementen das eine sich eher oder in größerem Ausmaße verändert als das andere, so daß der Grad der Anpassung zwischen den beiden Elementen geringer wird als zuvor." Bei der Diffusion neuer Medien zeigt sich eine solche Kluft mitunter darin, dass die mit einem Medium verbundenen Verhaltensstandards zunächst der Entwicklung hinterher hinken. Dabei ist anzunehmen, dass bestehende Klüfte im Zeitablauf zurückgehen respektive verschwinden. Als eine Form der Phasenverschiebung (einem Cultural Lag) kann die Bedeutung des Briefes trotz dessen Nicht-Gebrauch i.S. eines Verharrungsvermögens verstanden werden, das sich im Gegensatz zu einer

Reduktion in einer Zunahme von Klüften manifestiert. In diesem Sinne stellt Leppännen (2001: 51) fest: „People have a tendency to regard routines in an emotional way. Old habits die hard, even if new ways of doing things might be easier and more useful. People view old habits with certain nostalgia, which can also be seen when investigating common attitudes towards mail." Positiv lässt sich dies so deuten, dass sich der Brief als Kulturgut in ein kollektives Gedächtnis eingeprägt hat, und dadurch eine Wertschätzung selbst bei jenen erfährt, die keine Briefe schreiben. Es gibt allerdings auch eine negative Deutung der Phasenverschiebung: Es handelt sich um das letzte Aufleuchten eines sterbenden Sterns, so dass auf Kurz oder Lang auch der symbolische Wert des Briefes zurückgeht.

Hinsichtlich der Funktionen und Bedeutungen von Medien im Kontext einer kommunikativen Praxis kann schließlich an die Begrifflichkeit von Flanagin und Metzger angeknüpft werden, die von *„funktionalen Images"* sprechen, mit denen wesentliche Eigenschaften und Gebrauchsweisen von Medien zum Ausdruck kommen (Flanagin/Metzger 2001). Diese Funktionalitäten eines Mediums, als „collectively held notions of how a medium is used" (S. 159), spiegeln, so die Autoren, zum einen Vorstellungen von möglichen medialen Alternativen wider, d.h. ob mit anderen Medien ähnliche Bedürfnisse befriedigen werden. In diesem Sinne wurden gerade die Medien einer brieflichen Kommunikation betrachtet. Die angesprochene Phasenverschiebung wiederum lässt sich vor diesem Hintergrund als das Vorhandensein von Images verstehen, die gerade nicht in dominanten Gerbrauchsweisen gründen. Zum anderen geht mit den Vorstellungen über die Funktionalitäten eines Mediums ein *„normatives Image"* einher. Damit ist gemeint, dass die Perzeptionen des Gebrauchs mit anderen geteilt und damit erwartbar werden. Anders gewendet: Die normative Seite verweist auf die Wirksamkeit gemeinsamer Regeln, konkret: *gemeinsamer Medienregeln*, die besagen, welches Medium man zu welchem Zweck verwenden soll (vgl. Abbildung 8).

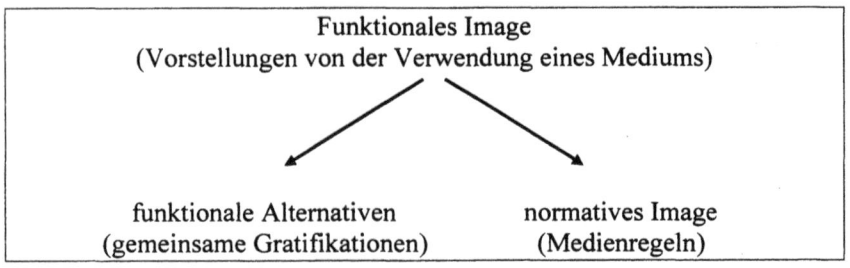

Abbildung 8: Funktionales Image von Medien

Der letzte Aspekt, der der normativen Images, soll noch kurz weiter verfolgt werden. Es gibt individuelle Medienvorlieben. Doch ist die Wahl eines Mediums nur innerhalb bestimmter Grenzen beliebig. Sie spiegelt die Beziehungen der Kommunikationspartner oder, wie gezeigt, Rollenmuster und nicht zuletzt auch Lebensstilmomente wider[13] Vor allem: Die Praxis der Medienverwendung ist immer eine gemeinsame Praxis; Medien der interpersonalen Kommunikation können nur zusammen mit anderen Kommunikationspartnern verwendet werden, wobei nicht alles was machbar ist, von anderen immer mitgetragen wird. Wer möchte schon gerne um Mitternacht von einem Fremden angerufen werden, um Näheres über dessen momentane Empfindlichkeit zu erfahren? Wie jedes soziale und kommunikative Handeln unterliegt auch die Praxis der Medienverwendung Regeln, die die Verwendung eines Mediums als der Situation adäquat oder inadäquat ausweisen. Mit Clyne (1985: 13) kann in diesem Zusammenhang von Kanal- oder Medienregeln gesprochen werden, die zum Ausdruck bringen, ob die Kommunikation für einen bestimmten Zweck etwa von Angesicht-zu-Angesicht, via Telefon oder in Briefform erfolgen soll. Ein Wandel von Vermittlungskulturen manifestiert sich entsprechend in einem *Wandel der normativen Basis*. Kommen neue Medien hinzu, dann ergibt sich, im Sinne einer kulturellen Phasenverschiebung, ein regelungsfreier – oder wenn man so will: ein anomischer – Zustand. Man weiß noch nicht, welches Medium man wie zu welchem Zweck verwenden soll. Welche Regeln sich hinsichtlich der Medien schriftlicher Kommunikation festigen, ist indessen keineswegs klar. Allerdings scheint sich in diesem Zusammenhang der Wandel einer grundlegenden Reziprozitätsnorm anzubahnen, die nachgerade die ‚Koexistenz' der Medien betrifft.

Reziprozität gilt als eine soziale und kommunikative Grundkategorie des interpersonalen Austausches. Als generelles Kommunikationsprinzip lässt sie sich wie folgt umschreiben: Wenn A handelt, so ist B unter dem Zwang, Ähnliches zu tun (vgl. Mortensen 1972: 264). Umgangssprachlich gewendet: „Wie man in den Wald hineinruft, so hallt es bekanntermaßen heraus". Reziprozität hat einen stabilisierenden Einfluss auf das Kommunikationsgeschehen – bleibt sie aus, dann wird Kommunikation einseitig und instabil. Einfach gesprochen (und das zeigen auch die Ergebnisse der (Teil-)Studien): *Wer viel kommuniziert bekommt auch viele Rückantworten.* Wer viele SMS verschickt, der schreibt auch eher viele E-Mails und im Übrigen auch eher Briefe. Aber es gilt auch anders herum: Wer viele Botschaften bekommt, der steht auch unter Druck, auf viele antworten

---

[13] Hierauf kann allerdings nicht weiter eingegangen werden, wiewohl durchaus begründet die Frage zu stellen ist, inwiefern soziodemographische Hinweise zur Ergründung von Medienorientierungen genügen können und statt dessen um so mehr Lebensstilmomente zum Tragen kommen.

zu müssen. Auf der medialen Seite der Reziprozität, also in dem Sinne, dass die Kommunikation innerhalb ein und desselben Mediums verbleibt, zeigt sich indessen eine Besonderheit. Gilt eine solche Norm noch ausgeprägt beim Brief – ein Brief ist mit einem Brief zu beantworten – , so scheint sie sich bei elektronischen Medien zumindest zu relativieren. Hier kommt es zu *überlappenden Praktiken*. Eine SMS-Botschaft kann dazu dienen, um auf ein Telefonat oder ein persönliches Treffen umzulenken, sie kann aber auch verschickt werden, um einen versäumten Brief anzumahnen, wenn nicht gar zu ersetzen (vgl. Kopomaa 2000; Döring 2002). Damit zeigt sich zugleich eine mit dem Prozess der Mediatisierung einhergehende „Verschränkung unterschiedlicher Kommunikationsformen" (Krotz 2001: 19) wie auch, nachgerade am Beispiel der mobilen Kommunikation und des Short Message Service, ein Prozess der Entgrenzung von Medien, „der zugleich in räumlicher, zeitlicher, sozialer und sinnbezogener Weise stattfindet" (Krotz 2001: 21). Nicht zuletzt markieren diese ‚überlappenden Praktiken' einen Wandel von Vermittlungskulturen unter Vielmedienbedingungen – was allerdings nicht notwendigerweise heißt, dass die Medienverwendungen beliebig und die Medien in ihrer Bedeutung damit gleichgeschaltet werden. In den Worten von Decker (1998: 234): „Whatever one's preferences, the concurrent existence of different orders of accessible epistolary media creates a situation in which practices overlap and interact and the choice of one medium over another is inherently meaningful. To write rather than call, to call rather than write, to write or not by e-mail are decisions made with respect to the time frame in which the message must be conveyed, the status of interpersonal relations, rhetorical advantages and disadvantages, and many other considerations more or less complicated."

Vermittlungskulturen sind nie statisch und ebenso wenig homogen. Gerade eine Pluralisierung von Vermittlungskulturen ist Ausdruck von deren Wandel, so dass zumindest generalisierte Medienregeln vor diesem Hintergrund eher nicht zu erwarten sind. Medien, und somit auch Medien der schriftlichen Kommunikation haben in unterschiedlichen Segmenten der Gesellschaft je unterschiedliche Bedeutung. Schließlich gibt es interkulturelle Differenzen: Obwohl die USA das Ursprungsland des Internets sind und die E-Mail zum Alltag gehört, werden dort weit aus mehr private Briefe verschickt als hierzulande. Erst recht wenn man nämlich mit Blick auf den Wandel von Vermittlungskulturen die Perspektive einer interkulturellen Kommunikation hinzu nimmt, ist man damit konfrontiert, dass noch einiges an Forschung zu leisten ist.

Literatur:

Androutsopoulos, Jannis/Schmidt, Gurly (2001): SMS-Kommunikation: Ethnographische Gattungsanalyse am Beispiel einer Kleingruppe. Eingereicht zur Publikation in der Zeitschrift für Angewandte Linguistik (ZfAL). September 2001.

Baier, Lothar (2000): Keine Zeit! 18 Versuche über die Beschleunigung. München.

Barton, David (1991): The Social Nature of Writing. In: Barton, David/Ivanic, Roz (Eds.): Writing in the Community. Newbury Park, London, New Delhi, 1-13.

Bausinger, Hermann: Alltag, Technik, Medien (1983). In: Pross, Harry/Rath, Klaus-Dieter (Hrsg.): Rituale der Medienkommunikation. Gänge durch den Medienalltag. Berlin, Marburg, 24-37.

Bausinger, Hermann (1996): Die alltägliche Korrespondenz. In: Beyrer, Klaus/Täubrich, Hans-Christian (Hrsg.): Der Brief. Eine Kulturgeschichte der schriftlichen Kommunikation. Heidelberg, 294-303.

Cherubim, Dieter (1981): Schülerbriefchen. In: Baumann, Jürgen/Cherubim, Dieter/Rehbock, Helmut (Hrsg.): Neben-Kommunikationen. Braunschweig, 107-168.

Clyne, Michael (1985): Beyond Grammar: Some Thoughts of Communication Rules in Our Multicultural Society. In: Pride, John B. (Ed.): Cross-Cultural Encounters: Communication and Mis-Communication. Melbourne, 12-23.

Decker, William M. (1998): Epistolary Practices. Letter Writing in America before Telecommunications. Chapel Hill and London.

Di Leonardo, Micaela (1987): The Female World of Cards and Holidays: Women, Families, and the work of Kinship. In: Journal of Women in Culture and Society, 12, 1987, 440-452.

Dimmick, John/Kline, Susan/Stafford, Laura (2000): The Gratification Niches of Personal E-mail and the Telephone. Competition, Displacement, and Complementarity. In: Communication Research, 27, 2000, 227-248.

Döring, Nicola (2002): „1xBrot, Wurst, 5Sack Äpfel I.L.D." Kommunikative Funktionen von Kurzmitteilungen (SMS). In: Zeitschrift für Medienpsychologie 3/2002 (im Druck).

Dürrscheid, Christa (1999): Zwischen Mündlichkeit und Schriftlichkeit: die Kommunikation im Internet. In: Papiere zur Linguistik, 60, 1, 1999, 17-30.

Eimeren, Birgit van/Gerhard, Heinz/Frees, Beate (2001): ARD/ZDF-Online-Studie 2001. Internetnutzung stark zweckgebunden. In: Media Perspektiven 8/2001, 328-397.

Flanagin, Andrew/Metzger, Miriam J. (2001): Internet Use in the Contemporary Media Environment. In: Human Communication Research, 27, 2001, 153-181.

Flusser, Vilém (1998): Verbündelungen oder Vernetzungen. In: Bollmann, Stefan (Hrsg.): Kursbuch Neue Medien. Trends in Wirtschaft und Politik, Wissenschaft und Kultur. Reinbek bei Hamburg 1998, 15-23.

Fontius, Martin (1988): Post und Brief. In: Gumbrecht, Hans Ulrich/Pfeiffer, Ludwig K. (Hrsg.): Materialität der Kommunikation. Frankfurt/Main 1988, 167-279.

Gellert, Christian Fürchtegott (1998): Praktische Abhandlung von dem guten Geschmacke in Briefen. In: Witte, Bernd (Hrsg.): Christian Fürchtegott Gellert. Gesammelte Schriften. Kritische Kommentierte Ausgabe. Band IV: Roman, Briefsteller. Berlin, New York 1998, 111-152.

Günther, Ulla/Wyss, Eva Lia (1996): E-Mail-Briefe – eine neue Textsorte zwischen Mündlichkeit und Schriftlichkeit. In: Hess-Lüttich, Ernest W.B. (Hrsg.): Textstrukturen im Medienwandel. Wien, 61-86.

Harper, Richard u.a. (2002): Paper-mail in the Home of the 21st Century: An Analysis of the Future of Paper-mail and implications for the Design of Electronic Alternatives. Digital World Research Centre, School of Human Sciences, University of Surrey, Guildford Surrey.

Hartig, Johannes/Jude, Nina/Moosbrugger, Helfried (1999): Mittelbarkeit von Emotionen in computervermittelter Kommunikation. In: Reips, Ulrich-Dietrich u.a. (Hrsg.): Current Internet Science. Trends, Techniques, Results/Aktuelle Online-Forschung. Trends, Techniken, Ergebnisse. Deutsche Gesellschaft für Online-Forschung. e.V. Zürich. URL: http://www.dgof.de/tband99/

Hess-Lüttich, Ernest W.B. (1997): E-Epistolographie: Briefkultur im Medienwandel. In: Hepp, Andreas/Winter, Rainer (Hrsg.): Kultur – Medien – Macht. Cultural Studies und Mediananalyse. Opladen, 226-246.

Höflich, Joachim R. (1989): Telefon und interpersonale Kommunikation. Vermittelte Kommunikation aus einer regelorientierten Kommunikationsperspektive. In: Forschungsgruppe Telefonkommunikation (Hrsg.): Telefon und Gesellschaft. Bd. 1: Beiträge zu einer Soziologie der Telefonkommunikation. Berlin, 197-220.

Höflich, Joachim R. (2001): Das Handy als „persönliches Medium". Die Aneignung des Short Message Service (SMS) durch Jugendliche. In: kommunikation@gesellschaft 2, 2001. Erschienen als elektronische Publikation, URL: http://www.kommunikationgesellschaft.de.

Höflich, Joachim R./Rössler, Patrick (2001): Mobile schriftliche Kommunikation – oder: E-Mail für das Handy. Die Bedeutung elektronischer Kurznachrichten (Short Message Service) am Beispiel jugendlicher Handynutzer. In: Medien & Kommunikationswissenschaft, 49, 2001, 437-461.

Hörning, Karl H. (2001): Experten des Alltags. Die Wiederentdeckung des praktischen Wissens. Göttingen.

Ito, Mizuko (2001): Mobile Phones, Japanese Youth, and the Re-Placement of Social Contact. Paper presented at the Annual Meeting for the Society for the Social Studies of Science. Boston, November 2001.

Karvinen, Timo (2001): The Use of SMS Service. In: Digital Media Institute (Ed.): Case Study: Mobile Services and Young Consumers. Consumer Research Project. Tampere, November 2001, 17-22.

Katz, Elihu/Gurevitch, Michael/Haas, Hadassah (1973): On the Use of the Mass Media for Important Things. In: American Sociological Review, 38, 1973, 164-181.

Knies, Karl (1996): Der Telegraph als Verkehrsmittel. Über den Nachrichtenverkehr überhaupt. Faksimile Nachdruck der Ausgabe von 1857. München.

Koch, Peter/Oesterreicher, Wulf (1994): Funktionale Aspekte der Schriftkultur. In: Günther, Hartmut/Ludwig, Otto (Hrsg.): Schrift und Schriftlichkeit. Ein interdisziplinäres Handbuch internationaler Forschung, Bd. 1. Berlin, 587-604.

Kopomaa, Timo (2000): The City in your Pocket. Birth of the Mobile Information Society. Tampere.

Krotz, Friedrich (2001): Die Mediatisierung kommunikativen Handelns. Der Wandel von Alltag und sozialen Beziehungen, Kultur und Gesellschaft durch die Medien. Wiesbaden.

Leppänen, Sanne (2001): The Relationship between Electronic Mail and Paper Mail. In: Digital Media Institute (Ed.): Case Study: Changes in Postal Services – Paper or Bytes? The Consumer Research Project. Tampere, September 2001, 51-80.

Ling, Rich (1998a): "One can talk about common manners!": The use of mobile telephones in inappropriate situations. In: Telektronikk 94, 1998a, 65-76.

Ling, Rich (1998): "She calls, (but) it's for both of us you know": The Use of Traditional fixed and Mobile Telephony for Social Networking among Norwegians Parents. Kjeller, Telenor Research and Development, 1998b (R&D Report 33/1998).

Ling, Rich (2001): Adolescent Girls and Young Adult Men: Two Subcultures of the Mobile Phone. Kjeller, Telenor Research and Development, 2001 (R&D Report r 34/2001).

Ling, Rich (2002): The Social Juxtaposition of Mobile Telephone Conversations and Public Spaces. Paper for presentation at the conference on the social consequences of mobile telephones. Chunchon, Korea, July 2002.

Maybin, Janet (1999): Death Row Penfriends: Some Effects of Letter Writing on Identity and Relationsships. In: Barton, David/Hall, Nigel (Eds.): Letter Writing as a Social Practice. Amerstam/Philadelphia, 151-177.

Mortensen, David C. (1972): Communication. The Study of Human Interaction. New York.

Nickisch, Reinhard, M.G. (1991): Brief. Stuttgart.

O.N (2001): Gefummel auf der Hinterbank. In: SPIEGEL ONLINE, 23, Juli 2001. URL: http://www.spiegel.de/netzwelt/telekommunikation/0,1518,146554,00.html.

Ogburn William F. (1969): Kultur und sozialer Wandel. Berlin.

Saxer, Ulrich/Langenbucher, Wolfgang/Fritz, Angela (1998): Kommunikationsverhalten und Medien. Lesen in der modernen Gesellschaft. Eine Studie der Bertelsmann Stiftung. Gütersloh.

Seitz, Helmut (1999): Vom „Breve scriptum" zum E-Mail. Briefkultur einst und heute. Manuskript zur Radionsendung im Rahmen der Reihe „Diese unsere Welt". Bayern 2 Radio, Sonntag, 3. Oktober 1999.

Siegert, Bernhard (1996): Verschmähte Majestät. Die Erfindung der Briefmarke. In: Beyrer, Klaus/Täubrich, Hans-Christian: Der Brief. Eine Kulturgeschichte der schriftlichen Kommunikation. Heidelberg, 68-77.

Steinhausen, Georg (1889): Geschichte des deutschen Briefes. Zur Kulturgeschichte des deutschen Volkes. Berlin.

Uka, Walter (1994): Brief. In: Faulstich, Werner (Hrsg.): Grundwissen Medien. München, 108-125.

Wurtzel, Alan H./Turner, Colin (1977): What Missing the Telephone Means. In: Journal of Communication, 27, 1977, 48-57.

Der Brief – historische Betrachtungen[1]

Reinhard M.G. Nickisch

Der Bogen wäre zu schlagen von den Mitteilungen auf Papyri und Tontafeln im 3. und 2. Jahrtausend v. Chr. bis zu den E-Mail-Nachrichten im beginnenden 3. Jahrtausend *nach* Chr. Der Weg des Briefes durch mehr als vier Jahrtausende verläuft parallel zu dem der Schriftkultur der Menschheit im Morgen- und Abendland. Der Brief ist – das läßt sich mit großer Sicherheit behaupten – die älteste schriftliche Textform überhaupt, und er ist die haltbarste und wohl auch unverzichtbarste, die wir kennen und über die wir verfügen.

Ihre vielfältige, variantenreiche Entwicklung bis in unsere Tage im Rahmen dieses Referats nachzuzeichnen, ist natürlich nicht möglich. Ich kann nur skizzieren, über welche maßgeblichen Stationen diese Entwicklung sich vollzogen hat, welche besonders wichtigen Funktionen dem Brief im Verlaufe seiner Geschichte zugewiesen worden sind und welche soziale und kulturelle Rolle er in den verschiedenen Epochen seiner Verwendung gespielt hat.

Worin besteht die Konstanz des Phänomens ‚Brief'? Sie verdankt sich dem Grundbedürfnis, aus dem er erwachsen ist – dem Bedürfnis des Menschen, *etwas* oder *sich* jemandem mitzuteilen, der nicht präsent ist, sondern sich räumlich getrennt von dem Mitteilungswilligen aufhält. Der Brief ist insofern Ersatz für einen nicht möglichen mündlichen Kommunikationsakt, dessen Grundfunktionen er eben darum gleichfalls erfüllen kann: Er informiert entweder sachbezogen, oder appelliert partnerbezogen, oder (und diese ist die historisch älteste Grundfunktion) er manifestiert das Selbst des Schreibenden (vgl. Belke 1973).

Die genannten konstant bleibenden Merkmale und Funktionen werden im Prinzip auch dort nicht suspendiert, wo Briefe gefälscht werden – etwa zu kriminellen oder auch politischen Zwecken – oder wo Briefe fingiert werden – zu fiktional-literarischen oder publizistischen Zwecken. Im ersten Falle haben wir es lediglich mit einer mißbräuchlichen, im zweiten mit einer uneigentlichen bzw. sekundären Verwendung der Briefform zu tun.

Ich wage schon hier die These: Auch die im Laufe der Briefgeschichte wechselnden schreibtechnisch-materiellen Mitteilungsträger – Papyrus, Tontafeln, mit Wachs überzogene Tontäfelchen, Pergament, Papier, elektronische

---

[1] Die nachfolgenden Ausführungen lehnen sich gutenteils eng an meinen Beitrag ‚Brief' im ‚Fischer Lexikon/Literatur', Bd.1 (hrsg. v. U. Ricklefs). Frankfurt a. M. 1996, 321-335 an. Dort auch weitere Literaturhinweise.

Medien – haben die invarianten Kennzeichen und kommunikativen Leistungen des ‚Briefes' substantiell nicht in Frage gestellt.

Von materiellen Bedingungen hing indes die Entwicklung und Verbreitung der Briefkultur seit jeher entscheidend ab. In den ältesten Zeiten, aber auch noch im Mittelalter war man für die Beförderung von Briefen auf (berittene) Boten und Reisende angewiesen. Ein regelmäßiger Postdienst wurde erst seit dem Ende des 15. Jahrhunderts verfügbar, und einen flächendeckenden Brief-Dienst gibt es erst seit gut eineinhalb Jahrhunderten. Die elektronischen Medien der jüngsten Gegenwart haben ein globales Netzwerk für Versand und Empfang schriftlich fixierter Nachrichten geschaffen, das quasi unabhängig von personellen und beförderungstechnischen Hälften funktioniert.

Abhängig jedoch von den im Laufe der Sozial- und Kulturgeschichte sich wandelnden Bedürfnissen und Anschauungen bildeten sich bestimmte *Briefkonzepte* (vgl. Nickisch 1996) heraus. Im Mittelalter etwa galt der Brief hauptsächlich als urkundlicher, also im rechtlichen Sinne verbindlicher Schriftsatz. Im Zeitalter des Barock und des Absolutismus begriff man briefliche Verlautbarungen vorab als Manifeste ständischer Repräsentanz. Und erst im 18. Jahrhundert entwickelte man ein Verständnis des Briefes, demzufolge dieser eine frei formulierte schriftliche Bekundung eines individuellen Subjekts sein sollte. Wie das *Briefkonzept* der elektronisch übermittelten Botschaften aus jüngster Zeit zu fassen ist, bleibt noch zu prüfen und zu definieren. Markante Kennzeichen dieses historisch jüngsten Briefkonzepts dürften in jedem Fall eine raschen Verbrauch erleichternde Kürze und extreme Nähe der schriftlichen Botschaft zur mündlichen Redeweise sein. (Bezeichnenderweise ist ja in diesem Zusammenhang der forciert gebildete Anglizismus ‚chatten' in Gebrauch gekommen.)

Die Vorstellung und Erörterung der unterschiedlichen Briefkonzepte, die sich historisch festmachen ließen, lenkt den Blick auch auf die eingangs erwähnten wesentlichen Stationen, über welche sich die Entwicklung der Briefkultur vollzog. Es lassen sich insgesamt fünf solcher Stationen oder Epochen der europäischen und deutschen Briefgeschichte feststellen und beschreiben. Ich skizziere sie im Folgenden.

Der Brief in der Antike

Die aus der griechisch-römischen Antike tradierten Briefe sind ganz überwiegend literarisch überformte Schriftzeugnisse – von Platon, Isokrates, Cicero, Horaz und Seneca z.B. Die Briefe des Apostels Paulus und die der spätantiken Kirchenväter waren offene Schreiben, die der Verkündung und Verbreitung der christlichen Glaubenslehre dienten. Die Epistolographie, also die Kunst des

Briefeschreibens, wurde bei Griechen und Römern als Teil der Redekunst angesehen und gelehrt. Die rhetorische Aufmachung der antiken Briefe wirkte in der europäischen Briefliteratur als Vorbild fort bis ins 18. Jahrhundert.

Der Brief im Mittelalter

Briefe wurden in Europa bis ins 15. Jahrhundert hinein lateinisch geschrieben. Dann verfaßte man sie zunehmend in der Volks- bzw. Nationalsprache. Der Umstand, dass bloß Lateinkundige – und das war nur eine ganz schmale Schicht – im Mittelalter Briefe schreiben konnten, begünstigte entscheidend das Prestige, das ein Brief als urkundlich-amtliches Zeugnis oder auch als gelehrte Darlegung genoß. Aufgesetzt wurden solche ‚Briefe' fast durchweg in den Kanzleien der Herrscher und der hohen Geistlichkeit sowie in Klöstern.

In den geistlichen Schulen wurden die briefschreiberischen Fähigkeiten nach Maßgabe der antiken Rhetorik und überlieferter Formel- und Briefsammlungen weitervermittelt. Aus diesen Sammlungen erwuchsen die brief-rhetorischen Lehrbücher, die als Grundlage des Briefschreibe-Unterrichts dienten. Aus ihnen hinwiederum gingen Ende des 17. Jahrhunderts die ‚Briefsteller' hervor.

Private briefliche Äußerungen, noch dazu solche, die stilistisch frei gestaltet waren und individuelle Gedanken und Gefühle ausdrückten, waren dem Mittelalter praktisch fremd. Insofern kann man vom Brief dieser mehrere Jahrhunderte umfassenden Epoche als von dem vorsubjektiven Brief in der Geschichte dieser Textform sprechen. Erste wichtige Impulse erhielt die Entwicklung persönlich gehaltener und deutsch geschriebener Briefe hierzulande durch die Schriften der Mystiker des 12. bis 14. Jahrhunderts und durch literarische Briefe in Form von gereimten Briefgedichten oder versifizierten Briefeinlagen in den Versepen des Mittelalters. Solche poetischen Minnebriefe dürften auch zur Abfassung von prosaisch-realen Liebesbriefen ermutigt haben.

Der Brief im 16. und 17. Jahrhundert

In diesen beiden Jahrhunderten breitete sich das Briefwesen beträchtlich aus. Dominierend waren Kanzleischreiben, Handelsbriefe und gelehrt-philosophische Briefwechsel. Einen Sonderrang dürfen die riesigen Korrespondenzen des Reformators Martin Luther und der am Hofe von Versailles lebenden Liselotte von der Pfalz am Beginn resp. am Ende dieser beiden Jahrhunderte beanspruchen. Beider Briefoeuvre war freilich in vieler Hinsicht zeituntypisch: Der Wittenberger Kirchenrebell und die in der Fremde lebende deutsche Fürstentochter schrieben nämlich sehr persönlich-originelle Briefe – ganz im Gegensatz zu den Beamten und Handelsleuten, in deren brieflichen Elaboraten unter dem Einfluß der lateinischen Epistolographie eine rhetorisch-aufwendige Syntax und eine steifformelhafte Ausdrucksweise regierten. Mit dem Gebrauch solch eines kanzlistischen Brieftypus glaubte man lange Zeit dem ständischen Range der brieflich Kommunizierenden am angemessensten Rechnung tragen zu können. Eine stilistisch progressive deutsche Briefliteratur entwickelte sich erst um einiges später als beispielsweise in Italien, Frankreich und Spanien.

Zu dieser historischen Verspätung in Deutschland trug allerdings auch die Wiedergeburt des lateinsprachigen Briefstils im Humanismus nicht unerheblich bei. Zudem wurde in der Regierungszeit Karls V. das Französische zur Diplomatensprache. So wetteiferten im amtlichen Briefverkehr bald das Deutsche und das Französische miteinander – teilweise auch das Lateinische – mit der Folge, dass man in den Briefen immer mehr fremdsprachige Wörter und Wendungen antraf, vor allem französische und lateinische. Aber auch italienische und spanische Einsprengsel findet man da, zumal in den Korrespondenzen aus der Zeit des Dreißigjährigen Krieges. Ein besonders eindrucksvolles Beispiel dafür sind die extrem gemischtsprachigen Briefe von und an Wallenstein. Viele bedeutende Gelehrte der Zeit schrieben weiter lateinisch oder französisch, so der Philosoph Gottfried Wilhelm Leibniz oder der Astronom Johannes Kepler.

Nach 1650 galt allein noch der französische Brief als gesellschaftsfähig. Diese Meinung hielt sich bis weit ins 18. Jahrhundert hinein. Gegen den prävalierenden Einfluß des Französischen auf die deutsche Briefsprache leisteten jedoch schon bald etliche angesehene Autoren des Barock tatkräftig Widerstand. Der Nürnberger Poet Georg Philipp Harsdörffer und der dichtende Jurist Kaspar Stieler taten das im Rahmen dickleibiger Lehrwerke, mit denen sie Ihren Landsleuten einen formgerechten deutschen Briefstil schmackhaft machen wollten. Beide waren bezeichnenderweise eifrige Mitglieder einer der zahlreichen Sprachgesellschaften des 17. Jahrhunderts, die für den Gebrauch und die Reinerhaltung der deutschen Sprache kämpften.

Auch andere Literaten und Poeten des Barock-Zeitalters förderten durch die kunstvolle Verwendung der Muttersprache in ihren dichterischen Produktionen mittelbar das Schreiben deutscher Briefe, so etwa der Lyriker Christian Hofmann von Hofmannswaldau durch seine berühmt gewordenen ‚Heroiden‘ (=‚Heldenbriefe‘) und die Romandichter Herzog Anton Ulrich und Daniel Casper von Lohenstein durch die zahlreichen Einlage-Briefe in ihren voluminösen Werken – Briefe, die jedoch ebenso wie die zeitüblichen realen gemischtsprachigen Schreiben die ständische Verfasstheit der zeitgenössischen Gesellschaft zu repräsentieren hatten.

Der Brief im 18. und 19. Jahrhundert

Beide Jahrhunderte zeichnen sich durch eine vorher unbekannte briefliche Mitteilungsfreudigkeit aus. Briefhistoriker sprechen daher begründetermaßen von ihnen als den ‚Jahrhunderten des Briefes'. In Deutschland holte man im 18. Jahrhundert rasch das nach, was in Frankreich z.T. schon im 17. und in England bereits im frühen 18. Jahrhundert an briefkulturellen Leistungen erbracht worden war. Ich erinnere an die europaweit bewunderten französischen Briefwerke der Mme de Sévigné und der Ninon de Lenclos bzw. an die ähnlich geschätzten englischen Briefschreiber John Locke, Lady Montagu, Alexander Pope und Samuel Richardson.

Um die Mitte des 18. Jahrhunderts gelang in Deutschland, dank der durchgreifenden Briefstil-Reform des populären Leipzigers Fabeldichters Christian Fürchtegott Gellert von 1751, der Durchbruch zum frei formulierten individuellen und gefühlsbestimmten Brief, dessen Verbreitung Hand in Hand ging mit dem, was Sozial- und Literarhistoriker als *Freundschaftskult* bezeichnet und beschrieben haben. Auch der Liebesbrief, als Ausdruck persönlicher erotischer Regungen und Wünsche, wurde nun erst im eigentlichen Sinne möglich. Es entstand eine Unmenge von freundschaftlichen und amourösen Briefwechseln, deren sprachliche Lebendigkeit und emotionale Intensität bis zum Ende der Hochromantik kaum nachließen.

Besonders bemerkenswert ist, dass an dieser expansiven und zugleich intensiven briefkulturellen Entwicklung bürgerliche und adlige Frauen von Anfang an in höchst fruchtbarer Weise beteiligt waren. Die Briefe Frau Gottscheds, Meta Klopstocks, der Karschin, Sophie La Roche's, Caroline Schlegel-Schellings, Bettina von Arnims und Rahel Varnhagens gehören zu den Glanzlichtern der deutschen Briefliteratur. Überdies waren die Briefe dieser Frauen Mittel und Manifeste der in Deutschland einsetzenden weiblichen Emanzipation. Die Chance, die den Frauen das uneingeschränkte Schreiben vertraulicher Episteln bot, nutzten sie in ihrer überaus lebendig und lebensnah geschriebenen Briefprosa in einem Grade, der die Produkte ihrer Feder oft denen ihrer männlichen Korrespondenz-Partner überlegen erscheinen läßt.

Die briefeschreibenden Männer und Frauen machten sich noch im Laufe des 18. Jahrhunderts souverän frei von all den rhetorisch-epistolographischen Form-Konventionen, welche die Abfassung eines Briefes in bestimmte Bahnen gezwungen und auf solche Weise rigide gegängelt hatten. Das Unmittelbare, Individuell-Spontane des Ausdrucks und der Gedankenführung, das nunmehr die Diktion der Briefe prägte, wurde auch die Voraussetzung und die Basis für die großen, literarisch hochbedeutsamen Briefwerke der Aufklärung, des Sturms und Drangs, der Klassik und der Romantik. Ich erinnere an die Briefe Lessings,

Lichtenbergs, Goethes, Schillers, Herders, Hölderlins, Jean Pauls, Wilhelm von Humboldts, der Brüder Schlegel, Ludwig Tiecks, Novalis', Clemens Brentanos, Heinrich von Kleists und Joseph von Eichendorffs.

Die Leichtigkeit und Freiheit, die man sich seit dem 18. Jahrhundert beim Verfassen von Briefen erschrieben hatte, verlockte viele Autoren bald dazu, die neuen brieflichen Möglichkeiten literarisch-fiktional zu nutzen. Besonders naheliegend war es, das Lebendig-Spontane, das die briefliche Ausdrucksweise seit der erfolgreichen Gellertschen Briefstil-Reform auszeichnete, als Mittel der Stilisierung und der bewußten Selbstdarstellung einzusetzen. Hierin taten sich hauptsächlich einige Romantiker hervor – an erster Stelle der besonders in sein Selbst verliebte Clemens Brentano.

Ansonsten entwickelten Autoren in ganz Europa eine Vielzahl von Form-Varianten mit Hilfe der Brief-Fiktionalisierung. Damit verfolgten Literaten und Publizisten verschiedene Intentionen: künstlerische, essayistische, kritische und didaktische. Es entstanden auf diese Weise ganze Serien von fiktiven Briefen: z.B. Reisebrief-Folgen oder sog. Sammlungen philosophischer, literaturkritischer, erbaulicher oder belehrender Briefe. Sogar Briefgedichte wurden Mode.

Den Höhepunkt literarisch-künstlerischer Verwendung der Briefform stellte zweifellos der europäische Briefroman dar, der schon um 1750 aufkam und sich bis ins 19. Jahrhundert hinein hielt. In dieser Zeit sind in Europa über 1000 Briefromane veröffentlicht worden. Am wirkungsstärksten und folgenreichsten waren ohne Frage die entsprechenden Werke Richardsons, Rousseaus und Goethes. Ihren mehr als ein halbes Jahrhundert anhaltenden Erfolg verdankten die Briefromane dem, was man nachgerade als die Briefmanie jener Zeit ansprechen kann.

Erst jenseits der Romantik nahm die Lust ab, sich zu künstlerischen Zwecken epistolarer Ausdrucksformen zu bedienen. Im Zeichen des Aufschwungs der philosophisch-historischen und bald auch der Naturwissenschaften, der die signifikante Zunahme gelehrter Korrespondenzen zur Folge hatte, setzte sich eine Tendenz zu wissenschaftlich-sachbezogener Erörterung in den Briefen durch. Der Trend zur Versachlichung verstärkte sich derart, dass bereits in der zweiten Hälfte des 19. Jahrhunderts solch reduktive Briefformen wie das Telegramm und die Postkarte aufkamen, die sich lediglich dazu eigneten, knappe, bündige Mitteilungen zu übermitteln.

Exkurs zur Bild-Postkarte: Schon kurz nach Einführung der sog. Correspondenz-Karte im Jahre 1870 und der Zulassung des privaten Verkaufs von Postkarten wurde die Bild-Postkarte erfunden und kam zügig in Umlauf. Herstellung und Vertrieb von solchen bebilderten Karten wuchsen bis zum Ausbruch des Ersten Weltkriegs enorm. Ein paar Zahlen als Beleg: 1900 schlug allein der Postbezirk Berlin 72 Millionen Postkarten um. 30.000 Menschen arbeiteten in den Lithographie-Anstalten, in denen die Bild-Postkarten hergestellt wurden. Darüber hinaus beschäftigten die Karten-Hersteller auch viele Heimarbeiter und Heimarbeiterinnen. Die Ansichtskarten erfreuten sich rasch solcher Beliebtheit, dass man sie schon vor der Wende zum 20. Jahrhundert zu sammeln anfing. So entstand auch eine Nachfrage nach Sammler-Alben. Firmen, Hotels und Herrscherhäuser entdeckten, welcher Reklame-Effekt sich mit der Verbreitung hauseigener Bildpost-Karten erzielen ließ. Kurzum, bevor sich neue Mitteilungsträger, wie insbesondere das Telefon, durchsetzten, erlebte die bebilderte Postkarte ihr ‚goldenes Zeitalter' (Heller 2001).

Zugleich mit der Tendenz zur Versachlichung brieflicher Mitteilungen machte sich ein anderer Trend bemerkbar: der zur Politisierung wichtiger Bereiche der Briefkultur des 19. Jahrhunderts. Bereits die Jungdeutschen in den dreißiger Jahren benutzten die Briefgestalt als publizistisches Mittel, um die reaktionäre zeitgenössische Politik und die rückständigen gesellschaftlichen Verhältnisse in Deutschland wirkungsvoll anzuprangern. Am berühmtesten wurden Ludwig Börnes radikal-kritische ‚Briefe aus Paris'. In Briefform kleidete man aber ähnlich gern satirische und polemische Angriffe – meist veröffentlicht in entsprechenden populären Zeitschriften wie dem ‚Kladderadatsch' oder dem ‚Simplicissimus'. Auch der moderne politische Offene Brief an einflußreiche prominente Persönlichkeiten ist ein Produkt des 19. Jahrhunderts und der erwähnten Tendenz zur Politisierung im Briefwesen zuzuschreiben.

Die rein literarische Verwendung des Briefes, zumal die im Rahmen von Briefromanen, Versepisteln und Epistolaressays, nahm dagegen auffällig ab. Nur von Brief-Einlagen in Romanen und Dramen wurde weiterhin in beachtlichem Maße Gebrauch gemacht, wie man das in einschlägigen Werken Goethes, E.T.A. Hoffmanns, Eduard Mörikes, Theodor Fontanes bzw. Kleists, Franz Grillparzers, Christian Dietrich Grabbes, Johann Nepomuk Nestroys und Gerhart Hauptmanns beobachten kann.

Das 19. Jahrhundert bescherte, wie schon erwähnt, der Menschheit Telegraf und Telefon. Die Gespräche mittels des letzteren wurden – vollends im darauf folgenden Jahrhundert – zu einem mächtigen Konkurrenten dessen, was man sich sonst und zuvor in Briefen (oder auch noch auf Postkarten) mitgeteilt hatte. Das hatte auf längere Sicht einen Rückgang der kommunikativen und gesellschaftlichen Bedeutung des Briefes zur Folge, und zwar sowohl des privatbürgerlichen wie des formell-geschäftlichen.

Dem nun steht das erstaunliche Faktum gegenüber, dass uns das 19. Jahrhundert die umfänglichsten Briefwechsel der bisherigen Briefgeschichte hinterlassen hat. Das gilt für ganz Europa. Unter den Epistolographen dieses Jahrhunderts finden sich viele der anspruchsvollsten und fruchtbarsten der abendländischen Briefgeschichte überhaupt: Walter Scott, Ugo Foscolo, Lord Byron, Georg Büchner, Honoré de Balzac, Charles Dickens, Friedrich Hebbel, Hans Christian Andersen, Gustave Flaubert, Gottfried Keller, Otto von Bismarck, Friedrich Nietzsche und Theodor Fontane.

Der Brief im 20. Jahrhundert

Die große epistolographische Tradition hat sich zunächst auch noch im 20. Jahrhundert als unerwartet wirksam erwiesen. Angesichts der gewaltigen Briefbestände, die uns auch das jüngst vergangene Jahrhundert überliefert hat, kann von einem Ende oder der Erschöpfung der Möglichkeiten des gedankenreichen privaten Briefes keine Rede sein. Wiederum sind es zahlreiche Schriftsteller, die sich als passionierte Briefschreiber betätigt haben. Vor allem sind da zu nennen der Lyriker Rainer Maria Rilke und der Erzähler Franz Kafka, aber auch die Autoren Hugo von Hofmannsthal, Thomas Mann, Sigmund Freud, André Gide, David Herbert Lawrence, Gottfried Benn, Hermann Hesse und Bertolt Brecht. Auffallend ist indes bei vielen dieser hochkarätigen Briefschreiber ihre Neigung zum Monologisch-Apologetischen, also etwas, das der originären Grundfunktion des Briefes, die auf Dialog und Austausch ausgerichtet ist, zuwiderläuft.

Obwohl der Brief im 20. Jahrhundert durch eine Vielzahl technisch-elektronischer Medien starke, ja scheinbar erdrückende Konkurrenz erhalten hat, ist das Volumen konventioneller und geschäftlicher Schreiben geradezu stupend gewachsen. Tag für Tag sind am Ende des Jahrhunderts ca. 70 Millionen Briefe in der Bundesrepublik unterwegs; Tendenz steigend (vgl. Stock 2001: 49). Der private Brief jedoch als unumgänglicher Übermittler ganz persönlicher Mitteilungen, Gedanken und Gefühle hat allgemein seine vormalige kulturelle und gesellschaftliche Funktion und Bedeutung eingebüßt – wiewohl es auch im 20. Jahrhundert immer wieder Lebenslagen gab, in denen der persönliche gehaltvolle Brief sich als unersetzbar erwies und mit all seinen Qualitäten voll zur Geltung kam. Diese Lebenslagen waren Notsituationen, wie sie Menschen in Kriegen, in Lagern und in Kerkern durchlitten haben. Man hat diese Erfahrung zugespitzt so ausgedrückt: ‚Not lehrt Briefe schreiben.' Ich bin sicher, dass das auch in unserem Jahrhundert, das gerade begonnen hat, der Fall sein wird.

Während das persönlich-intime Schreiben seit dem Beginn des 20. Jahrhunderts immer mehr in den Hintergrund trat, rückten zwei Abarten des Briefes in den Vordergrund, die, obschon scheinbar auch persönlich gehalten, gleichwohl nicht für einen privaten Partner, sondern entschieden für die Öffentlichkeit bestimmt waren und sind: Ich spreche von den Offenen Briefen und von den Leserbriefen. Wer Zeitungen und Zeitschriften der letzten Jahrzehnte durchsieht, wird rasch feststellen, dass sich erstaunlich viele Bürger und Bürgerinnen in Leserzuschriften und, in Angelegenheiten größerer Tragweite, auch in der Form von Offenen Briefen öffentlich zu Wort gemeldet haben und weiterhin melden. Beide Abarten des Briefes sind aus dem sozialen und politischen Leben einer demokratisch verfaßten Gesellschaft nicht mehr wegzudenken.

Was die Geschäftskorrespondenz betrifft, die quantitativ im 20. Jahrhundert ja außerordentlich zugenommen hat, so ist da in der zweiten Hälfte dieses Zeitraums eine dezidierte Zurückdrängung aller Elemente eines freien und persönlichen Ausdrucks zu beobachten. Im Zuge der fortschreitenden Rationalisierung in Betrieben, Behörden, Banken und Handelsunternehmen aller Art hat sich in deren Schreiben eine stark bis extrem genormte und formularisierte Diktion durchgesetzt. Anleitungen zur Geschäftskorrespondenz, die, historisch gesehen, in der mehr als hundert Jahre alten Tradition der Handels-Briefsteller stehen, lehren unter Hinweis auf ökonomische Sachzwänge, wie man zeitsparend möglichst knapp gefaßte, formularartige Schreiben an Geschäftspartner, -freunde und Kunden aufsetzt.

In Anbetracht der hiervor geschilderten Entwicklungen im Briefwesen des vorigen Jahrhunderts mag es überraschen, dass es mit dem intimsten Brieftyp – dem Liebesbrief – keineswegs vorbei ist. Untersuchungen einer großen Zahl wirklich geschriebener Liebesbriefe der achtziger Jahre haben gezeigt, dass diese sich zwar völlig unkonventionell, unsentimental und sozusagen ‚formlos' ausnehmen, aber nichtsdestoweniger radikal persönlich, häufig vulgär oder gar obszön in der Ausdrucksweise sind, öfters auch unversehens poetisch und menschlich tief anrührend. Was aus dem Liebesbrief unter dem Einfluß von E-Mail und SMS-Botschaften wird, ist natürlich noch nicht abzusehen.

Damit sind wir in der Gegenwart angelangt, in einer Zeit, in welcher der Brief seit etlichen Jahren in den elektronischen Medien (Fax, Handy, E-Mail, SMS) eine fast erdrückende Konkurrenz erhalten hat. (Sie haben, nebenher bemerkt, das zuvor für eilige Botschaften unverzichtbare, aber vergleichsweise teure Telegramm fast überflüssig gemacht.) Seit dem Ende des verflossenen Jahrhunderts, hat sich der Computer, insbesondere bei jungen Menschen, zu einem überaus intensiv genutzten „Kontakt- und Beziehungsmedium" (vgl. Höflich/Gebhardt 2001: 24) entwickelt. Der PC zusammen mit dem Internet hat unversehens den Status eines neuen Mediums der „interpersonalen Kommunikation" (ebd.) erlangt.

Hauptträger dieser Art von Kommunikation sind die über das Internet verschickten und empfangenen E-Mails und die per Handy übermittelten SMS – schriftlich fixierte Botschaften, deren ‚Transport' Internet und Mobil-Telefon ermöglichen. Ihre technologische Qualität – und das ist geradezu revolutionär neu – erlaubt einen unerhört raschen Austausch von Benachrichtigungen, so dass zwischen den von zwei Partnern gewechselten Botschaften kaum mehr das entsteht, was der für den herkömmlichen brieflichen Austausch typische „Phasenverzug" (vgl. Bürgel 1976: 288) war. Der zeitliche Abstand zwischen Nachricht und Antwort kann beim sog. ‚Online-Chat' derart verkürzt werden, dass er sich der gegen Null tendierenden Zeitdifferenz beim mündlichen Rede-Wechsel stärkstens annähert.

Allerdings ist auch dieser sehr geringe Zeitabstand nicht identisch mit der minimalen Zeitdifferenz zwischen Rede und Antwort im mündlichen Gespräch. Das liegt schlicht daran, dass beide, Nachricht und Gegen-Nachricht, bevor sie emittiert werden, *verschriftlicht* werden müssen und eines technisch-elektronisch Übermittlungsvorgangs bedürfen. Diesen stellte vormals (und stellt ja auch noch heute) die Beförderung einer schriftlichen Mitteilung durch die Post dar. Die ‚Beförderung' leisten nunmehr das Internet und das Mobil-Telefon. In diesem Betracht existiert m. E. zwischen dem traditionellen Brief und dem neuen E-Mail- oder SMS-Text kein prinzipieller Unterschied.

Eine andere Frage ist natürlich, welche Auswirkungen die neue PC- oder Handy-vermittelte Kommunikation, die bis zum Jahre 2000 quantitativ rasant zugenommen hat, auf die Beziehung der elektronisch miteinander Kommunizierenden hat. Hier schließen die Überlegungen und Untersuchungen an, deren Ergebnisse sich in der Studie von Höflich/Gebhardt niedergeschlagen haben. Sie stellen meiner Meinung nach meine These nicht in Frage, dass die Form interpersonaler Kommunikation, wie sie der Austausch von E-Mail- und SMS-Botschaften darstellt, eine Fortführung der vormaligen brieflichen Kommunikation ist, da auch die neuen Kontakt- und Beziehungsmedien, wie der Brief, auf der Grundlage schriftlicher Kommunikation funktionieren und einer ‚technischen' Übermittlung bedürfen.

Etwas verkürzt und entsprechend abgewandelt könnte man darum ein bekanntes Wort des preußischen Militärtheoretikers Karl von Clausewitz aus seiner Schrift ‚Vom Kriege' (1832) benutzen und sagen: ‚Der Nachrichten-Austausch per E-Mail und SMS ist nichts als eine Fortsetzung des brieflichen Verkehrs mit Einmischung anderer Mittel.' (vgl. 11. Aufl., S. 640: *„Der Krieg ist nichts als eine Fortsetzung des politischen Verkehrs mit Einmischung anderer Mittel."*)

Wie sich Briefe einerseits und E-Mail- bzw. SMS-Nachrichten andrerseits zueinander verhalten, wird man wohl leichter und zugleich gegründeter untersuchen können, wenn man ausreichend große Sammlungen von Exemplaren der neuen elektronischen Vermittlungskultur zur Verfügung hat. In Finnland sind laut U. Stock junge Mädchen bereits darauf verfallen, SMS-Stücke in Poesie-Alben zu sammeln – wie das die seinerzeitigen Sammler der Bild-Postkarten getan haben. Prompt ist dort ein „elektronisches Poesiealbum" auf den Markt gekommen, das den Sammlerinnen die „Mühen des Abschreibens" ersparen soll und die „digitale Speicherung empfangener Botschaften" erlaubt (vgl. Stock 2001: 49). Sie können nun ihren Freundinnen und Freunden mit Stolz ihr neues Album zeigen, das vielleicht den Titel trägt ‚Meine schönsten SMS'...

Literatur:

Belke, H (1973): Literarische Gebrauchsformen. Düsseldorf.
Bürgel, P. (1976): Der Privatbrief. Entwurf eines heuristischen Modells. In: Dt. Vierteljahresschrift f. Lit.-wiss. u. Geistesgesch. 50, 1976, 281-297.
Heller, P. (2001): „Grüße vom..." Bildpostkarten in der (Göttinger) Paulinerkirche. In: Göttinger Tageblatt, 18.8.2001, 25.
Höflich, J. R./Gebhardt, J. (2001): Der Computer als Kontakt- und Beziehungsmedium. Theoretische Verortung und explorative Erkundungen am Beispiel des Online-Chats. In: Medien & Kommunikationswissenschaft, 49, Jg., 2001, 24-43.
Nickisch, R. M. G. (1991): Brief. Stuttgart.
Stock, U. (2001): Bitte melde dich! Ich habe zwei Telefone,...In: DIE ZEIT Nr. 30, 19.7.2001, 47-49

Form und Beziehung am Beispiel schriftlicher Kommunikation

Christian Stegbauer

Die Art und Weise, wie die Menschen miteinander umgehen, zeigt an, in welchem Verhältnis sie zueinander stehen. D.h. Umgangsformen können als Beziehungsindikator angesehen werden. Aufgrund der dokumentarischen Qualität schriftlicher Kommunikation lassen sich die Formen besonders gut nachvollziehen und damit auch Hinweise darauf, wie eng die Beziehung der Kommunizierenden zueinander ist. Verschiedene Briefgattungen und die dort gebräuchlichen Anreden und Grußformeln werden näher betrachtet. Hierin kommt der soziale Abstand zum Ausdruck. Nicht individuelles Wollen oder Wünschen kann Formen ersetzen, denn diese sind notwendig um eindeutige Informationen über die Beziehung mitzuteilen.

Trotz einer ungeheuren Vielfalt an Beziehungen mit all ihren individuellen Ausformungen, lassen sich die meisten unserer Beziehungen typisieren, bzw. in Rollenmustern beschreiben: Jeder kennt die typischen Umgangsformen in einer Familie, die meisten haben noch Onkel oder Tante und wenn nicht, dann doch zumindest einen Freund, bzw. eine Freundin. Wer von den Erwachsenen nicht gerade Single ist, lebt wahrscheinlich mit seinem Partner zusammen. Von diesen in vielen Fällen eher engen Beziehungen können weitere geschieden werden, etwa die anonyme Beziehung zu Sachbearbeitern in Behörden oder Unternehmen, bei denen es weniger darauf ankommt, wie der Briefeschreiber zu dem Adressaten steht, vielmehr steht dort die Behandlung einer Sachfrage im Vordergrund. Abgesehen vom eigentlichen Inhalt, läßt sich die Nähe, bzw. Ferne durch die Anrede und die Grußformel ausdrücken.

Die Form der schriftlichen Mitteilung wird außer von der Beziehung vor allem durch den Anlaß bestimmt: Häufige Veranlassungen zum Schreiben privater Post sind wiederkehrende Festtage, etwa Weihnachten, Jahrestage wie Geburtstage, festliche Wechsel des Status, etwa Kommunion, Konfirmation, Eheschließung, Taufe oder traurige Anlässe, etwa der Tod eines Angehörigen. Die schriftliche Kommunikation, ist trotz einiger Verhaltensspielräume durch Konventionen weithin reguliert. Ein Übertreten solcher formaler Regeln ist möglich, gilt aber als Normverletzung, sofern nicht eine individuelle Vereinbarung getroffen wird.

Überträgt man dieses Wissen aus der Briefkommunikation, nämlich dass Anlässe und Beziehung die Form der Kommunikation bestimmen, auf neue Kommunikationsmedien, dann zeigt sich, dass die oft hoch bewerteten medienspezifischen Eigenschaften im Verhältnis zu den aus den Beziehungsformen sich ergebenden Anforderungen, als vergleichsweise gering zu erachten sind.

Form und Beziehung bei den Klassikern Georg Simmel und Leopold von Wiese

Georg Simmel

Beschäftigt man sich als Soziologe mit Formen, dann fällt zunächst Georg Simmel der Begründer der formalen Soziologie ein. Simmel ist bekannt für seine anregende Denkweise, die durch ihr assoziatives Vorgehen eine ungeheure Vielfalt an Beispielen hervorbrachte, von denen es sich noch immer profitieren lässt. Nicht nur, dass Simmel selbst über den Brief als soziologisches Phänomen schrieb, er liefert mit seiner formalen Soziologie das Handwerkszeug zu einer Einordnung unterschiedlicher Typen der schriftlichen Kommunikation.

Das Wesen Simmels formaler Betrachtung wird am deutlichsten am „Beispiel der reinen Form" der Geselligkeit vorgeführt. Simmel (1984: 49, erstmals 1917) trennt zwischen Inhalt und Form, alles was *„in den Individuen, den unmittelbar konkreten Orten aller historischen Wirklichkeit, als Trieb, Interesse, Zweck, Neigung, psychische Zuständlichkeit und Bewegung vorhanden ist, dass daraus oder daran die Wirkung auf andere und das Empfangen ihrer Wirkungen entsteht"*. Dieses bezeichnet Simmel als Inhalt. Bei den Inhalten handelt es sich zwar um die Materie der Vergesellschaftung, diese entsteht aber erst, wenn die Beziehung hinzutritt, das Miteinander in spezifischen Formen eine Wechselwirkung generiert.

Simmel versucht nun an der Geselligkeit darzustellen, die außer dem eigentlichen Zusammensein keinen weiteren Zweck verfolgt, auf was eine formale Soziologie zu achten hat: Auf die hochgradig regulierten und typisierten Formen in denen Beziehungen auftreten. Die Betrachtung gilt nicht den wechselnden und den möglicherweise individuell variablen Inhalten,[1] sondern den immer wiederkehrenden Formen, die etwas über die Beziehungen aussagen. Die Entsprechung von Beziehung und Form findet man nicht nur bei der Geselligkeit, sie ist auch bei schriftlicher Kommunikation präsent.

---

[1] Hier seien auch Zweifel an den individuell variierenden Inhalten angemeldet: Die Beziehungsform bestimmt auch diese umfangreich. Man denke etwa an das Wetter oder den Fußball etc. als Gesprächsthemen. Auch ist klar, dass man nicht mit jedem beliebige Inhalte besprechen kann, auch hier ist entscheidend, wie der Kommunikationspartner zu einem steht.

Durch Simmels Interesse an der Form wird vom Einzelnen, dessen Beweggründe als Inhalt gekennzeichnet werden, abstrahiert; der Focus wird auf die Beziehung gelegt. In der Form kommt die Beziehung zum Ausdruck. D.h. die Form ist abhängig von der Beziehung und gleichzeitig gibt sie die Gelegenheit, Beziehungen zu definieren.

Leopold von Wiese

Die Beziehungslehre wird 1924 in Wieses „System der Allgemeinen Soziologie als Lehre von den sozialen Gebilden der Menschen" vorgestellt.[2] Ähnlich wie Simmel, vertritt Wiese darin die Auffassung, dass jedes Soziologiesystem, gleichzeitig formal und material sein müsse (Wiese 1924, zitiert nach 1968: 11). Unter die materialen Aspekte fallen die Inhalte, womit Motive, also das Innenleben der Menschen gemeint sind, aber auch alles Geschichtliche. Formal dagegen sind systematisch-außerhistorische Tatsachen, wobei lediglich logische, zeitlose und rein räumliche Kategorien verwendet werden. Da beides zusammengehört, braucht eine formale Betrachtung auch die Inhalte, um die beobachteten Phänomene interpretieren zu können.

Wiese (a.a.O. S. 53) sieht in den beständigen Distanzierungen von Menschen und Menschengruppen die Grunderscheinung, aus der das soziale Leben besteht. Die spezifische Aufgabe der Soziologie sei es, *„aus allen Geschehnissen, die Menschen betreffen, das Zwischenmenschliche zu isolieren und es in einem System wechselnder Distanzierungen zu erfassen."*

---

[2] Kern seiner Beziehungslehre sind die vier Hauptkategorien. 1. *Sozialer Prozess*. Diese dynamische Kategorie erfasst das, was als Näherungs- und Entfernungsprozesse zwischen den Menschen bezeichnet wird. 2. *Abstand* (die Distanz). Dieser Begriff sei, neben dem des sozialen Prozesses, der eigentliche Grundbegriff der Soziologie. Indem man die Tatsachen des Menschenlebens auf den Grad des Abstandes zwischen den Menschen ansehe, heiße es diese soziologisch zu betrachten. Die 3. Hauptkategorie ist die des *sozialen Raumes* (oder der sozialen Sphäre). Der soziale Raum sei das Universum, in dem sich die sozialen Prozesse abspielen, wobei dieser vom physischen Raum zu trennen sei. Der soziale Raum beherberge Prozesse, wie Verbindungen, Trennungen, Lösungen, Brechungen, Verteilungen, Gesellungen. Die 4. dieser Kategorien ist schließlich die des *sozialen Gebildes*. Wiese (1924, zitiert nach 1968: 114) definiert Gebilde auf die folgende Weise: „*ein soziales Gebilde ist eine Mehrzahl von sozialen Beziehungen, die so miteinander verbunden sind, dass man sie im praktischen Leben als Einheiten deutet."* Die einzigen Elemente von sozialen Gebilden seien soziale Prozesse, denn es gebe darüber hinaus nichts.

Die Bedeutung von Beziehungen

Für Sozialwissenschaftler, die sich in ihren theoretischen Überlegungen in der Tradition von Georg Simmel und Leopold von Wiese bewegen, gilt die Beziehung, also das, was sich zwischen den Menschen abspielt, als das soziale Atom.[3] Die Grundkategorie „Soziale Beziehung" besitzt jedoch einen Hauptnachteil: Anders als Handlungen sind Beziehungen nicht beobachtbar und auch nicht direkt messbar. Wiese verdeutlicht seine Überlegungen, wenn er zu methodischer Strenge rät (1967: 142): „*Es handelt sich darum, die tatsächlich bestehenden Zusammenhänge zwischen den Menschen und Menschenverbindungen (nicht die darüber von den Menschen gehegten Ideologien, Wünsche, Postulate und deren Objektivationen) zu beobachten, zu analysieren, systematisch zu ordnen und, soweit dies möglich ist zu >verstehen<.*" Die Soziologie hat die Zusammenhänge so zu untersuchen, „*dass aus jedem Geschehnis, an dem mehrere Menschen beteiligt sind, nur das hervorgehoben und durchforscht wird, was als Verhalten von Mensch zu Mensch oder Gruppe zu Gruppe erkennbar ist.*" (Wiese 1967: 142).

Distanzen und Distanzveränderungen sollen in der Regel nach Anzeichen, also Indikatoren beurteilt werden, eine Messung sei nicht ohne weiteres möglich (Wiese 1968: 163). Ein Merkmal für eine solche Abstandsverschiebung sei beispielsweise eine Veränderung der Anrede; so ließe sich aus dem Übergang vom „Sie" zum „Du" oder umgekehrt, ebenso aus dem Gebrauch von Spitznamen einiges folgern. Dennoch wünschte sich Wiese, dass man den Abstand, den er selbst in verschiedenen Beispielen in Zahlen angibt, quantifizieren könnte. Dieser Wunsch wird wohl nicht in Erfüllung gehen, denn die unterschiedlichen Entfernungen sind wohl nicht von metrischem Skalenniveau, vielmehr erscheinen sie uns kategorial angeordnet. So ist die Beziehung zur Sachbearbeiterin im Finanzamt von grundlegend anderer Qualität als die Beziehung zu einem Freund. Wiese geht es um die Untersuchung der Beziehungen, die oft in sozialen Gebilden angeordnet sind. Die Einheit des sozialen Gebildes ist eine Zusammenfassung, in der Akteure in unterschiedlichen oder gleichen Positionen in eine Wechselwirkung zueinander eintreten, die sich an spezifischen Formen, nämlich den in der Regel bereits vorgeformten Rollen orientiert. „*Die sozialen Beziehungen erscheinen alsdann als die Ergebnisse von sozialen Prozessen. Wir können unter diesem Gesichtspunkte eine soziale Beziehung als einen durch einen sozialen Prozess oder (meist) durch mehrere soziale Prozesse herbeigeführten labilen Zustand verhältnismäßiger Verbundenheit oder Getrenntheit zwischen Menschen bezeichnen. Der soziale Prozess selbst ist ein Vorgang, durch den*

---

[3] Hierin unterscheidet sich die formale Soziologie auf fundamentale Weise von Handlungstheorien, bei denen die soziale Handlung (etwa wie bei Max Weber) im Zentrum steht.

Menschen mehr miteinander verbunden oder mehr voneinander gelöst werden." (Wiese 1967: 143f.).

Durch den Begriff des sozialen Prozesses führt er an erster Stelle eine dynamische Komponente ein, die Näherungs-, aber auch Entfernungsprozesse, also den Aufbau, aber auch das Zerfallen von Beziehungen und damit auch Strukturen mit einbezieht.

Beziehungen lassen sich nur über Indikatoren erschließen. Sozialwissenschaftler haben eine Reihe von Indikatoren hierfür entwickelt. Die Netzwerkanalyse nutzt in Befragungen etwa Instrumente, die als Beziehungsgeneratoren bezeichnet werden: So wird beispielsweise danach gefragt, mit wem wichtige Angelegenheiten besprochen werden (Burt 1984). Manchmal wird danach gefragt, wer sich um die Wohnung kümmert, wenn der Befragte abwesend ist; es wird sich dafür interessiert, mit wem der Befragte ausgeht; mit wem persönliche Dinge besprochen werden, vom wem man sich Geld ausleihen würde etc. (so etwa beim Fischer–Generator, vgl. Schenk 1995; Fischer 1982). Je nachdem welche Art von Beziehung erhoben werden soll, werden unterschiedliche Indikatoren eingesetzt.

Als Indikator für Beziehungen kann aber auch die Form in schriftlicher Kommunikation angesehen werden. In Organisationen etwa, sozialen Gebilden, wie Wiese sagen würde, finden sich Entsprechungen zwischen Form und Position der Beteiligten. Auch amtliche Post unterscheidet sich von privater Post – immer äußert sich in der Form schon eine Beziehungskomponente.

Beziehungen sind nicht immer reziprok

Das interessante, für die Forschung allerdings nicht immer erquickliche, an Beziehungen ist, dass sie keineswegs immer auf genauer Reziprozität beruhen. So sind einseitige Beziehungen[4] wie die unerwiderte Liebe durchaus bekannt. In der Entstehungsphase einer Freundschaft oder Partnerschaft bemüht sich oft einer einseitig um die Zuneigung des anderen. Auch wenn es sich nicht gerade um „Liebe" handelt, muss zu diesem Zeitpunkt keineswegs eine Reziprozität, eine Balance in der Beziehung vorhanden sein. Gerade bei der Liebe fällt eine Offenbarung oft schwer, denn es ist keineswegs klar, ob die Gefühle in gleicher

---

[4] Nicht reziprok hinsichtlich der Umgangsformen sind auch asymmetrische Beziehungen, etwa, wenn ein Kommunikationspartner in der Hierarchie unter dem anderen eingeordnet werden kann. In vielen dieser Fälle würde man mit die Rollentheorie allerdings von Reziprozität der Rollen sprechen. Hier sind ungleiche Beziehungen, die aufeinander gerichtet sind, bzw. ohne einander gar nicht bestehen können, durchaus vorgesehen, etwa Eltern-Kind Rollen.

Weise erwidert werden. Oft bleiben Zweifel trotz gegenseitiger Liebesschwüre; solche Zweifel sind sicherlich eine der Ursachen von Eifersucht. Allerdings muss bedacht werden, dass einseitige Beziehungen eine geringere Stabilität aufweisen und damit zur Balancierung tendieren (nur selten wird eine unerwiderte Liebe über längeren Zeitraum Bestand haben). Eine solche Balance tritt auch dann ein, wenn die unerwiderte Liebe zum Abbruch der Beziehungen führt.

Bei Beziehungen geht es aber keineswegs nur um Freundschaften oder Liebesbeziehungen: oft sind ausbalancierte Beziehungen gar nicht möglich. Manchmal handelt es sich um eine rein geschäftliche Angelegenheit, der Kauf einer Ware konstituiert ebenfalls eine Beziehung. Nur hat diese einen anderen Charakter als die vorher beschriebene: der eine verkauft, und gibt die Ware oder Dienstleistung, der andere bezahlt und nimmt entsprechendes. Im einen Fall ist die Beziehung für alle Seiten klar definiert, Probleme ergeben sich erst, wenn es zu Abweichungen kommt, etwa im Betrugsfalle. Bei nicht so klar definierten Beziehungen sind jeweils nur die Beteiligten für sich über ihre Beziehung zum jeweils anderen im Klaren.[5] Was dem Sozialwissenschaftler einige Schwierigkeiten bereitet, ist für die meisten von uns intuitiv verständlich.

Formen sind notwendig zur Verständigung. Bevor nun der eigentliche Gegenstand dieses Textes stärkere Behandlung findet, muss noch ein weiteres Mal auf Formen eingegangen werden, um noch stärker zu begründen, warum diese so bedeutsam sind.

Beziehungen lassen sich durch Umgangsformen definieren und erschließen. Formen sind relativ beständig, denn bei ihnen handelt es sich um Normen, also um kollektive Vereinbarungen, mit deren Hilfe Zusammenleben reguliert wird. Die Normen sind allerdings selten nur eng definiert: zumeist bleiben einige Spielräume. Unter Ausnutzung dieser Spielräume verändern sich auch die üblichen Formen. Dreh- und Angelpunkt jeglichen Spielraumes ist jedoch die Frage, ob die Formen von den anderen korrekt verstanden werden. Möglich, dass sich in kleinen Gruppen, die intensiven Umgang miteinander haben, eigene Formen entwickeln, dort braucht es aber Zeit, um die eigenen Formen zu vereinbaren. Oft spielen auch Traditionen (etwa Familientradition) eine Rolle – zwischen allen anderen jedoch, bei denen die intensive Auseinandersetzung und der lange Zeitraum zur Entwicklung eigener Formen fehlt, wird man sich an geteilten,

---

[5] Allerdings mögen sich hier auch noch weitere Schwierigkeiten ergeben, denn intimere Beziehungen stehen mehr noch als platonischere Freundschaften in Abhängigkeit zu den anderen Beziehungen, in denen der jeweilige Partner eingebunden ist. Für den einfachsten Fall, nämlich, dass anstatt zweier, drei Personen beteiligt sind, finden sich Erklärungen bei der Balance-Theorie.

konsenten Formen orientieren. Dann wird der Einzelne davon ausgehen können, dass diese Formen von den meisten anderen verstanden werden.

Dies ist der Grund dafür, dass selbst der individuellste Ausdruck, etwa in Form intimer Bekenntnisse, noch in den meisten Fällen uniform erscheint. Würde einer der Partner den formalen Rahmen verlassen, träte Ungewissheit und Unsicherheit ein, beides ist aber unerwünscht: Nur ein geteilter formaler Rahmen verspricht die Sicherheit, dass der Inhalt auch verstanden werden kann. Die Form kontextualisiert die Inhalte, sie versorgt diese mit einer Redundanz, die Verstehen erleichtert, ja erst ermöglicht.[6]

Betrachtet man den Brief selbst unter formalen Aspekten, dann fällt zunächst eine formale Gliederung in zumeist mehrere Teile auf: Anrede, inhaltlicher Teil und Schlusssequenz, bzw. Grußformel. Diese formale Gliederung findet man in praktisch allen Briefen, aber auch in briefähnlicher schriftlicher Kommunikation, etwa beim Fax, E-Mail etc.

Handelt es sich um „offizielle" Post, sei es als Privatmann verschickt oder von einer Organisation oder Behörde, kommt noch ein Briefkopf hinzu, auf dem der Absender dargestellt wird. Und – zum Briefkopf gehört die Anschrift, für die es ebenfalls gilt, die formalen Anforderungen korrekt zu beachten.

Von dieser Gliederung werden die hier vorgenommenen formalen Betrachtungen vor allem auf die Anrede und die Schlußformeln in den Briefen beschränkt.

Dies betrifft in besonderem Maße die schriftliche Kommunikation, dies soll im nächsten Abschnitt gezeigt werden.

Drei Analyseebenen

Die hier vorgenommene formale Betrachtung schriftlicher Kommunikation kommt mit drei analytischen Begriffen aus. Hier soll gezeigt werden, wie sehr die zur Anwendung gebrachte Form von der Beziehung und als intervenierende Variable vom Anlass bestimmt werden. Die Form wird dabei analytisch als relativ invariat betrachtet obgleich, auch hier mit der Zeit Veränderungen eintreten, gleichwohl diese relativ langsam vonstatten gehen. Und – die Beziehungen selbst sind schon als Formen aufzufassen, denen ein bestimmtes Verhaltensrepertoire zugehört. Aus diesem Repertoire ergeben sich die Erwartungen auch hinsichtlich der Form von schriftlichen Mitteilungen.

---

[6] Eine weitere Funktion der Formen sei nicht unterschlagen: An der korrekten Anwendung von Formen entscheidet sich die Zugehörigkeit zu Gesellschaftsschichten. Das Urteil darüber, was als angemessene Form betrachtet wird, ist eines der Mittel, gesellschaftliche (vor allem aber nicht nur vertikale) Grenzen aufrecht zu erhalten.

Bei den drei relevanten Analyseebenen handelt es sich also um die Beziehung, die Form der schriftlichen Mitteilung und den Anlass. Mit Beziehungsform sind Rollenbeziehungen gemeint, von denen einige in typischer Weise existieren. Rollenbeziehungen können in diesem Zusammenhang als Blaupausen für typische Beziehungen angesehen werden, eine Orientierung an bestehenden ähnlichen Beziehungen bewirkt die starke Ähnlichkeit zwischen den in Rollenmustern beschreibbaren Beziehungsformen. Hierbei handelt es sich um eine Reduktion von Komplexität. Der Einzelne kann quasi auf vorgeformte Beziehungsmuster zurückgreifen und ist nicht darauf angewiesen, die Umgangsform für jede Beziehung von neuem definieren zu müssen.[7]

Kommuniziert wird mittels formalisierter ritualisierter Codes. Da bei brieflicher Kommunikation keine Interaktion im eigentlichen Sinne stattfindet, werden die bei der Face-to-Face-Kommunikation formalisierten Rituale vereinseitigt und damit wohl noch mehr in ihren Spielräumen eingeschränkt – die Reaktion auf einen falschen Satz, auf eine falsche Geste kann nicht beobachtet und sogleich korrigiert werden. Wer sich an geteilte Formen hält, scheint damit eher auf der richtigen Seite zu sein. Der Inhalt von Briefen ist daher gerahmt durch eine formalisierte Anrede und eine formalisierte Grußformel am Ende des Briefes. Obgleich sich auch gewisse Spielräume finden, zeigt sich, dass es der jeweiligen sozialen Distanz entsprechende Anreden gibt. Ein genauerer Begriff für den von Wiese adaptierten der „sozialen Distanz" ist der der Position. So wie die Beziehungen in Rollenpositionen formal beschreibbar sind, finden sich Formen, die das Verhältnis ausdrücken, auch in der schriftlichen Kommunikation wieder. Im Folgenden soll dies anhand von Beispielen aus Briefstellern belegt werden. Obgleich sich die Autoren der Briefsteller (Wolter-Rosendorf 1995; Renne 1984; Freymann (o. J., ca. 1964)) durch das Bemühen auszeichnen, eine große Breite an Möglichkeiten darzustellen, ist das Formale ihr gemeinsames Merkmal.[8]

Oft wird die Position desjenigen, der schriftlich angesprochen wird, bereits in der Anrede genannt[9] und damit die angesprochene Beziehung klargestellt. Die

---

[7] Obgleich diese Argumentation implizit eine Starrheit von Rollenbeziehungen, bzw. Rollenmustern nahe legt, sei darauf hingewiesen, dass der neuere amerikanische Strukturalismus zurecht die Offenheit von Rollenbeziehungen betont (z.B. White 1990). Dies bedeutet, dass die Variabilität von Beziehungsformen größer ist, als die hier getroffenen Ausführungen schließen lassen.

[8] Eine wesentlich geringere Variabilität zeigte sich bei einem Todesfall, deren Anlasskarten ich selbst durchsehen konnte von den über einhundert Kondolenzkarten fanden sich lediglich in ganz wenigen Fällen persönliche Mitteilungen, die über eine formelhafte Ergänzung des Kartentextes hinausgingen.

[9] Vielseitige Nachschlagewerke sind zu kaufen, die sich mit nichts anderem beschäftigen, als die korrekte Anrede und Anschriften darzustellen (z.B.: Spillner 2001; Commer & Grünther

Anreden „Sehr geehrter Herr Bundeskanzler", „Meine kleine Brigitte", „Meiner lieben Tante Hildegard", „Dem Jubelpaar", „Lieber Schützenbruder", „Liebe Oma" sollen als Beispiele genügen. Die Position[10] lässt sich in gesellschaftliche Positionen einerseits und in private Positionen andererseits trennen. Bei der Anrede mit einer gesellschaftlichen erworbenen Position: „Sehr geehrter Herr Minister", „An den Herrn Bundesminister für ...", „Eure Exzellenz, dem Herrn Botschafter ...", „Sehr geehrter Herr Bürgermeister!", „Sehr geehrte Frau Dekanin" steht oft nicht die Person selbst, sondern ihre Funktion im Vordergrund. Ähnlich, aber noch distanzierter erscheint es, wenn „An das Amtsgericht", „Die Personalabteilung der Firma ...", „Die Schulleitung der ... Schule" geschrieben wird. Bei der Anrede mit Positionen in privaten Beziehungen wird die Art der Beziehung näher spezifiziert. Auch hier spricht man die Adressaten mit ihrer Rolle an: Man schreibt der Oma anders als dem Bruder. Hierauf bereitet die Anrede bereits vor.

Dabei lässt sich der Eindruck gewinnen, dass, je entfernter die Adressaten dem Absender sind, als um so geringer können die Spielräume für die Anrede und Grußformel veranschlagt werden.

In der Literatur finden sich Klassifikationen der Briefanrede. Dort wird von einer Dreiteilung ausgegangen. Wyss zitiert zwei unterschiedliche Einteilungen:

Zwanglos	**Weniger förmlich**	**Förmlich**
Liebe(r) Frau (Herr) X	Verehrte(r) Frau (Herr) X	Hochverehrte(r) Frau (Herr) X
Mein lieber Herr X	Sehr geehrte(r), liebe(r)	Sehr verehrte (r) Frau (Herr) X Frau (Herr) X
Liebe(r) X	Lieber Herr X	Sehr verehrte gnädige Frau
		Sehr geehrte Damen und Herren

Ermert (1979: 106f), zitiert nach Wyss 2001: 193)

Vertraut	**Vertraut, förmlich**	**Distanziert, geschäftlich**
Lieber \	Lieber Herr Becker	Sehr geehrter Herr Becker
Hallo > Robert	Liebe Frau Schmidt	Sehr geehrte Frau Schmidt
Grüss Dich /	Liebes Fräulein Grün	Sehr geehrte Damen und Herren

Lüger (1992: 146), zitiert nach Wyss (2001: 193)

2000).
[10] Für den Versuch einer Systematisierung von unterschiedlichen Rollen und Positionen, siehe S.F. Nadel (1957).

In beiden Klassifikationen wird die Anrede nach dem Grad der Vertrautheit vorgenommen. In der neueren Klassifikation findet sich eine etwas geringere Variabilität. Der deutlichste Unterschied aber ist, dass die Aufstellung von Lüger (1992) explizit Beziehungsdimensionen zur Kategorisierung benutzt. In der folgenden Tabelle soll der Versuch gemacht werden, diese noch etwas genauer aufzuschlüsseln.

Zusammengehörigkeit von Anrede und Beziehung		
Beziehung	*Beispiel für Anrede*	*Bedeutung*
Unpersönliche (zumeist Funktions-) distanzierte Beziehung, häufige Verwendung in Geschäftsbeziehungen, etwa zum Sachbearbeiter in einem Amt	„Sehr geehrte Damen und Herren"; „Sehr geehrter Herr ..."	Die Beziehung ist eine vor allem Funktionale, oft handelt es sich um den Dienstweg, um Antragstellungen, Bewerbungsschreiben oder ähnliches.
Um einen Grad persönlicher als das vorhergehende Beispiel. Es wird entweder persönliche Kenntnis oder aber eine auf einer anderen Ebene liegende Beziehung vorausgesetzt, etwa kollegiale Verbundenheit	„Liebe Frau ...", „Lieber Herr ..." , „Hallo Herr ...", „Hallo Frau ..."	Die Distanz wird ergänzt um eine etwas größere Form der Nähe.
Freundschaftliche Verbundenheit ohne allzu große Nähe. Beispielsweise Jugendclique.	„Hallo Klaus", „Hallo Irene"	Ähnlich wie im vorhergehenden Fall wird Nähe angezeigt (durch das Duzen), ohne eine gewisse Distanz aufzugeben.
Freundschaftliche Verbundenheit, mit etwas größerer Nähe als im vorhergehenden Fall.	„Lieber Frank", „Liebe Heike"	Die Distanz, die durch das „Hallo" angezeigt wurde, ist stärker zurückgenommen.
Intimität, Liebesbeziehung	„Schnuckelchen", „Schmusekater"	Kosenamen zeigen enge und intime Beziehung an.

Natürlich ist die Aufstellung unvollständig. Auch werden die angegebenen Kategorien nicht immer mit den zugehörigen Beziehungen genau übereinstimmen. Man kann Übergänge annehmen, so ist beispielsweise der Unterschied zwischen „Hallo" und „Liebe" in Verbindung mit der Anrede „Du" relativ klein. Dennoch, es handelt sich um Indikatoren, die immer mit einem gewissen Fehler behaftet sind.

Anrede und Schlusssatz, bzw. Grußformel sollen aufeinander abgestimmt sein (Wolff 2000). Damit wird die Beziehung, für die die Anrede zu Beginn des Briefes schon Indikator war, an seinem Ende durch die Grußformel noch einmal bestätigt.

| Mit freundlichen (herzlichen) Grüßen aus Berlin |
| Mit den besten Grüßen nach München |
| Es grüßt Sie für heute (freundlich, herzlich) ... (Ihr) |
| Mit den besten Wünschen für ein ruhiges (angenehmes, erholsames) Wochenende |
| Mit sommerlichen (winterlichen, vorweihnachtlichen, frühlingshaften, sonnigen) Grüßen |
| Auf einen guten Start in die Woche |
| Aus dem Urlaub grüßt Sie |
| Vom sonnigen Strand (freundliche, herzliche) Grüße |

Eine Auswahl an Schlusssequenzen (nach Wolff 2000: 23)

Während die Grußformel „Mit freundlichen Grüßen" in der Geschäftspost, also als Schluß für die Korrespondenz mit distanziertem Verhältnis ausreichend zu sein scheint, weisen Anrede-Ratgeber darauf hin, dass es einige Ausnahmen gibt. Präsidenten des Verfassungsgerichts, Bundestags, Bundesminister, Bundeskanzler etc. werden am Briefende „Mit ausgezeichneter Hochachtung" oder „Mit vorzüglicher Hochachtung" gegrüßt.[11] Heute kommt dem Ausdruck von Rangunterschieden in der Schlussformel nur noch eine geringe Bedeutung zu, in diesen Ausnahmen jedoch sind diese erhalten geblieben.

Äußere Form

Hier wären zunächst Gattungen des Briefes, bzw. der Postkarte, Telefax, aber auch der E-Mail zu unterscheiden. Es sind typische Anlässe, für die Postkarten eingesetzt werden. Manchmal verlangt die Beziehung und der gegebene Anlass aber auch die briefliche Form.

Die Nachfrage nach Anleitungen, wie sie Briefsteller oder Anredeberater darstellen, drückt die Unsicherheit aus, mit den Formen nicht korrekt umgehen zu können und damit Beziehungen aufs Spiel zusetzen. Um zu zeigen, was hin-

---

[11] Briefe an den Papst beendet man „Mit dem Ausdruck tiefer Verehrung", „meiner ausgezeichneten Hochachtung" oder mit „bin ich Euerer Heiligkeit sehr ergebene/r". (Wolff 2000: 83).

sichtlich der äußeren Form in dieser Hinsicht als relevant betrachtet wird, soll das folgende Zitat abgedruckt werden.

Das Briefpapier muss zum Umschlag passen: *„Für gewöhnlich wählt man die Größe des Briefbogens so, dass er zweimal gefaltet gerade in den Umschlag hineinpasst. Man vermeide abgerissene Briefbogen, ehrlich gesagt – Brieffetzen. Es ist sofort zu merken, ob der ausgefranste Büttenrand fabrikmäßig erzeugt oder durch unregelmäßiges Abreißen entstanden ist. Wähle zu kurzen Mitteilungen ein kleines Format. Hier liefert uns die Papierindustrie die sehr angenehmen Kartonkärtchen mit Umschlag. Die Briefblocks, die jetzt gern verwendet werden, sind in Größen gehalten, die mühelos in die passenden Umschläge zu stecken sind. Ehe auf dem Lande noch gern geübte Mode, Farbiges Papier zu benutzen, soll man nur mit großer Vorsicht anwenden. Es wirkt recht merkwürdig, wenn das Steueramt eine Reklamation auf einem resedagrünen Briefbogen bekommt – oder wenn man einen schwer erkrankten Freund in einem rosa Briefchen bedauert"* (Freymann o. J.: 6).

Auch wenn das Zitat aus dem etwa vor vierzig Jahren entstandenen Briefsteller heute veraltet vorkommen mag, so besitzen die angesprochenen Dimensionen immer noch eine Bedeutung. In unserem Fachbereich an der Frankfurter Universität wird aus ideologischen Gründen an grauem „Umweltpapier" als Briefpapier festgehalten. Durch die Papierfarbe lässt sich ökologisches Engagement ausdrücken, was bei der Korrespondenz mit Studierenden und anderen Universitäten durchaus gut ankommt. Kürzlich wurde jedoch bedauert, dass ein Brief, der für den amerikanischen Botschafter bestimmt war und für den extra weißes Papier besorgt wurde, versehentlich doch in grau versandt wurde. Graues Papier widerspricht offenbar der korrekten Korrespondenz mit einem Botschafter.

Die Formalisierung des Briefverkehrs insbesondere im Geschäftsbereich geht in der Bundesrepublik so weit, dass eine eigene DIN-Norm zur Einteilung des Briefblattes eingeführt wurde.[12]

---

[12] Ähnliche Vorschriften existieren auch für die Umschlagsbeschriftung. Dies wird heute durch die maschinelle Sortierung begründet. Allerdings sind solche Konventionen nicht neu, es gab sie bereits vor den Zwängen einer rationellen Briefsortierung.

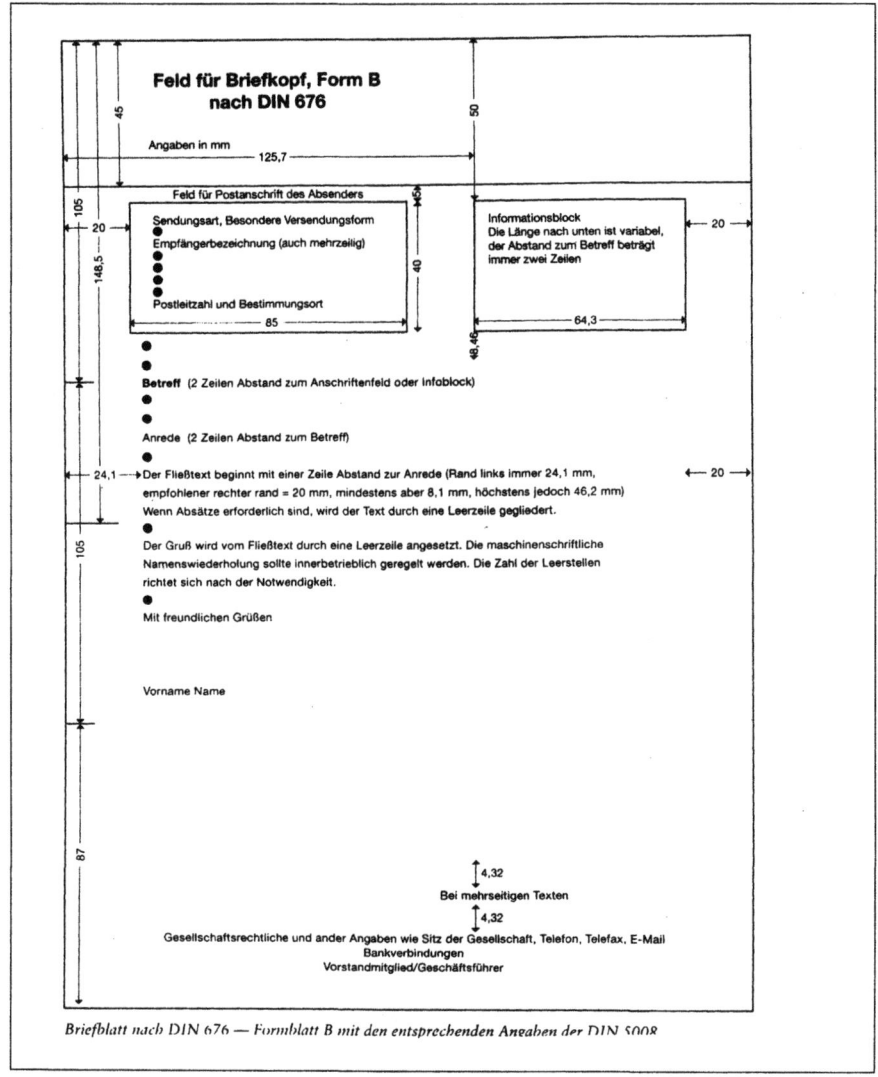

Abbildung: Briefblatt nach DIN 676 (Wulf 2000)

Aber nicht nur die akkurate äußere Form teilt etwas über die Beziehung zwischen den Briefpartnern mit: Während geschäftliche Briefe fast immer mit einem Textverarbeitungsprogramm auf dem Computer geschrieben werden, gilt diese Form für private Briefe als unschicklich. Wer hier mit dem Computer schreibt, wird möglicherweise gefragt, ob er schon Vorsorge für die Herausgabe seines Nachlasses trifft. Manchmal ist auch in der Geschäftswelt handschriftliche Kommunikation erlaubt, etwa beim Fax. Hier werden oft nicht nur Deckblattvordrucke handschriftlich ergänzt. Neben komplett handschriftlich verfassten Schreiben hat sich auch die handschriftliche Annotierung ausgedruckter Texte etabliert. Auf diese Weise kann die Schnelligkeit und manchmal auch die Dringlichkeit einer Mitteilung unterstrichen werden. Allerdings wird man auch hier Unterschiede je nach Position der Kommunikationspartner finden: Während bei Mitarbeitern gleicher Ebene eher reziproke Formen zu erwarten wären, wird die handschriftliche Nachfrage oder Annotierung auf dem vom untergebenen Mitarbeiter ausgedruckten Brief wohl häufiger vorkommen, als umgekehrt. In einer solchen Formen-Asymmetrie drückt sich ebenfalls die Asymmetrie in der Beziehung aus.

Anlässe für schriftliche Kommunikation

Auch hier findet sich eine große Variationsbreite, die sich hier nicht vollständig erfassen lässt. Das Gros der schriftlichen Kommunikation ist jedoch in typischer Weise anlassbezogen. Trotzdem soll versucht werden, diese in Kategorien zu ordnen. Neben den Gattungen des Briefes, bzw. der Postkarte können auch Internetmedien, wie E-Mails einbezogen werden.

Schreibanlässe

Liebesbrief (hier findet sich oft das Liebesgeständnis, welchem hinsichtlich der Beziehungsdefinition eine besondere Bedeutung zukommt). Die schriftliche Kommunikation weist hierbei offensichtlich eine geringere Verbindlichkeit auf, als dies bei Kommunikation von Angesicht zu Angesicht der Fall wäre. Der Gesichtsverlust bei nicht geteilter Liebe ist offenbar geringer, als wenn der einzelne sich der direkten Konfrontation aussetze. Zudem ist eine Distanz schon durch die zeitliche Asynchronität gegeben.[13] Aber auch innerhalb der Gattung „Liebesbrief" können weitere Anlässe mit unterschiedlichen Funktionen unterschie-

---

[13] Wyss (2001: 189) zeigt, wie in per E-Mail ausgetauschten Liebesbriefen mit zunehmender Nähe auch die Anrede wechselt: Während die Korrespondenz zunächst mit „Hallo ..." bzw. mit „Liebe/r ..." eröffnet wird, werden nach einem gemeinsam verbrachten Wochenende Kosenamen als Anreden verwendet: Schmusekatze, kleine Maus Kleine, Müsli, Großer, Lieber, Murmelchen, Spatzerl, Maulwurf. Die Intimität wird somit in der Form inszeniert.

den werden: Heiratsantrag, Vereinbarung von Treffen, Liebeserklärung oder Verhandlung von Beziehungsproblemen (vgl. Wyss 2001: 194).

Lebensgeschichtlich relevante Ereignisse

Goffman (1977: 40) spricht hier von Ratifizierungsritualen. Diese werden denjenigen Menschen gegenüber verrichtet, deren Beziehungen, Rang, Erscheinen, Zukunftsaussichten oder die Orientierung im Leben sich auf eine Weise geändert haben. Derjenige, der solche Rituale begeht, bringt nach Goffman damit sein Einverständnis mit der neuen Situation zum Ausdruck. Die Beziehung müsse angesichts der neuen Situation bestätigt werden. Hierzu zählen Kondolenzbriefe, Jubiläen, Hochzeiten, Kindergeburten, Kommunion und Konfirmation etc. Diese sind in der Regel hochgradig formalisiert, bis hin zu den entsprechend im Handel verfügbaren Anlasskarten, die bereits den Text, z.B. „Alles Gute für die gemeinsamen Lebensjahre"; „Herzliches Beileid" etc. enthalten. Um der Form zu genügen, reicht es in vielen Fällen aus, den Vordruck einfach um den Zusatz „wünscht Familie xyz" zu ergänzen.

Allerdings lässt die äußere Form auch Spielraum für weitere Beziehungsdefinitionen: Da die meisten der Beileidskarten lediglich die „drei Worte" enthalten, erscheint alles darüber hinausgehende als besonders beachtenswert. Hiermit sind neben den oft zusätzlich enthaltenden Geldbeträgen oder Spenden, individuelle Worte der Anteilnahme gemeint. Die ereignisbezogene ausführlichere Mitteilung schon scheidet den Absender von der Masse der Unbeteiligten. Innerhalb der Form selbst wiederum können verschiedene Variationen beobachtet werden, welche die Nähe der Beziehung auszudrücken vermögen. Ein solcher Ausdruck stellt beispielsweise die Höhe des beiliegenden Geldbetrages dar, dieser könnte vom Sozialwissenschaftler als Indikator für die Beziehung herangezogen werden, und in der Tat ist er für den Beschenkten ein noch stärkerer Beziehungsbeweis, denn dieser weiß beispielsweise auch um den Kontext, etwa das Vermögen oder entsprechend das Unvermögen des Schenkenden. Aber nicht nur Geld kann als Ausweis der Beziehung betrachtet werden: jedes zusätzliche Wort, jede persönlichere Note kann schon ein näheres Verhältnis anzeigen, besonders wenn hierzu persönliches Wissen über die in den Anlass einbezogenen Personen geäußert wird.

Mit dem anlassbezogenen schriftlichen Gruß werden die Beziehungen erneuert und oft genug auch neu definiert.[14] In vielen Fällen sind sie lediglich

---

[14] Beispielsweise redete meine Frau die Deutschlehrerin unseres Sohnes anlässlich der Bitte um einen Gesprächstermin mit „Liebe Frau ..." an. Die Antwort wurde mit der Anrede „Sehr geehrte Frau ..." eröffnet. In der Anrede „Liebe" drückt sich eine größere Nähe aus,

Ausdruck einer Reziprozität, man könnte sagen, einer Antwort auf eine vor Zeiten erwiesene Referenz, die aber wiederum die bestehende Beziehung bestätigt. In zahlreichen Familien werden über die Karten und die beigelegten Geschenke penibel Listen geführt, um sich bei Gelegenheit genau revanchieren zu können.

Sollte es vorgekommen sein, dass einer der Beteiligten in einer Weise die der Beziehung adäquate Form verletzte, so kann diese Verletzung mit der Erwiderung der Referenz zum entsprechenden Anlass zurechtgerückt werden. „Unangemessene" Geldbeträge könnten etwa mit „angemessenen" vergolten werden.

Weihnachtskarten werden selbst von vielen derjenigen verschickt, denen Weihnachten als Fest wenig bedeutet. Neben dem eigentlichen Weihnachtsgruß handelt es sich um eine Gelegenheit, Beziehungen aufzufrischen, die man eher selten pflegen kann. Daneben spielt auch hier Reziprozität eine besondere Rolle. Viele empfinden eine Verpflichtung, jenen zu Schreiben, von denen sie selbst immer eine Karte bekommen. Es kann beschämend sein, die Karte erst abzusenden, wenn man die andere Karte erhielt (vgl. Schelling 1978: 32). Manchmal finden sich Wettläufe darum, wer die erste Karte sendet, allerdings ist darauf zu achten, dass nicht der Bezug zum Festdatum verloren geht.

Die Ansichts- (Urlaubs)karte erfüllt in Teilen eine ähnliche Funktion wie die Weihnachtskarte. Sie erinnert an Beziehungen. Zu sehr engen Verwandten oder Freunden kann sie auch als Lebenszeichen dienen.

Hinsichtlich der Beziehungen und der benutzten Kommunikationsmedien kann keine klare Trennung vorgenommen werden. Denjenigen, denen man Briefe schreibt, schickt man auch E-Mails, sofern diese Möglichkeit als Mitteilungsform aufgrund der Tradition und der technischen und sozialen Voraussetzungen überhaupt in Frage kommt. Der Brief als Kommunikationsform ist etabliert, den meisten ist bekannt, wie Briefe geschrieben werden. Dennoch werden manchmal Briefsteller zurate gezogen, um nichts falsch zu machen.

E-Mail und Brief

In Organisationen haben sich neben den offiziellen Briefen oft interne Kommunikationsmedien, wie etwa Memoranden (vgl. Stegbauer 1995; 1998) für die interne Kommunikation bewährt. Solche organisationsinternen Medien weisen oft eigene Formen auf. Äußerlich sind E-Mail Formulare, wie sie automatisch

---

als das distanzierte „Sehr geehrte". Eine Definition durch die Anrede ist möglich, denn zumeist erfolgt die Antwort reziprok, sofern der Definitionsversuch angenommen wird – sollte dies nicht der Fall sein, springt die Zurückweisung der größeren Nähe selbst in der geringen Nuance sofort ins Auge.

von E-Mail Programmen bereitgestellt werden, diesen Memos nachempfunden. In Memos werden Anweisungen weitergegeben, interne Informationen verbreitet oder Vorgänge festgehalten, die manchmal hauptsächlich zu dem Zwecke verfasst werden, später Verantwortlichkeit abzuschieben. Da solche Schreiben auch für die Zukunft verfasst werden, ist die Archivierung besonders wichtig. D.h. es gibt Ablagesysteme um die Schriftstücke zu gegebenem Anlass wiederaufzufinden. Alle Schriftstücke stehen in einem gewachsenen Zusammenhang an Formen, die nur selten dokumentiert (etwa in der GGO, der gemeinsamen Geschäftsordnung der Bundesministerien) in den meisten Organisationen auch etabliert sind.

Anders ist es mit elektronischen Briefen: Hier besteht erst eine relativ kurze Tradition. Die dort vorherrschenden Formen entwickelten sich aus zweierlei Quellen: 1. Der Übertragung von Kommunikationsformen aus computerbasierten Kommunikationsforen, etwa dem Usenet oder Mailboxsystemen. Die Adaption von Computern und elektronischer Kommunikation erwuchs nachgerade aus einer sozialen Bewegung (Allerbeck & Hoag 1989). In einem solchen Kontext galt informelle Kommunikation als die angemessene Form. Das „Duzen" schien die angemessene Anrede und der flapsige Ton ebenso wie eine mäßige Aufmerksamkeit für orthographische oder grammatikalische Regeln unterstrich die Flüchtigkeit und Informalität dieses neuen und schnellen Mediums. Durch das Beherrschen der Form der Informalität konnte man Zugehörigkeit anzeigen. Als problematisch galten dann Übergänge bzw. Medienwechsel. Hatte man es beispielsweise in der Newsgroup mit jemandem zu tun, der aufgrund seiner Stellung in der sozialen Hierarchie ganz anders anzusprechen gewesen wäre, so ergaben sich Schwierigkeiten hinsichtlich der angemessenen Anrede bei einem Face-to-face-Treffen.

Die zweite Quelle aus der sich die Entwicklung der Form der elektronischen Post speiste, ist die Übertragung von Formen aus der brieflichen Kommunikation. Von hier ließen sich Anreden und Grußformeln übernehmen, die nicht nur innerhalb und zwischen Organisationen eine Rolle spielen. Als Ergebnis entwickelte sich eine Mischform, die Elemente der informellen Form früher Gemeinschaftsempfindung einer imaginären „Community" und der formal korrekten brieflichen Kommunikation aufnimmt und in einem neuen Mischungsverhältnis zusammensetzt.

Je nachdem mit wem kommuniziert wird, mag der eine oder der andere der beiden Ursprünge überwiegen: Bei der Kommunikation mit gleichrangigen Kollegen der gleichen Abteilung werden eher informelle Formen überwiegen. Geht jedoch eine E-Mail an einen Vorgesetzten, dann sichert man sich hinsichtlich der korrekten Form oft sogar bei den Kollegen noch einmal ab (vgl. Stegbauer 1995).

Obgleich also der Eindruck vorherrscht, bei der E-Mail würde im Regelfall die Einhaltung von Formen, wie man sie aus der Papierbriefkommunikation kennt, lockerer gehandhabt, hängen auch bei der elektronischen Post die Formen letztendlich von den Beziehungen zwischen Absender und Empfänger ab. Viel eher noch als beim Brief, werden sie auch von Dritten bestimmt, da oft eine Mail gleich an mehrere Empfänger adressiert oder weitergeleitet wird.

Aufgrund des noch nicht ganz eingespielten Charakters der elektronischen Post kommt es immer wieder, besonders bei der Kommunikation mit solchen Personen, bei der der Umgang untereinander nicht kontextualisiert und durch weitere Medien gestützt ist, zu Mißverständnissen. Und an diesen Mißverständnissen, Fehlern, wenn man so will, wird die Bedeutung von Formen besonders deutlich: Eine Antwort per E-Mail kann allein aufgrund der Form (z.B. ohne Briefkopf – kommt die Antwort als „offizielle" oder als „private" Meinung?) als unangebracht bzw. „zu flapsig" empfunden werden. Beispielsweise verhandelte der Personalrat einer Universität die Reaktion der Universitätsleitung auf die Beschwerde eines Bibliothekars darüber, dass die Wartung der Bibliotheksdatenverarbeitung immer während der Öffnungszeiten der Bibliothek stattfänden. Der Mitarbeiter der DV-Abteilung hatte per E-Mail geantwortet, dass auch sie mit festen Arbeitszeiten eingestellt worden seien und nicht mehrmals monatlich bis spät abends arbeiten wollten. Weil der beschwerdeführende Bibliothekar eine „offizielle" Antwort erwartet hatte, also eine Form, der keineswegs die E-Mail genügen konnte, wendete er sich erbost an die Universitätsleitung.

Eine Möglichkeit solchen aufgrund formaler Defizite entstehenden Probleme zu entgehen, ist das Schreiben im Anhang. Hier wird die E-Mail als eine Art Umschlag genutzt: Es können zusätzliche Informationen zum Inhalt und der Form im Umschlag verpackt werden und das eigentliche Schreiben wird formal korrekt mit entsprechendem Briefkopf angehängt.

Schluss

Formen regulieren die Kommunikation in vielfältiger Weise. Dies trifft auch auf schriftliche briefliche Kommunikation zu. Durch die Form wird die Beziehung der Kommunikationspartner ausgedrückt. Formen sind dabei etwas, was den Kommunizierenden entlastet – so lange man sich an der die Beziehung entsprechenden Form orientiert, macht man nichts falsch, man bestätigt die bestehende Beziehung, indem man dem Adressaten den ihm zukommenden Respekt bekundet. Neben Respekt kann auch Unterwerfung angezeigt werden.

Literatur

Allerbeck, Klaus; Hoag, Wendy (1989): Utopia is around the corner: Computerdiffusion in den USA als soziale Bewegung. Zeitschrift für Soziologie, XVIII (1) 1989, 35-53.

Burt, Ronald S. (1984): "Network items and the General Social Survey" Social Netowrks, September, 1984, 293-339.

Commer, Heinz; Grünther, Lydia (2000): Anreden und Anschriften. Korrekt in Wort und Schrift. Berlin: Urania.

Ermert, Karl (1979): Briefsorten. Untersuchungen zur Theorie und Empirie der Textklassifikation. Tübingen, Niemeyer.

Fischer, Claude (1982): To dwell among friends. Chicago: Chicago University Press.

Freymann, o.J. (1963): Briefsteller für alle Privatsachen. Lindau: Rudolphsche Verlagsbuchhandlung (Aufnahme Deutsche Bibliothek erfolgte 1963).

Goffman, Erving (1977): Der bestätigende Austausch. In: Manfred Auwärter; Edit Kirsch; Klaus Schröter (Hrsg.): Seminar: Kommunikation, Interaktion, Identität. Frankfurt: Suhrkamp, 35-72. Erstmals: 1971, Supportive interchanges. Kapitel 3, in: Relations in Public. New York: Basic Books.

Lüger, H. H. (1992): Sprachliche Routinen und Rituale. Frankfurt u.a.: Lang.

Nadel, S. F. (1957): The theory of social structure. New York: Free Press.

Renne, Katharina (1984): Briefe schreiben heute. Der moderne Briefsteller für alle Anlässe. München: Heyne.

Schelling, Thomas C. (1978): Micro Motives and Macro Behavior. New York: Norton & Company.

Schenk, Michael (1995): Soziale Netzwerke und Massenmedien. Tübingen: Mohr.

Simmel, Georg (1917): Grundfragen der Soziologie. Berlin/New York: De Gruyter.

Spiller, Bernd (2001): Die perfekte Anrede. Schriftlich und mündlich, formell und informell, national und international. Landsberg: Verlag Moderne Industrie.

Stegbauer, Christian (1995): Electronic-Mail und Organisation: Partizipation, Mikropolitik und soziale Integration von Kommunikationsmedien. Göttingen: Otto Schwartz.

Stegbauer, Christian (1998): Memorandum, in: „Memorandum". In: Heinrich, Peter; Schulz zur Wiesch, Jochen (Hrsg.), Wörterbuch der Mikropolitik. Opladen: Leske + Budrich.

Stegbauer, C. (2001): Grenzen virtueller Gemeinschaft. Strukturen internetbasierter Kommunikationsforen. Wiesbaden: Westdeutscher Verlag.

Wiese, Leopold von (1948): Soziometrik. Kölner Zeitschrift für Soziologie und Sozialpsychologie 1, 23-40.

Wiese, Leopold von (1967): Soziologie. Geschichte und Hauptprobleme. Berlin: Walter de Gruyter. (8. Auflage).

Wiese, Leopold von (1968): System der Allgemeinen Soziologie als Lehre von den sozialen Gebilden der Menschen (Beziehungslehre). Berlin: Duncker & Humblot (4. Überarbeitete Auflage, Original von 1924).

Wolff, Peter (2000): Anreden und Anschriften. Korrekt in Wort und Schrift. Berlin: Urania.

Wolter-Rosendorf, Irmgard (1995): Der neue Briefsteller. Niedernhausen: Falken (überarbeitete Neuauflage).

Wyss, Eva Lia (2001): Intimität und Geschlecht. Zur Syntax und Pragmatik der Anrede im Liebesbrief des 20. Jahrhunderts. In: Bulletin suisse linguistique appliquée 72/2001, 187-210. Verfügbar unter: http://www.unizh.ch/~elwyss/Anrede.pdf (19. Februar 2002).

Der Brief als Marketinginstrument: Direct Mail

Wolfgang A. Fuchs

Das Direktmarketing, d. h. der Versuch seine Zielgruppen direkt anzusprechen oder bei einem dispersen Publikum eine bestimmte Reaktion mittels eines Reaktionsmittels zu evozieren (vgl. Pepels 1996: 173), hat in den letzten Jahren erheblich an Bedeutung gewonnen. Im Gegensatz zum literarischen Brief, der seit Jahrhunderten vorfindbar ist (vgl. den Beitrag von M.G. Nickisch in diesem Reader), wird das Direct Mail erst wesentlich später „entdeckt" und als absatzförderndes Instrument für privatwirtschaftliche Unternehmen eingesetzt. Zunehmend nutzen jedoch auch sogenannte Non-Profit-Organisationen (vgl. Busch, Dögl und Unger 1997: 21) dieses Instrument, um ihre Ziele zu erreichen (z.B. um Sponsoren zu gewinnen).

Wesentliche Charakteristika des Direct Mails sind seine direkte und individuelle Ansprache der Zielpersonen (vgl. Unger und Fuchs 1999: 225). Direct Mails sind werbende Briefe, sie werben um die Aufmerksamkeit, um die Zuwendung, um die Präferenzen für Angebote oder Marken bei Personen, insofern ähneln sie auch Liebesbriefen (vgl. den Beitrag von E.L. Wyss in diesem Reader). Jedoch steht nicht eine einzelne Person im Fokus des Interesses und der Ansprache, sondern häufig ein bestimmter Typ (z.B. Lifestyle-Typologien), der eine Vielzahl von Personen repräsentiert, wenn auch durch die Individualisierung der Botschaft versucht wird, diesen massenhaften Charakter aufzuheben. Insofern ist es auch berechtigt im Kontext von Direct Mails von einer Form individualisierter Massenkommunikation zu sprechen.

Über kein anderes dialogorientiertes Instrument im Marketing gibt es umfassendere wissenschaftliche und praktische Erkenntnisse und Erfahrungen bezogen auf Wirkungsweisen, Einsatzmöglichkeiten und Mechanismen wie über das Direct Mail (vgl. Löffler und Scherfke 2000: 196).

Historische Entwicklung

Ausgangspunkt für den klassischen Werbebrief war der Wunsch einen Ersatz zu finden für das persönliche Verkaufsgespräch. Insofern fungierte das Direct Mail historisch gesehen als ein schriftliches Verkaufsgespräch. Erste frühe Vorläufer finden sich bereits kurz nach Gutenbergs Erfindung der beweglichen Drucktypen. Beispielsweise bot Aldus Manutius schon im Jahre 1498 in Venedig seine

Bücher in einem Katalog an. Pionier des Direct Marketing in Amerika war Benjamin Franklin, der im Jahre 1744 einen Bücherkatalog mit 600 Angeboten herausbrachte. Bereits 1872 bot das Kaufhaus Montgomery Ward seinen Kunden die Waren mittels eines Kataloges an.

In Deutschland wurden vor allem in der zweiten Hälfte des 19. Jahrhunderts die wesentlichen technischen, ökonomischen, und politischen Voraussetzungen für einen breiteren Einsatz des Direct Mail geschaffen. Im technischen Bereich eröffneten die Erfindungen der Rotationsmaschine (1860) und des Vierfarbdrucks (1896) die Möglichkeiten Druckerzeugnisse regelmäßig und in hoher Auflage zu produzieren.

Politisch entstand durch den deutschen Zollverein ein einheitliches, zollfreies Wirtschaftsgebiet. Zudem wurden im 19. Jahrhundert auch die Grundlagen dafür geschaffen für eine postalische Zustellung von Informationen und Werbebotschaften. Bereits 1823 wurde in Preußen per Erlass die Anbringung von Briefkästen an zentralen Stellen eines Ortes vorgegeben. Die Briefmarke wurde in verschiedenen Ländern eingeführt und 1871 im Rahmen der Gründung des Deutschen Reiches auch die Deutsche Reichspost etabliert. Bereits Ende des 19. Jahrhunderts wurden die Vorläufer der heutigen Adressverlage gegründet. 1884 wurden vom Adressverlag Robert Tessner in Berlin bereits erste selektierte Adressengruppen zusammengestellt, so z.B. die Adressen von Bewohnern einer Stadt oder die Adressen von Beamten eines Landes. Jedoch existierten im 19. Jahrhundert auch noch deutliche Restriktionen; so konnte sich die Direktwerbung nur an sehr kleine Bevölkerungsteile wenden – an zahlungskräftige Personen, die Lesen konnten.

Die Versandhäuser, die in den zwanziger Jahren aufgebaut wurden (z.B. Baur 1925, Quelle 1927 oder Bader 1929), waren die Zugmaschinen für die Entwicklung des Direct Mails in Deutschland. Aber bereits früh begannen auch andere Branchen wie Lotterie- und Versicherungsunternehmen Direct Mails einzusetzen. Zudem wurde auch im Business-to-Business-Bereich dieses Instrument entdeckt, hier nutzten vor allem die Pharma- und Investitionsgüterindustrie dieses neuartige Instrument. Die Adressverlage übernahmen in diesem Zeitraum zunehmend weitere Funktionen wie z.B. den kompletten postfertigen Versand. Lettershops wurden zu einem festen Bestandteil der Adressverlage. Die Entwicklung des Direktmarketing wurde in Deutschland durch die Kriegswirtschaft des Zweiten Weltkriegs abrupt unterbrochen.

Die zweite große Gründungswelle an Versandhäusern in Deutschland nach dem Zweiten Weltkrieg (u.a. Otto 1949, Neckermann 1950) gab der Entwicklung des Direktmarketings nach dem Krieg wieder einen neuen Schub.

Bereits in den 60er Jahren wandelte sich auch in Deutschland der Verkäufermarkt zum Käufermarkt. Der Absatz wurde zum Nadelöhr für viele Unternehmen. Verfeinerte Marktbearbeitungsstrategien – weg von einem Massenmarketing, hin zu einer differenzierenden Marktsegmentierung, die im Extremfall bis hin zu einem One-to-One-Marketing führt, die zunehmende Relevanz der Marktkommunikation für den Unternehmenserfolg im Rahmen eines wachsenden (internationalen) Wettbewerbsdrucks erforderten Marketinginstrumente, die diesen Rahmenbedingungen gerecht wurden. Direkt Marketing und speziell das Direct Mail offerieren in einem solchen Umfeld gute Einsatzmöglichkeiten. Zunehmend kann umfassenderes und verbessertes Adressmaterial durch Adressverlage zur Verfügung gestellt werden, bedingt durch die revolutionären Fortschritte in der elektronischen Datenverarbeitung. Die Entwicklung leistungsfähiger Hard- und Softwaresysteme machte es in den sechziger Jahren erstmals möglich, eine Vielzahl von Adressen kostengünstig, schnell und präzise in modernen Datenbanksystemen zu verwalten. Durch weitere technische Entwicklungen – z.B. Digitaldruck, Laserdrucker, Data Warehouse und Datamining (vgl. Blattberg/Thomas 1999) wurden das Einsatzpotenzial und die Individualisierungsmöglichkeiten noch weiter differenziert, so dass heute das Direktmarketing ein vielgenutztes Instrument ist.

Die ökonomische Bedeutung des Direct Mails und Akteure

Direkt Marketing und speziell das Direct Mail stellen eine nicht zu vernachlässigende ökonomische Größe dar. Betrugen 1994 die Aufwendungen nur für adressierte Werbesendungen 5,9 Mrd. DM, so stiegen sie bis 1999 auf 12,5 Mrd. DM. Von diesem Betrag fallen circa die Hälfte für postalische Gebühren an. Insgesamt geht man von beinahe 40 Mrd. DM aus, die in Direktmarketing-Aktivitäten in der Bundesrepublik Deutschland investiert werden (darunter fallen auch Aufwendungen für Anzeigen mit Response-Elementen (ca.12 Mrd. DM) und Funk- und TV-Werbung mit Responseangeboten (ca. 2,5 Mrd. DM) und Telefonmarketing) (vgl. ZAW 2001: 339). Die Studie Direktmarketing Deutschland 1999 (Deutsche Post 1999) weist u.a. folgende Zahlen aus:
- Über 500.000 Unternehmen mit mehr als 0,5 Mio. DM Umsatz waren 1998 im Direktmarketing aktiv, d.h. 2/3 der Unternehmen setzen Direktmarketing-Maßnahmen ein.
- Diese Unternehmen haben dabei knapp 37 Mrd. DM für ihre Direktmarketingaktivitäten ausgegeben.
- Die durchschnittlichen Aufwendungen der einzelnen Unternehmen liegt bei 71.000 DM.

- Das meistgenutzte Direktmarketing-Instrument ist die adressierte Werbesendung. Mehr als 300.000 Unternehmen setzen Direct Mails im Rahmen ihrer Marktkommunikation ein.
- Eine branchenspezifische Analyse über die Nutzung des Direktmarketing belegt, dass alle Branchen die verschiedenen Medien des Direktmarketings einsetzen, überproportional setzen Dienstleistungs- und Handelsunternehmen Direktmarketing – Maßnahmen ein.

Die Deutsche Post AG weist dabei für das Jahr 2000 folgende Stückzahlen für die Verteilung aus:
- Infopost ca. 6.4 Mrd. Stück, Postwurfsendungen ca. 4,7 Mrd. Stück

Die werbetreibenden Unternehmen, die Direct Mails im Rahmen ihrer Marktkommunikation einsetzen, können verschiedene externe Dienstleister heranziehen, um diese Aufgabe zu lösen. Grundsätzlich muss jedes Unternehmen jedoch selber entscheiden, welche Aufgabenbereiche des Direct Mails im Unternehmen geleistet werden sollen und welche Bereiche extern bearbeitet werden sollten (Outsourcing). Folgende Dienstleister bzw. Akteure können in eine Direct Mail – Aktion involviert sein:
- Direktmarketing-Agenturen: Hauptaufgabe von Agenturen ist die kreative Umsetzung des Direct Mails (z.B. Text, Gestaltung), jedoch bieten diese Agenturen auch konzeptionelle Beratung und Vermittlerdienstleistungen (z.B. zu Druckereien, Lettershops) an. Viele dieser Agenturen sind im Deutschen Direktmarketing Verband organisiert.
- Adressverlage und Adressbroker: Diese bieten als Kernkompetenz die Aufbereitung von zielgruppengenauen Adressen, die in der Regel in einem Mietverfahren an Interessierte weitergegeben werden.
- Produzenten (Hersteller) z.B. Druckereien, Briefhüllenhersteller, Lettershops. So übernehmen z.B. Lettershop Aufgaben wie Falzen, Schneiden, Adressieren, Kuvertieren, Aufspenden, Einschweißen, Portooptimierung, Frankieren, Freistempeln, Sortieren bis hin zur Postauslieferung. Das Leistungsangebot von Briefhüllenherstellern geht z.B. von der individuellen Produktion und Kuvertierung von Versandhüllen bis zur Herstellung von Musterbeuteln.
- Verteilunternehmen: Dies ist in der BRD primär die Deutsche Post, aber auch private Verteilunternehmen bieten ihre Dienste für die Verteilung von Prospekten und Hauswurfsendungen an.

Betrachtet man die potenzielle Vielzahl an Akteuren, die bei der Realisierung einer Direct Mail-Aktion involviert sein können, so wird auch hier ein signifikanter Unterschied zum normalen privaten Brief deutlich, der auf der Senderseite i.d.R. nur einen Beteiligten aufweist.

Das Direct Mail im Marketing-Mix

Das Direct Mail ist als Instrument im Marketing-Mix angesiedelt. Vereinfacht skizziert baut sich eine Marketing-Konzeption aus den Ebenen: Ziele, Strategie und Maßnahmen/Instrumente auf (vgl. Abb. 1).

Abb.1: Vereinfachter Aufbau einer Marketing-Konzeption

Marketingziele sind Sollvorgaben, die realistischer Weise auch in Zukunft erreicht werden können; beispielweise Erhöhung der Marktanteile oder bestimmte Umsatzvorgaben. Die Marketingstrategie beschreibt die Route, wie dieses Ziel erreicht werden soll z.b. durch eine Präferenzstrategie oder durch eine Kostenführerschaft (Becker 1998: 4f). Die Marketing-Mix- Ebene umfasst die einzusetzenden Instrumente und Maßnahmen. Klassischerweise werden vier Instrumentalbereiche unterschieden: Preis-, Produkt-, Distributions- und Kommunikationspolitik. Direct Mails werden häufig diesem kommunikativen Instrumentalbereich zugeordnet. Gemeinsam sollen die einzelnen Maßnahmen einen Beitrag dazu leisten, die anvisierten Marketingziele zu erreichen. Dazu ist jedoch grundsätzlich eine Abstimmung und Koordination im Einsatz der Instrumente erforderlich, d.h. auch für das Direct Mail ist in vielen Fällen ein integrierter Einsatz mit anderen Instrumenten unabdingbar. Die Integration sollte sich dabei beziehen auf:
- Inhaltliche Aspekte: thematische Verknüpfung zwischen den einzelnen Kommunikationsinstrumenten durch die Schaffung einheitlicher Kernbotschaften und Kernargumente oder Key Visuals (z.B. eine bestimmte Posi-

tionierung – „BMW – Freude am Fahren"). So können z.B. die Schlüsselbilder und Kernargumente einer Mediakampagne in modifizierter Form im Direct Mail zum Einsatz gelangen.
- Gestalterische Aspekte: einheitliche Gestaltungsprinzipien sollen dafür sorgen, dass ein formal einheitliches Erscheinungsbild die einzelnen Kommunikationsinstrumenten miteinander verbindet (z.b. Corporate Design – einheitliche Schrifttypen, Logos, Farben, etc.).
- Zeitliche Aspekte umfassen die zeitliche Abstimmung hinsichtlich des Einsatzes der verschiedenen Kommunikationsinstrumente (z.B. „Wann wird welches Instrument bei welcher Zielgruppe eingesetzt (vgl. Bruhn 1997: 530) (vgl. Abb.2).

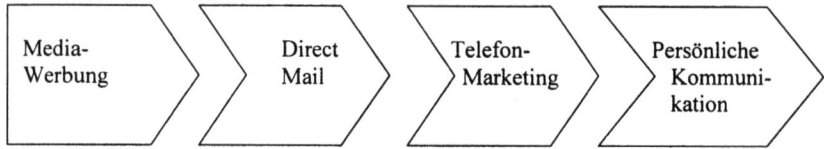

Abb.2: Integriertes Direct Mail

Auch diese Integration des Direct Mails in das gesamte Marketing-Mix, sein vernetzter Einsatz mit anderen Instrumenten, unterscheidet diese Briefform von dem klassischen privaten Brief, denn dadurch können sich Restriktionen hinsichtlich des zeitlichen Einsatzes, der inhaltlichen und gestalterischen Umsetzung ergeben.

Auch die ausgeprägte Zielorientierung bei Werbebriefen differenziert sie von anderen Briefformen. Natürlich weisen auch private Briefe Intentionen auf, bei Direct Mailing-Aktionen werden die Ziele aber im Vorfeld exakt definiert und festgehalten. Direct Mails dienen im Marketing primär der direkten, zielorientierten Ansprache selektierter Zielgruppen. Ein Vorteil dieses Marketinginstruments ist seine Vielseitigkeit und Einsatzfähigkeit.

Direct Mails können eingesetzt werden, um ökonomische und/oder psychologische Ziele zu erreichen (vgl. Abb. 3: Zielsystem Direct Mail).

Direct Mail	
Ökonomische Ziele	**Psychologische Ziele**
z.B. Umsatz, Gewinn, Marktanteil	kognitiv orientierte Ziele affektiv orientierte Ziele konativ orientierte Ziele

Abb.3: Zielsystem Direct Mail (in Anlehnung an Bruhn 1997: 502)

Die ökonomischen Ziele (z.B. Umsatz-, Absatzzahlen) bieten den Vorteil durch monetäre oder wirtschaftliche Größen eindeutig messbar zu sein. Wichtige Kennziffern für Direct Mails sind hier die Größen Cost per Contact (Gesamtkosten geteilt durch Auflage) und Cost per Order (Gesamtkosten geteilt durch Reagierer).

Die psychologischen Ziele werden häufig als Mittel zum Zweck – dem Erreichen ökonomischer Ziele – gesehen. Die kognitiv orientierten Ziele sind darauf ausgerichtet, die Informationsaufnahme, -verarbeitung und -speicherung zu steuern, ohne unmittelbar handlungssteuernd zu wirken. Sollen zusätzlich Präferenzen, Images, Markenerlebniswelten bei den Zielpersonen aufgebaut werden, so erweitern sich die kognitiven Ziele um affektive Zielgrößen. Konativ orientierte Ziele umfassen die Reaktionen der Rezipienten als Ergebnis einer Beeinflussung, wie beispielsweise die Generierung einer Verhaltensabsicht oder Kaufbereitschaft (vgl. Bruhn 1997: 502).

Direct Mails können u.a. für folgende Aufgaben und Funktionen im Marketing eingesetzt werden:
- Steigerung des Bekanntheitsgrades
- Aufbau, Stabilisierung und Änderung von Einstellungen
- Erhöhung der Kundenzufriedenheit und Kundenbindung
- Kaufbestätigung und Nachkaufdissonanzreduktion. Gerade das Nachkaufmarketing, verstanden als von Unternehmen initiierte Kundenkontakt- bzw. Betreuungsprogramme, die zur Pflege dauerhafter Kundenbeziehungen dienen, gewinnt angesichts der heutigen Wettbewerbsbedingungen an Bedeutung (vgl. Fuchs 2000)
- Neukundengewinnung
- Adressgenerierung und -qualifizierung
- Verkauf von Produkten und Dienstleistungen (via Mail können Kunden neue Produkte oder Services angeboten werden)

- Reaktivierung von Altkunden (durch Erinnerungsschreiben oder Sonderangebote kann versucht werden, inaktive Kunden wieder zu aktivieren)
- Einladungen zu Messen und Ausstellungen (Interessenten und Kunden können gezielt zu Events oder Messen individualisiert eingeladen werden)
- Informationsgewinnung über Kunden und Interessenten (Marktforschung z.B. durch Kundenbefragung via Direct Mail).

Direct Mails können aber auch von Non-Profit-Organisationen sehr vielseitig eingesetzt werden, hier bevorzugt auch um Spenden und Sponsoren zu gewinnen (Fundraising).

Direct Mails sind damit in der Lage sowohl für die Erreichung ökonomischer Ziele (z.B. Verkauf), als auch außer-ökonomischer Ziele (z.B. Einstellungswirkungen) eingesetzt zu werden. Gerade diese vielseitigen Einsatzmöglichkeiten erklärt auch ihren zunehmenden Einsatz in der betrieblichen Praxis.

Gegenüber der klassischen Media-Werbung bietet das Direct Mail zudem neben seiner Vielfältigkeit eine Reihe weiterer Vorteile. Direct Mails können sehr zielgenau – auf definierte Personenkreise eingeschränkt – eingesetzt werden, dadurch können Streuverluste, die ja bei der Medienwerbung anfallen und bezahlt werden müssen, reduziert werden. Auch der Anforderung nach einer zunehmenden Individualisierung kann dieses Instrument besser entsprechen als z. B. eine Kundenzeitschrift oder eine Anzeige. Zudem ist es für den Wettbewerb schwieriger die kommunikativen Aktivitäten zu beobachten, sie bieten also im Vergleich z.B. zum TV-Spot bessere Geheimhaltungsmöglichkeiten.

Anforderungen an die Umsetzung

Im Marketing geht es darum möglichst effektiv und effizient bestimmte Ziele im Markt zu erreichen. Dies gilt auch für den Einsatz der einzelnen Instrumente oder hier im konkreten Fall des Direct Mails. Direct Mail-Maßnahmen verursachen Kosten, diese Kosten sind hinsichtlich der Zielerreichung zu optimieren. Deshalb wird bereits seit längerem mit erheblichem Forschungs- und Testaufwand daran gearbeitet Erfolgsfaktoren für den Einsatz dieses Instruments zu ermitteln. Diese wissenschaftlichen Erkenntnisse (z.B. durch den Einsatz von Blickregistrierungs-Kameras erhoben) und praktischen Erfahrungen fließen in beträchtlichem Maße in die konkrete Ausgestaltung der einzelnen Maßnahme mit ein. Es wird dabei auch versucht alle Bestandteile in diesen Optimierungsprozess einzubeziehen. In der Regel umfasst ein Mailing folgende Bestandteile:
- Kuvert
- Werbebrief
- Prospekt/Flyer

- Response-Element

Alle Bestandteile sollten dabei so gestaltet sein, dass die Wahrscheinlichkeit steigt, dass die angesprochene Person auf die gewünschte Art und Weise reagiert. Im wesentlichen werden vier Faktoren unterschieden, die erheblichen Einfluß auf die Wirksamkeit und Effizienz von Mailings haben:

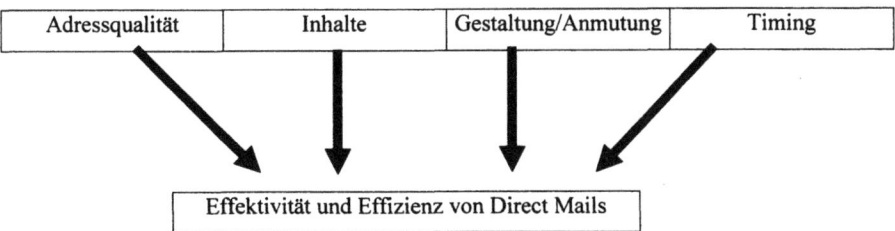

Abb.4: Erfolgsfaktoren des Direct Mails

Erfolgsfaktor: Adressqualität

Die Deskription und Identifikation der Zielpersonen plus die Entscheidung darüber, wer mit einem Direct Mail angesprochen werden soll, ist von herausragender Bedeutung für den Erfolg. Diese elaborierten Selektionsmöglichkeiten sind ja gerade einer der Vorteile des Direct Mails.

Es stehen einem Unternehmen mehrere Möglichkeiten offen, um an entsprechendes Datenmaterial zu kommen. Erste und qualifizierteste Quelle sind entsprechende gepflegte eigene Kunden- und Interessendaten. Eine solche Kundendatenbank bietet die Möglichkeit seine Kunden zu analysieren und zu selektieren. Eine solche Datenbank sollte dabei für jeden Kunden alle Informationen speichern, die für die Marketingaktivitäten im Hinblick auf den Kunden von Bedeutung sein können (vgl. Link und Schleuning 1999: 81). Viele Unternehmen versuchen über verschiedene Aktivitäten (z.B. Kundenkarten, Kundenklubs) hier ihre Datenbasis zu erweitern, um dann ganz gezielt anhand von Kundenprofilen den „richtigen Kunden zur richtigen Zeit mit der richtigen Botschaft in der richtigen Form" ansprechen zu können. Dies führt dann in der Konsequenz zu einem Database-Marketing, das sich als „...an interactice approach to marketing communication, which uses adressable communications media (...)" verstehen lässt (Stone und Shaw 1987: 13). In diesem Kontext ist jedoch zu Fragen, ob es nicht ab einem gewissen Umfang der Informationssammlung bei den Kunden zu Abwehrreaktionen kommt, dass sie einen „gläsernen" Kunden ablehnen und entsprechende Verhaltensweisen zeigen.

Weitere Möglichkeiten der Adressgewinnung sind:
- externe Unterlagen (z.b. Telefon- und Adressverzeichnisse, etc.),
- Adressverlage, diese bieten oft eine Vielzahl von Adresskollektionen, die praktisch alle Berufsgruppen, Wirtschaftszweige und Privatadressen umfassen und die nach den verschiedensten Selektionskriterien strukturiert werden können,
- Adressbroker/List Broking (Unternehmen stellen dabei ihre Kundenadressen über einen Adressvermittler zur Verfügung).

Grundsätzlich müssen diese Adressen aktuell und postalisch korrekt sein. Neben der qualitativen Verdichtung der Daten zu entsprechenden Typologien oder Zielgruppen, die hinsichtlich bestimmter marketingrelevanter Eigenschaften (z.b. besonderes Interesse an gesunder Ernährung) möglichst homogen sein sollten, geht es zudem im formalen Bereich der Adressenaufbereitung darum den Kunden zumindest postalisch richtig anzusprechen. Dies erreicht man, indem
- auf korrekte Schreibweise geachtet wird
- Plausibilitätskontrollen durchgeführt werden (z.b. nicht Frau Wolfgang Meier)
- unzustellbare Adressen ausselektiert
- Dubletten bereinigt

Die Relevanz dieser Zielgruppenidentifikation zeigt sich in den Auswirkungen auf die anderen Faktoren. Die Art der Zielgruppe hat Auswirkungen darauf, welches Angebot (Inhalte) und in welcher Form (Gestaltung/Anmutung) in dem Direct Mail unterbreitet werden soll.

Inhalte und Angebote

Aus den vorgegebenen Zielen und den anvisierten Zielgruppen ergeben sich die Inhalte und Angebote des Direct Mails. Dabei wird bei der inhaltlichen Ausrichtung ein nutzenorientierter Ansatz unterstellt. Aufmerksamkeit und Wahrnehmung für ein Direct Mail wird durch eine primär an dem Nutzen für den Kunden orientierten Botschaft erreicht. D.h. nicht das konkrete Angebot (z.B. eine bestimmte Hautcreme) steht im Mittelpunkt, sondern die Vorteile, welche die Kunden aus der Nutzung des Angebots erreichen (z.B. jüngere, straffere Haut). Welche Motive und Nutzenversprechungen angesprochen werden sollen ist in Abhängigkeit von der Zielgruppe zu sehen. Typische Motive sind z.B.: Zeitersparnis, Geldersparnis nur durch Sonderangebote, Erfolg, Abenteuer, Unabhängigkeit, Gesundheit, etc. D.h. in einem Direct Mail wird gezielt nutzenorientiert kommuniziert, um die Aufmerksamkeit und die Wahrnehmung des Lesers zu gewinnen. Dies wird durch eine entsprechende Gestaltung unterstrichen, die versucht dies auch optisch herauszuheben und zu unterstreichen.

Auch das Risikoverhalten der Zielpersonen wird häufig mit berücksichtigt. Dies geschieht dadurch, dass man die Reaktionsstufen nicht zu hoch ansetzt. Das bedeutet, dass z.B. noch relativ neuen Kunden keine zu teuren Angebote gemacht werden sollten. In diesem Fall wäre ein sukzessiver Aufbau angebracht, der von ersten günstigen, nicht besonders risikobehafteten Angeboten stufenweise voranschreitet.

Nach Nash (1986: 16) umfasst eine Angebotsstrategie folgende Elemente:
- Produkt,
- Offerte (z.B. Sonderpreis, Finanzierungsangebot)
- Distributionsmethode und
- kreative Durchführung.

Jedes dieser einzelnen Elemente können in Pretests auf ihre Wirksamkeit getestet werden. Beispielsweise kann die Konzeption eines Mailings dadurch geprüft werden, dass mehrere Alternativen parallel an einen kleinen Adressatenkreis versendet werden und erst nach Beurteilung der Wirksamkeit die Großaussendung erfolgt. D.h. auch hierin unterscheidet sich der Werbebrief von privaten Briefen: der in vielen Fällen getesteten, primär nutzenorientierten inhaltlichen Ausrichtung.

Eng verknüpft mit den Inhalten des Mailings ist natürlich die kreative Umsetzung.

Gestaltung/Anmutung

Ob Versandkuvert, Werbebrief, Produktprospekt oder Antwortkarte/Bestellschein – jede dieser Komponenten des klassischen Mailings kann sich positiv auf Aufmerksamkeit, Wahrnehmung, Lernprozesse und damit positiv oder negativ auf die Reaktionsrate auswirken. Durch eine entsprechende Gestaltung (z.B. durch den Einsatz sogenannter Verstärker – Unterstreichungen, Bilder, Graphiken) wird hier versucht Einfluß auf die Wahrnehmung der Zielpersonen zu nehmen und eine Optimierung der Wirkung zu erzielen.

Von zentraler Bedeutung für den Erfolg sind die ersten circa 20 Sekunden des Kontaktes mit dem Kommunikationsmittel. Dabei lassen sich drei Phasen unterscheiden:
Phase 1: Betrachten des Kuverts und Suchen nach der Öffnung (Dauer ca. 8 Sekunden)
Phase 2: Öffnen des Kuverts und Entnahme des Inhalts (Dauer ca. 4 Sekunden)

Phase 3: Entfaltung des Inhaltes und flüchtige Betrachtung von Headlines und Bildern (Dauer ca. 8 Sekunden).

Diese ersten Phasen entscheiden darüber, ob es zu einer weiteren differenzierten Auseinandersetzung mit dem Werbemittel kommt oder nicht. In der Praxis haben sich dafür einige allgemeine Erfahrungsregeln für eine effektive Gestaltung von Mailings herauskristallisiert:

- AIDA-Regel: Attention (Aufmerksamkeit), Interest (Interesse), Desire (Wunsch, Verlangen) und Action (Handlung). Dieses hierarchische Wirkungsmodell beinhaltet zuerst eine kognitive Komponente mit den Faktoren Aufmerksamkeit, Wahrnehmung, Verständnis und dem Lernprozess, zu der affektiven Komponente gehören die Faktoren Interesse, Gefühle, Bewertung und Zustimmung; die konative Komponente umfasst schließlich Absichten, Verhalten und Handlungen (vgl. Schenk, Donnerstag und Höflich 1990: 16).
- Kiss: Keep it simple und stupid (oder short).
- RIC: Readership involvement commitment.

Vögele (1995 und 1985) empfiehlt, die Direktmarketing-Instrumente wie persönliche Verkaufsgespräche zu gestalten und entwickelte hierfür die sogenannte Dialogmethode. Dabei wird das Mailing als Ersatz bzw. Ergänzung zum persönlichen Dialog zwischen Verkäufer und Kunde betrachtet. Er geht davon aus, dass der Empfänger Fragen hat, wenn er ein Mailing erhält: „Wer schreibt mir, warum schreibt er mir, was bietet er an, was ist das Besondere daran, welchen Vorteil bringt es mir, was muss ich tun, etc.". Diese unausgesprochenen Fragen müssen nach Ansicht von Vögele durch das Mailing möglichst schnell beantwortet werden. Dabei sieht Vögele es als besonders relevant an, dass der Nutzen für die Zielperson bereits bei dem ersten Überfliegen des Werbemittels (d.h. innerhalb von wenigen Sekunden) deutlich wird.

Das Versandkuvert signalisiert in seiner klassischen Form, dass die Botschaft allein für den Empfänger bestimmt ist. Die Aufmachung des Kuverts entscheidet mit, ob es geöffnet wird oder nicht. Im Konsumgütermarkt wird eine Kuvertgestaltung empfohlen, die dem Empfänger einen bestimmten Reiz zum Öffnen gibt. Dies kann z.B. in Form eines Gewinnversprechens erfolgen. Individualisiert wird das Kuvert zudem durch die Benutzung von Sonderbriefmarken und/oder handschriftlicher Adresse. Hier wird quasi durch eine Annäherung an einen privaten Brief versucht, sich der schnellen Selektion zu entziehen. Jedoch ist dies mit erhöhten Kosten in Produktion und Versandkosten verbunden. Die Deutsche Post eröffnet u.a. mit ihrer Infopost Kreativ neue gestalterische Freiheiten, so kann z.B. ein Unternehmen, das Tennisschläger in seinem Mailing anpreisen möchte, durch den Umschlag in Form eines Tennisschlägers auf das Angebot einstimmen und die Aufmerksamkeit gewinnen. Im Business-to-

Business-Bereich sind dagegen in der Regel Umschläge ohne Werbeaufdrucke effektiver.

Für die Gestaltung der zweiten Komponente des Mails – des eigentlichen Werbebriefes werden in der Literatur folgende Umsetzungsregeln formuliert, die sich dann auch in vielen praktischen Beispielen wiederfinden:

- Der Brief sollte individualisiert sein und nicht den Eindruck erwecken, dass er an eine Vielzahl von Personen verschickt wird.
- Um das Lesen zu erleichtern, sollte der Werbebrief durch Absätze strukturiert, in kurzen leicht verständlichen Sätzen und einfachen Worten formuliert und nicht zu lange im Umfang sein.
- Der Text sollte aktivierend, positiv formuliert sein. Hier gibt ganze Batterien an guten Tipps und Ratschlägen für die Textumsetzung (vgl. hierzu z.b. Neumann und Nagel 2001: 82ff. und 133ff.).
- Durch den Einbau von sogenannten Verstärkern (z.B. Name des Empfängers, Unterstreichungen, Bilder, Post Skriptum, etc.) soll der Leser gezielt zu einer intensivieren Auseinandersetzungen mit dem Werbebrief motiviert werden.

Häufig wird dem Empfänger des Mailings in einem beiliegenden Prospekt oder Flyer das konkrete Angebot dargestellt. Dieses Werbemittel steht stellvertretend für das Produkt und den Verkäufer und sollte deshalb deren Funktion soweit als möglich übernehmen. Es sollte klar die „Unique Selling Proposition", die einzigartigen Verbraucher- und Produktvorteile darlegen (vgl. Huth und Pflaum 1991: 214ff). Wie der Brief so vermittelt auch der Prospekt durch seine Anmutung (in der Gestaltung, Papierauswahl, Druckqualität) den Eindruck von Qualität.

Auch bei der Umsetzung des Reaktionsmittels wird auf eine Optimierung geachtet, um die anvisierten Ziele zu erreichen. Dabei wird empfohlen die Form des Reaktionsmittels in Abhängigkeit des Inhaltes zu gestalten. Eine einfache Antwortkarte ist ausreichend, wenn es sich z.B. um die Teilnahme an einem Gewinnspiel handelt. Ein Bestellschein oder Antwortkarte sollte verwendet werden, wenn persönliche Daten (z.B. aus dem Finanz- und Versicherungsbereich) berührt werden. Eine frankierte oder gebührenfreie Antwortkarte oder ein Bestellschein kann die Reaktionsrate erheblich steigern. Grundsätzlich sollte die Reaktion für die Zielperson so einfach wie möglich gemacht werden, indem z.B. auch auf dieses Kommunikationsmittel gleich die Adresse der Zielperson eingedruckt wird.

Mit diesen Darlegungen wird deutlich, dass auch die Gestaltung des Mailings dem Primat der Wirkungsoptimierung untergeordnet ist. Durch Nutzung entsprechender visueller und textlicher Gestaltungsvorgaben wird versucht auf den Wahrnehmungs- und Lernprozess der Zielperson Einfluss zu nehmen, um eine hohes Maß an persuasiver Wirkung zu erreichen.

Zeitpunkt/Frequenz

Auch der Zeitpunkt und die Frequenz des Mailing-Einsatzes werden unter dem Gesichtspunkt der Optimierung von Effektivität und Effizienz gesehen. Einsatzzeitpunkt und Frequenz sind u.a. abhängig von den angestrebten Zielen (z.B. Einladung zu einer Messe, Neukundengewinnung), dem Status der Zielgruppen (z.B. Stammkunden, Interessenten, Neukunden, Meinungsführer), den Kundenbedürfnissen und dem Einsatz anderer Kommunikationsinstrumente (z.B. Besuche des Außendienstmitarbeiters). Auch hier gilt es negative Reaktionen durch eine Überflutung mit Direct Mails zu vermeiden.

Durch eine entsprechende Postanlieferung ist es auch möglich den Tag der Postzustellung zu beeinflussen. Soll das Direct Mail eher am Wochenanfang bei den Empfängern sein oder eher am Wochenende.

Fazit, oder die Spezifika des Direct Mails

Direct Mails haben aufgrund der skizzierten Rahmenbedingungen im kommunikativen, soziokulturellen und ökonomischen Umfeld im Kommunikations-Mix vieler Unternehmen einen nicht zu vernachlässigenden Stellenwert. Vor allem in Kombination mit anderen Kommunikations-Instrumenten sollen sie einen Beitrag zur Erreichung der ökonomischen und außerökonomischen Ziele einer Organisation oder Unternehmung leisten. Damit sind Direct Mails zielorientierte, bewusst gestaltete und eingesetzte Instrumente im Marketing-Mix. Mailings basieren zunehmend auf elaborierten Adressdatenbanken, um individualisiert die Zielgruppen ansprechen zu können. Es steht dabei aber nicht so sehr ein konkretes Individuum als Empfänger im Fokus, sondern ein Typus, der bestimmte konsumrelevante Merkmale kombiniert. Dabei greifen viele Unternehmen zur Realisierung von Direct Mail-Maßnahmen auf die Hilfe externer Dienstleister zurück. Auch diese Funktionsdifferenzierung auf Senderseite unterscheidet den Werbebrief von privaten Briefen.

Literatur:

Becker, J. (1998): Marketing-Konzeption. München.
Blattberg, R.C., Thomas, J.S. (1999): The Fundamentals of Customer Equity Management. In: Bruhn, M., Homburg, Ch. (Hrsg.): Handbuch Kundenbindungsmanagement. Wiesbaden, 359 – 385.
Bruhn, M. (1997): Kommunikationspolitik. München.
Busch, R., Dögl, R., Unger, F. (1997): Integriertes Marketing. Wiesbaden.
Deutsche Post (Hrsg.) (1999). Direktmarketing Deutschland (1999). Bonn.
Fuchs, W. (2000): After Sales Communication. Berlin.
Huth, R., Pflaum, D. (1991): Einführung in die Werbelehre. Stuttgart, Berlin, Köln.
Link, J., Schleuning, Ch. (1999): Das neue interaktive Direktmarketing. Ettlingen.
Löffler, H., Scherfke, A. (2000): Praxishandbuch Direkt Marketing. Berlin.
Nash, E. (1986): Direct Marketing. New York.
Neumann, U., Nagel, Th. (2001): Professionelles Direktmarketing. München.
Pepels, W. (1996). Lexikon des Marketings. München.
Schenk, M., Donnerstag, J., Höflich, J.R. (1990): Wirkungen der Werbekommunikation. Köln, Wien.
Stone, M., Shaw, R. (1987): Database marketing for competitive advantage. In: Long Range Planning 2/1987, 12-20.
Vögele, S. (1985): Dialogmethode: Das Verkaufsgespräch per Brief und Antwortkarte. Landsberg a. Lech.
Vögele, S. (1995): 99 Erfolgsregeln für Direktmarketing. Landsberg a. Lech.
Unger, F., Fuchs, W. (1999): Management der Marktkommunikation. Heidelberg.
Zentralverband der deutschen Werbewirtschaft (ZAW) (Hrsg.) (2001): Werbung in Deutschland 2001. Bonn.

„... dass jemand mal vorbeischreibt."
E-Mail im Alltag – zur Kulturanalyse eines neuen Mediendispositivs

Klaus Schönberger

Kulturwissenschaftliche Internetforschung: Nutzungskontexte und –stile

Im Kontext einer kommunikationswissenschaftlichen Perspektive bemängelt Friedrich Krotz (in diesem Band), dass die sozialwissenschaftliche Kommunikationswissenschaft bisher die kultur- und die medienwissenschaftliche Perspektiven nicht angemessen integrierte. Er schlägt vor, die Diffusion und Entstehung von computervermittelter Kommunikation „als Teil eines allgemeinen, historischen Prozesses der Mediatisierung von Kommunikation und sozialen Beziehungen" zu begreifen. Die kulturwissenschaftlich-volkskundliche Analyse der Diffusion von Informations- und Kommunikationstechniken (IuK) im Allgemeinen und von Internet und Netzkommunikation (IuN) im Besonderen kann demgegenüber an die Technikumgangforschung der vergangenen Jahre anknüpfen. Hermann Bausingers (1997: 46) Formulierung von der „unauffälligen Omnipräsenz des Technischen" im Alltagsleben verweist auf die Perspektive der Aneignung, des Umgangs sowie der Nutzung von IuK beziehungsweise von Medien. Zwar betont auch Krotz (2001: 19), dass in dem von ihm vorgeschlagene „Mediatisierungs"-Konzept als „Metaprozess des sozialen Wandels" der Mensch durch seinen Umgang mit den Medien den aktiven Teil darstellt, doch impliziert der technische Fokus seiner Begrifflichkeit zugleich eine andere Perspektive. Der Versuch, gesellschaftliche Wandlungsprozesse mittels der Werkzeuge oder Produktionsmittel zu analysieren[1], beinhaltet begrifflich die Problematik einer technikzentrierten Perspektive.[2] Aus kulturwissenschaftlich-volkskundlicher Fachsperspektive bleibt die Analyse des Rahmungsprozess des Inter-

---

[1] In der Industriesoziologie unternehmen Baukrowitz/Boes/Schmiede (2000) mit dem Terminus „Informatisierung von Arbeit" einen ähnlichen Versuch, den gesellschaftlichen Wandel über den sich verändernden Charakter der gesellschaftlichen Arbeit auf den Begriff zu bringen. Auch hier stellt sich die Frage, ob der Beschreibungsversuch über die Werkzeuge hinreichend ist.

[2] In der deutschsprachigen Medientheorie wurde bereits darauf hingewiesen, „dass die Medien wie die Medienwissenschaften gegenwärtig in verblüffender Weise überschätzt werden und sich selbst überschätzen" (Winkler 1999: 44). Winkler kritisiert es als das „Selbstmissverständnis eines Fachs, das nahezu jede Fragestellung zu einem Medienproblem macht, die Medien zum gesellschaftlichen ‚Apriori' und sich selbst zu einer Art Leitwissenschaft stilisiert".

net-Features „E-Mail" beziehungsweise die Überlegungen zur Herausbildung eines neuen Mediendispositivs eng mit der Analyse soziokultureller Praxen verbunden. Allmählich bildet sich ein Konsens darüber heraus, dass technische Artefakte nicht quasi von außen auf kulturelle Verhältnisse auftreffen, sondern von einer „Kultürlichkeit von Technik" selbst auszugehen ist (vgl. Hengartner/ Rolshoven 1998b: 36). Ausgangspunkte einer solchen Perspektive sind Kontexte und Situationen, die den Gebrauch von Dingen und medienkulturellen Artefakten rahmen, wie umgekehrt die Medien und Kommunikationsinstrumente in bestehende Alltagspraxen eingepasst werden.

Es gilt prinzipiell zwar immer noch die Feststellung von Bausinger (1996: 53), „dass der Computer als Kommunikationsmedium von der Empirischen Kulturwissenschaft/Europäischen Ethnologie beziehungsweise der Volkskunde bislang kaum erforscht ist", aber inzwischen steigt die Zahl an Arbeiten, in denen auch IuN Gegenstand kulturwissenschaftlicher Analyse sind (z.B. Herrlyn 2001 oder Sülzle 2001; als Überblick vgl. Hengartner 2001: 208ff.).[3] Eine solche, mit den Cultural Studies verwandten, Forschungstradition würde – wenn es sie denn gebe, ihre Beschäftigung mit Computern und Internet im Sinne einer Alltagswissenschaft unter Bezug auf unterschiedliche soziale Kontexte konzipieren.[4] Das bedeutet, die kulturwissenschaftlich-ethnografischen Bezugspunkte hinsichtlich der technischen Vermitteltheit von Kommunikation zur Herstellung von sozialen Beziehungen sind die soziokulturellen Praxen und ihre Einbettung in die Prozesse des sozioökonomischen Strukturwandels. Zwar interessieren an einem interpersonalen Kommunikationsinstrument wie E-Mail auch die Rück- und Wechselwirkungen zwischen technischen Bedingungen und soziokulturellen Praxen der Kommunikation, doch zielt eine kulturwissenschaftliche Perspektive eher auf den „Umgang mit Technik" (St. Beck 1997), denn auf den „Dingbezug" (Schröder 2000). Außerdem kann hier auf eine Tradition von Mediennutzungsanalyse verwiesen werden, wie sie anhand des Fernsehens im Familienalltag von Jensen/Rogge (1986) entwickelt wurde. Insofern erforscht die Empirische Kulturwissenschaft als Alltagswissenschaft die Mediennutzung als Umgangs- und Rezeptionsweisen der ZuschauerInnen im sozialen Kontext ihres Alltagslebens (Bechdolf 2001).

Während die Kommunikations- und Medienwissenschaften ihre Aufmerksamkeit bisher auf die „Massenmedien", die eine „one-to-many"-Kommunikation ist, konzentrierten und Kommunikationsmedien wie den Brief nicht zu

---

[3] Allerdings erscheint es nach wie vor bezeichnend, dass in dem Beitrag von T. Hengartner (2001) zu einem Methodenbuch des Faches, das Thema „Forschen über das Internet" gerade mal fünf von 25 Seiten ausmacht.

[4] Damit sind nicht nur class, gender oder race gemeint, sondern auch unterschiedliche Konzepte alltäglicher Lebensführung (Voß 1995) beziehungsweise Habitus (Bourdieu 1982).

ihrem „Kerngeschäft" zählen, beschäftigte sich die Empirische Kulturwissenschaft zwar nicht intensiv, aber immer wieder auch mit dem Briefschreiben als kultureller Praxis (Bausinger 1996). Joachim Höflich (in diesem Band) bemerkt, dass die „Briefkultur" einer „Pluralität" von unterschiedlichen „Vermittlungskulturen" gewichen ist. Er versteht das Kommunikationsinstrument E-Mail als eines jener neuen Medien, die dem Brief bei der „Rede mit einer abwesenden Person" Konkurrenz machen. Da E-Mail eine neue Form des populären Schreibens ist, ist ihre massenhafte Nutzung als Ausdruck einer Weiterentwicklung der „popularen Schreibkultur" (Warneken 1987) verstehbar. In den klassischen Massenmedien ist darüber hinaus von einer „neuen Briefkultur im Internet die Rede".[5] Da IuN NichtschreiberInnen wieder zu SchreiberInnen machen, steht zu erwarten, dass auch eine klassisch-volkskundlich ausgerichtete Betrachtungsweise über das Thema Lese- und Schreibvermögen (Schriftlichkeit und Mündlichkeit) E-Mail als Forschungsgegenstand entdecken könnte (zum PC allgemein vgl. Schenda 1993: 444).

Anhand der Nutzung in der Freizeit und im häuslichen sozialen Nahbereich soll im Folgenden ein Beitrag zur Kulturanalyse des Mediendispositivs E-Mail unternommen werden.[6]

Für diese kulturwissenschaftliche Annäherung an das Internet-Feature E-Mail und seine „Veralltäglichung" wird jener historische Moment gewählt, in dem die Entwicklung von IuN vom Medium erster zum Medium zweiter Ordnung (Kubicek u.a. 1997) erfolgt.[7] Der Beitrag nimmt dabei zwei Ebenen in den

---

[5] Vgl. Kölnische Rundschau, 22.7.2001 (Online-Dokument: URL: http://www.rundschau-online.de/computer/netzwelt/638326.html).

[6] Im Rahmen eines von der Deutschen Forschungsgesellschaft (DFG) geförderten Projekts untersuchte das Ludwig-Uhland-Institut für Empirische Kulturwissenschaft der Universität Tübingen in Zusammenarbeit mit dem Forschungsinstitut für Arbeit, Technik und Kultur (FATK Tübingen) die „Transformation der Alltagsbeziehungen von Internet-NutzerInnen". Das Projekt wurde von Prof. Dr. Bernd Jürgen Warneken geleitet und von Dr. Klaus Schönberger durchgeführt. Ergebnisse finden sich in verschiedenen Aufsätzen (Schönberger 1998, 1999a, 1999b, 2000a, 2000b, 2001; Sülzle 2001). Almut Sülzle (2000) und Andrea Löffler (2000) beteiligten sich mit Magisterarbeiten.

[7] Kubicek u.a. (1997: 17) verweisen in ihrer Grundlegung zur Spezifik medienkultureller Innovationen im Übergang vom Medium erster zum Medium zweiter Ordnung auf die Bedeutung ihres soziokulturelles Kontexts. Sie unterscheiden drei Phasen der „kulturellen Rahmung" (Goffman 1989) beziehungsweise „Kultivierung" (Rammert 1993: 247) von Medieninnovationen: Formierung, partielle und universelle Öffnung. Medien zweiter Ordnung entstehen als doppelter Transformationsprozess der „De- und Rekontextualisierung". Das meint die Einbettung eines medientechnischen Artefaktes in ein soziales Handlungsgefüge. Dabei kommt es wiederum zu einer Modifikation der technischen Systeme wie der bestehenden institutionellen Arrangements. Die Autoren betonen als Voraussetzung die Notwendigkeit der Herausbildung sozialer Institutionen sowie der Fähigkeit, „Inhalte" für ein

Blick: Die Kommunikationsanlässe und die mit E-Mail verbundenen, sich herausbildenden Kommunikationsformen. Konkret geht es um die Beantwortung der Frage, ob und wenn ja, welche sozio-kulturellen Veränderungen sich im Zusammenhang mit der Nutzung von IuN[8] im sozialen Nahbereich (Familie, zwischen Partnern, Freunden oder Bekannten) ergeben. Der untersuchte Personenkreis[9] repräsentiert einerseits zwar bereits die „universelle Öffnung" stellt andererseits aber noch nicht die notwendige „globale Öffentlichkeit" dar. Dennoch finden sich hier bereits Nutzungsweisen, die sich vom Gebrauch durch Technikfreaks oder einer „Binnenöffentlichkeit" unterscheiden. Die Mediengeschichtsforschung kann zeigen, dass die über das technische Potential und bei Pionieren begründeten ersten Annahmen vom Nutzen und der Nutzung eines medienkulturellen Artefakts nur wenig über eine spätere (massenhafte) Praxis aussagen. Der Übergang von einem Medium erster zu einem Medium zweiter Ordnung erfolgt in Nutzungskontexten, die nur wenig mit der Perspektive der Nutzer der ersten Stunde gemein haben.[10] Hier erfolgt jedoch der Rahmungsprozess des Übergangs zu einem Massenmedium beziehungsweise zeichnen sich die ersten Konturen eines neuen Kommunikations- und Mediendispositivs ab.

Auf der Grundlage einer qualitativen Studie können zwar keine verallgemeinerbaren Ergebnisse präsentiert werden, sehr wohl aber Hinweise auf sich ab-

---

disperses Publikum auszuwählen, zu strukturieren und mittels Technik in einer bestimmten symbolischen Form aufzubereiten.

[8] Eine Schwierigkeit die sich bei der Analyse der Etablierung des Internet und von Netzkommunikation ergibt, ist die Begriffsverwirrung. Mit dem Begriff ‚Internet' sind ganz unterschiedliche Netzdienste gemeint. Ungeachtet dessen, inwieweit bereits eine Konvergenz verschiedener Dienste, Programme oder Angebote feststellbar ist, handelt es sich um unterschiedliche Kommunikationsmodi, die aber auf derselben technischen Grundlage basieren. E-Mail-Kommunikation, Newsgroups und Mailinglisten sind textbasierte Kommunikationsmodi. Das World Wide Web (WWW) hingegen ähnelt immer noch eher den herkömmlichen „alten" Massenmedien mit ihrem one-to-many-Prinzip (zentraler Sender/disperse Empfänger).

[9] Die Auswahl der Befragten hing eng mit der Frage nach der Entwicklungsperspektive des Internet zusammen. Es wurden daher Personen ausgewählt, die in vielfältigen sozialen Bindungen leben und gemeinhin als „sozial integriert" gelten (keine Jugendlichen). Daher wurden 30 männliche und weibliche Berufstätige aus unterschiedlichen Branchen mit unteren, mittleren und höheren Bildungsabschlüssen, die das Internet zuhause für sich privat nutzen und nicht in der Computerbranche, in den Medien oder in Forschung und Lehre arbeiten oder studieren. Der Erhebungszeitraum war 1998/99. Allerdings lassen sich die Ergebnisse durchaus auch auf die gegenwärtige Phase der Diffusion von IuN anwenden, da die Entwicklung von der „Binnenöffentlichkeit" zur „globalen Öffentlichkeit" noch nicht abgeschlossen ist.

[10] Insofern ist diese Untersuchung auch ein Gegenentwurf zu prominenten Studien von Rheingold (1994), Turkle (1998) und Tapscott (1998), die aus Pioniernutzungen das Mediendispositiv IuN ableiteten. Vgl. zur Kritik Stegbauer (2001c).

zeichnende Nutzungsmuster in Abhängigkeit von bestehenden und entstehenden sozialen Praxen gegeben werden.[11] So lassen sich für dieses „historisch" frühe Stadium der Diffusion von E-Mail erste Konturen gruppenspezifischer Nutzungsmuster und -stile beschreiben. Wenn an dieser Stelle darauf nicht ausführlich eingegangen werden kann, so sei doch vermerkt, dass sich für die Interpretation solcher Muster das theoretische Konzept der alltäglichen Lebensführung (Voß 1995) besonders eignet. Damit können strukturell objektivierbare Faktoren mit subjektiven konkreten Handlungsmustern verknüpft werden.[12]

Kommunikations- und Mediendispositiv E-Mail

Was bei Kubicek u.a. (1997) als der Übergang vom Medium erster zum Medium zweiter Ordnung und bei Höflich in Anlehnung an Goffman als „Rahmung" firmiert, bezeichnen Hickethier (1992), Lenk (1996) und andere als die Entstehung eines Mediendispositivs. In Anlehnung an Michel Foucaults Begriff des Dispositivs versuchen sie, die institutionelle, technische und inhaltliche Entfaltung der Medien im Zusammenhang der Entstehung entsprechender Wahrnehmungsstrukturen zu beschreiben. Das Dispositiv entsteht über die „Vermittlungs-, Aneignungs- und Nutzungsweisen" (Lenk 1996: 23) der technischen Geräte und Dienste sowie der darüber gesendeten Inhalte. Dispositiv meint, „wie sich der ‚mediale Apparat' in Bezug setzt zu dem, was sich in der Medienwahrnehmung als ‚mentale' Entsprechung herausgebildet hat" (Hickethier 1992: 27).

Das heißt, es wird begrifflich nicht nur der aktive Rahmungs- oder Kultivierungsprozess gefasst, sondern auch die strukturierende Wirkung von Apparattechnik, Programm, objektiven Nutzungsbedingungen. Mit Hilfe des Begriffs Mediendispositiv lässt sich die technische, ökonomische und inhaltlich-formale Dimension von E-Mail als Kommunikationsmedium nicht nur im Zusammenhang der Entfaltung von entsprechenden Wahrnehmungsstrukturen beschreiben. Ein solches E-Mail-Dispositiv rekurriert auch zugleich auf die Kontexte, die Vermittlungs-, Aneignungs- und Nutzungsweisen von Netzkommunikation. Zu

---

[11] Hans Magnus Enzensberger (2000: 101) kritisierte vor noch nicht allzu langer Zeit demgegenüber jüngst die Medienforschung, die nicht qualitativ arbeite und deshalb auch nichts über die Hintergründe von Nutzungen und Medienkonsum in Erfahrung bringe. Abgesehen davon, dass die dem Spiegel-Feuilleton vielleicht angemessene Pauschalität des Werturteils der inzwischen erreichten methodischen Differenziertheit nicht angemessen ist, kommt es darauf an, die jeweiligen Vorzüge der Methoden zu verknüpfen.

[12] Wie eine solche Interpretation durchgeführt werden kann, habe ich anderer Stelle (aber noch ohne die Terminologie) am Beispiel „Doing Gender" gezeigt (vgl. Schönberger 1999).

bedenken wäre allerdings, ob angesichts der Tendenz zur Konvergenz der verschiedenen Internetfeatures nicht von einem Medien- und Kommunikationsdispositiv gesprochen werden müsste. Auch wenn offensichtlich ist, dass die Bedeutung einzelner Medien oder Kommunikationsmittel im Zusammenhang einer umfassenderen Perspektive betrachtet werden sollte, avanciert(e) E-Mail zu derjenigen „Killer-Applikation" (vgl. a. Bakardjieva/Smith 2000: 21ff.) der neuen IuK, die als Voraussetzung der „universellen Öffnung" des Internet zu einem Massenmedium gelten kann.

Am Beispiel unterschiedlicher Nutzungsmuster von E-Mail lässt sich zeigen, dass die bloße technische Verfügbarkeit neuer Kommunikationsmöglichkeiten nicht automatisch bestehende Kommunikationsbedürfnisse in eine veränderte mediatisierte Form umlenkt. Umgekehrt lassen sich aber durchaus neue Kommunikationsanlässe und Kommunikationspraxen ausmachen, die erst auf der Grundlage der technischen Bedingungen der neuen IuK-Technik möglich geworden sind.

Die Frage ist, ob es dann überhaupt Sinn macht, pauschal von einem E-Mail-Dispositiv oder einem E-Mail-Rahmen zu sprechen. Die Rückbindung an die Nutzungskontexte macht sehr schnell deutlich, wie vielfältig die Gebrauchsweisen von E-Mail sind. Für die Kulturanalyse eines neuen Kommunikations- und Mediendispositivs ist es daher zunächst unabdingbar, diesen Aspekt zu berücksichtigten und unterschiedliche Kontexte aufzusuchen.

Internet: Kommunikations- oder Informationsmittel?

Inzwischen hat sich E-Mail als das zentrale Internet-Feature für den privaten Gebrauch herauskristallisiert.[13] Die ARD/ZDF-Online-Studie (Eimeren/Gerhard/Frees 2001: 387) besagt, dass 80 % der NutzerInnen mindestens einmal wöchentlich E-Mails versenden und empfangen. Auch wenn der Multimedia-Diskurs der neunziger Jahre über die „Informationsgesellschaft" und die Informationsgewinnung via WWW bei den Gründen für die Einrichtung von Onlineverbindungen sowohl in quantitativen Umfragen wie auch in qualitativen Erhebungen dominant war (ARD/ZDF-Arbeitsgruppe Multimedia 1999: 404) und auch noch ist (Eimeren u.a. 2001), so lässt sich feststellen, dass Internetnutzung insbesondere der Befriedigung von Kommunikationsbedürfnissen dient.

---

[13] Zur Entwicklung der privaten Nutzung merkt die ARD/ZDF-Onlinestudie (Eimeren u.a. 2001: 385), dass inzwischen die Nutzung zuhause dominiert.

Für die Befragten hängt der Nutzen, den sie ihrem Netzanschluss beimessen, sehr stark davon ab, wen sie per E-Mail im privaten Nahbereich erreichen können. Die Informationsangebote erschienen nach einigen Annäherungsversuchen explizit uninteressant, oft auch nicht bewältigbar.[14] Vor diesem Hintergrund konnte E-Mail zu jenem Dienst aufsteigen, der eine weitere Nutzung anhaltend attraktiv erhielt. Das lässt sich im Übrigen auch mit den Zahlen der ARD/ZDF-Onlinestudie belegen. Bei den Gründen für die Einrichtung einer Online-Verbindung zu Hause liegt das Argument „Komme so an interessante Informationen" mit 88% noch vor „Will E-Mails versenden und empfangen" mit 78%. „Dabei hat der Wunsch, mit E-Mail zu kommunizieren, im Vergleich zu 1997 um 16 % zugenommen" (Eimeren u.a. 2001: 385). Beim Blick auf die Online-NutzerInnen dreht sich das Verhältnis regelrecht um. Es sind noch 59 % aller NutzerInnen, die mindestens einmal die Woche zielgerichtet Informationen suchen, während 80% E-Mails empfangen und senden.

Wenn die repräsentativen Umfragen die hohe Bedeutung von Informationen für den Einstieg wie die alltägliche Praxis betonen, so sind die gleichen Aussagen, die auch in der vorgenommenen qualitativen Studie relevant sind, als Niederschlag von gesellschaftlich erwünschten Antworten beziehungsweise hegemonialen Diskursen über die Informationsgesellschaft interpretierbar. Denn sehr viel mehr als zur Informationsgewinnung dient die alltägliche private Internetnutzung der Kommunikation mit E-Mail. Insofern lässt sich in den untersuchten Kontexten eine Diskrepanz zwischen den medial-diskursiv vermittelten und den sich durchsetzenden Nutzungsweisen konstatieren. Das gibt einen weiteren Hinweis darauf, dass die von Produzenten oder Medien vorgesehenen Nutzungsweisen nicht automatisch mit dem sich herausbildenden Dispositiv gleichsetzbar sind. Offenbar vollzieht sich wie schon zuvor beim Telefon die Nutzung

---

[14] Die Beschäftigung mit Information erfolgt auf unterschiedliche Weisen. Zum einen finden die NutzerInnen, die ohne gezielte Ambitionen sich einen Internetanschluss angeschafft haben, vor allem diejenigen Themen wieder, die sie auch außerhalb des Netzes beschäftigen. Sie suchen vor allem Informationsanbieter, die sie bereits kennen (Wiederfinden). Ein weiterer Typus geht gezielt mit der Absicht in das Netz, die Themen, die sie beschäftigen, auch im Netz wiederzufinden beziehungsweise Kenntnisse darüber zu erweitern (Intensivierung). Darüber hinaus gibt es eine Annäherung, die offen für Neues ist und die keine bestimmte Absicht in der Nutzung verfolgt und Grenzüberschreitungen möglich erscheinen lässt (Horizonterweiterung). Fazit: Das Potential an Informationsmöglichkeiten bedeutet nicht automatisch auch seine Aneignung und aktive Nutzung (vgl. a. Stegbauer: 2001b), der bei technisch sehr viel informierteren MailinglistennutzerInnen in einer quantitativen Untersuchung zum gleichen Ergebnis kommt). Wir haben es hier mit einer Gebrauchsweise zu tun, die die potentielle Verfügbarkeit von Informationen sich via Internet-Zugang symbolisch aneignet. Die Aneignung repräsentiert die Anpassung an die diskursiv formulierten und medial vermittelten Anforderungen („Informationsgesellschaft", „Wissensgesellschaft" etc.) in der globalisierten kapitalistischen Gesellschaft. Vgl. a. Höflich (1997: 217).

von E-Mail im Wechsel von einem „Radiokonzept" zu einem „Verständigungskonzept" (Rammert 1989). Bereits das Telefon war und ist ein Kommunikationsmittel der geographischen (Becker 1994: 19) wie der sozialen Nähe (Hengartner 1998: 257; Claisse 1989 u. a.; Wellman 1996). Vor diesem Hintergrund und auf der Grundlage der vorliegenden Empirie, lässt sich die Hypothese formulieren, dass die Popularität von E-Mail ganz ähnlichen Bedürfnissen geschuldet erscheint.

Nutzungskontexte: Stabilisierung bestehender sozialer Strukturen und Intensivierung vorhandener soziokultureller Alltagspraxen

Es wurde bereits an anderer Stelle darauf hingewiesen, dass IuN in den hier untersuchten privaten Kontexten vor allem dazu dienen, schon faktische soziale Beziehungen zu intensivieren und zu festigen beziehungsweise bestehende soziale Praxen zu organisieren (Schönberger 2000b).[15] Vorgängig im Diskurs über die Neuen Medien ist demgegenüber, dass E-Mail ein distanzüberwindendes Kommunikationsmittel ist, sozial wie territorial. Es lässt sich feststellen, dass es eine Nutzungsweise gibt, in der keine neue Kontakte aufgenommen werden beziehungsweise an neuen sozialen Beziehungen außerhalb des eigenen sozialen Nahbereichs kein Interesse besteht.[16] Die regelmäßigen Kommunikationspartner weisen dabei kein anderes Sozialprofil als im ‚Real Life' auf beziehungsweise bilden dasselbe wieder ab.[17]

---

[15] In den USA wird anhaltend eine Debatte geführt, inwiefern Internetnutzung entweder in die soziale Isolation führe (Graham/Marvin 1996, Kraut u.a. 1998; Nie/Erbring 2000; O'Toole 2000; Putnam 2000) oder im Gegenteil soziale Beziehungen und Gemeinschaften stärke (Cole 2000; 2001; Rainie 2000). Diese Entweder/oder-Debatte (Wellman/Gulia 1999) beruht auf teilweise methodisch fragwürdigen quantitativen Studien sowie einem dezidiert technikdeterministischen Apriori, wonach die Technik auf den Menschen „wirkt". Zur Kritik vgl. Schönberger 2000a. Eine zugleich auch mit ethnographischen Methoden arbeitende kanadische Studie (Hampton 2001: 169f.) kommt zu dem auf methodisch seriöserer Grundlage basierenden Ergebnis, dass IuN die sozialen Beziehungen zu entfernt lebenden Personen stärkt. Darüber hinaus stellt Hampton (ebd.: 171) fest, dass IuN soziale Beziehungen auf lokaler Ebene stärke, ihr Gebrauch öffentliche Partizipation, das Wachsen lokaler sozialer Netzwerke, die Intensität lokaler sozialer Bindungen und die räumliche Dispersion lokaler Netzwerke fördere.

[16] Dieses Ergebnis korrespondiert mit den Resultaten von Christian Stegbauer (2001b), der am Beispiel von Mailinglisten gezeigt hat, dass nicht nur hinsichtlich der Themenauswahl keine Grenzüberschreitung feststellbar ist, sondern auch die einzelnen NutzerInnen sich an bestehenden sozialen Beziehungen und sie bereits interessierenden Themen orientieren.

[17] In Frage ist, inwiefern dieses Ergebnis nur die Begrenztheit des gewählten Samples widerspiegelt. Aus diesem Grund wurde eine Online-Befragung an der Universität Tübingen

Aufrechterhaltung traditionaler Lebensformen

Darüber hinaus ist das Bemühen beobachtbar, durch Netzkommunikation, traditionelle Lebensformen aufrechtzuerhalten. Am Beispiel einer über drei Generationen vernetzten Familie, die auch über E-Mail untereinander kommuniziert, lässt sich zeigen, wie IuN dazu dienen kann, den Familienzusammenhalt zu stabilisieren.

Es wurden insgesamt acht Familienmitglieder aus drei Generationen befragt. Außerdem liegt aus dem Zeitraum 1998/99 ein Teil der E-Mails vor, die von einzelnen Familienmitgliedern entweder an alle oder an einzelne Personen verschickt wurden. Von besonderem Interesse war zunächst die seit 1976 verwitwete, 78jährige Großmutter Katharina H. aus der ersten Generation. Sie lebt im Allgäu Haus an Haus mit ihrer 80jährigen Schwester Esther K., die keine Kinder hat und im Betrieb ihres Mannes berufstätig war. Der Ausgangspunkt dieses E-Mail-Familiennetzwerkes ist die zweite Generation. Die zweite Generation umfasst vier Kinder und ihre PartnerInnen. Aus der Generation der Enkel sind drei Personen am familiären Netzwerk beteiligt. Die erste wie zweite Generation ist sozial im Bildungsbürgertum verortbar. Der Ehemann von Katharina H. war Gymnasialdirektor. Auch die Großmutter selbst ist bildungsorientiert. Sie liest regelmäßig die ZEIT und legt großen Wert darauf, dass ihre Kinder ihr ihre Aufsätze, Artikel oder Bücher schicken. Die Gründe für den Einstieg in das Familiennetzwerk sind nicht-technischer Art. Sie ergeben sich aus bestehenden persönlichen Orientierungen, beruflichen Anforderungen beziehungsweise bestimmten Konzepten alltäglicher Lebensführung wie auch der schlichten Notwendigkeit, den Anschluss an sich neu herausbildende Kommunikationsnetzwerke nicht zu verpassen.

Neben der Großmutter Katharina H. (Jg. 1920) und ihrer Schwester Esther K. (Jg. 1915) besteht das Familien-E-Mail-Netzwerk hauptsächlich aus ihren vier Kindern:
- Helmut H., (Jg. 1950), Professor für Sozialwissenschaft in Südwestdeutschland. Seine von ihm getrennt lebende

---

vorgenommen (Schönberger 1999b). Dabei gab es das bemerkenswerte Ergebnis, dass die universitären NutzerInnen keineswegs völlig abweichende Nutzungsmuster aufweisen. Der Blick auf die Zusammensetzung der KommunikationspartnerInnen der befragten männlichen wie weiblichen Universitätsangehörige (Studierende, wissenschaftliche und Verwaltungsangestellte) in der Online-Umfrage zeigt, dass ähnlich wie in der qualitativen Untersuchung, neue, bislang unbekannte Personen nur eine untergeordnete Rolle für die regelmäßige Kommunikation spielen. 17,3 % (19,6% weiblich, 15,5% männlich) der Antwortenden (n=2393) geben an, regelmäßig mit ihnen vorher nicht bekannten Personen zu kommunizieren. Online-NutzerInnen aus dem jeweiligen sozialen Nahbereich dagegen werden bis zu viermal häufiger als bisher unbekannte Personen angeführt.

- Ehefrau Laura H., (Jg. 1950), arbeitet in Italien bei einem Computerhardware-Hersteller im Bereich Marketing Communication. Beide nutzen Netzkommunikation schon mehrere Jahre im Beruf und zu privaten Zwecken.
- Maria H., (Jg. 1975) Tochter von Helmut und Laura H. Sie ist Studentin mit sozialwissenschaftlicher Ausrichtung.
- Anita W., (Jg. 1944.), ist Mathematik-, Physik- und Informatik-Studiendirektorin. Sie engagiert sich in der Kampagne „Schulen ans Netz" und promoviert in Informatik über ein sozialwissenschaftliches Internetthema. Ihr Mann Eduard W. hat keinen eigenen E-Mail-Anschluss. Ihre beiden Kinder, Andrea W. (Jg. 1977), Studentin und Christian W. (Jg. 1968), Elektroanlageninstallateur, verfügen auch über einen Netzzugang. Letzterer zeigt sich an der Familienkommunikation kaum interessiert.
- Piemo H., (Jg. 1947), Diplom-Bibliothekarin, ist in Luxemburg Konsulentin eines EU-Landes, dessen Staatsangehörigkeit sie inzwischen angenommen hat. Sie stieß als Dritte der Geschwister zum Familiennetzwerk hinzu. Ihr Ehemann Gerd H., auch online, spielt keine aktive Rolle. Das spiegelt vor allem sein Verhältnis zu Piemo H. und weniger zu IuN wider.
- Clara B., (Jg. 1951), Gymnasiallehrerin, Kunsterzieherin ist die Jüngste und die Letzte der vier Geschwister, die zum Familiennetzwerk hinzustieß. Zusammen mit Ehemann Hans B. (Jg. 1947), Oberarzt von Beruf, hat sie vier Töchter. Letztere nutzen – wenn überhaupt,– dann nur den Anschluss ihrer Mutter. Hans B. überlässt Clara B. die familiäre E-Mail-Kommunikation (vgl. Schönberger 1999a).

Clara B. sah sich aufgrund der intensiven E-Mail-Kommunikation ihrer Geschwister an den Rand gedrängt. Wesentlich ist hier die Verwaltung eines von allen vier Geschwistern und ihren Partnern gekauften „Altersruhesitzes" in Italien. Die bereits vernetzten Hausteilhaber nutzten das neue Medium, um sich abzusprechen. Schließlich kam es immer häufiger vor, dass die nicht angeschlossene Clara B. sich vor vollendete Tatsachen gestellt sah: „Es blieb mir nichts anderes übrig als zu sagen, ich möchte mit informiert werden." Es entstand für sie der Zwang nachzuziehen. Die Abwicklung der Hausverwaltung ist ein zentrales Thema der familiären E-Mail-Kommunikation, die aber die dritte Generation nur am Rande interessiert.

Zum Zeitpunkt des Interviews besaß die Großmutter bereits eineinhalb Jahre einen Netzzugang. Für sie ist der enge Kontakt zu ihren über Deutschland und Europa verstreut lebenden Kindern und Enkeln sehr wichtig. Bisher waren Briefe und vor allem Telefon diejenigen Kommunikationsmittel, mit Hilfe derer sie die Verbindung aufrechterhielt. Da sie reihum oft mit ihren Kindern und Enkeln telefonierte, bildete sie das Zentrum der Familie, das alle anderen informierte.

So habe laut Enkelin Maria H. „jeder mit jedem und die meisten mit ihr" gesprochen. Daher sei „nichts an ihr vorbeigegangen". Darüber hinaus machte sie auch häufig Besuche. Sie sei diejenige, die „alles zusammenhält". Sie berichte allen die es hören wollen oder nicht, wer sich gerade wo befindet: „Die Oma muss sowieso immer wissen, wo ihre Kinder sind, sonst kann sie überhaupt nicht schlafen."

Doch spätestens mit dem Netzanschluss ihrer jüngsten Tochter Clara B., rutschte sie in eine kommunikative Randlage. So habe es Großmutter „kirre gemacht, dass ihre Kinder untereinander kommunizieren und sie nicht mitkommunizieren kann" (Maria H.). Allerdings ging die Initiative für den Anschluss nicht von ihr selbst aus. Sie selbst berichtete, dass Rechner und Internetzugang von Sohn Helmut H. und Tochter Anita W. ihr mit der Bemerkung „einfach hingestellt" worden sei: „Du kannst das." Sie hätte den Computer eigentlich nicht gewollt: „Was fange ich damit an? Du musst und damit du im Bilde bist, was in der Familie passiert" habe es geheißen. Helmut H. sieht ihre Angst, an der familiären Kommunikation im Netz nicht teilhaben zu können, als zentralen Anreiz, mitzumachen:

„Da war sie sehr zögerlich am Anfang, dass sie das nicht kann; aber doch bereit, das auszuprobieren. Auch der einfache Trick zu sagen, du versäumst was Wesentliches an der Familienkommunikation war für meine Mutter, für die die Familie das Wichtigste ist, ein solcher enormer Druck und mögliche Belohnung und sozusagen Angst auf der anderen Seite was zu versäumen. (...)"

Das war ein ganz klarer massiver Familiendruck von allen Seiten. Immer wieder und schon im Vorfeld in Telefongesprächen wurde gesagt, „ja schau, das kannst natürlich nicht wissen, da müsstest du halt E-Mail haben."

„So ein paar Vorfälle" (Maria H.), bei denen sie feststellen musste, dass sie eine Entwicklung nicht mitbekommen hatte, sowie die offensichtlich koordinierten Interventionen ihrer Kinder führten schließlich dazu, dass sie fortan E-Mails las und nach einigen Monaten bis einem Jahr auch selbst welche schrieb und verschickte.

Die treibende Kraft war Sohn Helmut H., den die Großmutter wiederum als denjenigen ihrer Kinder beschreibt, der vergleichsweise am wenigsten Kontakt mit ihr halte („Männer sind da ein bisschen gleichgültiger"). Vor dem Hintergrund seiner beruflichen Anforderungen steht E-Mail im Zentrum seiner Kommunikationspraxis. Auch gegenüber seiner eigenen Tochter Maria H. besteht er auf diesem Kommunikationsweg: „Und er ist da auch eiskalt: 'Schickt mir halt eine Mail, bist selbst schuld, wenn du mir keine Mail schickst, wer telefoniert heutzutage noch'". Telefonate empfindet er prinzipiell als lästig. Zeitweise war er sogar nur über sein Universitätsbüro telefonisch erreichbar. Erst auf Drängen anderer Familienmitglieder („Denk mal, wenn mit Großmutter was ist") schafft er sich ein Handy für seine nahe dem Campus gelegene Wohnung an. Der Netzanschluss seiner Mutter ermöglicht ihm, Kontakt zu ihr, ähnlich wie zu den anderen Geschwistern zu halten. Auch seine Schwester Piemo H. betont gegenüber Bekannten und Freunden, dass wer mit ihr kommunizieren wolle, sich einen Netzanschluss zulegen müsse. Im Gegensatz zur ihrem Bruder telefoniert sie regelmäßig mit ihrer Mutter mindestens einmal in der Woche. Denn die Großmutter selbst ändert ihre Gewohnheiten ungeachtet des E-Mail-Anschlusses nicht. Sie liest und schreibt zwar E-Mails und empfindet dieselben als Bereicherung, „weil nachher höre ich doch was von meinen Kindern". Aber zur Beantwortung greift sie nach wie vor zum Telefonhörer. Mit zunehmender Gewöhnung und Übung wird sie zwar selbst häufiger aktive E-Mail-Produzentin, doch ist ihr diese Form zu wenig intensiv (s.u.). Das Telefon bleibt weiterhin ihr Hauptkommunikationsmittel. Aber für Piemo H. und Helmut H., die Arbeit und Freizeit weder trennen können noch wollen, deren Partner nicht am selben Ort wie sie selbst leben, die sich ständig zwischen verschiedenen Orten bewegen, ist E-Mail eine Voraussetzung, für die weitere Teilhabe am Familienleben, die dann aber auch eingefordert wird. Umgekehrt bringt dieses Vorgehen den schreibfaulen Professor Helmut H. selbst in Bedrängnis, weil nunmehr von ihm erwartet wird, dass auch er über seine Reisen berichtet: „Ich mache das ungern, weil ich zu faul bin, dann gibt es schon Ärger, dann kommen die E-Mails, Du bist zurück, warum kriegen wir keine Informationen. Das ist so ein Kristallisationspunkt in der Familie."

Aber nicht nur mit Blick auf das Familienleben: Piemo H. meint, dass sich richtige Freundschaften vor allem in der Schule oder an der Uni ergeben würden „und später wird es immer schwieriger". Den Vorteil von IuN sieht sie nun darin, dass man dieselben „jetzt sehr viel intensiver aufrechterhalten kann." Ihr Konzept der alltäglichen Lebensführung (Integration von Arbeit und Freizeit, relative Ortlosigkeit) wird von IuN unterstützt. Auch die in Norditalien lebende Laura H. berichtet, dass es in ihrem Bekanntenkreis nur noch ganz selten vorkomme, dass jemand keine E-Mail-Adresse habe. Soziokulturelle Normen wie die, dass es selbstverständlich ist, eine E-Mail-Adresse zu besitzen, und objektive berufliche Gegebenheiten vermischen sich. Laura H. erledigt ihre private E-Mail-Korrespondenz am Arbeitsplatz. Von ihrer Wohnung versucht sie bisher, Belange des Arbeitsplatzes (aber damit auch die E-Mail-Nutzung) fernzuhalten. Ob das, nachdem der Arbeitgeber allen MitarbeiterInnen ein Laptop mit nach Hause gegeben hat, weiterhin so bleibt, muss sich erst noch zeigen. Am Beispiel von Familie H. lässt sich zeigen, dass bei denjenigen, wie Professor Helmut H. oder EU-Konsulentin Piemo H., die Arbeit und Freizeit nicht trennen können beziehungsweise wollen, die Bedeutung, Intensität und die Häufigkeit der Netzkommunikation eine andere ist, als beispielsweise bei ihrer Schwester und Kunsterziehungslehrerin Clara B. Sie muss mit ihrer vergleichsweise großen Familie in viel stärkerem Maß, Beruf, gesellschaftliches lokales Engagement sowie andere Zwänge und Anforderungen in ihr Konzept alltäglicher Lebensführung integrieren.

‚Real Life' – Organisation und Effektivierung bestehender sozialer Beziehungen

Neben der virtuellen Re-Integration schon bestehender persönlicher Beziehungen dient die Nutzung von E-Mail der Organisation des alltäglichen 'Real Life' sowie der Effektivierung bestehender persönlicher sozialer Beziehungen oder von gesellschaftlichem Engagement.

Der Sozialversicherungsangestellte Karl S. (36 J.) ist in der kirchlichen Laienarbeit engagiert. Er schätzt seinen „Mail-Kontaktkreis" auf 20-25 Personen, „kommunizieren tue ich hauptsächlich mit vier Leuten". Es sind tatsächlich 19 Adressen verzeichnet, allerdings seien einige Kommunikationspartner nicht „eingespeichert". Bei ihnen handelt es sich um Bekannte, Nachbarn und Freunde vor Ort, zum Teil um E-Mail-Partner aus der Kirche und aus dem Feld seines gesellschaftlichen Engagements. Mit den meisten dieser Kommunkationspartner trifft er sich oder telefoniert er regelmäßig. Mit einigen telefoniert er mehr als dass sie sich E-Mails schicken. Er sagt, dass sich der Inhalt der E-Mail-Kommunikation häufig auf der Spaß-Ebene bewegt. „Ein toller Witz" der „dann geschwind rausgejagt" wird. Ein Teil der Kommunikationspartner sind aus seinem Heimatort, die jetzt auswärts studieren. Allerdings sieht er dieselben noch regelmäßig, wenn sie am Wochenende nach Hause kommen. Freunde, die er auch unter der Woche regelmäßig trifft, mit denen tauscht er nicht so häufig E-Mails aus. Mit einem Freund, den er regelmäßig Face-to-Face trifft, macht er per E-Mail, „wenn jetzt irgendwas besonderes ist, dann mal geschwind was aus" oder „einfach mal geschwind einen guten Morgen". Dieses „Ich denke an Dich" oder „Melde mich demnächst" erleichtern die Fortführung von sozialen Beziehungen in der Nähe wie in der Ferne. Doch ergeben dieselben sich nicht automatisch. Es bedarf des Willens, die Beziehung zu erhalten.

Die Versendung von digitalen Photos, Witzen und „virtuellen Postkarten" verweist auf einen sowohl spielerischen wie beziehungsökonomischen Gebrauch, der versucht, soziale Netzwerke um ihrer selbst willen mit Leben zu erfüllen (s.u.). Im Prinzip ist dieser Gebrauch mit dem des jugendlichen SMS-Einsatzes vergleichbar, bei dem weniger der Inhalt der Kommunikation entscheidend ist, sondern der demonstrative Gebrauch zur fortwährenden Konstitution eines sozialen Netzwerkes den Zweck ausmacht (Höflich 2001).

Dieses Bedürfnis lässt sich sowohl auf lokalem wie auch auf kosmopolitischem Niveau mittels E-Mail befriedigen. Professor Helmut H. ist wie seine Schwester Piemo H. aktiv in der italienischen Sektion eines „weltweiten" „Freundeskreises oder Clubs von Leuten, die gut essen und gut trinken wollen", dessen Homepage von seiner Schwester betreut wird. Für ihn ist es wichtig „so ein bisschen Kontakt (...) zu italienischen Leuten zu bekommen". In seiner Sektion sind „ausschließlich" Italiener organisiert: „Wir kommunizieren per E-Mail." Anlässlich des 750jährigen Jubiläums dieser Gourmetvereinigung stehen überall Feiern an. Er berichtet von den Finnen, die während ihrer Feier vorne im Restaurant einen Rechner aufstellen wollten, „der E-Mails in Empfang nimmt und man möchte die dann verlesen während dieses Abendessens. Man möchte doch da welche hinschicken".

Den Mitgliedern ihres Clubs ist das internationale Flair sehr wichtig. Die Mitglieder kommunizieren inzwischen auch per E-Mail und Homepage: „Das gibt dann viele Leute, die, wenn sie jetzt wo hin fahren, das nutzen, um Kontakt zu den Leuten zu bekommen." Hier bildet der Club den Rahmen, neue Kontakte zu knüpfen, zu ermöglichen oder aufrechtzuerhalten. Denn

„das ist einfach ganz nett, das ist natürlich immer eine gewisse soziale Schicht, das muss man halt auch dazu sagen. Aber wenn Sie jetzt nach Singapur fahren und sagen jetzt will ich da gut essen, dann können sie schauen, gibt es zu der Zeit so ein Essen. Sie können das tun, sie werden aufgenommen wie ein Familienmitglied quasi."

Insofern spiegelt sich in den E-Mail Adressbüchern der Befragten ihr jeweiliges soziales Umfeld wider. Allerdings sind die Kontaktmöglichkeiten per E-Mail aufgrund der Tatsache, dass es noch zahlreiche Lücken gibt, nicht bei allen Befragten derart selbstverständlich. Denn zum Zeitpunkt der Befragung waren bei weitem noch nicht alle wichtigen KommunikationspartnerInnen der Befragten angeschlossen. Je weniger im Bekannten- und Freundeskreis Arbeit- und Freizeit integriert sind oder beruflich nicht die Anforderung an eine Nutzung besteht, desto mehr sind die Befragten in ihrem sozialen (privaten) Nahbereich selbst noch Pioniere der Netznutzung wie Diplompädagogin Gudrun S. (43 J).

Sie nutz(t)e nur aufgrund eines einzigen Kontaktes (der Ehemann arbeitete ein Jahr lang in Ostdeutschland) für einen begrenzten Zeitraum den häuslichen Internetanschluss. Wenn es im sozialen Nahbereich noch zu wenig potentielle KommunikationspartnerInnen gibt, dominiert eine informatorische Nutzung.

Falls nicht alle Personen im sozialen Nahbereich über E-Mail verfügen, werden die Vorzüge von IuN schnell zu einem Nachteil. Diplomphysiker Ape P. (40 J.) verschickt Einladungen nicht per E-Mail, „weil ich nicht alle Leute erreiche und weil ich sonst zweigleisig fahren müsste". Bei technik-interessierten männlichen Befragten zeigt sich in diesem Zusammenhang ein Typus, den sozialen Nahbereich für Netzkommunikation offensiv zu erschließen. Schreinermeister Simon B.'s (50 J.) „Hoffnung geht dahin, dass noch mehr Leute E-Mail haben werden, weil ich das gut finde". Auch Maschinenbautechniker Toni G. (42 J.) erhofft sich von der fortschreitenden Diffusion eine Effektivierung seiner Kommunikation:

„Die, die Internet haben, die werden stärker und schneller erreicht. Da sind die Kommunikationsmöglichkeiten einfach besser. Stelle dir mal vor: Da war bei uns ein Gruppenmitglied, der hat eine Zeitlang kein Telefon gehabt. Ja da musste man zur Postkarte zurückgreifen. Also wenn man sich vorstellt, dass jemand telefonisch nicht erreichbar ist, das ist eine Katastrophe."

Insofern hat das konstatierbare Bemühen um Diffusion von (männlichen) Befragten nicht nur einen missionarischen technophilen Charakter, sondern ist zugleich dem Sachverhalt geschuldet, dass eine Probe oder ein Ausflug besser organisierbar sind, wenn alle Bandmitglieder oder Kegelbrüder per E-Mail erreichbar sind. Der Medienbruch in einer Gruppe kann andernfalls ganz schnell kommunikative Ausschlüsse produzieren, wenn beispielsweise Piemo H. bei denjenigen, die über keinen Netzanschluss verfügen, die Weihnachtspost nicht mehr beantwortet.

Mit Fortschreiten der universellen Öffnung zeichnet sich ab, dass IuN ihre Attraktivität ähnlich wie das Telefon aus der Gestaltung des unmittelbaren Nahbereichs beziehen und nicht nur aus der Möglichkeit der Überwindung räumlicher Grenzen. Allerdings deuten sich gegenüber dem Telefon auch bereits unterschiedliche Nutzungspraxen an.

Nutzungspraxen und –stile

Für die Bestimmung des Mediendispositivs E-Mail finden sich in den von uns vorgenommenen Interviews eine Reihe von Hinweisen. Im folgenden sollen explarisch Nutzungsanlässe für E-Mail dargestellt sowie Hinweisen auf Nutzungsstile nachgegangen werden.

Massensendungen und Sendungsbewusstsein

Ein zentraler Topos der technikeuphorischen Diskurse über die wundersamen Möglichkeiten von IuN ist die in Brechts 1927-1932 entstandener Radiotheorie (Brecht 1990) noch geforderte und nun via IuN technisch realisierbare Aufhebung der Trennung von Sender und Empfänger (Roesler 1997: 180ff.). Alle E-Mail-Clients ermöglichen den NutzerInnen, sich selbst zum Sender zu machen. Automatische Adressenspeicherung, die Anlegung von Verteilerlisten oder Software-Features wie „Quoting", Adresslisten, „redirect" beziehungsweise „bouncen" (Beibehaltung des ursprünglichen Absenders beim Weiterleiten einer E-Mail), „cc" (carbon copy) oder „bcc" (blind carbon copy) geben den NutzerInnen entsprechende Möglichkeiten an die Hand, als Sender für mehr als nur eine Person zu agieren. Voraussetzung hierfür ist das Erreichen einer kritischen Masse von TeilnehmerInnen im jeweiligen sozialen Feld. Von diesem Zeitpunkt an ist E-Mail als transparentes und schnelles Mitteilungsorgan zur Streuung von Informationen einsetzbar.

Insbesondere NutzerInnen mit Multiplikatorenfunktionen in zweckorientierten sozialen Netzwerken (z.B. politische AktivistInnen) koordinieren ihre Tätigkeiten mit Hilfe von E-Mail. Karl S. organisiert per E-Mail Jugendfreizeiten, aber auch seine redaktionelle Mitarbeit in einem kirchlichen Mitteilungsblatt. E-Mail wird auch für den Kontext politischer Information entdeckt. Vertriebsingenieur Kurt F. (55 J.) ist in der Gewerkschaft engagiert und versucht in virtuellen gewerkschaftlichen Diskussionszusammenhängen seine Positionen zu plazieren. Dabei kommen Kontakte in Newsgroups und Mailinglisten mit mehr oder weniger Gleichgesinnten zustande, die sich mit den gleichen politischen Themen befassen. Kurt F. verfolgt Diskussionen im gewerkschaftlichen Kontext:

„Da beteilige ich mich natürlich mit großem Vergnügen, weil da sind manchmal feingeschliffene Formulierungen auch drin, dann wird es hübsch. Da merkt man auch, da gibt es dann auch sehr viel Reaktion."

Aber aus solchen Diskussionen entstehen nicht zwingend intensive Beziehungen. Die „Grenzen virtueller Gemeinschaft" (Stegbauer 2001a) sind die Folge von strukturellen (kognitiven und sozialen) Grenzen. Da unsere Untersuchung bei sozial ‚integrierten' Personen durchgeführt wurde, die vielfältige andere Aufgaben zu bewältigen haben, interessiert insbesondere, dass das Kapazitätsproblem Zeit die begrenzende Ressource Wahrnehmungsfähigkeit (von Information und Kommunikation) bei weitem noch übertrifft (ebd.: 280f.). Aber für diejenigen Befragten, die die Softwarekniffe kennen und beherrschen, bietet

IuN tatsächliche Erleichterungen. Die generelle Vereinfachung hinsichtlich der Verteilung von Information ermöglicht zugleich eine Intensivierung von Informationsaustausch im sozialen Nahbereich. Maschinenbautechniker Toni G., betont die Bequemlichkeiten:

„*Das Internet hat den Vorteil, dass ich spontan z.b. einen Artikel habe und ohne große Umstände den weiterschicken kann oder verteilen kann. Es ist immer der Umstand jemand mit Informationen zu erreichen oder zu bedienen und wie umständlich ist es im herkömmlichen Sinne. Wenn ich mir überlege, kopieren, eintüten, Brief fortschicken, dann ist das Internet ja wesentlich einfacher. Also darin sehe ich den großen Vorteil. Und das ist im Prinzip vom Aufwand her, wenn ich jetzt noch zwei oder drei mit informieren würde, das ist vom weiteren Aufwand her ist das ein Klacks gegenüber diesen herkömmlichen Kommunikationsmitteln.*"

Inwiefern diese softwaretechnisch vereinfachten Möglichkeiten im Sinne von Vernetzung, Informationsaustausch oder Beschleunigung der Verteilung von Inhalten genutzt werden, hängt jedoch in erster Linie von der bisherigen Praxis des potentiellen Senders im ‚Real Life' ab. Eine Person, die sich als Multiplikator sieht, findet und gebraucht solche Möglichkeiten. Von Bedeutung ist eine solche Nutzung vor allem für jenen Personenkreis, der im Modell von Kubicek u.a. (1997) als „Binnenöffentlichkeit" in Folge einer „partiellen Öffnung" bezeichnet wird, die der „universellen Öffnung" der „globalen Öffentlichkeit" zum Massenmedium vorausgeht. Hierzu gehören insbesondere die oben erwähnten gesellschaftlich engagierten Personen, die IuN für ihre Zwecke in einem vergleichsweise frühen Stadium entdeckten und die neuen Möglichkeiten der Software zur Effektivierung schon bestehender sozialer Netzwerke einsetzen.

Andere Befragte kennen die erwähnten Softwarefeatures entweder gar nicht oder fühlen sich nicht befugt oder nicht kompetent genug, sie für ihre Praxen zu verwenden. Ob mit oder ohne Sende-Selbstermächtigung, es werden jeweils offline erworbene Haltungen und Habitus online verdoppelt. Die Tatsache, dass nach wie vor eine Rolle spielt, wer man im ‚Real Life' ist und welche Praxis hier üblich ist, präkonfiguriert die Art der Online-Nutzung und den Einsatz von Softwarefeatures. Wer sich nicht selbst zum Sender machen will, wer nicht über ein Mindestmaß an Sendungsbewusstsein verfügt, wer sich nicht selbstbewusst anderen mitteilt, der kommt erst gar nicht auf die Idee, sich selbst zum Sender zu ermächtigen. Der lange Arm des ‚Real Life' verliert nicht an Reichweite, bloß weil Softwaremöglichkeiten potentiell zur Verfügung stehen.

Integrierende Distanz

Die technisch bedingte Struktur des Kommunikationsprozesses mit E-Mail ist von Zeitverzögerung sowie von einer Kontextarmut aufgrund der Kanalreduktion geprägt. In sogenannten Netiquetten (z.b. Freyermut 2000) wird immer wieder vor Enthemmung und Rücksichtslosigkeit infolge der Kanalreduktion und dem Herausfiltern sozialer Hinweisreize („Reduced Social Cues Modells", Kiesler/Siegel/McGuire 1984) gewarnt.[18] In diesem, wenn auch umgekehrten Sinne, lässt sich auch ein Nivellierungseffekt bei asymetrischen Kommunikationssituationen beobachten. Enthemmung ist daher keine Zwangsläufigkeit und keineswegs Ausdruck der „Natur", also der Technik des Kommunikationsmittels geschuldet. E-Mail bringt nämlich umgekehrt im Falle von problematischen und gefährdeten Beziehungen aufgrund der Kanalreduktion auch integrative Effekte im Kommunikationsprozess mit sich.

Ein Beispiel hierfür bieten die Erfahrungen von Helmut und Laura H. aus der bereits oben beschriebenen Familie. Sie lebt in Italien und er in Südwestdeutschland. Beide haben sich getrennt, sind aber nicht geschieden. Daher besteht ein Klärungsbedarf in verschiedenen alltäglichen Bereichen fort. Etwa Absprachen hinsichtlich der Tochter Maria H., gemeinsamer Hausbesitz, Versicherungsfragen oder die Steuererklärung. E-Mail bezeichnen beide als geeignetes Kommunikationsmittel, weil bestimmte Zwischentöne wie sie etwa am Telefon auftreten können, wegfallen:

„Es gibt auch jetzt nicht schreckliche Streitereien. Aber es ist schon so, dass man diese Auseinandersetzungen dann über E-Mail führt und am Telefon ist man immer sehr freundlich, weil das irgendwie eher peinlich ist, wenn man dann so direkt ist. Man gibt dem anderen dann auch die Möglichkeit zu reagieren und von daher ist es nicht ganz so fies, als wenn wie am Telefon dann, der andere kalt erwischt wird." (Laura H.)

Beiden ist es angenehmer, gemeinsame Belange via E-Mail zu klären, weil verletzende Untertöne – anders als beim Telefon – hier besser vermieden werden können. Auch Helmut H. sieht die Vorzüge darin, dass sich die Emotionen per E-Mail besser kontrollieren lassen:

„Das, glaube ich, hat eben dazu geführt, dass es keinen Krach gab. Also man muss ja miteinander kommunizieren und die Gefahr so eines Krachs – ich meine, wenn man getrennt lebt, versteht man sich auch nicht mehr so gut – aber

---

[18] Vgl. z.B. Jonas/Boos (2000): „Der Grad der Enthemmung und die dadurch entstehenden interpersonalen Dynamiken müssen also klar als Medieneffekt interpretiert werden."

dass es nicht zu einem GAU gekommen ist, [zu] wirklicher Auseinandersetzung die so verbittert, dass man nicht mehr kommunizieren kann",

sehen beide übereinstimmend und unabhängig in den technischen Bedingungen von E-Mail, die ‚zivilisierend' wirken.

Über „so einen kleinen Mailkontakt" (Maria H.) lassen sich außerdem Kommunikationssituationen realisieren, die andernfalls unübersehbare und unerwünschte Implikationen nach sich ziehen könnten. Etwa wenn die Tochter von Helmut und Laura H., Maria H., einem Kommilitonen, der eine Bart-Simpson-Halskette trägt, einfach einen Hinweis auf eine Simpson-Homepage mailen möchte. E-Mail-Kommunikation erscheint ihr unverbindlicher. Daher gibt sie beispielsweise einem Verehrer, den sie nicht gleich brüskieren möchte, zunächst nur die E-Mail-Adresse,

„weil ich gedacht habe, die Telefonnummer, alles was recht ist, dann ruft mich da irgend ein Typ (...) an. Und der hat mir jetzt auch schon zwei Mails geschrieben, aber ich habe noch nicht geantwortet. So, wenn mich jemand auf der Straße anquatschen würde, kann ich deine Telefonnummer haben, würde ich sagen, nie im Leben, aber du kannst die E-Mail-Adresse haben."

Auch ihre Mutter Laura H. schätzt diese ‚low-intensity'-Qualität von E-Mail, wenn sie mit jemanden Kontakt halten will, den sie ganz nett findet, aber eigentlich keine nähere Beziehung zu ihm eingehen möchte:

„Also ich habe in USA einen jungen Mann aus Marburg kennen gelernt, der ist, was weiß ich, 15 Jahre jünger. Mit dem war nie irgendwie eine Beziehung, aber er ist ganz nett und man unterhält sich ganz gut. Mit dem habe ich so einen E-Mail-Kontakt aufrechterhalten. Er kam mich auch mal besuchen, man hat ein paar Sachen besichtigt, hat zusammen was unternommen; es ist nichts Ernsthafteres. Also Briefe, das wäre irgendwie seltsam, dem einen Brief zu schreiben, das würde sozusagen schon sagen, der bedeutet mir mehr. Er bedeutet mir aber nicht so viel. Und ihn anzurufen, das ist auch, weiß Gott, ich weiß gar nicht, vielleicht wohnt er mit einer anderen Frau zusammen. Also von daher hat E-Mail irgendetwas Unverbindliches in dieser Beziehung dann und es dringt auch nicht so sehr ins Privatleben ein wie ein Telefon."

Während ein Brief aus ihrer Sicht offenbar persönliche Nähe in diesem Nutzungskontext signalisiert, erlaubt E-Mail eine unverbindlichere Kommunikation. In dieser Hinsicht erweitert die E-Mail-Kommunikation den Handlungsradius insbesondere von weiblichen Nutzern.

Doch ist ausdrücklich darauf hinzuweisen, dass umgekehrt die beschleunigte Kommunikation eine neue Form von Nähe und Intensität zu stiften vermag, die durchaus Verbindlichkeit signalisieren kann. Maschinenbautechniker Toni G. berichtet beispielsweise, dass er mit einem guten langjährigen Freund, der zeitweise in die USA gegangen war, über E-Mail nun sehr viel mehr über Partnerschaftsfragen kommuniziert, als von Angesicht zu Angesicht:

> *„Das ist ein Phänomen des Internet, dass wenn man dann Kontakt hat, dass man doch sehr, sehr intensiven Kontakt hat. Man spricht Dinge zum Beispiel an, die man sonst nicht anspricht. Zum Beispiel wie geht es dir, was machst du beruflich, kommst du mit dem Geld klar, was verdienst du und so, solche Sachen kommen da einfach zu Sprache, was so im persönlichen Gespräch / da ist die Hemmschwelle vielleicht größer. Also ich habe mich zum Beispiel auch mit dem E. über Beziehungen unterhalten, wo wir es vielleicht, wenn wir gegenwärtig sind, nicht gemacht hätten. Ich weiß nicht, das ist irgendwie, man kann doch dann freier so."*

Ob die E-Mail nun dazu genutzt wird, Distanz zu halten oder Nähe herzustellen, hängt von der jeweiligen Position der KommunikationspartnerInnen im sozialen Raum ab. Dabei macht es einen Unterschied, ob sich die Kommunikationspartnerinnen bereits kennen und in welchem Verhältnis sie zueinander stehen. Auch Tonfall und Textstil hängen in entscheidendem Maß hiervon ab (s.u.).

Anrufbeantworterfunktion und Feedbackbedürfnis

Die Herausbildung des Mediendispositivs vollzieht sich nicht zuletzt auch über Kommunikationsunfälle, Grenzüberschreitungen und erfahrene Begrenzungen des Kommunikationsmittels selbst. Mag in der ersten Euphorie E-Mail noch für vielerlei Kommunikationssituationen genutzt worden sein, so stellt sich nach geraumer Zeit doch heraus, wer welche Art und welche Themen der Kommunikation mit diesem Medium für geeignet hält.

Ummittelbare direkte Reaktionen wie im persönlichen Gespräch von Angesicht zu Angesicht oder am Telefon sind mit E-Mail nur begrenzt möglich. So zeigen sich insbesondere in Krisensituationen, in denen schnelles Reagieren notwendig ist, die technisch bedingten Grenzen von E-Mail. Schnelles Krisenmanagement ist damit nur schwer durchzuführen. Diesen Sachverhalt unterstreicht der Verlauf einer Kommunikation bei Familie H., bei der E-Mail fast ganz außen vor bleibt: Als die Zufahrtsstraße zum Ferienhaus in Italien nach langen Regengüssen abgesackt war, wurden die bedrohlichen Konsequenzen für das allen Familienmitgliedern ans Herz gewachsene Haus direkt und unmittelbar am Telefon verhandelt. Es wollte und konnte niemand auf Antwort warten, bis jemand irgendwann (und zufällig) seine E-Mails abruft. Bei (dramatischen) Kommunikationsanlässen, die größerer kommunikativer Intensität mit Rede/Gegenrede bedürfen, als sie über E-Mail hergestellt werden kann, greifen die Befragten schließlich doch zum Telefonhörer (s.o.).[19] Solche Aussagen finden sich auch immer wieder im Kontext von persönlichen Themen, Krisen und Situationen, in denen unmittelbare Reaktionen gesucht werden. Gleiches gilt für komplexe Entscheidungsfindungen, Kommunikationsanlässe in denen Zwischentöne relevant sind oder die schneller Antworten bedürfen.[20] Während das Klingeln des Telefons im Alltagsgebrauch zeitgleiche Kommunikationen unterbricht, greifen E-Mails nicht in vergleichbar gravierender Weise in das alltägliche persönliche Zeitmanagement ein. Im Gegenteil. E-Mail wird auch deshalb geschätzt, weil keine unmittelbare Antwort erfolgen muss. Es bleibt im Belieben der NutzerInnen, wann sie dieselbe beantworten. Insbesondere mit Blick auf die Kommunikation am Arbeitsplatz, wird E-Mail als weniger störend empfunden. Von daher verwundert es nicht, wenn E-Mail auch im privaten Kontext zunehmend als Anrufbeantworter genutzt wird:

„Aber so, Freunde, die jetzt unter der Woche unterwegs sind, irgendwann halt heimkommen, denen sprichste was auf's Band beziehungsweise schickst halt ei

---

[19] Ein solches Antwortverhalten ist keineswegs eine Altersbesonderheit und durchaus auch in dem nicht untersuchten Feld Wissenschaft verbreitet, wie eine E-Mail von Regina Bendix auf der Volkskunde-Mailingliste zeigt. Die Göttinger Volkskundlerin schweizerischer Provenienz wechselte aus den USA nach Deutschland: „Als Neuzuzügerin in diese Wissenschaftslandschaft ist mir zwar bereits bewusst geworden, dass wesentliche Diskussionen via Telefon verlaufen (in der Tat, selbst wenn man jemanden eine E-Mail geschickt hat, ist es hier bisweilen üblich, dass man bei manchen Leuten noch nachanruft, um sie auf die E-Mail in ihrem Briefkasten aufmerksam zu machen – interessant aus kommunikationswissenschaftlicher Perspektive, etwas mühsam in der Praxis". Bendix, Regina: [kv] Re: [vk] neuer Listenname und neue Modalität, 15.12.2001. Es wird sich wohl erst in einiger Zeit herausstellen, ob es sich hierbei um die Anfangsschwierigkeiten einer umfassenden Digitalisierung wissenschaftlicher Kommunikation (weil es noch nicht Usus ist, ständig seine E-Mails abzurufen) oder ob für bestimmte (dringliche) Anliegen E-Mail schlicht als das falsche Medium angesehen werden wird.

[20] Demgegenüber rechtfertigt für Angelika Storrer (2000: 159) „die potentielle Möglichkeit der Verkürzung der ‚Phasen', die zwischen der Verschickung des Briefes und dem Erhalt einer Antwort liegen (u.U. nur Minuten), sowie die Art der wechselseitigen Bezugnahme (über Zitate statt über Reformulierung) es jedoch, E-Mails eine qualitativ anders geartete Dialogizität zuzusprechen, d.h. sie auf dem Spektrum zwischen kommunikativer Mündlichkeit und Schriftlichkeit an anderer Stelle einzuordnen".

ne E-Mail, wenn du da bist, meldste dich, eine Stunde vorher gehen wir weg, fertig." (Ape P.)

Insofern zeichnet sich bei E-Mail eine Nutzungsweise ab, bei der die Netzkommunikation die Basisinformationen liefert und später via Telefon oder Face-to-Face Kontakt aufgenommen wird: „dann weiß der andere schon ein bisschen, was gelaufen ist" (Bankkaufmann Matze F., 33 J.). Das heißt, E-Mail wird genutzt um den Kontakt zu halten und auf dem Laufenden zu bleiben. E-Mail wird in einem solchem Verständnis zu einem Instrument der Vorbereitung von direkter kontextreicherer Kommunikation. Die Anrufbeantworterfunktion taugt aber auch für Mitteilungen, die ungern direkt gemacht werden möchten. Unangenehmes oder Problematisches lässt sich ebenfalls in einer direkten aber den Kontakt dislozierenden Weise kommunizieren:

„Manchmal ist es ja unangenehm, jemand anzurufen, also gerade zum Beispiel geschäftlich, wenn man einem Lieferanten den Auftrag nicht gibt oder irgend etwas nicht gepasst hat und man irgendwelche Kritik anbringen will. Und wenn man das mündlich machen will, dann muss man immer so die richtigen Worte suchen, wohingegen E-Mail, es ist nicht wie ein Brief schreiben, nicht so formell, aber man kann doch diese Hemmschwelle, was Unangenehmes dann zu vermitteln. Da tut man sich irgendwie leichter." (Laura H.)

Wenn nun aber Unklarheit darüber besteht, welche Unannehmlichkeiten via E-Mail kommuniziert werden dürfen und welche nicht, sind Konflikte mitunter vorprogrammiert.

Erlaubte und nicht erlaubte E-Mails

BenimmlehrerInnen beziehungsweise ihre Verlautbarungsorgane vom Schlage „Stil & Etikette" intervenieren inzwischen auch auf dem Feld der „Netiquette" und beteiligen sich auf diese Weise aktiv an der Rahmung des neuen Mediendispositivs: „Beileidsbekundungen per E-Mail an die Hinterbliebenen zu übermitteln, gilt wohl nicht nur sensiblen Gemütern als Tabu. ‚Ein absoluter Stilbruch', meint dazu Inge Wolff, Vorsitzende des Arbeitskreises Umgangsformen International in Bielefeld."[21]

Während über die „Netiquette" (Storrer/Waldenberger 1998) von Szenezeitschriften wie „Zitty" (5/2001) bis Computerfachzeitschriften wie „ct" (12/2000)

---

[21] Vgl. Online-Dokument: URL: http://www.pnp.de/news/boulevard/internet/email/main.htm.

versucht wird, feststehende Regeln für verbindlich zu erklären, gemäß denen emotionale oder sehr persönliche Themen als unziemlich gelten, lassen sich in der Empirie unterschiedliche Haltungen und Stile bei der Nutzung feststellen. Allerdings formulieren die selbsternannten Moral- und Sittenwächter[22] eine Perspektive, die tatsächlich bereits Bestandteil von Nutzungspraxen eines Teils der Nutzerinnen ist. Nur hängen diese Praxen eben nicht von der Frage ab, was schicklich und was nicht schicklich ist. Vielmehr bedingen in den jeweiligen Konzepten alltäglicher Lebensführung die objektiven Lebensbedingungen und die basalen Lebensformen, inwiefern bestimmte soziokulturelle Werthaltungen relevant sind beziehungsweise werden oder nicht. Die Distanz zur 'entpersönlichten' E-Mail-Kommunikation repräsentiert aber nicht nur ein kulturpessimistisch inspiriertes Ressentiment, sondern basiert auch darauf, dass emotionale Anteilnahme derzeit keinen allgemein verbindlichen „Rahmen" (Höflich 1998a, 1998b) als Referenzpunkt besitzt, in dem bestimmte Gebrauchsweisen und Nutzungsstile allgemein verbindlich Gefühle oder Emotionen repräsentieren könnten. Insbesondere die Kontextarmut der Kommunikationssituation ist der Bezugspunkt für eine Distanz, die „persönlich" mit authentisch, ehrlich und wahr gleichsetzt:

„Also wenn ich mich mit jemandem näher auseinandersetzen muss, dann will ich auch seine Gesichtszüge sehen" (Diplomingenieur Edwin U., 38 J.). Einladungen an mehrere Personen per E-Mail zu versenden, erscheint hingegen legitim: *„Fände ich auch ganz witzig. Du machst es ja so auch, du kopierst irgendetwas, raus, du entwirfst am Computer was."* (Diplomphysiker Ape P., 40 J.)

Dabei ist die Haltung „je wichtiger der Anlass, desto mehr persönlich" (Matze F.) gleichbedeutend mit einer Nutzungspraxis, die Vertrauliches, Intimes oder Emotionales allgemein ausspart: „Innerhalb der E-Mail macht man irgendetwas aus, also eher solche Sachen, und nicht jetzt, sich irgendetwas schreiben, also so Mitteilungsbedürfnisse" (Laboringenieur Peter K., 37 J.)

„Ja gut, jetzt zum Beispiel des Problem mit der Eva, da werde ich ihm [Freund] keine E-Mail schreiben und ihn fragen wie es seiner Frau geht, sondern da gehe ich mal vorbei, sage seid ihr zuhause, dann komm ich mal vorbei. Passt's oder passt's nicht. Das ist für mich eine Frage der persönlichen Beziehung. Also ich möchte nicht diesen persönlichen Kontakt verlieren und ins Anonyme gehen. Also da wo es wirklich der Freundeskreis da ist, denke ich, ist auch der persönliche Kontakt wichtig." (Matze F.)

---

[22] Vgl. zur Analyse des gegenwärtigen Benimmbooms und seiner sozial schließenden Funktion Timm 2001.

„Persönlich" meint hier ein Telefon- oder ein Face-to-Face-Gespräch. Während Helen Petrie (1999) in einer britischen Studie für Microsoft Hotmail anhand von 38.000 E-Mails von hauptsächlich unter Vierzigjährigen herausgefunden hat, dass IuN den altmodischen Liebesbrief wiederbeleben konnte, insistiert in dem dieser Untersuchung zugrundeliegenden Sample ein dominanter Typus darauf, dass für sie Liebe, Romantik und E-Mails nicht zusammenpassen. Eine „wirkliche" Liebeserklärung muss demzufolge (authentisch) handgeschrieben und im Briefumschlag verschickt werden[23]:

„Zum Beispiel solche persönlichen emotionalen gefühlsbezogenen Dinge, die würde ich nicht per E-Mail machen, die würde ich lieber handschriftlich machen, wenn ich sie machen würde[24]." (Diplom-Geograph Roland W., 37 J.)

Insbesondere romantische Beziehungen und Gefühle via E-Mail auszudrücken erregt bei jenem Teil der befragten NutzerInnen Widerwillen, der in festen Partnerschaften lebt und bei dem Arbeit und Freizeit zeitlich wie räumlich weitgehend getrennt bleibt. Für Maresch/Rötzer (2001: 22) sind es „Bindungslose, Wechselbereite und Risikofreudige", die mittels „Vernetzung und Echtzeitverschaltung" nunmehr „ungeahnte Möglichkeiten der Kooperation, sozialen Koordinierung und intimen Kommunikation" begrüßen (vgl. a. Schönberger 2001). Diese Form der postfordistischen Vergesellschaftung[25] spielte in dem für das Projekt gewählten Untersuchungssample nur eine untergeordnete Rolle. Vielmehr galt das Hauptinteresse NutzerInnen mit der gegenwärtig empirisch anhaltend zentralen Form fordistischer Vergesellschaftung. Hier sind PC sowie IuN noch weitgehend Arbeitsmittel und keine Medien zur Gewinnung von Spaß und Autonomie. Insofern verwundert es nicht, dass Jugendliche, für die IuN gerade in der Freizeit eine große Rolle spielen, bereits ausgiebig von diesen Medien zur Pflege von Liebesbeziehungen Gebrauch machen. Dies gilt

---

[23] Zur Bedeutung des Handschriftlichen beim Liebesbrief vgl. a. Wyss in diesem Band.

[24] Der letzte Halbsatz verweist darauf, dass ein nicht unwesentlicher Aspekt der Frage nach den Nutzungskontexten darin besteht, ob vor der Einführung von E-Mail überhaupt eine wesentliche Schreibpraxis bestanden hat. Oftmals werden Aussagen über das Schreib- (und Lese)verhalten auf einer Basis getroffen, die nicht reflektieren, dass auch wenn die Möglichkeit besteht, sie nicht genutzt wurde.

[25] „Ihnen stehen andere soziale Nachbarschaften und Fernnahbeziehungen ins Haus, neue Berufsbilder und Arbeitsplatzbeschreibungen warten auf sie, die sich von den herkömmlichen sozialen Rollen und Identitätsbildungsprozessen grundlegend unterscheiden. Auch die Grenzen zwischen Arbeitswelt und Freizeit werden in der durch das Internet gestützten Rund-um-die-Uhr-Gesellschaft verschwimmen. Vermutlich ist Multitasking die Fähigkeit und Fertigkeit, die die Info- oder virtuelle Elite beherrschen muss, sie wird womöglich auf alle Lebensbereiche durchschlagen" (Maresch/Rötzer 2001: 22f.).

aber auch bereits für jene NutzerInnen des untersuchten Personenkreises, der aufgrund seiner beruflichen Orientierung auch seiner persönlichen Beziehungen und seine Freizeit verstärkt es via IuN reorganisiert und bei dem bereits postfordistische Elemente der Lebensführung virulent sind: „Also wenn ich so meinen engeren Freundinnen [schreibe], also da werden auch intimere Dinge abgehandelt" (Laura H.). Es hängt bei ihnen von der jeweiligen Beziehung ab, wie intensiv die Kommunikation ausfällt, wie im ‚Real Life' eben auch.

Der eingangs dieses Abschnitts aufgestellte Behauptung, dass es unziemlich sei, Beileidsbezeugungen per E-Mail zu machen, würden all diejenigen Befragten zustimmen, die die „persönliche" Kommunikation am Telefon oder von Angesicht zu Angesicht beziehungsweise im handgeschriebenen Brief der medial vermittelten gegenüberstellen. Das ist ein verbreiteter Topos und ist letztlich Ausdruck der Öffnung von E-Mail hin zu jener „globalen Öffentlichkeit", die sich weitgehend an einem Konzept alltäglicher Lebensführung orientiert, bei der IuN ein zusätzliches Kommunikationsinstrument darstellt. Bei denjenigen NutzerInnen aber, die Arbeit und Freizeit weniger trennen können oder wollen, ist E-Mail-Kommunikation intensiver, und auch das „Persönliche" wie Todesfälle werden hier durchaus verhandelt:

„Als unlängst überraschend ein Kollege in England verstorben ist, das war sehr schlimm, weil an einer Lungenentzündung sollte man heute nicht mehr sterben. Er war noch keine 40 Jahre alt. Diese Information wurde per E-Mail rumgegeben und auch die Kondolenzen sind zuerst einmal per E-Mail erfolgt. Und da fand niemand was dabei. Das war einfach, um ganz schnell zu sein und zum Teil auch mit, ja gut, cc: an andere Leute. Ich habe zusätzlich dann schon einen privaten Brief bekommen. Ich wäre nie auf die Idee gekommen, ein Kondolenzschreiben in Kopie an jemand anders zu verschicken, was dann auch sehr bewegend sein kann und in diesem Fall war, wenn man sieht, wie die Leute also das dann betrifft und wie sie darauf reagiert haben. Und das hatte für mich nichts Profanes" (Helmut H.)

Dabei zeigt sich ein erweiterter Kommunikationshorizont, der bisher nicht berücksichtigte Kommunikationspartner in die zuvor begrenzte Kommunikation einbezieht. Bei denjenigen NutzerInnen, für die E-Mail nur ein zusätzliches Kommunikationsinstrument darstellt, wird es auch in absehbarer Zeit unziemlich bleiben, per E-Mail zu kondolieren. Unter denjenigen aber, die mittels E-Mail immer mehr Bereiche ihres Alltagslebens koordinieren, wird auch diese Nutzung bald keinen Anstoß mehr erregen.

Schreibstile und Sprache

Die Entwicklung schriftlicher Kommunikation im Zuge der Diffusion von IuN erfährt inzwischen auch größere Beachtung in den Sprachwissenschaften. Es ist zum einen von der „Revitalisierung dialogischer Kommunikationsstrukturen durch elektronische Netze" (Wehner 1997a: 96) im Sinne eines „Beziehungsmediums" sowie (Wehner 1997b: 125) zum anderen, vom Konzept der Mündlichkeit im Duktus „elektronischer Schriftlichkeit" die Rede. Um das Neue zu erfassen, greifen Kleinberger/Thimm (2000) die Differenzierung zwischen medialer und konzeptioneller Mündlichkeit in Anlehnung an Koch/Oesterreicher (1994) auf, bei der jeweils zwischen Realisierungsebene und Konzeptionsebene von Schriftlichkeit und Mündlichkeit unterschieden wird. Realisierung meint das Medium, in dem Sprache realisiert wird. Konzeptionelle Mündlichkeit/ Schriftlichkeit bezieht sich auf den Duktus, die Modalität der Äußerungen und kommunikative Strategien (z.B. Umgangs- versus Schriftsprache). Die Pole lassen sich als „abnehmend sprechbezogen" und „zunehmend schreibbezogen" beziehungsweise „Sprache der Nähe" und „Sprache der Distanz" charakterisieren (2000: 264). Sie begreifen die spezifische Funktion dieser Schriftkommunikation als „hybride Form konzeptioneller Mündlichkeit im Modus medialer elektronischer Schriftlichkeit" (ebd.: 276).[26] Hierbei ist allerdings anzumerken, dass vor dem Hintergrund der vorliegenden Empirie solch ein Versuch ein allgemein verbindliches Mediendispositiv zu formulieren im Zuge der „universellen Öffnung" problematisch erscheint, weil auf der formalen Ebene anzusiedelnde diskursiv vorgegebenen medienspezifische Schreibweisen (z.B. E-Mail ist ein schnelles Medium, die Sprache ist schlampig, die Anrede nicht förmlich usw.) zum einen durch eigensinnige Praxen immer wieder in Frage gestellt werden. Zum anderen lassen sich mit E-Mail sehr viele Kommunikationszwecke abdecken. Insofern findet sich sowohl die Orientierung an den Textstilen des traditionellen Briefverkehrs[27], als auch den meist diskursiv medial vermittelten Vorgaben. In der Empirie finden sich zwar immer auch die diskursiv als E-Mailadäquat vermittelten Schreibweisen (z.B. Laboringenieur Peter K.: „Genau, zwei Sätze und dann tschüß. Das ist einfach ein schnelles Medium"), umgekehrt berichten die NutzerInnen zugleich aber auch von Übertragungen ihrer Praxen mit anderen Kommunikationsinstrumenten. Teilweise sogar von ein- und derselben Person. Im Vergleich mit dem Brief konstatiert Diplomingenieur Edwin U. eine abweichende Form:

---

[26] Diesen Sachverhalt bezeichnen Günther/Wyss (1996) auch als „mündliche Schriftlichkeit" beziehungsweise Wyss (1999) an anderer Stelle als „Ikonizität".

[27] Bausinger (1972: 81) spricht vom stilistischen Trägheitsprinzip. Mittels Medieninnovationen können die kulturell geprägten Muster nicht voluntaristisch überwunden werden.

„*Ich könnte jetzt nicht so schreiben, wie ich das E-Mail-mässig mache. Also da habe ich manchmal irgendwie so eine Gassensprache dann auch, also wie ich jetzt hier schwätze. Ich schreibe manchmal sogar im Dialekt.*" *(Edwin U.)*

Storrer verortet die neue Schreibweise in privaten E-Mails, in Mailinglisten und Newsgroups. Die Textmuster aus Briefen alten Stils gelten nach wie vor bei Geschäftsbeziehungen, Kundenverkehr, Bewerbungen usw. Beide Schreibstile, die Übertragung des klassischen Briefschreibens, als auch der „konzeptionell mündliche Stil" (Storrer 2000: 158) werden – gerade vor dem Hintergrund historischen Wissens über die Entwicklung von Nutzungsmustern – nicht der Endpunkt der Entwicklung sein. Im Kontext der vorliegenden Empirie lässt sich die These formulieren, dass es weniger die technischen Bedingungen sind (sie sind notwendig, aber nicht hinreichend), die darüber entscheiden, ob sich der sprachliche Rahmen zwischen E-Mail-KommunikationspartnerInnen verändert, sondern die jeweilige soziale Nähe der Person entscheidend ist, ob a) veränderte Textmuster zum Tragen kommen und b) welche Themen angeschnitten werden beziehungsweise als E-Mail-tauglich angesehen werden.

In der E-Mail-Kommunikation gibt es aus Sicht der NutzerInnen sprachliche Momente der Nähe wie der Distanzierung. Durch die Geschwindigkeit, mit der in E-Mails Informationen in Form von Text übermittelt werden, entsteht paradoxerweise offenbar gerade aufgrund der Entfernung eine Nähe zwischen den KommunikationspartnerInnen, die räumliche und zeitliche Distanz in den Hintergrund treten lassen: „Mir gefällt es, Daten zu empfangen und sofort wieder zurückzuschicken" (Edwin U.). Eine solche „virtuelle Nähe" bedingt „eine Sprache der Nähe im schriftlichen Medium" (Wenz 1998). J. Höflich (1998b: 146), der zugleich auf die Möglichkeit der „affektiven Enthemmung" hinweist, begründet diese sprachliche Nähe mit der „Anonymität und dem sich-gegenseitig-nicht-sehen können". Neben der Schnelligkeit, die unter bestimmten Voraussetzungen eine gewisse Nähe herstellen hilft, ist es offenbar gerade diese Mischung aus Mündlichkeit und Schriftlichkeit, die eine intensive Nähe aufscheinen lässt.

Die in den Interviews wie auch in der Literatur oft angeführte Kürze und Knappheit der Sprache in manchen E-Mails steht im Zusammenhang mit der Funktion als Sozialität stiftendes Medium:

„*Das ist einfach, macht Laune, ist wie ein netter kleiner Anruf. Und dann liest Du irgendeinen blöden Spruch, aber haust einen blöden Spruch zurück und dann ist's gut. Du willst eigentlich nix sagen, du willst einfach nur so, wie wenn du an einem Büro vorbeiläufst und hey, hallo.*" *(Ape P.)*

Es geht in solchen Fällen weniger um den Inhalt einer E-Mail, als vielmehr um ihre beziehungsfestigende Funktion, die sich in Anlehnung an Malinowski (1974) auch als „phatische Kommunikation" bezeichnen lässt.[28] Dort wo diese Funktion von E-Mail besser ausgefüllt wird, als von anderen Medien, setzt sich E-Mail hierfür durch (vgl. a. Holly 1996).

Die Kommunikation zwischen Mutter Laura H. und Tochter Maria H. ist „gleich trivial oder alltäglich, ob E-Mail oder Telefon. Aber man kommuniziert halt und bleibt in Kontakt" (Laura H.): Die Tendenz zur Oralität in solchen E-Mails ergibt sich aus der Bequemlichkeit der Kommunizierenden und dem Zweck der Kommunikation.

„Also, klar, bei manchen Leuten, da freue ich mich schon auch: Ha! E-Mail gekriegt! Aber, das ist dann erst mal auch nebensächlich, was da drin steht, sondern einfach, dass da jemand dran denkt und, mal vorbeischreibt." (Peter K.)

Ungeachtet dessen bleibt eine solche „Vermündlichung von Schriftsprache" (Sieber 1998) auf bestimmte soziale Praxen beschränkt. Aber es liegt offensichtlich an der Struktur von E-Mail-Kommunikation, dass der Liebesbrief in diesen Kontexten den Medienwechsel vollzogen hat, der von der Schreibmaschine und dem PC nicht geschafft worden war (Wyss 2002).

E-Mail im privaten Alltag

Als zentrales Ergebnis lässt sich eine Rückbindung der Nutzung von IuN in bestehende Alltagspraxen konstatieren. Das heißt, IuN wird von den befragten NutzerInnen zur Intensivierung bestehender sozialer Beziehungen beziehungsweise zur Effektivierung bestehender sozialer Netzwerke eingesetzt. E-Mail ist also nicht nur das Kommunikationsmittel eines sich wie auch immer globalisierenden Subjekts, sondern es dient in den hier untersuchten sozialen Praxen dazu, den jeweiligen sozialen Nahbereiche zu erschließen oder Kommunikationsabbrüche infolge räumlicher Trennung zu vermeiden. Darüber hinaus korrespondieren die Ergebnisse dieses Projekts mit denen von Barry Wellman (2000: 203), der darauf verweist, dass E-Mail Treffen von Menschen vorbereitet und nicht deren Ersatz ist. Es geht also nicht um die Substitution von bestehenden sozialen Beziehungen, sondern um ihre Organisation und Reorganisation. Außerdem ist Mitchell (1997: 18f.) zuzustimmen, dass IuN „keine exakten funktio-

---

[28] „Phatische Kommunikation" entspricht dem Alltagsgeplauder und bezeichnet einen besonderen Typus der Rede, „der es nicht auf die Information ankommt, sondern auf die Kommunion im gesprochenen Wort" (Favret Saada 1979: 21).

nalen Äquivalente" darstellen und ein „pauschale Ersetzung der Interaktion von Angesicht zu Angesicht" (ebd.) nicht zu erwarten ist.

Auf der formalen Ebene lässt sich die These von Uwe Sander (1998) bekräftigen, wonach Distanz nicht ein Defizit, sondern ein „Luxuspotenzial" der Moderne ist, weil erst mediatisierte Kommunikation ein Wechselspiel zwischen Nähe und Distanz ermöglicht. Das bestätigen auch Untersuchungen von Eva L. Wyss (2002), wonach die neuen Kommunikations- und Textkonstellationen als zusätzliche Ausdrucks- und Kommunikationsform zur differenzierteren Gestaltung sozialer Beziehungen nutzbar gemacht werden. Es ist im Kontext von Mediengebrauch im Allgemeinen und von E-Mail im Besonderen einmal mehr darauf hinzuweisen, dass die Bedeutung des komplexen Beziehungsgefüges zwischen Technik, Anwendungen und Nutzungsmustern, also der Technisierung von symbolischen Prozessen, nicht primär aus den technischen Strukturen und ihrer regulativen Grundmechanismen ableitbar ist, sondern aus den Interpretations- und Verständigungsleistungen der jeweiligen Akteure hervorgeht. Soziale Kompetenz, Phantasie und Engagement sind auch beim E-Mailschreiben vonnöten und verweisen auf den „langen Arm des Real Life", der die Nutzung prägt, aber nicht determiniert. Die Tatsache, dass es nicht „den" Gebrauch des Kommunikationsmediums E-Mail gibt, verweist einerseits darauf, dass E-Mail schon zum Untersuchungszeitraum im Begriff war, ein wirkliches Massenkommunikationsmedium zu werden. Es sind die vielfältigen sozialen Praxen, die die Einbindung in den alltäglichen Gebrauch präkonfigurieren. Womit wir wieder beim Ausgangspunkt sind. Es erscheint vielversprechender, den Gebrauch von E-Mail in unterschiedlichen sozialen Kontexten zu analysieren, als ein allgemeingültiges Mediendispositiv finden zu wollen. Es lassen sich zwar Aspekte eines Mediendispositivs in spezifischen sozialen Kontexten beschreiben, dieselben unterliegen allerdings selbst dem historischen Wandel, und daher können allenfalls Tendenzen erfasst werden. Insofern lautet das volkskundlich-kulturwissen-schaftliche Forschungsprogramm, Mediengebrauch in distinkten sozialen Praxen und Kontexten zu erforschen. Eine Projektfragestellung wie „Zur Transformation der Alltagsbeziehungen von InternetnutzerInnen" hat sich für die Empirische Kulturwissenschaft/Europäische Ethnologie damit erledigt. Die Frage nach dem Computerrahmen oder dem Mediendispositv „E-Mail" sollte konsequenterweise fortan der Frage nach den unterschiedlichen Konzepten alltäglicher Lebensführung oder dem Habitus und damit verbundener Mediennutzung nachgeordnet werden.

Kurzbiographien der InterviewpartnerInnen:

(Altersangaben zum Zeitpunkt des Interviews)

Anita W., 54, Mathematik-, Physik- und Informatik-Lehrerin schreibt zu Zeitpunkt des Interviews an einer Dissertation über das Thema „Schulen ans Netz" mit dem Schwerpunkt Mädchenarbeit. Mutter von zwei Kindern (21 und 30), lebt mit ihrem Mann (Rentner) in einer Kleinstadt in Nordrhein-Westfalen. Online seit 1994.

Ape P., 40, Diplomphysiker, arbeitet als freiberuflicher Ingenieur, lebt mit seiner Frau (Dipl. Biologin) (Beruf: „Mutter") und zwei kleinen Kindern in Stuttgart. Online seit 1996.

Clara B., 46, nach eigenen Angaben Hausfrau und Kunsterzieherin, lebt mit ihrem Ehemann (Oberarzt) und vier Töchtern (12, 14, 20 und 21) in einer bayrischen Großstadt, engagiert sich als Mitglied der kommunalen Selbstverwaltung. Online seit 1997.

Edwin U., 38, selbständiger Diplom-Ingenieur, lebt zusammen mit seiner Lebensgefährtin, Diplom-Geographin, in Stuttgart. Online seit 1998 (zum Zeitpunkt des Gespräches sechs Wochen).

Gudrun S., 43, Diplompädagogin, lebt mit ihrem Mann (Psychologe) und einem Kind (4) in einem Dorf südlich von Stuttgart. Online seit 1996.

Helmut H., 50, Professor der Sozialwissenschaft, lebt getrennt von seiner Frau Laura H. in einer baden-württembergischen Universitätsstadt, Vater von Maria H. Online seit ca. 1991.

Karl S., 36, Mittlere Reife, Kaufmann, arbeitet als Sozialversicherungsangestellter bei einer Krankenkasse. Bewohnt mit seinem Vater ein Haus in einem Dorf nördlich von Stuttgart. Online seit 1997.

Katharina H., 78, Mittlere Reife, Kaufmannsgehilfin, derzeitiger Beruf nach eigenen Angaben „Pensionist", Mutter von Anita W., Clara B., Helmut H. und Piemo H., Großmutter von Maria H.. Lebt Tür an Tür mit ihrer Schwester in einer Kleinstadt im Allgäu. Online seit 1996.

Kurt F., 55, Mittlere Reife, Fernmeldehandwerker und Vertriebsingenieur, ehrenamtlicher Betriebsrat und gewerkschaftlich engagiert. Vater eines Sohnes (32), lebt mit seiner Frau in einer Kleinstadt östlich von Stuttgart.

Laura H., 48, Abitur, Gymnasiallehrerin, ist im Marketingbereich eines internationalen Unternehmens (Marketing Communication Managerin bei einem US-amerikanischen Software- und Hardware Konzern) tätig, arbeitet und lebt derzeit in Italien. Mutter von Maria H. und getrennt lebende Ehefrau von Helmut H. Online seit 1992.

Maria H., 22, Studentin, Tochter von Helmut H. und Laura H., wohnt mit ihrem Freund in einer baden-württembergischen Universitätsstadt. Online seit 1998.

Matze F., 33, Mittlere Reife, Bankkaufmann, seit kurzem als electronic-banking-Berater tätig. Verheiratet, wohnt mit seiner Frau in einer Kleinstadt nordwestlich von Stuttgart. Online seit 1990.

Peter K., 37, Labor-Ingenieur an der Fachhochschule, lebt allein in einer baden-württembergischen Universitätsstadt. Online seit 1996.

Piemo H., 50, Diplom-Bibliothekarin, arbeitet als Konsultantin in der EU-Bürokratie. Lebt in Luxemburg, ist aber in Köln gemeldet, zum Zeitpunkt des Interviews gerade auf dem Weg zur zeitweiligen Übersiedlung nach Moskau. Verheiratet mit einem Rundfunkabteilungsleiter. Online seit 1984.

Roland W., 37, Abitur, Diplom-Geograph und Stadtplaner, arbeitet als Verkehrsplaner in einer Verwaltungsbehörde. Lebt allein in Stuttgart, seine Freundin wohnt in einer eigenen Wohnung ebenfalls in Stuttgart. Online seit 1997.

Simon B., 50, Hauptschulabschluss, Schreinermeister und Inhaber eines Bestattungsunternehmens, engagiert als Heimatforscher und Kirchengemeinderat, lebt mit Ehefrau und zwei Töchtern (19 und 20) in einem Dorf südlich von Stuttgart. Online seit 1996.

Tom K., 30, Mittlere Reife, schichtarbeitender Maschinenschlosser, lebt mit Partnerin in einer Kleinstadt in Ostwürttemberg. Online seit 1996.

Toni G., 42, Hauptschulabschluss, Mittlere Reife, Maschinenbautechniker, Aufstieg zum EDV-Fachberater in einer Fachabteilung eines großen Maschinenbauherstellers, freigestellter Betriebsrat. Lebt mit seiner Ehefrau und zwei Kindern (9 und 10) in einem Dorf im mittleren Neckarraum. Staatsbürgerschaft eines EU-Landes. Online seit 1996.

Literatur:

ARD/ZDF-Arbeitsgruppe Multimedia (1999): ARD/ZDF-Online-Studie 1999: Wird Online Alltagsmedium. In: Media Perspektiven 8/1999, 401-429.

Bakardjieva, Maria/Smith, Richard (2000): The Internet in Everyday Life: Computer Networking from the Standpoint of the Domestic User, New Media and Society, Vol 3 (1), 2000, 67-83.

Baukrowitz, Andrea/Boes, Andreas/Schmiede, Rudi (2000): Die Entwicklung der Arbeit aus der Perspektive ihrer Informatisierung. In: kommunikation@gesellschaft 1 (2000) Beitrag 5 [Online-Dokument: URL: http://www.uni-frankfurt.de/fb03/K.G/B3_2000_Baukrowitz.pdf, Stand: 28.02.2002].

Bausinger, Hermann (1981): Technik im Alltag. Etappen der Aneignung. In: Zeitschrift für Volkskunde, 77, 2, 227–242.

Bausinger, Hermann (2001): Vom Jagdrecht auf Moorhühner. Anmerkungen zur kulturwissenschaftlichen Medienforschung. In: Zeitschrift für Volkskunde 97 (2001) 1, 1-14.

Bausinger, Hermann (1996): Die alltägliche Korrespondenz, in: Beyrer, Klaus/Täubrich, Hans-Christian (Hrsg.): Der Brief. Eine Kulturgeschichte der schriftlichen Kommunikation, Frankfurt/M, 294-303.

Bechdolf, Ute (2001): Kulturwissenschaftliche Medienforschung. In: Götsch, Silke/Lehmann, Albrecht (Hrsg.): Methoden der Volkskunde. Positionen, Quellen, Arbeitsweisen der Europäischen Ethnologie. Berlin, 251-276.

Beck, Stefan (1997): Umgang mit Technik. Kulturelle Praxen und kulturwissenschaftliche Forschungskonzepte. Berlin.

Bock, Gabriele (2000): Abgestufte Nähe. Kooperation und Kommunikation im Büroalltag. In: Beck, Stefan (Hrsg.): Technogene Nähe. Ehtnbographische Studien zur Mediennutzung im Alltag. Münster u.a., 74-84.

Brecht, Bertolt (1990): Radiotheorie 1927-1932. In: derselbe: Schriften zur Literatur und Kunst I, Frankfurt/M., 119-134.

Bourdieu, Pierre (1982): Die feinen Unterschiede. Kritik der gesellschaftlichen Urteilskraft. Frankfurt.

Claisse, Gerard (1989): Telefon, Kommunikation und Gesellschaft. Daten gegen Mythen. In: Forschungsgrupe Telefonkomunikation (Hrsg.): Telefon und Gesellschaft. Beitrage zu einer Soziologie der Telefonkommunikation, Bd. 1. Berlin, 255-288.

Cole, Jeffrey u.a. (2001): Surveying the Digital Future. Los Angeles 2000 (UCLA Center of Communication Policy).

Cole, Jeffrey u.a. (2001): Surveying the Digital Future. The UCLA Internet Report 2001. Year Two. Los Angeles (UCLA Center of Communication Policy).

Eimeren, Birgit van/Gerhard, Heinz/Frees, Beate (2001): ARD/ZDF-Online-Studie 2001: Internet stark zweckgebunden. In: Media Perspektiven 8/2001, 382-397.

Enzensberger, Hans Magnus (2000): Das digitale Evangelium. In: Der Spiegel 2/2000, 92-101.

Favret-Saada, Jeanne (1979): Die Wörter, der Zauber, der Tod. Der Hexenglaube im Hainland von Westfrankreich. Frankfurt/M.

Freyermuth. Gundolf S. (2000): Kommunikette. Verbindliche Regeln im digitalen Verkehr steigern die Effizienz. In: c't 12/2000, 92. Nun auch als Buch: Freyermuth. Gundolf S. (2002): Kommunikette 2.0. E-Mail, Handy & Co. richtig einsetzen. München.

Graham, Stephen/Marvin Simon (1996): Telecommunication and the city. Electronic Spaces, Urban Places. London.

Günther, Ulla/Wyss, Eva Lia (1996): E-Mail – Briefe – eine neue Textsorte zwischen Mündlichkeit und Schriftlichkeit. In: Hess-Lüttich, Ernest W. B./Holly, Werner/Püschel, Ulrich (Hrsg.), Textstrukturen im Medienwandel. Frankfurt/M. (Forum Angewandte Linguistik 29), 51-85.

Hengartner, Thomas (2001): Volkskundliches Forschen im, mit dem und über das Internet. In: Götsch, Silke/Lehmann, Albrecht (Hrsg.): Methoden der Volkskunde. Positionen, Quellen, Arbeitsweisen der Europäischen Ethnologie. Berlin, 187-211.

Herlyn, Gerit (2001): Partnersuche im Internet. Mediale Mythenbildung und Aneignungserfahrungen einer alltäglichen Kommunikationstechnik. In. kommunikation@gesellschaft 2 (2001) Beitrag 6 [Online-Dokument: URL: http://www.uni-frankfurt.de/fb03 /K.G /B2 _2001_herlyn.pdf, Stand: 28.02.2002].

Hickethier, Knut (1992): Kommunikationsgeschichte: Geschichte der Mediendispositive. Ein

Betrag zur Rundfrage „Neue Positionen zur Kommunikationsgeschichte". In: Medien & Zeit (1992), Nr.2, 26-28.
Höflich, Joachim R. (1997): Ansätze zu einer Theorie der technisch vermittelten Kommunikation. In: Zeitschrift für Semiotik 19 (1997), 3, 203-228.
Höflich, Joachim R. (1998a): Computerrahmen und die undifferenzierte Computerfrage – oder: Warum erst einmal geklärt werden muss, was die Menschen mit dem Computer machen. In: Rössler, Patrick (Hrsg.): Online-Kommunikation. Beiträge zur Nutzung und Wirkung. Opladen, 17-46.
Höflich, Joachim R. (1998b): Computerrahmen und Kommunikation. In: Prommer, Elisabeth/Vowe, Gerhard (Hrsg.), Computervermittelte Kommunikation. Öffentlichkeit im Wandel. Konstanz, 141-174.
Höflich, Joachim R. (2001): Das Handy als „persönliches Medium" – Zur Aneignung des Short Message Service (SMS) durch Jugendliche. In. kommunikation@gesellschaft 2 (2001) Beitrag 1 [Online-Dokument: URL: http://www.uni-frankfurt.de/fb03/K.G /B1 _2001_hoeflich.pdf, Stand: 28.02.2002].
Höflich, Joachim R. (2002): Vermittlungskulturen im Wandel: Brief – E-Mail – SMS. (in diesem Band).
Holly, Werner (1996): Zur inneren Logik der Mediengeschichte. In: Rüschoff, Bernd/ Schmitz, Ulrich (Hrsg.): Kommunikation und Lernen mit alten und neuen Medien. Frankfurt/M., 9-16.
Jonas, Kai J./Boos, Margarete (2000): Vom Archaischen in der computervermittelten Kommunikation. In: Forum Qualitative Sozialforschung / Forum: Qualitative Social Research [On-line Journal], 1(1) 2000.[Online-Dokument: URL: http://www.qualitative-research.net/fqs-texte/1-00/1-00jonasboos-d.pdf, Stand: 28.02.2002].
Jensen, Klaus/Rogge, Jan-Uwe (1986): Überlegungen zu einer Theorie des alltäglichen Umgangs mit Massenmedien in Familien. In: Jeggle, Utz u.a. (Hrsg.): Tübinger Beiträge zur Volkskultur. Tübingen 1986 (Untersuchungen des Ludwig-Uhland-Instituts der Universität Tübingen, Bd. 69), 301-320.
Kiesler, Sarah/Siegel, Jane/McGuire, Timothy (1984): Soical Psychological Aspects of Computer-Mediated Communication. In: America Psychologist 39 (1984) 10, 1123-1134.
Kleinberger Günther, Ulla/Thimm, Caja (2000): Soziale Beziehungen und innerbetriebliche Kommunikation: Formen und Funktionen elektronischer Schriftlichkeit in Unternehmen. In: Thimm, Caja (Hrsg.): Soziales im Netz. Sprache, Beziehungen und Kommunikationskulturen im Internet. Opladen/Wiesbaden, 262-277.
Koch, Peter/Oesterreicher, Wulf (1994): „Schriftlichkeit und Sprache". In: Günther, Hartmut/Ludwig, Otto (Hrsg.): Handbuch Schrift und Schriftlichkeit I, Berlin/New York, 587-604.
Kraut, Robert/Lundmark, Vicki/Patterson, Michael/Kiesler, Sarah/Mukopdadhyay, Tridas/Scherlis, William (1998): Internet Paradox. A Social Technology that reduces soical involvement and psychological Well-Being: In: American Psychologist 53, 9, 1017-1031.
Krotz, Friedrich (2002): Kommunikation im Zeitalter des Internet. (in diesem Band).
Krotz, Friedrich (2001): Die Mediatisierung kommunikativen Handelns. Der Wandel von Alltag uns sozialen Beziehungen, Kultur und Gesellschaft durch die Medien. Opladen.
Kubicek, Herbert/Schmid, Ulrich/Wagner, Heiderose (1997): Bürgerinformation durch „neue" Medien? Analysen und Fallstudien zur Etablierung elektronischer Informationssysteme im Alltag, Opladen.

Löffler, Andrea (2000): Kontaktbörse Internet? Eine empirische Studie zur Entwicklung sozialer Beziehungen via Internet. Magisterarbeit Universität Tübingen.

Malinowski, Bronislaw (1974): Das Problem der Bedeutung in primitiven Sprachen. In: Ogden, Charles K./Richards, Ivor Armstrong. (Hrsg.): Die Bedeutung der Bedeutung: Eine Untersuchung über den Einfluß der Sprache auf das Denken und über die Wissenschaft des Symbolismus). Frankfurt/M.

Maresch, Rudolf/Rötzer, Florian (2001): Cyberhypes. In: Dies. (Hrsg.): Cyberhypes. Möglichkeiten und Grenzen des Internet. Frankfurt/M., 7-26.

Mitchel, William J. (1997): Die neue Ökonomie der Präsenz. In: Münker, Stefan/Roesler, Alexander (Hrsg.): Mythos Internet. Frankfurt/M., 15-33.

Nie Norman/Erbring, Lutz (2002): Internet and Society. A Preliminary Report. Stanford Institute for the Quantitative Study of Society. Stanford University 2000 [Online Dokument: URL: http://www.stanford.edu/group/siqss/Press_Release/Preliminary_Report-4-21.pdf, Stand: 28.02.2002].

O'Toole, Kathleen (2002): Study offers early look at how Internet is changing Daily Life. New Release, February 16, 2000. Stanford, CA [Online-Dokument: URL: http://www.stanford.edu/group/siqss/Press_Release/press_release.html, Stand: 28.02.2002].

Petrie, Helen (1999): Writing in Cyberspace. A study of the uses, style and content of e-mail. Hertfordshire/Hatfield.

Putnam, Robert (2000): Bowling Alone. New York.

Rainie, Lee (2000): Tracking online life: How women use the Internet to cultivate relationships with family and friends. The Internet Life Report. The Pew Internet and American Life Project. Washington, DC 2000 http://www.pewinternet.org/reports/pdfs/Report1.pdf, Stand: 28.02.2002].

Rammert, Werner: Der Anteil der Kultur an der Genese einer Technik: Das Beispiel des Telefons. In: Forschungsgruppe Telekommunikation (Hrsg.): Telefon und Gesellschaft. Beiträge zu einer Soziologie der Telefonkommunikation. Berlin 1989, 87-95.

Rheingold, Howard (1994): Virtuelle Gemeinschaft: Soziale Beziehungen im Zeitalter des Computers. Bonn/Paris 1994 (New York 1991).

Roesler, Alexander (1997): Bequeme Einmischung. Internet und Öffentlichkeit. In: Münker, Stefan/Roesler, Alexander (Hrsg.): Mythos Internet. Frankfurt/M., 171-191.

Roller, Franziska/Schönberger, Klaus (1998): Vom Aufrechten Gang zum Cybers(chl)urfen. Kurze Kritik des Großen Digitalen Abgesangs auf die Stadt. In: StadtRat (Hrsg.): Umkämpfte Räume. Hamburg/Berlin, 169-177.

Sander, Uwe (1998): Die Bindung der Unverbindlichkeit. Mediatisierte Kommunikation in der modernen Gesellschaft. Frankfurt/M.

Schenda, Rudolf (1993): Der Computer, das Volk und der neue Analphabetismus. In: Dauskardt, Michael/Gerndt, Helge (Hrsg.): Der industrialisierte Mensch. Vorträge des 28. Deutschen Volkskunde-Kongresses in Hagen vom 7. bis 11. Oktober 1991. Münster 1993, 441-457.

Schönberger, Klaus (1998): The Making of the Internet. Befunde zur Wirkung und Bedeutung medialer Internetdiskurse. In: Rössler, Patrick (Hrsg.): Online-Kommunikation. Opladen, 65-84.

Schönberger, Klaus (1999a): Internet zwischen Spielwiese und Familienpost. Doing Gender in der Netznutzung. In: Hebecker, Eike u.a. (Hrsg.): Neue Medienumwelten. Frankfurt/M./New York, 249-267.

Schönberger, Klaus (2002): Neue Online-KommunikationspartnerInnen? Qualitative und quantitative Zugänge. In: Reips, Ulf-Dietrich (Ed./Hrsg.). Current Internet Science. Trends, Techniques, Results. Aktuelle Online-Forschung. Trends Techniken, Ergebnisse. Zürich 1999b [Online-Dokument: URL: http://www.gor.de/tband99/pdfs/q_z/schoenberger.pdf, Stand: 28.02.2002].

Schönberger, Klaus (2000a): Flexibilisierung der Subjekte und Härtnäckigkeit des Technikdeterminismus. In: Das Argument 43 (2000a) 238, 812-823.

Schönberger, Klaus (2000b): Anmerkungen zum langen Arm des 'Real Life'. In: forum medienethik 2/2000b: Netzwelten, Menschenwelten, Lebenswelten. Kommunikationskultur im Zeichen von Multimedia, 33-42.

Schönberger, Klaus (2001): Der Fall Claudio Belmonte oder die Unmöglichkeit, ohne die Ausnahme die Regel zu denken. In: Eisch, Katharina/Hamm, Marion (Hrsg.): Die Poesie des Feldes. Beiträge zur ethnographischen Kulturanalyse. Tübingen, 184-195.

Schröder, Hans Joachim (2000): Technik als biographische Erfahrung. Ansätze und Methoden eines Forschungsprojekts. In: VOKUS – volkskundlich-kulturwissenschaftliche Schriften, 10, 41-77.

Sieber, Peter (1998): Parlando in Texten. Zur Veränderungen kommunikativer Grundmuster in der Schriftlichkeit. Tübingen (Reihe Germanistische Linguistik, Bd. 191).

Stegbauer, Christian (2001a): Grenzen virtueller Gemeinschaft. Strukturen internetbasierter Kommunikationsformen. Wiesbaden.

Stegbauer, Christian (2001b): Aufmerksamkeitssteuerung durch Schließung am Beispiel von Mailinglisten. In: Beck, Klaus/Schweiger, Wolfgang (Hrsg.): Attention please! Online-Kommunikation und Aufmerksamkeit. München, 159-174.

Stegbauer, Christian (2001): Von den Online Communities zu den computervermittelten sozialen Netzwerken. Eine Reinterpretation klassischer Studien. Erscheint in: Zeitschrift für Qualitative Bildungs-, Beratungs- und Sozialforschung. Qualitative Internetforschung Nr. 4/2001.

Storrer, Angelika (2000): Schriftverkehr auf der Datenautobahn: Besonderheiten der schriftlichen Kommunikation im Internet. In: Voß, G. Günther./ Holly, Werner/Boehnke, Klaus (Hrsg.): Neue Medien im Alltag: Begriffsbestimmungen eines interdisziplinären Forschungsfeldes. Leverkusen, 153-177.

Storrer, Angelika/Waldenberger, Sandra (1998): Zwischen Grice und Knigge: Die Netiketten im Internet. In: Strohner, Hans/Sichelschmidt, Lorenz/Hielscher, Martina (Hrsg.) Medium Sprache. Frankfurt a.M., (= forum ANGEWANDTE LINGUISTIK 34), 63-77.

Sülzle, Almut (2000): E-Mail@Alltag. Die kulturelle Aneignung eines neuen Kommunikationsmittels im Vergleich mit Brief und Telefon. Magisterarbeit Universität Tübingen.

Sülzle, Almut (2001): Einsame neue Welt? Einsamkeitsmythos und Alltagspraxis – kulturwissenschaftliche Anmerkungen zur Internetnutzung. In: kommunikation@gesellschaft 2 (2001) Beitrag 6 [Online-Dokument, URL: http://www.uni-frankfurt.de/fb03/K.G/B6_2001_Suelzle.pdf, Stand: 28.02.2002].

Tapscott, Don (1992): Net Kids. Die digitale Generation erobert Wirtschaft und Gesellschaft. Wiesbaden.

Timm, Elisabeth (2001): Ausgrenzung mit Stil. Über den heutigen Umgang mit Benimmregeln. Münster.

Turkle, Sherry (1998): Leben im Netz. Identität im Zeitalter des Internet. Reinbek.

Voß, Günter G. (1995): Entwicklung und Eckpunkte des theoretischen Konzepts. In: Projektgruppe „Alltägliche Lebensführung" (Hrsg.): Alltägliche Lebensführung. Arrangements

zwischen Traditionalität und Modernisierung. Opladen, 23-43.
Warneken, Bernd Jürgen (1987) (Leitung): Populare Schreibkultur. Texte und Analysen. Tübingen.
Wehner, Josef (1997): Interaktive Medien – Ende der Massenkommunikation? In: Zeitschrift für Soziologie 26, 2, 96-114.
Wellman, Barry (1996): Are personal communities local? A dumptarian reconsideration. In: Social Networks 18/1996, 347-354.
Wellman, Barry (2001): Computer Networks as Social Networks. In: Science Vol 293, 14.9.2001, S. 2031-2034 [Auch als Online-Dokument: URL:http://www.chass.utoronto.ca/~wellman/ publications/science/science.pdf].
Wellman, Barry/Gulia, Milena (1999): Net Surfers don't ride alone. Virtual Communities as Communities. In: Wellman, Barry (Hrsg.): Netwoks in the Global Village, Boulder CO, 331-366.
Wenz, Karin (1998): Formen der Mündlichkeit und Schriftlichkeit in digitalen Medien. Linguistik online 1 (1998)1. 1-8 [Online-Dokument: URL: http://viadrina.euv-frankfurt-o.de/~wjournal/wenz.htm. Stand: 28.02.2002].
Winkler, Hartmut (1999): Jenseits der Medien. Über den Charme der stummen Praxen und einen verdeckten Wahrheitsdiskurs. In: Hebecker, Eike u.a. (Hrsg.): Neue Medienumwelten. Frankfurt/M./New York, 44-61.
Wyss, Eva Lia (2002): Metamorphosen des Liebesbriefs im Internet. Eine korpusgestützte textlinguistische und kommunikationswissenschaftliche Bestimmung des Liebesbriefs und seiner Pendants im Internet (in diesem Band).
Wyss, Eva Lia (1999): Iconicity in the Digital World – an opportunity to create a personal Image. In: Fischer, Olga/Nänny, Max (Hrsg.): Form, Miming, Meaning. New York/ Amsterdam, 285-304.

E-Mail und interpersonale Beziehungen.
Das Geschlecht macht den Unterschied[1]

Bonka Boneva, Robert Kraut und David Frohlich

Interpersonale Kommunikation ist immer noch die dominante Nutzungsform des Internets, selbst wenn dieses Medium, vom Informationsabruf über den Electronic Commerce bis hin zu vielfältigen Möglichkeiten der Unterhaltung, eine Vielzahl anderer Dienste offeriert (Kraut u.a. 1998; Stafford u.a. 1999). Gemäß einer Studie von Pew Internet and American Life Project (2000b) haben 78% der Nutzer und Nutzerinnen, die an einem typischen Tag im Jahr 2000 Online gegangen sind, eine E-Mail verschickt – mehr als doppelt so viele, die das Internet für irgendeine andere Aktivität genutzt haben. Zwischen 1995 und 1998 ist die Verwendung der E-Mail für persönliche Beziehungen um knapp 50% gewachsen, während es in dieser Zeit nahezu kein Wachstum auf dem Gebiet der arbeitsbezogenen Verwendung von E-Mail gegeben hat (Cummings/Kraut, im Druck). Weitlang wird das Internet als ein neues Medium gepriesen, das die Menschen weltweit miteinander verbindet. Doch sind nur sehr wenige Studien der Frage nachgegangen, wie bereits bestehende persönliche Beziehungen online aufrechterhalten werden (vgl. z.B. Cummings u.a. im Druck; Pew Internet Report 2000b; Stafford u.a. 1999).

Hier setzt die vorliegende Studie an: Wie nutzen Frauen und Männer das Internet im Allgemeinen und die E-Mail im Besonderen, um ihre Beziehungen aufrecht zu erhalten? Wir wollen dabei deutlich machen, wie der Gebrauch neuer Technologien traditionale Geschlechtsrollen auch bezüglich des Kommunikationsverhaltens perpetuiert. Wie die bisherige Forschung zeigt, definieren sich Frauen mehr als Männer durch ihre Sozialbeziehungen, und nachgerade stellen sie einen kommunikativen Ankerpunkt zwischen dem Haushalt, der Verwandtschaft und den Freunden dar. Die Frauen haben nun das Internet für sich entdeckt, wobei wir im Folgenden die Art und Weise erkunden wollen, in der diese neue Kommunikationstechnologie Einfluss auf ihre sozialen Netzwerke ausübt. Damit soziale Netzwerke aufrechterhalten werden, bedarf es einer beachtlichen Investition an Energie und Zeit. All die Einflüsse, die Menschen einmal zusammen gebracht haben – seien es verwandtschaftliche Bande, gemeinsame Interessen, Schönheit oder Charme – verlieren als beziehungsstiftende Größen im Laufe der Zeit an Bedeutung (Canary/Stafford 1994; Druck 1988; Stafford/Canary

---

[1] Übersetzung aus dem Englischen von Joachim R. Höflich und Julian Gebhardt.

1991). Um Bestand zu haben müssen sie ständig durch Interaktionen gestützt werden, im gegenläufigen Fall werden sie ansonsten aufgegeben. Dabei ist das Internet nicht nur ein neues Medium der Kontaktnahme, es stellt auch ein Vehikel dar, um Beziehungen zeit- und geldsparend fortzuführen.

Frauen und Männer scheinen Beziehungen jedoch unterschiedlich zu bewerten, und sie haben auch unterschiedliche Stile, sie aufrecht zu erhalten (vgl. z.B. Deaux/Major 1987; Duck/Wright 1993; Eagle/Steffen 1994; Spence/Buckner 1995). Konsequenterweise müsste sich dies in der Nutzung des Internets zum Zwecke der interpersonalen Kommunikation widerspiegeln. In der Literatur stößt man bereits auf entsprechende Hinweise (vgl. z.B. Kaut u.a. 1998; Pew Internet and American Life Project 2000a), auf die im Weiteren angeknüpft werden soll. Bevor wir jedoch die geschlechtsspezifischen Muster bei der Nutzung des Internets zum Zwecke einer Kommunikation mit der Familie und mit Freunden näher untersuchen, wollen wir zunächst einen Blick auf die bisher ausgemachten Geschlechtsunterschiede im Beziehungsverhalten werfen.

Geschlechtsunterschiede in der Beziehung zu anderen

Bereits von einer Reihe von Autoren wurden dahingehend Unterschiede ausgemacht, wie Männer und Frauen miteinander in Beziehung treten und wie sie ihre Beziehungen handhaben. Spence und Helmreich (1978) sprechen von Ausdrucksstärke (expressiveness) und meinen damit die Einstellungen und Verhaltensweisen, die mit emotionaler Intimität und der Teilhabe an persönlichen Beziehungen verbunden sind. Dem gegenüber heben sie mit dem Begriff der Instrumentalität die Zweckorientierung im Kontext interpersonaler Beziehungen hervor. Sieht man davon ab, dass diese Stile bei Männern wie auch Frauen von Person zu Person schwanken, so wird doch nahe gelegt, dass Frauen im Durchschnitt eher relational und weniger zweckbezogen als Männer sind (vgl. z.B. Deaux/Major 1987; Eagle/Steffen 1984). Sie sind demnach mit Blick auf die Aufrechterhaltung von Beziehungen eher expressiv, Männer mehr instrumentell orientiert. Frauen neigen stärker zu intimen Gesprächen mit ihren guten Freunden, während die Männer dazu tendieren, die Zeit mit gemeinsamen Aktivitäten unter Ihresgleichen zu verbringen (vgl. z.B. Aldwell/Peplau 1982; Davidson/Duberman 1982; Duck/Wright 1993; Spence/Bruckner 1995; Twenge 1997; Walker 1994; Wright/Scanlon 1991). Ferner wird davon ausgegangen, dass Frauen vor allem kommunizieren, um Isolationen zu vermeiden und Gemeinschaft zu finden, Männer wiederum vor allem, um eine soziale Position zu erreichen respektive aufrecht zu erhalten (vgl. Tannen 1992).

Andere Autoren haben betont, dass es geschlechtsspezifische Unterschiede im Konversationsstil gibt. Hauser u.a. (1987) beispielsweise unterscheiden zwischen kommunikationsermöglichenden oder -erleichternden Stilen, die je eine Konversation entweder tragen oder dämpfen. Frauen werden dabei in einen kommunikationsfördernden, Männer in einen kommunikationshemmenden Stil hineinsozialisiert (Maccoby 1990). In der Kommunikation suchen die Frauen eher einen Dialog, während Männer dazu neigen, den Kommunikationsprozess schon in einer frühen Phase wieder zu unterbrechen. Frauen investieren nicht nur stärker in personale Beziehungen, sondern verfügen auch über größere soziale Netzerwerke (vgl. z.B. Moore 1990; Walter 1994; Wellman 1992). Überdies verweisen Untersuchungen darauf, dass Männer mehr gleich-geschlechtliche Beziehungen als Frauen haben (vgl. Claes 1992). Vor allem spezifische Rollenverpflichtungen unterstreichen die Tendenz, dass Frauen eher mit anderen in Kontakt treten: Von Frauen wird erwartet, dass sie die Familienbande (Di Leonardo 1987; Rosenthal 1985), ebenso wie die Verbindung zwischen der Familie und Freunden (Wellman 1992) aufrechterhalten.

Solche Geschlechtsunterschiede wurden zuerst im Zusammenhang mit der Face-to-Face-Kommunikation beobachtet, doch finden sie sich auch im Hinblick auf die Art und Weise, wie Männer und Frauen das Telefon nutzen (Noble 1987). Frauen zum Beispiel telefonieren häufiger als Männer (vgl. z.B. Bandon 1980; Lacohée/Anderson 2001; Walker 1994). Männer wiederum nutzen das Telefon in einem instrumentellen Sinne (Lacohée/Anderson 2001; Walker 1994); Small Talk und emotionale Kommunikation stehen bei ihnen eher zurück. Demgegenüber ist das Telefon für Frauen ein Beziehungsmedium das dazu dient, einen großen Freundeskreis auch über Distanz aufrecht zu erhalten (Lacohée/Anderson 2001; Walker 1994). Doch gibt es diese Geschlechtsunterschiede im Kommunikationsverhalten und den Beziehungsstilen auch bei der computervermittelten Kommunikation? Akzeptieren nun Frauen den Computer als ein Vehikel um mit anderen in Kontakt zu treten? Wenn dies der Fall ist, dann können wir auch erwarten, dass Frauen das Internet auch stärker als Beziehungsmedium, Männer stärker zu instrumentellen Zwecken verwenden. Doch interferieren auf der anderen Seite die technischen Merkmale der E-Mail mit dem expressiven Kommunikationsstil der Frauen? Es gibt nämlich Studien, die feststellen, dass das textbasierte Kommunikationsformat der E-Mail im Vergleich zur Face-to-Face-Kommunikation oder der telefonischen Kommunikation, weniger tauglich ist, um persönliche Beziehungen aufrecht zu erhalten (Cummings u.a. im Druck; Walter 1996). Es wird sogar nahe gelegt, dass es eher für Management- oder Koordinationsaufgaben geeignet ist (Sproull/Kiesler 1986). Das würde wiederum bedeuten, dass das textbasierte Format der E-Mail einem männlichen instrumentellen Kommunikationsstil entgegen kommt.

Eine jüngst durchgeführte nationale Umfrage über den Internetgebrauch (Pew Internet and American Life Project 2000a) unterstreicht, dass Frauen im Vergleich zu den Männern das Internet stärker zu Kommunikationszwecken nutzen. Unter den E-Mail Nutzern finden sich mehr Frauen als Männer, die über dieses Medium mit der Familie und mit Freunden kommunizieren. Beispielsweise haben Frauen eher E-Mails an ihre Eltern oder Großeltern geschickt und auch mit dem weiteren familiären Umfeld – mit Tanten, Onkeln oder Cousinen – Kontakt. Frauen nutzen die E-Mail auch eher, um mit räumlich entfernt lebenden Freunden in Kontakt zu bleiben. 73% der Frauen, die die E-Mail nutzen, haben an weiter entfernt lebende Freunde geschrieben, bei den Männern sind es 65%. Auch geben mehr Frauen als Männer an, dass sie die E-Mail verglichen mit anderen Kommunikationsformen für effizienter halten (Pew Internet and American Life Project 2000a). Ferner lässt sich zeigen, dass es sowohl quantitative als auch qualitative Unterschiede dabei gibt, wie Männer und Frauen Computer zum Zwecke der Kommunikation verwenden (vgl. Kraut u.a. 1998).

Ausgehend von bisherigen Forschungsergebnissen über Geschlechtsdifferenzen beim Aufrechterhalten von Beziehungen untersuchen wir im Weiteren, wie der Stil der E-Mail-Nutzung von Männern und Frauen durch unterschiedliche Beziehungstypen, die Distanz zwischen den Kommunikationspartnern und die Art der Nachricht beeinflusst wird. Die Studie hat einen explorativen Charakter und basiert vor allem auf einer qualitativen Analyse. Zusätzlich ziehen wir die Daten einer von 1998 bis 1999 durchgeführten Befragung hinzu, die im Rahmen des HomeNet-Projekts, einer Langzeitstudie über den Einfluss des Internets auf das Leben der Amerikaner, durchgeführt worden ist (siehe weiter: Kraut u.a. 1998; Kraut u.a. im Druck).

Methode

Sample

Die Befragungsdaten im Rahmen des HomeNet-Projekts wurden aus zwei Samples gewonnen. Das erste bestand aus 220 Mitgliedern von 93 Haushalten in Pittsburgh, Pennsylvania, die im Frühling 1995 und 1996 und dann nochmals 2 und 3 Jahren später befragt worden sind (Kraut u.a. 1998). Das zweite Sample setzte sich aus 446 Befragten aus 237 Haushalten im Raum Pittsburgh zusammen, die kurz vor dem Frühling 1998 entweder einen Computer oder ein Fernsehgerät erworben haben. Ein Jahr später wurde nochmals befragt (Kraut u.a. im Druck). Innerhalb des HomeNet-Projekts wurden zudem in vier Subsamples 41

Interviews in der Zeit zwischen 1991 und 1999 durchgeführt, 14 davon im Jahr 1997, 5 im Jahr 1998 und 12 im Jahre 1999. Wir wählten dabei jene Haushalte aus, bei denen mindestens ein Mitglied zum ersten Quartil in der online verbrachten Zeit gehörte.

Qualitative Daten

In der vorliegenden wird vor allem auf die Analyse von Interviews mit erwachsenen Männern und Frauen aus diesen 41 Haushalten zurückgegriffen. Alle Interviewpartner waren Internetnovizen. Das Interview-Subsample umfasste 32 Frauen (mit dem Durchschnittsalter von 47 Jahren) und 28 Männer (Durchschnittsalter 48,8 Jahre). Das Sample bestand aus höher Gebildeten und besser Verdienenden Erwachsenen, wobei 77,5% zumindest eine College-Ausbildung und 35,2% einen Graduiertenabschluss hatten; 27,3% verfügten über ein Einkommen von $35.000 oder weniger, 36,4% verdienten zwischen $35.000 und $50.000 und 36,3% verdienten $50.000 und mehr. Achtundneunzig Prozent waren Menschen weißer Hautfarbe.

Es handelte sich um halbstrukturierte Interviews mit einer Dauer von 2 bis 3 Stunden. Dabei versuchten wir, alle Haushaltsmitglieder (einschließlich der Kinder) zu befragen, zunächst gemeinsam als eine um den Küchen- oder Esstisch versammelte Gruppe, und dann individuell vor dem Familiencomputer. Der Teil vor dem Computer wurde per Video aufgezeichnet.

Die Auswertung der Interviews erfolgte auf der Grundlage von Standardleitlinien zur strukturierten Themenanalyse (vgl. Silverman 2000) unter Verwendung von NUD*IST Software (QSR 1999). Die Codierung wurde zuerst für die drei wichtigen Beziehungstypen (Verwandte, Freunde, Bekannte) und für die drei wichtigsten Internetapplikationen (E-Mail, Chat-Room, Instant Messaging) getrennt nach erwachsenen Männern und Frauen in vier Interview-Subsamples durchgeführt. Wir erhielten aus den Transkripten insgesamt 18 Exzerpte, wobei sich 9 davon auf die Kommunikation von Frauen bezogen, die anderen 9 auf die Kommunikation von Männern mit Verwanden, Freunden und Bekannten via E-Mail, Chat-Room oder Instant Messaging. In der abschließenden Analyse verglichen wir die Kommunikation von Frauen und Männern innerhalb eines jeden Beziehungstyps und bei jeder Kommunikationsmodalität für jedes Sample separat. Da wir bis auf wenige Ausnahmen keine Änderungen darin erkennen konnten, wie Männer und Frauen das Internet zur Aufrechterhaltung der Beziehungen über die Zeit hinweg nutzten, verzichten wir darauf, unsere Ergebnisse für jedes Subsample separat zu berichten.

Quantitative Daten

Wir greifen zudem auf cross-sektionale quantitative Daten aus dem HomeNet-Untersuchungssample zurück (Kraut u.a. im Druck).[2] Drei mal war ein Fragebogen auszufüllen: Im Frühjahr 1998, im Herbst 1998 und im Frühling 1999. Einige Maße zur Ermittlung der E-Mail-Kommunikation wurden über alle drei Befragungen beibehalten. Zum Zweck der vorliegenden Arbeit beziehen sich die Analysen nur auf die erwachsenen Teilnehmer, die zur Zeit der Befragungen einen Internetzugang hatten (N = 235). Da die erste Befragung durchgeführt wurde noch bevor viele der Haushalte einen Internetzugang hatten, greifen wir bei den Analysen nur auf die Daten der zweiten und dritten Befragung zurück, mit Durchschnittswerten über die beiden Studien.

Bezogen auf diese Studie basieren die Analysen auf Items des Fragebogens, mit dem der Gebrauch des Computers in persönlichen Beziehungen erfasst werden soll. Hierzu gehören Selbstberichte über das aktuelle Verhalten und Einstellungen bezüglich der Nützlichkeit und den Spaß beim Gebrauch des Computers zur Aufrechterhaltung persönlicher Beziehungen (bezüglich Details und den verwendeten Maßen vgl. Kraut u.a. im Druck). Folgende selbstberichteten Verhaltensweisen sind von besonderem Interesse: (a) die Häufigkeit der E-Mail-Nutzung; (b) die Häufigkeit, in der man sich mit weiter entfernt lebenden Freunden und mit Menschen aus der Region um Pittsburgh trifft; und (c) die Zeit (gemessen in Minuten), die am letzten zurückliegenden Wochentag mit folgenden Aktivitäten verbracht wurde: Kommunizieren mit Freunden, Kommunizieren mit der Familie, Verwendung von E-Mail und die Nutzung des World Wide Web. Die Häufigkeit der E-Mail-Nutzung wurde auf der Basis eines Vier-Item-Indexes (Cronbach's alpha = .91) gemessen. Zum Zwecke der Analyse wurde diese Variable mit einem Mittelwert von Null zentriert. Lagen die Messwerte außerhalb des Toleranzbereichs, dann wurden sie berichtigt. Da die Zeitmaße eine schiefe Verteilung aufwiesen, haben wir die Einträge in die weiteren Analysen aufgenommen.

Ein anderer Fragenbereich widmete sich den Einstellungen gegenüber dem Computer als Kommunikationsmedium. Die Befragten sollten dabei einschätzen, für wie nützlich sie den Computer zum Senden von E-Mails halten, um mit der Familie und Freunden in Kontakt zu bleiben, um mit Menschen aus der gan-

---

[2] Explorative Interviews, die 2000 und 2001 durchgeführt worden sind, legen nahe, dass das Instant Messaging mittlerweile weitaus häufig aber dafür auch anders genutzt wird als die E-Mail. Allerdings haben wir nicht genügend Daten über das Instant Messaging oder die Chat-Room-Kommunikation, um sie getrennt zu untersuchen. Folglich konzentriert sich dieser Aufsatz auf die Kommunikation via E-Mail. Wie die nationale Umfrageforschung zumindest bis zum Jahr 2000 zeigt, steht die E-Mail immer noch vor dem Instant Messaging.

zen Welt in Kontakt zu kommen, um mit Musik und Unterhaltung versorgt zu werden, um Computerspiele zu spielen, um Informationen über das eigene Hobby im World Wide Web zu suchen und wie viel Spaß ihnen das jeweils macht. Alle Items wurden mit einer 5stufigen Skala gemessen, die von 1 (überhaupt nicht nützlich oder mit Spaß verbunden) bis 5 (besonders nützlich oder mit Spaß verbunden) reichten.

Gehen in die E-Mail-Kommunikation Geschlechtsunterschiede bei der Aufrechterhaltung von Beziehungen ein?

Ergebnisse der quantitativen Analyse

Damit die Ergebnisse der Interviewdaten eingeordnet werden können, stellen wir erst einmal die Ergebnisse der Befragungen aus den Jahren 1998 und 1999 dar. Um den Einfluss des Geschlechts auf die Häufigkeit des E-Mail-Gebrauchs zu testen wurde eine Kovarianzanalyse durchgeführt, mit den Kontrollvariablen Ausbildung und Haushaltseinkommen. Da 98% der Befragen weißer Hautfarbe waren, haben wir den ethnischen Faktor in dieser Analyse nicht weiter berücksichtigt. Frauen nutzen die E-Mail nur geringfügig mehr als Männer ($p = .11$; vgl. Tabelle 1). Ausgehend von einem theoretischen und empirischen Zusammenhang der selbstberichteten Zeitmaße wurde eine multivariate Kovarianzanalyse durchgeführt, um dadurch denjenigen Geschlechtseffekten nachgehen zu können, welche mit der Zeit, in der mit der Familie sowie mit Freunden unter Verwendung von E-Mail kommuniziert wurde, in Beziehung standen. Die Kontrollvariablen waren Ausbildung und Haushaltseinkommen. Es ergab sich ein signifikanter mulivariater (Hotellings Test) Geschlechtseffekt ($F (3,238) = 4.59$, $p = .004$). Der univariate Test zeigte signifikante Geschlechtseinflüsse bei allen drei Maßen (siehe Tabelle 1). Frauen berichten, dass sie mehr Zeit (in Minuten) als Männer damit verbringen, mit der Familie zu kommunizieren. Ebenso verbrachten sie mehr Zeit mit der Kommunikation mit Freunden. Schließlich nutzen sie auch die E-Mail länger. Kontrastierend dazu ergibt sich kein Geschlechtseffekt bezüglich der im World Wide Web verbrachten Zeit. Um Geschlechtseffekte hinsichtlich der Internetkommunikation mit Freunden aus der Umgebung und mit weiter entfernt wohnenden Freunden, wiederum mit den Kontrollvariablen Ausbildung und Haushaltseinkommen, zu prüfen, wurde eine weitere multivariate Varianzanalyse durchgeführt. Der mulitvariate Test brachte für das Geschlecht signifikante Ergebnisse ($F(2,239) = 3.31$, $p = .038$). Der univariate Test hingegen, zeigte keine Geschlechtsunterschiede in der Häufigkeit, in der die Menschen das Internet zum Zweck der Kommunikation mit Freunden aus der Umgebung nutzen, wenngleich Frauen das Internet eher dazu verwenden, um mit Freunden zu kommunizieren, die weiter entfernt wohnen (siehe Tabelle 1). Zum Test von Geschlechtseinflüssen hinsichtlich der geographischen Entfernung der Partner, führten wir eine 2(Geschlecht) x 2(E-Mail lokal vs. weit weg) ANOVA durch. Es ergaben sich indessen keine signifikanten Effekte ($F(1,240) = 1.178$, $p = .18$). Allerdings gab es einen generellen Geschlechtseinfluss ($F(1,240) = 5.41$, $p = .02$) bezüglich der Häufigkeit der Kommunikation im engeren und weiteren räumlichen Umfeld, wobei Frauen höhere Werte als Männer erzielten.

Entsprechend nutzten wir multivariate Verfahren, um Geschlechtsunterschieden in den Einstellungen über die Nützlichkeit und den Spaß bei der Computernutzung bezogen auf fünf unterschiedliche Aktivitäten nach zu gehen. Die Kontrollvariablen waren hierbei Ausbildung, Haushaltseinkommen und E-Mail-Gebrauch. Die multivariate Analyse zeigte signifikante Geschlechtsunterschiede bei den abhängigen, die Nützlichkeit des Computers messenden, Variablen ($F(6,233) = 4.12$, $p = .001$). Univariate Tests weisen darauf hin, dass mehr Frauen als Männer glaubten, dass das Internet nützlich sei, um mit der Familie und mit Freunden in Kontakt zu bleiben (siehe Tabelle 1). Auch hier erreichten die Frauen höhere Werte als die Männer. Im Kontrast dazu gab es keine signifikanten Geschlechtsunterschiede bei den nichtsozialen Items wie: sich mit Musik zu beschäftigen und sich zu unterhalten, Computerspiele zu machen oder im Internet nach Hobbythemen zu suchen. Obwohl die Frauen hinsichtlich der Nützlichkeit des Internets höhere Werte erreichten, waren die Unterschiede nicht signifikant. Was den Einfluss des Geschlechts auf die abhängigen Variablen anbelangt, mit denen gemessen wurde, wie viel Spaß der Computer brachte, wurden ähnliche Ergebnisse erzielt. Die multivariate Analyse zeigte signifikante Geschlechtseffekte bei den abhängigen Variablen ($F(6,229) = 4.12$, $p = .007$). Univariate Analysen ergaben, dass Frauen mit dem Versenden von E-Mails mehr Spaß verbinden als Männer. Keine signifikanten Ergebnisse des Geschlechts ergaben sich wiederum für die Fälle, die nicht mit interpersonalen Beziehungen verbunden sind, sprich: sich mit Musik zu beschäftigen und sich zu unterhalten, Computerspiele zu spielen oder im Internet nach Hobbythemen zu suchen (vgl. Tabelle 1).

	Frauen		Männer		
	M	SD	M	SD	F[a]
Mit dem Internet verbrachte Zeit an einem Wochentag (in Minuten)					
Häufigkeit der E-Mail-Nutzung[b]	0.24	0.81	0.09	0.77	2.62
Kommunikation mit Freunden	110.31***	95.53	77.53****	89.67	10.41****
Kommunikation mit der Familie	169.54**	144.34	123.92**	111.99	4.47**
Nutzung des World Wide Web	32.20	50.25	33.99	48.81	0.20
Nutzung der E-Mail	24.32**	37.49	16.07**	23.89	3.95**
Häufigkeit der Internetnutzung für andere Zwecke[c]					
Zur Kommunikation mit Freunden im Gebiet von Pittsburgh*	2.48*	1.30	2.36*	1.24	2.76*
um mit weiter weg Lebenden in Kontakt zu bleiben	2.98**	1.41	2.55**	1.29	6.62***
Einstellungen zum Internetgebrauch für besondere Aktivitäten[d]					
Wie nützlich ist die Software					
um E-Mails zu senden	4.17	1.12	3.94	1.11	0.98
um mit der Familie und Freunden in Kontakt zu bleiben	4.09***	1.02	3.63	1.10	8.95***
um mit anderen Menschen in der ganzen Welt neue Kontakt zu knüpfen	2.95**	1,21	2.53**	1.02	6.38***
um Musik herunter zu laden und sich zu unterhalten.	2.76	1.15	2.59	1.16	0.05
Neue Computerspiele spielen	2.59	1.20	2.52	1.06	0.55
Im Internet oder dem World Wide Web nach Hobbythemen zu suchen	3.82	1.18	3.80	1.04	0.46
Wie viel Spaß bietet die Softtware					
um E-Mails zu senden	3.98***	1.15	3.48***	1.08	9.34***
um mit der Familie und Freunden in Kontakt zu bleiben	4.01***	1.07	3.56***	1.09	7.66***
um mit anderen Menschen in der ganzen Welt neue Kontakte zu knüpfen	3.18**	1.21	2.78**	1.06	4.91***
um Musik herunter zu laden und sich zu unterhalten.	2.99	1.20	2.82	1.13	0.35
Neue Computerspiele spielen	3.07	1.34	3.05	1.18	0.07
Im Internet oder dem World Wide Web nach Hobbythemen zu suchen	3.80	1.22	3.69	0.98	0.001

a. Für den Bereich der mit dem Internet verbrachten Zeit basieren die F-Werte auf einer multivariaten Kovarianzanalyse, so wie im Text beschrieben; für den Numerator df=1 und den Denominator variiert df zwischen 233 und 245 bezogen auf unterschiedliche abhängige Variable.
b. Diese Variable wurde mit einem Mittelwert von 0 zentriert
c. Gemessen mit einer 5-Punkt-Skala mit 1 (niemals) und 5 (oft)
d. Gemessen mit einer 5-Punkt-Skala mit 1 (nicht nützlich und bringt keine Spaß) und 5 (sehr nützlich und bringt viel Spaß). *p<.10.**p<.05.p<.01.***p<.001.

Tabelle 1: Mittelwerte und Standardabweichungen beim Gebrauch des Internets für Persönliche Beziehungen bei Frauen und Männern

Ergebnisse der qualitativen Daten

Die Umfragedaten beschreiben zwar geschlechtsbezogene Muster der Aufrechterhaltung von Beziehungen via Computer. Sie liefern aber keine Details bezüglich der Kommunikation mit Freunden oder der Familie sowie im Hinblick darauf, warum die Frauen das Internet mehr nutzen als Männer, um Kontakte mit Personen, die weiter entfernt wohnen, zu pflegen, nicht aber mit solchen, die in der näherem Umgebung wohnen. Sie vermitteln, mit anderen Worten, keine Informationen über Wesen und Inhalt der Online-Kommunikation. Um dies zu erkunden greifen wir auf die qualitativen Daten zurück.

Allgemein berichteten mehr Frauen als Männer, dass sie im Rahmen persönlicher Beziehungen E-Mail nutzen. Von den 32 Frauen, mit denen wir ein Interview durchgeführt hatten, berichteten 29, dass sie zu Hause E-Mail verwenden, um mit ihren Bekannten zu kommunizieren, während bei den 28 befragten Männern nur 14 darunter waren, die dies angaben. Von denen, die E-Mail nicht nutzten, führten dies zwar alle 3 Frauen jedoch nur 2 der 14 Männer auf Zeitprobleme und mangelnde Kompetenzen in Bezug auf die E-Mail Nutzung oder den Umgang mit der Computertastatur zurück. Keine der Frauen und 5 der Männer sagten, dass sie kein Interesse daran hätten, via E-Mail mit anderen zu kommunizieren. Das illustrieren die Aussagen von zwei Männern, die die E-Mail nicht nutzten.[3]

Jim: Ich nutze den Computer, um mich zu unterhalten und zu informieren. E-Mails schreibe ich nicht ... E-Mails brauche ich eigentlich überhaupt nicht.
Marc: Ich schicke an meine Freunde und Verwandte keine E-Mails...Ich weiß nicht warum...Ich gehöre zu denen, die nicht so oft mit Freunden kommunizieren, wissen Sie. Ich kommuniziere einmal im Monat mit ihnen und das reicht mir.

Im Kontext dieser Ergebnisse – dass 91% der Frauen und nur die Hälfte der Männer in unserem Sample die E-Mail nutzen, um mit anderen zu kommuni-

---

[3] Wir führten ebenso eine Analyse auf der Basis der Umfrage im Rahmen des ersten Home-Net-Samples durch (Kraut u.a. 1998). Jedoch weichen die Fragen in den beiden Samples voneinander ab – angefangen von der Formulierung der Fragen bis hin zur Skalenkonstruktion – so dass dies die Kombination der Daten problematisch macht. In einer getrennten Analyse der Daten von 1995 und 1998 fanden wir allerdings ähnliche, mit dem Gebrauch der E-Mail verbundene, geschlechtsbezogene Tendenzen. Aufgrund der Begrenzungen hinsichtlich des Umfanges und weil wir uns insbesondere auf unsere quantitative Datenanalyse beziehen, berichten wir hier nur über die letzte Umfragestudie.

zieren – untersuchten wir weiterhin, welche spezifischen Beziehungen mit diesem Modus der Kommunikation aufrechterhalten werden.

E-Mail und Typen von Beziehungen

Kommunikation mit der Familie und mit Verwandten

Innerhalb des Haushalts wurden E-Mails kaum verwendet. Nur in zwei Familien tauschten Familienmitglieder untereinander E-Mails aus. In einem Falle nutzte eine Familie E-Mail, um mit anderen in verschiedenen Teilen ihres Hauses zu kommunizieren. In einem anderen Fall tauschte ein Ehemann vom Arbeitsplatz aus mit seiner Ehefrau zu Hause E-Mails aus – über Themen, bei denen es darum ging, wie man den Tag verbracht hat bis hin zur Absprache über die Einkaufsliste.

Die Kommunikation mit anderen Familienmitgliedern und mit entfernt wohnenden Verwandten via E-Mail perpetuiert die vorher beschriebenen Geschlechtsrollen. Eine weibliche Interviewpartnerin hat die geschlechtsbezogenen Muster in der Familie explizit beschrieben:

Barbara: In unserer Familie...kommuniziere ich mehr als mein Mann. Es ist, vermute ich, eine typische Geschlechterbeziehung, und ich denke, dass dies auch bei uns der Fall ist. Ich bin diejenige, wissen Sie, die sich über das Telefon mit anderen Familienmitgliedern unterhält und Dinge oder so ausmacht, und als wir die E-Mail bekommen haben, hat sich das fortgesetzt. Ich meine, ich bin diejenige, die dem Sohn, der am College ist, eine E-Mail schickt und ich schicke auch anderen Familienmitgliedern eine E-Mail, während mein Ehegatte kein Interesse an der E-Mail hat. Und er ist ebenso einer, der nicht unbedingt zum Telefon greifen würde. Gelegentlich hat er ihn (den Computer) genutzt um seinen, Sie wissen, um seinen Hobby-Interessen über das Internet nachzugehen, aber ansonsten nutzt er den Computer eigentlich nicht. Ich weiß auch nicht so genau warum, denn schüchtern ist er an sich nicht. Ich denke, wenn Menschen generell nicht so sehr an einer Kommunikation interessiert sind, dann nutzen sie eben auch keine E-Mail.

Die Daten der Interviews legen nahe, dass Frauen in der letzten Untersuchungskohorte das Internet stärker zur Kommunikation mit ihrer Familie und Verwandten nutzen als die im früheren Subsample. Nur 12 der 20 Frauen, die E-Mail in der Zeit zwischen 1996 und 1998 nutzten, gaben an, dass sie dieses Medium insbesondere zur Kommunikation mit ihrer Familie und mit Verwandten nutzten, während dies bei allen 9 Frauen, die 1999 befragt wurden, der Fall war. Was die Nutzung der E-Mail durch Männer anbelangt, konnten wir keine solchen Kohorteneffekte feststellen.

Am meisten kommunizierten die Frauen mit ihren Geschwistern und ihren Eltern. Von den 29 Frauen, die E-Mail nutzten, korrespondierten 10 mit ihren Geschwistern und 6 mit ihren Eltern. Kommunikation innerhalb der Familie war unter den 14 Männern nicht so geläufig – nur 4 berichteten, dass sie via E-Mail mit ihren Geschwistern in Kontakt wären. Bezüglich der Eltern war dies bei keinem der Fall. Wenn Frauen keine E-Mail verwendet haben, um mit ihren Geschwistern oder Eltern zu kommunizieren, dann deshalb, weil ihre Kommunikationspartner keinen Internetzugang hatten. Bei Männern tauchte diese Erklärung im Übrigen weit weniger auf. Wie wir feststellten, ersetzt die E-Mail bei einer Kommunikation mit den Eltern nicht das Telefon. Anders ist es im Falle der Geschwister. Einige der Frauen, die zum Beispiel mit ihren älteren Eltern und Geschwistern über E-Mail kommunizierten, erzählten, dass sie ihre Eltern nach wie vor anrufen, nicht aber ihre Brüder und/oder Schwestern – und dies obwohl sie über einen E-Mail-Zugang verfügten.

Zehn der weiblichen und 3 der männlichen Befragten gaben an, dass sie via E-Mail mit anderen Verwandten – namentlich mit Cousinen, Tanten und Onkeln, Nichten und Neffen oder mit ihren Schwiegereltern, kommunizierten. Ein Fall ist von besonderem Interesse, da er einen nichttraditionellen Weg zeigt, wie man in Zukunft kommunizieren könnte. Nach dem ihr Heiratstermin bekannt gegeben wurde, begann Jean damit, mit ihren zukünftigen Schwiegereltern bereits online Kontakt aufzunehmen, noch bevor sie diese persönlich kennen gelernt hat. Auch zu ihrer zukünftigen Schwägerin entwickelte sie dabei noch vor dem ersten persönlichen Treffen am Tag der Hochzeit eine Online-Beziehung.

Unsere Interviews liefern keine adäquaten Informationen über den E-Mail-Verkehr zwischen den Eltern und ihren nicht zu Hause lebenden Kindern, da unser Sample nur vier Kinder (zwei Schwestern und zwei Söhne) umfasste, die nicht mehr zu Hause wohnten, sondern im College waren. Die Mütter gaben dabei an, mit allen vier über E-Mail in Kontakt zu sein, wohingegen nur ein Vater angab, dass er per E-Mail gelegentlich mit seinem Sohn korrespondiere. Weitere drei Frauen, deren Töchter in das College gehen wollen, zeigten sich geradezu begeistert, dass sie dann die E-Mail benutzen können. Eine Familie hatte einen gemeinsamen E-Mail-Account, den sie dafür nutzen konnten, um mit ihrem Sohn im College zu kommunizieren, wobei nur die Mutter regelmäßig nach der elektronischen Post schaute. Bis auf eine Ausnahme (wo der Sohn auf E-Mails gewöhnlich nicht antwortet), haben die Mütter eine E-Mail Verbindung als nützlich und befriedigend beurteilt.

Gesamt gesehen weisen unsere qualitativen Daten nicht darauf hin, dass sich über die E-Mail kein dramatischer Wandel in den geschlechtsspezifischen Mustern der Kommunikation mit der Familie und mit Verwandten ergeben hat. Es gab allerdings einen Fall, bei dem der Gebrauch der E-Mail zu einer Neudefinition traditioneller Kommunikationsmuster geführt hat. Eine Teilnehmerin der Befragung, Barbara, nutzte die Möglichkeit der E-Mail dazu, die Beziehung mit ihrem Vater und ihrem Sohn grundlegend zu ändern. Seit ihrer Heirat hatte sie wöchentlich lange Telefonate mit ihrer Mutter; ihr Vater ging nur ganz kurz an den Apparat um Hallo zu sagen. Sie konnte mit ihm kaum persönliche Gedanken oder Gefühle austauschen, bis sie beide begannen, E-Mail zu nutzen. Seit dem hatte sie in eine regelmäßige Korrespondenz mit ihrem Vater, der zusehends damit begann, seine Gefühle, Gedanken und persönlichen Geschichten mit ihr zu teilen. Doch wenn sie zu Hause anruft, dann geht immer noch ihre Mutter, nicht ihr Vater, an den Apparat. „Gäbe es keine E-Mail, dann würde ich nicht mit meinem Vater ins Gespräch kommen". Barbara empfindet im Übrigen die E-Mail-Kommunikation mit ihrem Sohn im College ebenfalls besser als die Telefonate mit ihm:

Ich schicke ihm (meinem Sohn) viele E-Mails. Und ich finde das gut und ich denke, dass wir eine viel bessere Kommunikation über E-Mail haben als über das Telefon. Hätten wir keine E-Mail, dann wüsste ich nicht, was aus unserer Kommunikation werden würde, denn wenn ich ihn anrufe, dann ist es doch immer irgendwie so, wissen Sie, dass er gerade beschäftigt oder zu müde ist oder dass er gerade lernen muss oder was auch immer.

Solche Fälle, die nahe legen, dass E-Mail die Beziehungen mit Freunden und der Verwandtschaft radikal ändert, sind jedoch nur Ausnahmen in unseren Daten. Trotzdem glauben wir, dass solche Fälle weiterhin intensiver untersucht werden sollten, um besser verstehen zu können, warum dies passiert, wohin sich das Ganze entwickelt und wie das Geschlecht und weitere soziale und persönliche Faktoren diesen Prozess beeinflussen.

Kommunikation mit Freunden

Männer und Frauen unterschieden sich in unserem Sample in der Größe ihres über E-Mail aufrecht erhaltenen Freundeskreises. Dreiundzwanzig Frauen oder 72 Prozent der befragten Interviewpartnerinnen (das sind 79% der E-Mail Nutzerinnen) und 9 Männer respektive 32 der befragen Interviewpartner (64% der E-Mail Nutzer) gaben an, dass sie mittels E-Mail mit ihren Freunden in Kontakt seien. Wie bei der Kommunikation mit der Familie und mit Verwandten, so legen unsere Interviews auch hier nahe, dass die Frauen für die Aufrechterhaltung der Beziehungen mit gemeinsamen Freunden zuständig sind. Irene und Tom, ein von uns befragtes Ehepaar, beschrieben diese Muster für ihre Familie. Es schien ihnen selbstverständlich, dass Irene die E-Mail-Kontakte mit der Familie und mit Freunden pflegte und sich Tom deshalb mit dem Gefühl, die Aktivitäten nicht doppeln zu müssen, zurückziehen konnte.

Irene (während sie über Verwandte und Freunde spricht): Die Leute schicken mir viele E-Mails und ich schicke sie ihm (dem Ehemann) weiter.
Tom: Anstatt dass wir beide senden (eine E-Mail) ... Ich meine, sie spricht (über E-Mail) mit ihnen und leitet das, was ich wissen sollte, an mich weiter, so dass ich eigentlich nicht direkt mit ihnen kommuniziere sondern indirekt, indem sie mir die E-Mail zukommen lässt.

Kommunikation mit Freunden aus der Umgebung. Männer wie Frauen scheinen sich nicht sehr in ihrem diesbezüglichen Gebrauch der E-Mail zu unterscheiden. Sieben Männer (das sind 25% der Befragten oder die Hälfte der E-Mail-Nutzer) und 10 Frauen (31% der Befragten oder 34% der E-Mail Nutzerinnen) nutzen die E-Mail, um mit Freunden aus der Umgebung zu kommunizieren. Sowohl Männer als auch Frauen schätzten die Annehmlichkeiten der E-Mail, um ihre Alltagsaktivitäten zu organisieren und etwas mit Freunden oder Bekannten ausmachen zu können. Weder Frauen noch Männer schienen die E-Mail nur dafür zu nutzen, um mit Leuten aus der Umgebung mal ein Schwätzchen zu halten. Eine Ausnahme stellt Jane dar. Sie berichtete, dass sie die E-Mail noch vor dem Telefon bevorzugt, um sich mit den Freunden aus der Umgebung zu unterhalten:

Ich habe einen Freund, der lebt 10 Minuten von hier entfernt und wir schicken uns laufend E-Mails zu (nur um uns zu unterhalten) ... Ich könnte ja das Telefon nehmen, aber wir machen das einfach nicht.

Jane erklärte, dass sie die E-Mail dem Telefon deshalb vorziehen würde, weil E-Mail „schmerzlos" sei und jeder von ihnen einen gewissen Freiraum hätte.
Kommunikation mit Freunden, die weiter entfernt wohnen. Im Vergleich mit der Kommunikation im Nahraum ist die E-Mail bei Beziehungen über größere Entfernungen hinweg viel wichtiger – und Frauen nutzen sie in diesem Sinne weitaus stärker als Männer.

Zumindest aus drei Gründen macht es die E-Mail dabei leichter, mit Personen, die weiter weg wohnen, persönliche Beziehungen aufrecht zu erhalten: Erstes hilft ihnen die E-Mail, trotz geographischer Mobilität mit anderen in Kontakt zu bleiben. Die Befragten gaben an, dass sie nach einem Orts- oder Berufswechsel über E-Mail weiterhin mit ihren alten Bekannten – ihren Kollegen, Freunden aus dem College oder ihren Nachbarn – in Verbindung bleiben konnten. Üblicherweise gehen durch einen Ortswechsel die Beziehungen mit weniger engen Familienmitgliedern oder nicht so intimen Freunden zurück. Hier stellte die E-Mail ein Gegengewicht unter Niedrigkostenbedingungen dar.

Zweitens stellt die E-Mail ein Mittel mit niedrigen Kosten dar, um eingeschlafene Beziehungen wieder zum Leben zu erwecken. Die Verbindung von E-Mail und World Wide Web hat es einigen Befragten möglich gemacht, nach Freunden, zu denen der Kontakt abgebrochen war, zu suchen und diesen wieder neu aufzunehmen. Jill zum Beispiel erklärte uns, dass sie nun auch mit Freunden, mit denen sie in der Vergangenheit nur Weihnachtskarten ausgetauscht hat, das ganze Jahr über in Kontakt bleiben könne:

Auf die Weihnachtskarten habe ich meine E-Mail-Adresse geschrieben und dann kam es zu einigen überraschenden Kontakten...Ich habe einige lange verloren geglaubte Freunde wieder gefunden.

Schließlich aber seltener kommen Menschen über E-Mail mit anderen in Kontakt, der ansonsten nie zu standen gekommen wären. Irene zum Beispiel beschrieb, wie sie via E-Mail sogar einige, sehr enge Beziehung aufbaute:

Es gibt da Leute, wie meinen Freund aus Alaska, mit denen rede ich nicht über das Telefon, wir schreiben uns nur E-Mails. Also, mein Freund aus Irland, auch mit dem spreche ich nicht und auch mit ihm tausche ich nur E-Mails aus. Das ist wirklich nett, weil... mein Freund aus Alaska und ich, wir haben uns bislang nur drei mal gesehen und wir...also, unsere ganze Beziehung über die letzten drei oder vier Jahre hinweg ging nur über das Internet und das E-Mail-Schreiben ... das ist schon irgendwie interessant.

Ohne die Möglichkeiten der computervermittelten Kommunikation wäre es Irene oder anderen Befragten nicht möglich gewesen, Kontakte mit Menschen, mit denen sie gemeinsame Interessen teilen, über eine räumliche Entfernung hinweg aufrecht zu erhalten.

Die Interviews legen nahe, dass diese Kontakte gerade von Frauen am Leben erhalten werden. Elf Frauen (38% der E-Mail-Nutzerinnen oder 34% aller Frauen mit Internetzugang) und 4 Männer (29% aller E-Mail-Nutzer oder 14% aller Männer mit Internetzugang) gaben an, dass sie aufgrund der E-Mail mit Leuten, die weiter weg wohnen, in Kontakt bleiben. Frauen, so scheint es, nutzen die E-Mail nicht nur als eine andere Möglichkeit, um bereits bestehende Verbindungen zu stärken, sie nutzen dieses Medium auch, um unter Niedrigkostenbedingungen verloren geglaubte Kontakte wieder zu beleben und mit Freunden in Kontakt zu bleiben, der ansonsten aufgrund eines Ortswechsels verloren gegangen wäre.

Nachrichtentypen und Muster des Nachrichtenverkehrs

Um besser verstehen zu können, inwiefern E-Mails dazu beitragen, Beziehungen aufzubauen und aufrechtzuerhalten, haben wir sowohl die Aussagen der Interviewpartner bezüglich der Inhalte ihrer E-Mail Nachrichten als auch ein kleines Sample der E-Mail Botschaften, die uns von den Befragten zur Verfügung gestellt wurden, ausgewertet. Diese Daten legen drei unterschiedliche E-Mail Typen nahe – sogenannte Fertig-Mitteilungen, organisatorische Mitteilungen und persönliche Mitteilungen –, die jeweils unterschiedliche Funktionen hinsichtlich Aufbau und Erhalt einer Beziehung übernehmen. Aufgrund der geringen Fallzahl an ausgewerteten E-Mail Botschaften verzichten wir darauf, über mögliche Geschlechtsunterschiede zu spekulieren.

E-Mail Typen

Fertig-Nachrichten. Fertignachrichten umfassen Witze, Geschichten, Sprüche, Grußkarten, Hinweise auf Musik-Seiten und andere vorgefertigte Botschaften, die ein Sender aus einer bestimmten Internet-Quelle herauskopiert und häufig an mehrere Empfänger weiterleitet. So bekam zum Beispiel eine der interviewten Frauen folgende Nachricht zugeschickt, die an sie und neuen weitere Personen adressiert war, von denen sie jedoch die meisten gar nicht kannte:

Feministischer Spruch (etwa 1968-1972): Die Hand, die eine Wiege schaukelt, kann auch Berge versetzen.

So wie herkömmliche Grußkarten, werden derartige Fertig-Nachrichten dazu benutzt, um andere an einen zu erinnern und dadurch den Kontakt zu Menschen aufrecht zu erhalten, die einem in schlechten Zeiten Freundschaft, Rat und emotionale Unterstützung geben können. Wichtig ist darauf hinzuweisen, dass solche E-Mail Botschaften häufig an eine ganze Gruppe von Empfängern – z.B. den Freundeskreis und/oder die Verwandten eines Absenders – geschickt werden. Ob und wie dies den Zusammenhalt des sozialen Netzwerkes einer Person beeinflussen kann, muss aber noch genauer untersucht werden.

Organisatorische E-Mails. Der zweite Typus umfasst organisatorische E-Mails. Sie dienen dazu, gemeinsame Aktivitäten oder Anlässe, zu denen man sich wieder einmal treffen und austauschen kann, auf den Weg zu bringen. Folgender Auszug aus einer E-Mail Nachricht, die eine Frau an ihre Freundin schickte, illustriert diesen zweiten Typus:

Julie: Ich weiß nicht, wie Deine Pläne für morgen Abend aussehen, aber es macht mir auch nichts aus, wenn wir es auf nächste Woche oder so verschieben müssen. Ich werde morgen voraussichtlich den ganzen Tag außer Haus sein, es wird also vermutlich schwierig werden, mich telefonisch oder sonst wie zu erreichen.

In anderen Fällen solcher organisatorischer E-Mails wurde zum Beispiel versucht, ein für das Wochenende geplantes Golfspiel mit Freunden zu organisieren, einen Spiele-Abend mit insgesamt 20 Familienfreunden zu arrangieren sowie die Aktivitäten eines örtlichen Gemeinschaftsvereins, der sich mit Familien- und Erziehungsangelegenheiten beschäftigt, zu koordinieren.

Persönliche E-Mails. Der dritte Typus von E-Mail Mitteilungen umfasst persönliche Inhalte, die direkt mit der Beziehungspflege zu tun haben. Solche Botschaften sind expressiver Natur, teilen dem Gesprächspartner die eigenen Gefühle und Gedanken mit und bieten dadurch Anknüpfungspunkte für kameradschaftliche und sozioemotionale Hilfestellungen. Vergleichen wir zum Beispiel die organisatorische E-Mail von Julie mit einer von Alice abgeschickten Nachricht. Es fällt auf, dass die Mitteilung von Alice sehr persönlich ist und dadurch eher beziehungsunterstützend wirkt:

Lange nichts von Dir gehört! Wie geht es Dir? Bei mir geht es so. Ich arbeite immer noch an der Rezeption in dieser Anwaltskanzlei, obwohl das ganz schön langweilig ist!!! Außerdem habe ich für zwei Jobangebote eine Absage bekommen und das obwohl mich beide bereits zum zweiten Gespräch eingeladen hatten. Ich dachte wirklich, dass wenigstens eins von beiden klappen würde! Ich fühle mich echt beschissen! Wie auch immer, mir ist gerade Deine Adresse in die Hände gefallen und da dachte mir, dass ich Dir einfach mal schreibe. Ich hoffe, dass es Dir besser geht wie mir. Ich freue mich schon auf den Frühling!!

Dorothy, eine freischaffende Autorin, tauscht sich E-Mail Nachrichten mit ihrer Verlegerin aus. Sie unterhalten sich dabei über Familienklatsch, tagesaktuelle Ereignisse und insbesondere über die tägliche Arbeit der Verlegerin. Solche E-Mail Mitteilungen dienen ebenfalls dazu, die Beziehung zu bekräftigen, indem sie kameradschaftliche und emotionale Unterstützung anbieten.

Zu hören, wie die Dinge vorankommen, interessiert sie (meine Verlegerin) sehr und hält sie auf Trab. Manchmal erzählt sie mir von ihrer eigenen Arbeit, dass sie gerade auch an einer Sache dran ist und möchte dann von mir wissen, was mir dazu einfällt. Dann schreibe ich ihr, was ich darüber denke und so geht das dann hin und her...also solche Sachen eben...es geht aber auch viel um Familienangelegenheiten...zum Beispiel dass diese oder jene Schwester zum Essen kommt oder dass ihr Neffe wieder etwas Lustiges erzählt hat. Klar ist da immer auch viel Familientratsch dabei.

Wir haben auch einige erste Anhaltspunkte dafür gefunden, dass Frauen eine E-Mail nicht als geeignet dafür ansehen, persönliche oder emotionale Angelegenheiten auszutauschen. Entsprechend gaben sechs Interviewpartnerinnen an, dass sie ihre E-Mail Kontakte eher auf oberflächliche Inhalte beschränken, während sie persönlichere Gespräche, bei denen es etwa um sozioemotionale Unterstützungsleistungen geht, eher mittels interaktiverer Medien führen – z.B. dem Telefon oder auch dem erst seit kurzer Zeit verfügbaren „Instant Messaging". Kathleen beschrieb ihre Medienwahl in Bezug auf Gespräche mit ihrer Tochter wie folgt:

Wenn sie (meine Tochter) gerade sehr gestresst ist, dann ruft sie mich einfach an...dass sie zum Beispiel traurig ist, kommt in einer E-Mail nicht unbedingt rüber, wissen Sie. Und so war ich eben einfach da, um ihr emotionale Unterstützung zu geben. Vieles wurde aber auch nicht in einem solchen Gespräch geklärt...Während man hier (in ihren E-Mail Botschaften) nur einige wenige Informationen vermittelt bekommt...z.B. Hi Mom, was machst Du gerade, wie geht es Dir? Ich melde mich wieder!...also solche Dinge halt...scheint mir ein Telefonat mit ihr doch wesentlicher ausführlicher und persönlicher zu sein.

Allerdings wurde die E-Mail im Vergleich zum Telefon aber auch von mindestens zwei Frauen als das geeignetere Medium wahrgenommen, um mit jemandem, der weiter entfernt wohnt, persönliche oder emotional stark aufgeladene Themen zu besprechen. In einem Fall wurden die Freunde einer Familie, deren Frau unheilbar erkrankte, vom Ehemann per E-Mail über deren körperlichen und psychischen Gesundheitszustand informiert. In einem anderen Fall brachten sich zwei Schwestern, kurz nachdem deren Mutter verstorben war, die notwendige und unentbehrliche emotionale Unterstützung per E-Mail entgegen:

Cynthia: Meine Mutter starb vor einiger Zeit und...wir haben uns oft darüber via E-Mail unterhalten und wissen Sie, sie (meine Schwester) hat mir sehr viel über meine Mutter erzählt, und...die Art, wie wir miteinander gesprochen haben, ich glaube, dass ich ihr das so nie erzählt hätte.

Obwohl diese Beispiele möglicherweise nur Ausnahmefälle darstellen, spiegeln sie doch einige der Umstände wieder, unter denen E-Mail dem Telefon vorgezogen wird. Zum einen ist E-Mail um einiges effizienter als andere interaktive Medien, wenn es zum Beispiel darum geht, Nachrichten an eine ganze Gruppe von Empfängern zu übermitteln. Zum anderen ist E-Mail im Vergleich zum Telefon oder dem „Instant Messanger" aber auch das weitaus reflektierendere Medium, da es dem Kommunikator viel eher erlaubt, über den Inhalt einer Botschaft nachzudenken oder diesen noch einmal zu überarbeiten, bevor sie dann endgültig abgeschickt wird.

Muster des Nachrichtenverkehrs.

Mit Blick auf die Möglichkeiten der Aufrechterhaltung persönlicher Beziehungen, legt die Auswertung der Interviews zwei unterschiedliche E-Mail Nutzungsstile nahe: Kommunikationsfördernde Dialoge (in denen die Beziehung durch intensive E-Mail Kontakte bekräftigt wird) und kommunikationshemmende Dialoge (bei denen eine kommunikative Sequenz bereits sehr früh wieder unterbrochen wird). Mehrere Frauen betonten, dass sie anderen oftmals aus heiterem Himmel eine E-Mail schreiben würden, um so eine bereits eingeschlafene Beziehung durch einen mehrere Tage andauernden intensiven Dialog wieder zum Leben zu erwecken, wenngleich diese Kontakte dann aber auch wieder für längere Zeit zum erliegen kommen können. Der folgende Auszug ist ein Beispiel dafür, wie ein erster Kontakt unter Frauen weitere Kommunikationen anregt:

Jill: Plötzlich schreibe ich ihr zurück und dann mailen wir uns einfach für ein paar Tage so hin und her, lassen den Kontakt dann aber wieder einschlafen, bis es uns das nächste Mal dann wieder einfach so überkommt...(wenn wir erst mal Kontakt zu einander aufgenommen haben), dann finde ich es eigentlich immer sehr aufregend, mit einer Person zu mailen, da bekomme ich immer noch mehr Lust mit dem anderen zu reden.

Im Gegensatz dazu, scheinen Männer eher geneigt, längere Zeitspannen zwischen den einzelnen E-Mail Kontakten verstreichen zu lassen. Jim, einer der Interviewten, beschreibt dieses Muster ausführlicher. Wenn er eine E-Mail von einem Freund bekommt, dann schreibt er nur selten sofort zurück. Meistens antwortet er dem anderen erst, wenn er das nächste Mal wieder sein Mailprogramm öffnet:

Ich sehe darin (in E-Mails) eigentlich keinen großen Sinn, es sei denn, es ist wirklich etwas wichtiges. Und selbst, wenn es was (wichtiges) ist, beantworte ich es eigentlich nie sofort, sondern immer erst etwas später, z.B. wenn ich wieder meine E-Mails abrufe und wirklich etwas (zurück) schreiben möchte. Ansonsten lasse ich sie (die Nachricht) erst mal auf dem Server liegen und kann dann das nächste Mal immer noch auf sie zurückgreifen und etwas zurückschreibe...was immer es auch sei.

Harry betonte insbesondere, dass der intensive Austausch von E-Mail Nachrichten mit einer anderen Person eigentlich nichts für Männer sei:

Bei mir geht es dabei (bei E-Mail) gewöhnlich eher darum, ihm (seinem Freund) kurz irgendwelche Informationen zuzuschicken oder ihn etwas zu fragen: Hast Du dann und dann Zeit?...Nicht dieses endlose hin und her. Das ist nichts für mich; vielleicht eher etwas für Elizabeth (seine Tochter).

Ebenso wie die Telefonnutzung, scheinen geschlechtsrollenspezifische Erwartungshaltungen auch das E-Mail Verhalten zu beeinflussen. Auch deuten unsere Daten darauf hin, dass das „Instant Messaging", aufgrund seines dialogfördernden Charakters, eher etwas für Frauen als für Männer ist. Melanie, die im Jahre 1999 interviewt wurde, beschreibt im Folgenden, warum sie das „Instant Messaging" der E-Mail vorzieht:

Nun, also in erster Linie ist E-Mail...ein einseitiger Dialog, bei dem man erst mal auf eine Antwort warten muss, bevor man wieder etwas schreiben kann. Im Gegensatz dazu können wir beim „Instant Chat" den Bildschirm aufteilen und dadurch eigentlich die ganze Zeit über miteinander reden. Es ist fast so wie beim Telefonieren, nur dass Du hier eben geschriebene Worte vor dir hast, (was) viel besser (ist).

Da es das „Instant Messaging" zum Zeitpunkt unserer Datenerhebung noch nicht gab, ist dessen Nutzung in unserer Stichprobe entsprechend unterrepräsentiert.

Schlussfolgerungen und Diskussion

Wie verschiedene Studien aufgezeigt haben, nutzen Frauen – im Vergleich zur gesamten Internetnutzung – den E-Mail Dienst weitaus häufiger als Männer (z.B. Kraut, Mukhopadhyay et al. 1998; Pew Internet and American Life Project 2000a). Der vorliegende Aufsatz legt nahe, dass die unterschiedlichen Rollenverpflichtungen, die Männer und Frauen in Bezug auf die Beziehungspflege haben, sowie die unterschiedlichen Bedeutung, die sie ihren persönlichen Beziehungen beimessen und ebenso die distinkten Nutzungsweisen des Internets zur Herstellung und Aufrechterhaltung sozialer Beziehungen verantwortlich für die hier dargestellten Unterschiede bezüglich der E-Mail-Nutzung sind. Unsere qualitativen und quantitativen Datenanalysen zeigen solche Geschlechterunterschiede sowohl in Bezug auf das Verhalten als auch die Einstellung gegenüber der computervermittelten Kommunikation mit der Familie und mit Freunden.

Unsere Ergebnisse müssen jedoch im Lichte der Einschränkungen interpretiert werden, denen sowohl unsere quantitativen Erhebungen als auch die qualitativen Interviews unterworfen waren. Zum Beispiel wurden die Daten auf der Grundlage einer relativ kleinen Stichprobe erhoben, die sich lediglich auf die Stadt Pittsburgh bezog. Darüber hinaus ist es durchaus problematisch, die Umfrageergebnisse mit den Analysen unsere Interviews zu vergleichen, da die Interviews sukzessive während der Jahre 1995 und 1999 erhoben wurden, die Umfrage, auf die sich die hier vorgestellten Ergebnisse beziehen, jedoch in den Jahren 1998 und 1999 durchgeführt wurde. Auch waren die meisten Teilnehmer der gezogenen Stichprobe verheiratet, im Alter von 35 und 55 Jahren, hoch gebildet und Angehörige der weißen, amerikanischen Mittelschicht. So kann es durchaus sein, dass Männer und Frauen, die nicht dieser Schicht angehören, ganz andere Geschlechtsrollenvorstellungen und Muster der Beziehungspflege sowie der Kontaktaufnahme aufweisen. Ebenso wurden die Interviews nur von einer Person codiert. Und was unsere Schlussfolgerungen in Bezug auf den Inhalt der ausgetauschten E-Mail Botschaften anbelangt, so stützen sich diese zu gleichen Teilen auf die Aussagen der Interviewpartner als auch die ausgetauschten E-Mail Nachrichten selbst. Auch haben wir die E-Mail-Kommunikation nicht mit anderen Kommunikationsformen verglichen, ebenso wenig, wie wir das Geschlecht der jeweiligen Antwortpartner berücksichtigt haben. So verweisen etwa frühere Studien immer wieder auf die unterschiedlichen Kommunikationsmuster zwischen gleich- und gegengeschlechtlichen Freunden (z.B. Parker & de Vries 1993).

Trotz dieser Einschränkungen zeigt unsere Studie auf, dass sich viele der bereits bestehenden geschlechtsrollenspezifischen Unterschiede auch in der E-Mail Kommunikation wiederfinden lassen. Zum Beispiel waren US-amerikanische

Frauen traditionell schon immer für die Aufrechterhaltung der Familien- und Freundschaftsbeziehungen zuständig. Wie wir herausgefunden haben, haben Frauen sich die E-Mail als weiteres Kommunikationsmedium angeeignet, um dieser traditionellen Rollenerwartung gerecht zu werden. So berichteten Frauen weitaus häufiger als Männer, dass sie E-Mail Kontakte zu ihren Eltern und Verwandten unterhalten. Entsprechend gaben auch mehr Frauen an, mit entfernteren Familienmitgliedern in Kontakt zu stehen. Diese Ergebnisse bezüglich der unterschiedlichen Nutzung von E-Mail bestätigen damit die geschlechtsspezifischen Unterschiede, die auch in Hinblick auf das Telefon, die Postkarten und die Briefe gefunden wurden. In Bezug auf all diese Medien, sind es die Frauen, die am meisten „Beziehungsarbeit" leisten (z.B. Di Leonardo 1987).

Nähe – ein wesentlicher Faktor bei der Aufrechterhaltung von Beziehungen – scheint bezüglich der E-Mail Nutzung im Zusammenhang mit dem Geschlecht zu stehen. Sowohl die Daten unserer Erhebung als auch die der Interviews weisen darauf hin, dass Frauen deutlich häufiger als Männer E-Mail dafür nutzen, um den Kontakt zur Familie und zu weiter entfernt lebenden Freunden aufrecht zu erhalten. Darüber hinaus sind es auch die Frauen, die weitaus interessierter daran sind, die Kommunikation mit jemandem aufzunehmen, der weiter entfernt wohnt. Da Frauen im Allgemeinen viel eher darauf hin sozialisiert werden, Verbundenheit und Nähe im Gespräch zu suchen, sind es auch, die E-Mail als ein wenig kostenaufwendiges Medium zur Kontaktaufnahme mit weiter entfernt lebenden Menschen schätzen gelernt haben. Bezogen auf den örtlichen Nahraum hingegen, nutzen Männer und Frauen die E-Mail ähnlich – hauptsächlich, um gemeinsame Aktivitäten zu organisieren.

Wir glauben, dass diese Unterschiede daher rühren, dass Frauen und Männer auf unterschiedliche Art und Weise mit Beziehungen umgehen. E-Mails scheinen dabei nicht nur dem expressiveren Stil vieler Frauen eher entgegenzukommen, mit dem sie ihre Beziehungen aufrechterhalten, sondern auch ihrer ausgeprägteren emotionalen Intimität und Offenheit, mit der sie persönliche Angelegenheiten mit anderen teilen. Wir glauben dies deshalb, weil es Frauen eher möglich ist, diesen Stil auch in der E-Mail Kommunikation mit entfernt lebenden Freunden und Verwandten auszuleben. Im Gegensatz dazu können Männer ihren instrumentell orientierten Stil der Beziehungspflege nicht so leicht in der computervermittelten Kommunikation mit entfernt lebenden Partnern umsetzen. Männer scheinen weniger gewillt zu sein, E-Mail für die Aufrechterhaltung geographisch weiter entfernter Beziehungen zu nutzen, und zwar möglicherweise deshalb, weil es schwierig sein dürfte, derartige Beziehungen in Gang zu halten ohne dabei in einen persönlichen Austausch mit anderen zu kommen. Im Gegensatz dazu, ist die E-Mail Kommunikation durchaus nützlich, um gemeinsame Treffen mit Freunden des geographischen Nahraums zu planen, und entsprechend nutzen Männer wie Frauen dieses Medium dafür, um gemeinsame sozialen Aktivitäten mit solchen Freunden zu koordinieren. Diese Ergebnisse werden durch neuere Studien gestützt, welche zwar über eine zunehmende Angleichung von Männern und Frauen in Bezug auf die Instrumentalität, nicht aber in Hinblick auf die Expressivität berichten (Duck & Wright 1993; Spence & Buckner 2000; Twenge 1997; Wright & Scanlon 1991).

Die Analyse der erhobenen Daten zeigt, dass Frauen eine weitaus positivere Einstellung bezüglich E-Mail als eine Technologie besitzen, um mit anderen Kontakt aufzunehmen. Entsprechend empfinden sie das Versenden von E-Mails an die Familie und an Freunde im Gegensatz zu Männern als durchweg nützlicher und angenehmer. Andere Studien sind zu einem ähnlichen Ergebnis gekommen, d.h. das psychologisch gesehen die E-Mail für Frauen eher Gratifikationen verspricht als für Männer (vgl. z.B. Pew Internet and American Life Project 2000a; Stafford et al. 1999).

Da Frauen einen eher kommunikationsfördernden und dialogsuchenden Redestil haben, nutzen sie auch das Medium E-Mail spontaner und versuchen dabei, ihre Beziehungen mittels intensiver kommunikativer Sequenzen aufrecht zu erhalten. Im Gegensatz dazu halten Männer an einem kommunikationshemmenderen Stil fest und akzeptieren daher auch viel eher, wenn kommunikative Austauschprozesse für längere Zeit unterbrochen werden. Diese Ergebnisse lassen darauf schließen, dass das „Instant Messaging" Frauen eher entgegenkommt als Männern, schon deshalb, weil es viel eher die Herstellung interaktiver Kommunikationssituationen erlaubt.

Zusätzlich zu dem Ergebnis, dass in der E-Mail Kommunikation viele der geschlechtsrollenspezifischen Einstellungen und Verhaltensweisen aufrechterhalten werden, weist unsere Studie darauf hin, dass sich bestimmte Typen interpersonaler Beziehungen durch die computervermittelte Kommunikation verändern werden. Während zum Beispiel ältere Studien – hier bezogen auf traditionelle Kommunikationsmedien – aufzeigen, dass die Mutter-Tochter Beziehung in Bezug auf das Gesamt an familiären Bindungen, die jenige Bindung ist, welche nicht nur am engsten ist, sondern auch am regelmäßigsten gepflegt wird (z.B. Schütze 1996), fanden wir heraus, dass unter Geschwistern am häufigsten über E-Mail kommuniziert wird. Ein Grund hierfür könnte sein, dass die Kontakthäufigkeit mit der Erreichbarkeit einer Person steigt. Da ältere Elterngenerationen häufig noch nicht über einen Internetzugang verfügen, sind sie für ihre erwachsenen Mittelschichtskinder folglich auch noch nicht über E-Mail erreichbar. Jedoch zeigen unsere Daten auch, dass Frauen das Medium E-Mail eher ergänzend zu den Telefonaten mit den eigenen Eltern nutzen, während sie die telefonischen Kontakte zu den Geschwistern eher durch die E-Mail-Kommunikation ersetzen.

Somit weist unsere Studie darauf hin, dass Frauen die neuen Technologien dafür nutzen, um ihre räumlich entfernteren sozialen Netzwerke auszudehnen sowie die Beziehung zu bestimmten Familien und Verwandtschaftsmitgliedern zu intensivieren. Sowohl Männer als auch Frauen verwenden die E-Mail dazu, um mit Geschwistern und Freunden aus der Umgebung in Kontakt zu bleiben. Ebenso kann aus der Auswertung der Interviews geschlossen werden, dass die E-Mail Kommunikation allgemein positive Effekte auf persönliche Beziehungen ausübt, wenngleich dies eher für Frauen als für Männer zuzutreffen scheint.

Obwohl sich unsere Studie auf die E-Mail Nutzung beschränkt, hat auch die Nutzung internetgestützter synchroner Kommunikationsdienste sehr schnell zugenommen und dies insbesondere unter der jüngeren Generation. Da wir die Datensammlung bereits Mitte 1999 abgeschlossen haben, konnten wir die Rolle neuerer Kommunikationstechnologien (z.B. das „Instant Messaging") nur unzureichend beleuchten. Zukünftige Forschungsarbeiten, die sich mit der Frage auseinandersetzen, wie neue Technologien genutzt werden, um persönliche Beziehungen aufrechtzuerhalten, sollten daher das gesamte Spektrum an verfügbaren Kommunikationsmedien mit in die Untersuchung aufnehmen und sich dabei auf eine in demographischer Hinsicht repräsentativere Stichprobe stützen.

Literatur:

Argyle, M. & Henderson, M. (1985): The rules of relationships. In S. Duck & D. Perlman (Eds.): *Understanding personal relationships: An interdisciplinary approach*. London: Sage.

Boneva, B., Kraut, R., & Frohlich, D. (2001): Using E-mail for Personal relationships: The Difference Gender Makes. In: American Behavioral Scientist, 45(3), 530-549.

Brandon, B. (1980): The effects of the demographics of individual households on their telephone usage. Cambridge, MA: Ballinger.

Caldwell, M. A., & Peplau, L. A. (1982): Sex differences in same-sex friendships. In: Sex Roles, 8, 721-732.

Canary, D. J. & Stafford, L. (1994): Maintaining relationships through strategic and routine interactions. In: D. J. Canary & L. Stafford (Eds.), Communication and relationship maintenance. NY: Academic Press, 3-22.

Claes, M. E. (1992): Friendship and personal adjustment during adolescence. In: Journal of Adolescence, 15(1), 39-55.

Cummings, J. N., Butler, B., & Kraut, R. (in press. 2001): The quality of online relationships. Communications of the ACM.

Cummings, J. N., & Kraut, R. (in press): Domesticating computers and the Internet. Information Society.

Davidson, L. R., & Duberman, L. (1982): Friendship: Communication and interactional patterns in same-sex dyads. In: Sex Roles, 8, 809-822.

Deaux, K., & Major, B. (1987): Putting gender into context: An interactive model of gender-related behaviour. In: Psychological Review, 94, 369-389.

Di Leonardo, M. (1987): The female world of cards and holidays: Women, families and the work of kinship. In: Signs. Journal of Women in Culture and Society, 12, 440-453.

Duck, S., & Wright, P. H. (1993): Reexamining gender differences in friendships: A close look at two kinds of data. In: Sex Roles, 28, 709-727.

Eagle, A. H., & Steffen, V. J. (1984): Gender stereotypes stem from the distribution of women and men into social roles. In: Journal of Personality and Social Psychology, 46, 735-754.

Hampton, K., & Wellman, B. (2001): Long distance community in the network society: Contact and support beyond Netville. In: American Behavioral Scientist, 43(3), 476-495.

Hause, K. S. (1995): Friendship after marriage: Can it ever be the same? Paper presented at the conference of the International Network on Personal Relationships, College of William & Mary, Williamsburgh, Virginia.

Hauser, S. T., Powers, S. I., Weiss-Perry, B., Follansbee, D. J., Rajapak, D., & Greene, W. M. (1987): The constraining and enabling coding system manual. Unpublished manuscript.

Kraut, R., Kiesler, S, Boneva, B., Cummings, J., Helgeson, V., & Crawford, A. (in press): Internet Paradox Revisited. Journal of Social Issues.

Kraut, R., Mukhopadhyay, T., Szczypula, J., Kiesler, S., Scherlis, W. (2000): Communication and Information: Alternative Uses of the Internet in Households. Computer-Human Interaction, 10, 287-303.

Kraut, R., Patterson, M., Lundmark, V., Kiesler, S., Mukopadhyay, T., & Scherlis, W. (1998): Internet Paradox. A Social Technology that Reduces Social Involvement and Psychological Well-being? In: American Psychologist, 53 (9), 1017-1031.

Lacohée, H., & Anderson, B. (2001): Interacting with the telephone. In: International Journal of Human-Computer Studies, 54, 665-699.

Maccoby, E. E. (1990): Gender and relationships: A developmental account. In: American Psychologist, 45(4), 513-520.

Maccoby, E. E., & Jacklin, C. N. (1974): The psychology of sex differences. Palo Alto, CA: Stanford University Press.

Moore, G. (1990): Structural determinants of men's and women's personal networks. In: American Sociological Review, 55, 726-735.

Noble, G. (1987): Individual differences, psychological neighbourhoods and use of the domestic telephone. Media Information Australia, 44, 37-41.

Parker, S., & de Vries, B. (1993): Patterns of friendship for women and men in same- and cross-sex relationships. In: Journal of Social and Personal Relationships, 10(4), 617-626.

The Pew Internet & American Life Project (2000a, May 10): Tracking online life: How women use the Internet to cultivate relationships with family and friends. Downloaded May 15, 2000. at http://www.pewinternet.org/reports/.

Pew Internet & American Life Project (2000b): Daily Internet Activities. Downloaded January 9, 2001. at http://www.pewinternet.org/reports/chart.asp?img=5_Daily_Activities.gif.

Pew Internet & American Life Project (March12 – April 9, 2001): http://www.pewinternet.org

Rosenthal, C. (1985): Kinkeeping in the familial division of labor. In: Journal of Marriage and the Family, 47, 965-974.

QSR NUD*IST software. (1999): SCILARI. SAGE Publications Software.
Silverman, D. (2000): Analyzing talk and text. In N. K. Denzin, & Y. S. Lincoln (Eds.): Handbook of qualitative research. Thousand Oaks, Calif.: Sage Publications.
Spence, J. T., & Buckner, C. E. (2000): Instrumental and expressive traits, trait stereotypes, and sexist attitudes: What do they signify? In: Psychology of Women Quarterly, 24, 44-62.
Spence, J. T., & Buckner, C. (1995): Masculinity and femininity: Defining the undefinable. In: P. J. Kalbfleisch, & M. J. Cody (Eds.): Gender, power, and communication in human relationships. Hillsdale, New Jersey: Lawrence Erlbaum Associates, Publishers, 105-140.
Spence, J. T., & Helmreich. R. L. (1978): Masculinity and femininity: Their psychological dimensions, correlates, and antecedents. Austin: University of Texas Press.
Sproull, L. & Kiesler, S. (1986): Reducing social context cues: Email in organizational communication. In: Management Science, 32, 1492-1512.
Stafford, L., & Canary, D. J. (1991): Maintenance strategies and romantic relationship type, gender and relational characteristics. In: Journal of Social and Personal relationships, 8, 217-242.
Stafford, L., Kline, S. L., & Dimmick, J. (1999): Home email: Relational maintenance and gratification opportunities. In: Journal of Broadcasting & Electronic Media, 43(4), 659-669.
Tannen, D. (1992): You just don't understand. Women and men in conversation. London: Virago Press.
Twenge, J. M. (1997): Changes in masculine and feminine traits across time: A meta-analysis. In: Sex Roles, 36, 305-327.
Walker, K. (1994): "I'm no friends the way she's friends": Ideological and behavioral constructions of masculinity in men's friendships. Masculinities, 2, 38-55.
Walther, J. B. (1996): Computer-mediated communication: Impersonal, interpersonal, and hyperpersonal Interaction. In: Communication Research, 23(1), 3-43.
Weiser, E. (2000): Gender differences in Internet use patterns and Internet application preferences: A two-sample comparison. CyberPsychology & Behavior, 3(2), 167-177.
Wellman, B. (1992): Men in Networks: Private Communities, Domestic Friendships. In: P. M. Nardi (Ed.): Men's friendships. London: SAGE, 74-114.
Wright, P. H., & Scanlon, M. B. (1991): Gender role orientations and friendship: Some attenuation but gender differences abound. In: Sex Roles, 24, 551-566.

Der Mythos vom egalitären Medium: E-Mail und Status[1]

David A. Owens und Margaret A. Neale

Einleitung: Status in der elektronischen Kommunikation

Studien, die sich mit dem sozialen Status im Kontext der computervermittelten Kommunikation (CMC – computer mediated communication) beschäftigten, brachten bisslang keine eindeutigen Ergebnisse. So vertreten Sproull und Kiesler (1986: 1991) in ihrer grundlegenden Arbeit die These, dass Statusunterschiede aufgrund der geringeren Bandbreite computervermittelter Kommunikation eher zurücktreten und – einhergehend damit – beziehungsrelevante soziale Hinweise ausgeklammert werden. Sie gehen davon aus, dass solche Beziehungshinweise durch die übermittelten Inhalte transportiert werden. Indem jedoch statusrelevante Informationen (eben durch das Ausklammern kommunikationsrelevanter Hinweise) zurückgestellt werden, habe dies, so die Autorinnen, einen Egalisierungseffekt zur Folge (Sproull/Kiesler 1986; Sproull/Kiesler 1991).

Die Logik einer solchen Argumentation ist durchaus überzeugend. Doch konnte die Annahme eines Modells der *Restriktion kommunikationsrelevanter Hinweise* (reduced social cues) empirisch nicht bestätigt werden. Zwar haben Studien eine Tendenz hin zu einer Egalisierung von Statusunterschieden in der computervermittelten Gruppen ausgemacht (Dubrovsky u.a. 1991; Hiltz/Turoff 1978; Siegel u.a. 1986; Kiesler/McGuire 1986; Sproull/Kiesler 1986). Hinsichtlich der Partizipation der Gruppenmitglieder wurde indessen kein eindeutiger Egalisierungseffekt festgestellt. Andere Studien machen sogar einen starken Statuseffekt computervermittelter Kommunikation aus (Grint 1989; Herring 1993; Mantovani 1994; Matheson 1991; Walther 1992; Weisband u.a. 1995). Dies erklärt sich bei einigen Studien dadurch, dass sie schon bereits bestehende Gruppen untersucht haben, so dass sich die Statusordnung gewissermaßen in den Kontext der computervermittelten Kommunikation hineinverlängert hat. Weitaus schwieriger ist es zu erklären, warum (und wie) sich eine Statusordnung in kontrollierten Experimenten ergibt, bei denen die Gruppenmitglieder keine vorgängigen Kontakte hatten und sich vorher nicht kannten (vgl. z.B. Weisband u.a. 1995). Zumindest scheinen die Ergebnisse solcher Studien einer *Restriktionshypothese* (social cuelessness hypothesis) zu widersprechen.

---

[1] Übersetzung aus dem Englischen von Joachim R. Höflich.

Zweifelsohne werden im Kontext computervermittelter Kommunikation statusrelevante Hinweise ausgeklammert. Doch auch innerhalb von einer Gruppe, deren Kommunikationsmitglieder nur über Computer miteinander in Kontakt treten, zeigen sich Statusunterschiede. Und gerade dies verlangt nach einer Erklärung.

Im Weiteren wird davon ausgegangen, dass man zu einer Erklärung gerade dadurch kommt, dass man die Statusentwicklung in der computervermittelten und in der Face-to-Face-Kommunikation miteinander vergleicht. E-Mail beispielsweise ist mit einer Begrenzung ansonsten kommunikativ relevanter sozialer Hinweise verbunden (z.B. in Bezug auf mögliche Kommunikationsunterbrechungen, die Stimmlage, die Körperhaltung, Kleidung oder andere Artefakte, die zum Zwecke der Kommunikation eingesetzt werden). Doch bleiben immer noch alternative Wege, um anderen Gruppenmitgliedern den eigenen Status zu signalisieren. Im Verlauf dieser Arbeit möchten wir gerade auf solche Statusdynamiken in Gruppen hinweisen, die sich trotz oder gerade wegen der computervermittelten Kommunikation ergeben. Zunächst beschreiben wird das zugrundeliegende Modell der Statusdynamiken und beziehen es anschließend auf den Fall der E-Mail, indem wir genauer überprüfen, inwiefern über dieses elektronische Medium verschiedene Formen des ansonsten in der Face-to-Face-Kommunikation vertrauten Statusmanagements zum Tragen kommen oder verhindert werden.

Statusdynamiken in Face-to-Face-Gruppen

Sozialer Status kann definiert werden als das ohne Zwang erworbene Ansehen einer Person, das sie aufgrund von (wenn manchmal auch nur vermeintlichen) Eigenschaften, verfügbaren Artefakten oder Fähigkeiten, die in der Gruppe besonders geschätzt werden, erlangt hat (vgl. z.B. Lenski 1966). Es ist schwer, Status direkt zu messen. Deshalb wird er im Allgemeinen aus den damit verbundenen Verhaltensbesonderheiten in sozialen Interaktionen abgeleitet. Insbesondere hat sich die Forschung dabei auf Statusmerkmale im Spektrum von Dominanz vs. Submission konzentriert (vgl. z.B. Bales 1951; Berger/Zelditch 1985; Kelley 1951). Diese Annäherung ist insofern naheliegend, als die Forscher Verhaltensvoraussagen treffen können, ohne dabei die Eigenheiten der Statusdifferenzen unter den Interaktionsteilnehmern näher bestimmen zu müssen. Während ein solcher Ansatz durchaus adäquat erscheint, um die *Hackordnung* im Bereich der Tierwelt (und auch bei manchen Humangruppen) zu erklären, geht er doch am wichtigen Aspekt der Statusstrukturen in Gruppen vorbei. Beispielsweise trägt er wenig zum Verständnis der Stabilität von Statusstrukturen, deren Verlauf und

Aushandeln oder dem strategischen Verhalten (vgl. z.B. Goffman 1969) von Mitgliedern einer Gruppe bei.

Ein anderes Modell der Statusdynamik in Präsenzgruppen stammt von David Owens (Owens 1989; Owens/Sutton 1999) und geht davon aus, dass Individuen auf unterschiedlichen Statusebenen unterschiedliches Verhalten zeigen, um ihren Status in Präsenzgruppen zu handhaben. Ferner geht es davon aus, dass ein solches Verhalten durchaus leicht zu beobachten ist. Kern des Modells ist die Annahme, dass das Statusverhalten vor allem durch dessen Einfluss auf die Stabilität einer bestehenden Statusordnung einer Gruppe erklärt und diesbezüglich auch am Besten verstanden werden kann.

Insbesondere fand Owens heraus, dass Organisationsmitglieder mit einem niedrigen Status in direkter Kommunikation auf eine Art und Weise Einfluss auf die Gruppenintegration und Kohäsion nehmen, die zwar besonders geschätzt wird, die Gruppe selbst aber nicht bedroht. Ausgegangen wird davon, dass es für Statusniedrigere einfacher ist, Verhalten, das die Statusordnung bedroht, zu vermeiden, um so ein integriertes und wertgeschätztes Mitglieder der Gruppe zu werden. Das wirkt sich ebenso auf die Aufrechterhaltung der Gruppenordnung aus (vgl. Blau 1964). So ist das Verhalten von statusniedrigeren Gruppenmitgliedern stärker sozioemotional ausgerichtet und reicht hin zu Formen der Anbiederung (z.B. Schmeicheln und Komplimente machen), eines bittstellerischen Verhaltens (indem man z.B. eine wenig geschätzte sozioemotionale Rolle übernimmt) oder der freiwilligen Übernahme unbeliebter Aufgaben innerhalb einer Gruppe.

Im Rahmen der Studien wurde ebenso festgestellt, dass Gruppenmitglieder mit einem mittleren Status eher konfliktorientiert sind und vor allem ein Verhalten an den Tag legen, das ein gewisses Maß an Expertentum und Kompetenz bezüglich der zu erledigenden Arbeitsaufgabe demonstriert. Beispiele für ein solches Verhalten sind die Verwendung einer Fachsprache (oder eines Jargons) zur Demonstration technischer Kompetenz (Rifkin 1990), ein argumentierendes sich Einbringen oder anderweitige Versuche, die Gruppenaufgabe in dem Sinne neu festzulegen, dass sie zum eigenen Vorteil gereicht, den eigenen Kontrolleinfluss erhöht und die Statusposition verbessert. Solch ein Verhalten soll den Gruppenmitgliedern den Wert der eigenen Person vor Augen führen. Doch es kann nicht nur zu einer Verbesserung der Gruppenleistung beitragen. Schon weil die Individuen Einfluss und Kontrolle über die gegebene Statusordnung erhalten wollen, kann es auch die Statusordnung der Gruppe bedrohen.

Schließlich macht Owens bezüglich den statushohen Mitgliedern einer Gruppe aus, dass sie mit ihrem Dominanzverhalten auf die Aktivität und Aufmerksamkeit der anderen Gruppenmitglieder Einfluss nehmen. Mitglieder mit hohem Status tendieren eher dazu, die Forschritte der Gruppenarbeit immer wieder auf den Punkt zu bringen, andere zu unterbrechen und die Aufmerksamkeit der anderen durch Gestik, Körperhaltung, Stimmqualität, durch die Gestaltung der Sitzordnung oder durch die Kleidung auf sich zu ziehen. Offenkundig hat ein solches Verhalten zum Ziel, den hohen Status zu demonstrieren und auch zu stützen, zumal deren Verhalten auf die Kontrolle der anderen (nicht unbedingt auf die Aufgabenerfüllung) ausgerichtet ist. Das Gesagte wird mit der folgenden Übersicht nochmals dargestellt:

Statusschicht	Verhalten	Einflüsse
Hoher Status	Dominierende Verhaltensweisen Unterbrechen, Kontrolle der Partizipation, Kommunikation mit Gesten, Vokalisierung	Führung bei zentralen Aufgaben, Kontrolle der Status-Interaktionen, Definition und Verstärkung des Statusflusses, Stabilisierung der Gruppenstatus-Ordnung
Mittlerer Status	Herausfordernde Verhaltensweisen Beanspruchung sozialen Kapitals, Beanspruchung von Expertentum, Diskussion über Aufgabenprozess, Gebrauch eines Jargons, Andere herausfordern	Auf Aufgabenerfüllung bezogenes Verhalten, Wetteifern bei Aufgabenlösungen, Angebot unterschiedlicher Problemdefinitionen, Aufstieg in der Statusordnung, Herausforderung der Gruppenstatusordnung
Niedriger Status	Integrierende Verhaltensweisen, Einschmeicheln, Bittstellerei, Freiwillige Übernahme von Aufgaben	Durchführung randständiger Aufgaben, Verbesserung des sozioemotionalen Klimas, Integration in die Gruppe, Verstärkung der Gruppenstatusordnung

Abbildung 1: Verhalten und Einflüsse

Während damit durchaus Einblicke in die Statusdynamik von Face-to-Face-Gruppen geliefert werden, bleibt allerdings die Frage, welches Verhalten unter den Bedingungen computervermittelter Kommunikation zu erwarten ist. Beispielsweise stellt die Studie fest, wie Individuen bestimmte Requisiten wie z.B. tragbare Computer, Piepser oder Mobiltelefone verwenden, um technischen Verstand, Geschäftigkeit oder eine besondere organisatorische Wertschätzung zu demonstrieren. Ebenso wird gezeigt, wie Individuen bei Sitzungen ihre räumliche Umgebung nutzen – wie sie den für sie wichtigsten Sitzplatz besetzen, ihren Körper mit Gestik, Händen, Kopf und Augen, demonstrativ einsetzen und wie sie ihre Stimme benutzen, um auf die Gruppe Einfluss zu nehmen respektive sich ihr unterzuordnen oder wie sie durch wohldosierte Aufmerksamkeitsgesten andere bevorteilen, indem sie bestimmte Personen zu persönlichen Treffen einladen und andere nicht.

Computervermittelte Kommunikation indessen macht es schwer, solche Verhaltenshinweise (etwa über entsprechende Artefakte, Kleidung, Gestik, Sitzordnung oder andere visuelle oder auditive Hinweise) zu übermitteln. Die zeitlich verschobene Kommunikation via E-Mail macht es zum Beispiel unmöglich, andere zu unterbrechen, wiewohl doch das Unterbrechen anderer eine besondere Strategie von Statushöheren ist, um ihren Status zu unterstreichen. Deshalb die Frage: Welche anderen Strategien nutzen dann Statushöhere, um ihren Status zu betonen? Oder nehmen wir die Persistenz der E-Mail. Unschwer kann diese nämlich ohne großen Aufwand an nichteingeplante Andere weitergeleitet werden. Dabei sagt schon die Intuition, dass statusbezogene Hinweise in E-Mails genauer betrachtet werden als vokale Hinweise, Wutausbrüche, Forderungen oder Reaktionen, die gemeinhin bei Sitzungen zu beobachten sind. Aber welche Effekte können wir darüber hinaus erwarten?

Selbstverständlich hängt es von dem jeweiligen Medium ab, in wiefern sich bestimmte statusbezogene Verhaltensstrategien umsetzen lassen. Wenn das, was gewöhnlich als „Status-Management" verstanden wird, im Kontext computervermittelter Kommunikation nicht möglich ist, so stellt sich die Frage, welche strategischen Züge statt dessen möglich sind, zumal die bisherige Forschung ja gerade zeigt, dass in der Tat Statusstrukturen auch bei computervermittelten Gruppen ausgebildet werden.

Weiter werden wir einen Blick darauf werfen, wie Mitglieder einer Gruppe ihr Statusmanagement in elektronisch vermittelten Gruppen handhaben. Dafür haben wir die E-Mail ausgewählt, da diese weithin genutzt wird, vertraut ist und sich überdies gut dazu eignet, die grundlegenden Unterschiede zur Kommunikation von Angesicht zu Angesicht heraus zu arbeiten. Ebenso möchten wir die Aufmerksamkeit darauf lenken, wie durch Kommunikationsmedien der politische Einfluss unterschiedlicher Klassen von Individuen in sozialen Gruppen zu- oder abnimmt. Schon lange haben Forscher betont, dass der besondere Charakter von Kommunikationstechnologien die Art und Weise, wie Menschen ihre Beziehungen miteinander handhaben, präformiert (Johansen u.a. 1979; Rice/Love 1987; Walther 1992; Walther/Burgoon 1992; Weisband u.a. 1995). Deshalb – und trotz des hoffnungsvoll von vielen getragenen *Mythos vom egalisierenden Medium* – ist klar, dass ein medieninduzierter Wandel sozialer und politischer

Beziehungen in mehr Richtungen gehen kann als dies von den Meisten ideologisch gewünscht wird.

Alternative Mechanismen des Status-Managements bei Medien computervermittelter Kommunikation

Zunächst ist erst einmal ein Blick auf die Dynamik des Statusmanagements unter den Bedingungen computervermittelter Kommunikation zu werfen, um, in Bezugnahme auf die entsprechende Literatur, die fundamentalen Unterschiede zur Face-to-Face-Kommunikation herauszuarbeiten. Wir meinen, dass dies in Bezug auf drei Rubriken erfolgen kann: Die Bandbreite, den Zugang und die soziale Präsenz. Nachfolgende Übersicht fasst die wichtigsten Merkmale zur Beschreibung der Interaktionsmuster im Kontext medialer Kommunikation zusammen (vgl. Abbildung 2). Im Anschluss daran wollen wir jedes dieser Merkmale der Reihe nach behandeln und bezüglich den Implikationen für das Statusmanagement im Lichte des angeführten Statusmodells befragen.[2]

Dimension	Merkmalsausprägungen
Bandbreite	Parasprache Häufigkeit und Länge der Nachricht Mehrdeutigkeit Informalität
Zugang	Zugangskontrolle Anwesenheitskontrolle Verfügbarkeit Kontrolle des Inhalts
Unmittelbarkeit (Soziale Präsenz)	Reaktives Feedback Länge und Timing der Rückantwort Zeigen von Emotionen Permanenz der Nachricht

Abbildung 2: Charakteristische Unterschiede bei Kommunikationsmedien

---

[2] Die hierbei verwendeten E-Mail-Beispiele sind gezielt aus einer Datenbasis von E-Mail Gruppeninteraktionen ausgewählt. Sie sollen dazu dienen, die Aussagen zu illustrieren (nicht zu validieren).

Bandbreite

Ein häufig angeführter Unterschied zwischen der Face-to-Face Kommunikation und CMC-Medien ist deren *begrenzte Bandbreite* (vgl. z.B. DeSanctis/Gallupe 1987; Short u.a. 1976; Sproull/Kiesler 1986). Die Bandbreite beschreibt den Umfang an Information, der gleichzeitig über ein Medium transportiert werden kann. Dabei wird allgemein davon ausgegangen, dass eine Abnahme der Bandbreite mit einer Reduktion der vermittelten statusrelevanten Information einher geht (Sproull/Kiesler 1986). Wie schon gesagt, wird durch die Forschung nahegelegt, dass auch unter den Bedingungen einer Mediatisierung Statussignale, wenn auch möglicherweise anders und in neuen Formen, durchaus übermittelt werden (Contractor/Eisenberg 1990; Fulk 1993; Lee 1994; Yates u.a. 1999).

Textbezogene Statusindikatoren

Aufgrund der begrenzten Bandbreite der E-Mail-Kommunikation werden viele der bei der Face-to-Face Kommunikation wirksamen Statushinweise ausgeblendet. Ansonsten relevante Kommunikationsmerkmale wie Kleidung, die physische Statur, Körperhaltung und Gestik, Stimmqualität und -volumen (vgl. z.B. Knapp 1978) können nicht über einen via Computertastatur eingetippten Text übermittelt werden. Offenkundig eröffnet computervermittelte Kommunikation jedoch Alternativen in Gestalt von Substituten beziehungsrelevanter Hinweise (Short u.a. 1976; Walther 1993). Die Konvention einer automatisch am Ende der E-Mail angebrachten Signatur[3] kann beispielsweise Nachrichten enthalten, die einen unterhaltenden Wert haben, die Glaubwürdigkeit oder den individuellen Status unterstreichen. Diese Kommunikationsweisen (gerichtet auf die Integration, Konkurrenz und Dominanz) korrespondieren mit jenen, die im Modell der Statusdynamiken beschrieben worden sind.

Dominanzmerkmale lassen sich am ehesten durch statussignalisierende Titel oder Ehrenbezeichnungen vermitteln (Sherblom 1988). Aber es können auch subtilere Zeichen verwendet werden (Bowers 1992; Sherblom 1988). In einer Organisation, bei der nicht alle Mitarbeiter über eigene Büroräume verfügen, kann etwa die Angabe einer Zimmernummer (und damit der Hinweis, dass man nicht nur in einer Kabine sitzt) oder der eigenen Telefonnummer bereits Status

---

[3] Es handelt sich um Texte, die am Ende jeder E-Mail gemäß den Absichten des Senders angehängt werden. Die Signaturhinweise dienen primär dazu, um Kontaktinformationen anzufügen. Oft enthalten sie jedoch auch Zitate, Graphiken, aus alphanumerischen Zeichen konstruierte Gebilde, politische Sprüche oder auch andere Texte, die der Sender als übermittelnswert erachtet.

signalisieren. Es ist deshalb zu erwarten, dass solche Hinweise gerade bei statushöheren Organisationsmitgliedern auftauchen. Währenddessen werden all jene, die nicht über ein eigenes Büro verfügen, auch eine diesbezügliche Information zurückhalten, was schon in dem Wunsch begründet ist, nicht unbedingt einen niedrigen Status in der Organisation zu erkennen zu geben. Andererseits legt das Modell der Statusdynamik nahe, dass statusniedrige Mitglieder ihre Signatur dazu verwenden, um ein integratives Verhalten zu demonstrieren. Indem nämlich über den formalen Inhalt hinaus positive sozioemotionale Hinweise vermittelt werden, können solche Anhänge bestehende positive Sozialbeziehungen verbessern oder verstärken und damit die Integration in die Gruppe fördern (Blau 1964; Owens/Sutton 1999). Beispiele dafür sind die Verwendung von parasprachlichen Elementen wie Graphiken aus alphanumerischen Zeichen, humorvolle, herzerwärmende Zitate oder der Gebrauch positiver *Emotikons* oder relationaler Ikonen (Asteroff 1987; Walther 1992) ;-) – die alle als Integrationszeichen verstanden werden können. Solche kommunikativen Hinweise lassen eine Person als weniger gefährlich für die Gruppe erscheinen und erhöhen die Neigung der Gruppe, sie als Mitglied zu akzeptieren. Für Statusniedrige kann gerade eine Integration in die Gruppe wiederum eine Verbesserung des Status bedeuten (Goffman 1959: 13). Dem entgegen nehmen wir auch an, dass solche Integrationsbewegungen bei statushöheren Personen weniger anzutreffen sind.

Tempo und Länge der Nachrichten

Begrenzungen der Bandbreite ergeben sich im Kontext von CMC auch deshalb, weil die Texte via Computertastatur geschrieben werden. Aus dem Bereich der Face-to-Face-Kommunikation ist schon seit Längerem bekannt, dass der Umfang und die Länge der Kommunikationsbeiträge auf den Status verweisen (vgl. Bales 1951; Berger/Zelditch 1985). Da E-Mail-Nachrichten indessen getippt werden müssen, kann sich dies auf die Frequenz und die Länge der Nachrichten auswirken. Und nicht zuletzt weil Tippfähigkeiten für gewöhnlich nicht mit einem hohen Status assoziiert werden, kann diese Eigenschaft die Partizipationsmuster in Gruppen verändern, ebenso wie die Bedeutung, die diese Muster für die Partizipanten haben (Walter 1992).

Statushöhere sind eher (oder erscheinen eher) geschäftig (Owens/Sutton 1999), sprechen eher mehr als weniger, wobei ihnen überdies statusniedrige Personen mehr Aufmerksamkeit zukommen lassen (Fiske/Taylor 1991; Padgett/Ansell 1993. Statushöhere stehen auch unter einem geringeren Druck, sofort auf die kommunikativen Ansinnen der Untergebenen reagieren zu müssen. Im Kontrast zur Face-to-Face-Kommunikation nehmen wir deshalb an, dass die

Länge der Nachricht in einem inversen Verhältnis zum Status steht, wobei Statushöhere kürzere Nachrichten versenden und sich auch weniger unter Zeitdruck setzen lassen. Wie schon bei der Parasprache beschrieben, nehmen wir auch hier an, dass statusniedrige Individuen eher sozialintegrierende, positive sozioemotionale Nachrichten versenden. Offen bleibt die Frage nach der relativen Länge und Häufigkeit solcher Nachrichten. Wie Owens (1998) bezüglich Präsenzsitzungen festgestellt hat, zeigen Statusniedrigere in geringerem Maße als Statushöhere auf das Statusmanagement bezogene Verhaltensweisen. Geht man davon aus, dass integrierende (sozioemotionale) Nachrichten von Mitgliedern mit niedrigem Status tendenziell kürzer als die herausfordernd-argumentativen Nachrichten der mittleren Statusschicht sind, dann würden wir auch für den Fall der computervermittelten Kommunikation prognostizieren, dass statusniedrige Individuen entsprechend weniger und kürzere Nachrichten versenden. Dem entgegen schicken Statusniedrige jedoch eher mehr Nachrichten, um damit ihren Status in der Gruppe zu erhöhen (Huff u.a. 1989), oder sie versuchen die größere soziale Distanz in der Computerkommunikation durch mehr Arbeit zu überwinden (DeSanctis/Gallupe 1987). Wir nehmen deshalb an, dass gerade die Absichten, sowohl in der Gruppe als auch in der gruppeninternen Hintergrundkommunikation der Gruppenkommunikation nicht gefährlich zu wirken, ein bedeutende Faktoren sind, die die Länge und das Tempo der Nachrichten bestimmen.

Mehrdeutigkeit

Das Merkmal der Äquivokation – sprich: dass eine Nachricht mehrere Bedeutungen aufweisen kann – beschäftigt vor allem die Medienwahlforschung. Die Theorie der Vermittlungskraft (z.B. Daft u.a. 1987; Daft/Macintosh 1981) geht davon aus, dass Medien mit großer Bandbreite, wie etwa Face-to-Face-Interaktionen, in ihrer Kapazität „reich" sind, Informationen zu übermitteln, die eine Reduktion der Unsicherheit gerade bei mehrdeutigen Botschaften zulassen. Medien, die vermittlungsarm sind, wie formale Briefe, Memos oder andere formale Schriftkommunikationen verringern zwar die Mehrdeutigkeit, vergrößern jedoch zugleich den Aufwand des Senders. Während aus einer normativen Perspektive davon ausgegangen wird, dass Mehrdeutigkeiten zu Gunsten des Inhalts einer Nachricht aufgegeben werden sollten (Trevino u.a. 1990), werden im Gegensatz dazu strategisch orientierte Individuen daran interessiert sein die Option einer Wahl zwischen verschiedenen Graden der Vermittlungskraft aufrechtzuerhalten, um sich dadurch einen gewissen kommunikativen Freiraum zu reservieren (vgl. z.B. Markus 1994; Padgett/Ansell 1993).

Im Prozess der Adaption bauen Gruppen neue Technologien in ihren jeweiligen sozialen und technischen Kontext ein (Contractor/Eisenberg 1990; Fulk 1993; Yates/Orlikowski 1992). Das ist auch so im Falle der E-Mail, mit Folgen für die Mehrdeutigkeit der Nachrichten. So haben E-Mail Nutzer beispielsweise eine neue Parasprache entwickelt oder verwenden Nutzungsmodi, die die Textbotschaften mit zusätzlichen Bedeutungen und Kontexten versehen (Asteroff 1987; Walther 1992). Im alltäglichen E-Mail-Gebrauch ist zu beobachten, wie relationale Ikone (oder: *Emotikons*) routinemäßig in Botschaften eingebaut werden. Mit Blick auf unser Sample arbeitsbezogener E-Mails zeigte sich jedoch auch, dass zusätzliche Bedeutungsschichten nicht immer dazu dienten, die Botschaft klarer zu machen. Oft wurden die verwendeten Ikons dazu verwendet, die Bedeutung der Aussage zu verdrehen oder zu verzerren. Das erlaubt einem Individuum zugleich, die Mehrdeutigkeit einer Nachricht aktiv und strategisch anzupassen (Markus 1994). Mit einer solchen Anpassung konnten zum Beispiel bedrohlich wirkende Botschaften durch die Verwendung von Emotikons entschärft und weniger offensiv formuliert werden. Das zeigen die folgenden zwei Botschaften:

Nachricht 1:
Hallo,
Hier ist etwas Lesestoff (im Anhang) für den Fall, dass es euch am Wochenende langweilig wird ;-)
Nachricht 2:
[lange Beschreibung der Lösung]
...und deshalb sollte wir den Software-Ansatz wählen
--Neil
PS: Bessere Lösungsvorschläge sind willkommen, aber dann bitte konstruktiv, realistisch und nützlich :-)

Die erste Nachricht stammt von einer statushohen Person und richtet sich an Mitglieder einer Arbeitsgruppe mit der Bitte, die Gruppenmitglieder mögen doch das angefügte Dokument über das Wochenende lesen. Die zweite Nachricht stammt von einem Gruppenmitglied mit mittlerem Status, in der er vorschlägt, wie Probleme bei der Gruppenarbeit gelöst werden können. Beide Nachrichten enthalten explizite Handlungsaufforderungen, aber in beiden Fällen ist die Aufforderung durch die Verwendung von Emotikons abgeschwächt und klingt dadurch weniger scharf. Das potentiell sarkastische Augenzwinkern am Ende der ersten Nachricht lässt in gewisser Weise offen, ob die Forderung ernst gemeint ist oder nicht (sie ist es), während der Smiley im zweiten Fall eher etwas über die aktuelle Stimmungslage des Senders verrät.

Bei einer solchen Vorgehensweise ist es Individuen mit niedrigem Status möglich, problematische Nachrichten auf distanziertere Art und Weise darzustellen. Die Nachricht wird gewissermaßen entschärft, aber dennoch vermittelt. Ähnlich können Individuen mit mittlerem Status die Vorteile einer variablen Mehrdeutigkeit des Mediums ausnutzen. Dem entgegen werden, so unsere Annahme, Statushöhere in geringerem Maße auf ein für die Gruppe problematisches Verhalten achten müssen (Gruenfeld u.a. 1999), auch wenn sich – wir haben dies bereits angesprochen – die Permanenz der E-Mail-Nachrichten und die Möglichkeit, diese an Unbekannte weiter zu senden auf dieses Verhalten zurückwirken.

In unserem kleinen Sample von E-Mail-Botschaften haben wir eine Reihe von beziehungsbezogenen Ikonen entdeckt, die konfligierende oder dominante Nachrichten in ihrer Schärfe milderten. Diese wurden von Individuen mit mittlerem und höherem Status verschickt. Allerdings konnten wir nur in sehr wenigen Fällen entdecken, dass sie besänftigende Botschaften verschickten. Hier stoßen wir auf eine Frage, die es verdient, einer weiteren grundlegenden empirischen Betrachtung unterzogen zu werden. Aber um den zentralen Punkt nochmals zu wiederholen: Die Begrenzungen der Bandbreite bei CMC-Technologien verhindern keineswegs, dass eine Äquivokation als Mechanismus des Statusmanagement eingesetzt wird.

Informalität

Die in der computervermittelten Kommunikation festgestellte Informalität wird zum einen auf die Besonderheiten einer geschriebenen Mündlichkeit (Gumpert/Chathcart 1986; Walther 1992), zum anderen auf eine abnehmende soziale Distanz zurückgeführt (Sproull/Kiesler 1991). Im Rahmen unserer Perspektive des Statusmanagements nehmen wir an, dass die strategische Verwendung des mündlichen Stils für die Reduktion der sozialen Distanz verantwortlich ist. Wir gehen deshalb davon aus, dass Informalität – oft als eine dem Medium immanente Eigenschaft betrachtet – dazu dienen kann, die in der Face-to-Face Kommunikation wie auch in der schriftlichen Kommunikation wirksamen Statushinweise zu unterwandern.

Technologische Begrenzungen halten die Nutzer nun keineswegs davon ab, ihre E-Mail-Kommunikation im selben Ton zu verfassen wie eine formale schriftliche Kommunikation (wie z.B. in Memos oder Geschäftsbriefen). Unsere Erfahrung (wie auch das Sample der von uns untersuchten E-Mail-Botschaften) zeigt jedoch, dass ein Großteil der Nachrichten eher informellen Charakter hat. Grüße sind informal und Nachrichten enden abrupt. Man zeichnet nur mit dem

Namen, dem ein oder zwei Bindestriche vorangestellt sind (z.B. --dave), wobei das Weglassen von Grüßen und Schlussformeln, das Schreiben in Kleinbuchstaben, Schreib- und Grammatikfehler und das Weglassen von Titeln u.a. dabei häufig durch die Eigenheiten der medialen Kommunikation begründet werden (Shea 1994). Gleichwohl haben solche Verhaltensweisen jedoch immer auch Statusimplikationen. Sie legen einen gleichen Status zwischen Sender und Empfänger nahe, weil eine informale Sprache üblicherweise für eine Kommunikation zwischen Statusgleichen oder für eine Kommunikation zwischen Statushöheren und Statusniedrigen reserviert ist (Sherblom 1988).

Da jedes Mitglied der Gruppe – unbeschadet von dessen Status – eine solche informale Form verwenden kann, stellt dies ein Potential zu einer Egalisierung der Gruppenmitglieder dar. Im Rahmen der Kommunikation von Angesicht zu Angesicht findet sich Informalität als Mittel des Statusmanagements zumeist bei Statushohen. In der computervermittelten Kommunikation hingegen ist es möglich, eine informale Kommunikation unter dem Vorzeichen (oder im Schutze der Sicherheit) medienbedingter Restriktionen an die Gruppe zu richten. Verwenden nämlich statusniedrige Personen einen informalen Kommunikationston, so wollen sie damit ausdrücken, dass sie integriert und statusgleich sind.

Fazit: Offenkundig haben Begrenzungen der Bandbreite von CMC nicht, wie häufig angenommen, einen statusegalisierenden Effekt. Trotz der Einflüsse auf die Vermittlung von Statushinweisen haben sich mit neuen Interaktionsnormen (und indem technologische Begrenzungen als Begründung herangezogen werden) auch neue Strategien des Statusmanagements herausgebildet. Während technische Besonderheiten des elektronischen Mediums einen egalisierenden Effekt hinsichtlich der Länge der Botschaften haben können – gemeinhin hat man es hierbei auch mit einem Statussignal bei Face-to-Face-Gruppen zu tun – bleiben andere statusbezogene Verhaltensweisen, wie die Partizipationshäufigkeit, ungleich und können sogar zu neuen Statusmerkmalen im Kontext elektronisch miteinander kommunizierenden Gruppenmitglieder werden.

Zugang

Eine weitere Besonderheit der computervermittelten im Vergleich zur Face-to-Face-vermittelten Kommunikation besteht darin, dass sie einen besseren Kommunikationszugang zur Gruppe ermöglicht. Dies wird zum einen dadurch möglich, dass Nachrichten leicht dupliziert und weitergeleitet werden können, zum anderen durch den asynchronen Charakter des Mediums (Sarbaugh-Thompson/Feldman 1998; Sproull/Kiesler 1986). Im alltäglichen Gebrauch können

CMC-Technologien Zeit- und Raumzwänge der Gruppeninteraktion reduzieren – und dies wiederum hat Implikationen für das Statusmanagement. Es gilt als eine grundlegende Erkenntnis im Rahmen der Gruppenforschung, dass die Kontrolle über die Kommunikationskanäle der Gruppe mit einem hohen Status verbunden ist (Bales 1951; Berger u.a. 1985; Kelley 1951). In der Kommunikation von Angesicht zu Angesicht geht die Kontrolle über den verbalen Kanal zugleich mit einen Einfluss auf Gruppenergebnisse und –entscheidungsprozesse einher. In der Face-to-Face-Situation kann nur eine Person reden und damit verstanden werden. Deshalb stellt gerade die Unterbrechung einen Mechanismus der Statuskontrolle dar. Die Kanalkontrolle wiederum kann durch eine *Aufmerksamkeitskontrolle* (z.B. durch Gestik, die Wahl des Sitzplatzes, durch ein Zu-Spät-Kommen oder Früher-Gehen) verstärkt werden. Die *Kontrolle über die Teilnahmemöglichkeit* – gemeint sind an andere gerichtete Offerten, an einem Meeting teil zu nehmen – ist ein weiteres Kennzeichen des Statusmanagements von Staushöheren in der Face-to-Face-Kommunikation. Für die computervermittelte Kommunikation, so nehmen wir an, sind Unterschiede in der Zugänglichkeit wie auch die Schwierigkeiten, andere von einer Teilnahme auszuschließen, weitere Mechanismen, die das Statusmanagement von dem der Face-to-Face-Kommunikation unterscheidet.

Partizipationskontrolle

Bei Face-to-Face-Stitzungen sind die verbalen Interaktionen nicht nur durch die Redehäufigkeit des Einzelnen begrenzt, sondern auch dadurch, dass man nur einer Person auf einmal zuhören kann. Solche *Produktionsblockaden* begrenzen die Kommunikationsbeiträge, wie wohl sie nicht zufällig sind oder in rationalen Sequenzen verlaufen (wie im Falle eines ordentlichen Redewechsels). Blockierungen werden vielmehr durch statushohe Gruppenmitglieder dominiert. Kontrolle wird hierbei über Worte, Gestiken oder durch Themenwechsel ausgeübt, indem statusniedrige Mitglieder dazu veranlasst werden, sich den Statushöheren unterzuordnen.
Im Vergleich zur Face-to-Face-Kommunikation ist dies jedoch bei CMC-Medien wie z.B. einer E-Mail-Diskussion nicht möglich, denn gerade der asynchrone Charakter des Mediums verhindert eine solche Kommunikationsblockade. Bei einer E-Mail-Kommunikation kann eine Botschaft nämlich nicht so leicht behindert werden wie bei Face-to-Face-Gruppen. Vielmehr haben alle Gruppenmitglieder, unbeschadet von deren Status – und das scheint ein klarer statusegalisierender Effekt bei CMC-Gruppen zu sein – gleiche Zugangschancen. Aber auch hier ist die Art und Weise, wie dieses Merkmal gehandhabt

oder zum Zwecke des Statusmanagements unterlaufen wird, näher zu betrachten. Die direkteste Art, um den Zugang zum Kommunikationskanal der Gruppe zu steuern, erfolgt durch die Festlegung eines Moderators, der eine Kontrolle über die Kommunikationskanäle der Gruppe dadurch ausübt, dass er die ‚geposteten' (die in der Gruppe kommunizierten) Beiträge zensiert. Alle Beiträge kommen zunächst einmal zu ihm, der sie dann nach eigenem Ermessen weiter leitet. Potentiell kann ein Moderator damit den gesamten Kommunikationskanal kontrollieren, indem er, gemäß den Normen eines Diskussionsforums, darüber bestimmt, welche Inhalte und welche Formen als angemessen gelten oder nicht (vgl. z.B. Shea 1994). Werden Nachrichten als zu lang, zu redundant oder als inhaltlich oder vom Ausdruck her als unpassend eingestuft, dann werden sie nicht weiter geleitet.

Eine solche *Moderatorenrolle* kann den Statushöheren – aufgrund der Möglichkeiten Kommunikation zu unterbrechen und zu blockieren – eine Kontrolle über den Kommunikationskanal geben, die auch in der Face-to-Face-Kommunikation üblich ist. Sind hingegen Gruppen *nicht moderiert*, dann ist zu erwarten, dass statusniedrige Personen eher Zugang zum Kommunikationskanal bekommen. Denn es ist hierbei einfacher, Aufmerksamkeit auf sich zu ziehen, sich positiv darzustellen und gegen die gegebene Statusordnung anzugehen, ohne dabei Gefahr zu laufen, unterbrochen zu werden. Nahezu die gesamte Forschung auf dem Gebiet der CMC bezieht sich auf ein unmoderiertes Kommunikationsumfeld. Es ist deshalb nicht überraschend, dass üblicherweise Egalisierungseffekte beobachtet worden sind.

Kontrolle über die Teilnahmemöglichkeit

Eine unmittelbare Kanalkontrolle wird in der Face-to-Face-Kommunikation dadurch praktiziert, indem man die Liste der Teilnehmer kontrolliert, d.h. darüber bestimmt, wen man zu einer Sitzung einladen möchte oder nicht. Abgesehen davon, dass man während einer Sitzung den Einfluss einer Person, bei Entscheidungen oder hinsichtlich ihrer Verfügbarkeit über Ressourcen beschränken kann, ist auch der Ausschluss einer Person von einem Gruppentreffen Ausdruck eines niedrigen Staus (Bloch 1971).[4] Dies sieht bei einer E-Mail-Kommuni-

---

[4] Dies zeigt das Beispiel einer weithin bekannt gewordenen Nachricht, gemäß der der Republikaner Lt. Gov. Steve Windom eine Sondersitzung des Senats in Alabama eröffnet hat und dabei einen Topf zum Urinieren unter seinem Tisch verborgen hielt, da er fürchtete, von den Demokraten für den Fall, dass er auf die Toilette müsse, übervorteilt zu werden (USA Today, March 30, 1999).

kation ganz anders aus. Dort gibt es keine Möglichkeit, Personen zu bestimmten Anlässen nicht einzuladen.

Während bei Face-to-Face-Sitzungen Einladungen verschickt werden und eine Sitzungsagenda aufgestellt wird, ist der Zugang bei computervermittelter Kommunikation hingegen jedem offen. Wird jemand auf eine E-Mail-Liste gesetzt, so kann er auch an den Diskussionen teilnehmen. Es können sogar jene teilnehmen, die in einem anderen Zusammenhang ausgeschlossen wurden. So lange sie aufrechterhalten werden fungieren E-Mail-Listen als eine ständig offene Tür.

Natürlich können auch solche potentiell egalisierenden Optionen übergangen werden. Eine geläufige Strategie, die wir bei unseren Forschungen festgestellt haben, besteht darin, eine Vielzahl von Listen mit unterschiedlichen aber überlappenden Mitgliedschaften anzulegen. So haben wir in einem Projekt eine „zentrale Liste" und eine „allgemeine Liste" entdeckt. Die Personen auf der „zentralen" Liste galten als primäre (d.h. gut integrierte und für die Gruppe wichtige) Gruppenmitglieder und waren auf beiden Listen angeführt, während marginale Gruppenmitglieder auf der „allgemeinen" Liste standen. Als Grund hierfür wurde angeführt, dass man die marginale Gruppe nicht mit unnötigen Details belästigen, sie aber dennoch *allgemein* informieren wolle. Eine solche Strategie will aber auch gerade verhindern, dass marginale Mitglieder Einfluss auf die „zentralen" Themen nehmen, dient also dazu, die Gruppe vor Kontrollen und Einflüssen von Außen zu schützen.

Obwohl sich die direkte Partizipation bei computervermittelter Kommunikation über Listen oder Moderatoren kontrollieren lässt, ist dies bei den aktuell versandten Nachrichten nicht so leicht möglich. Unschwer können sie nämlich auch an Nicht-Mitglieder weitergeleitet werden. Dies wiederum eröffnet den Statusniedrigen die Möglichkeit, einen Einblick in das Kommunikationsgeschehen zu bekommen oder sich sogar einzumischen. Erst recht wenn sie Statushöhere einschalten, können sie einen potentiell egalisierenden Einfluss auf die Gruppe ausüben.

Verfügbarkeit

Hinsichtlich eines Egalisierungseffektes spielt der asynchrone Charakter der E-Mail-Kommunikation eine besondere Rolle, wobei sich solche Effekte gerade dadurch ergeben, dass Stautsniedrige auf die Einflussstruktur der Gruppe einwirken können, ohne in ihrer Kommunikation unterbrochen zu werden. Jedoch gibt es noch eine andere, weniger erforschte Seite der Verfügbarkeit eines Mediums, die hinsichtlich eines Egalisierungseffektes Aufmerksamkeit verdient (vgl. Sarabaugh-Thomson/Feldman 1998).

Kommunizieren Gruppen zu einem Großteil über den Computer, so kann dies durchaus dazu führen, dass eine von den statushöchsten Gruppenmitgliedern getragene Statusordnung verstärkt oder reifiziert wird. Sind die Gruppenmitglieder nicht gemeinsam physisch anwesend, so ergibt sich eine Konstruktion der Statusordnung nur im Kontext der jeweiligen Sitzungen. Abhängig davon, wo die Individuen physisch angesiedelt sind und wie groß die Gruppe ist, kann dies eine schwierige Aufgabe sein. Dem entgegen können statushöhere Führungskräfte die beständige Verfügbarkeit über das Medium Computer zu einer beständigen *Telepräsenz* nutzen und dabei ihre Position auch außerhalb der formalen Treffen stärken. Auch vermögen sie damit, die Gruppenmitglieder laufend an deren Mitgliedschaft und deren Beitrag zum Gruppenerfolg zu erinnern.

Inhaltskontrolle

Über die bisher angeführten Strategien hinaus üben statushohe Gruppemitglieder auch einen kontrollierenden Einfluss auf den Inhalt der Gruppendiskussionen aus. Eine solche Kontrolle wird dadurch erreicht, indem der Gruppenprozess beständig resümiert wird, neue Diskussionsthemen eingeführt werden oder auf alternative oder konkurrierende Themen ausgewichen bzw. ein Ausweichen unterbunden wird (Berger/Zelditch 1985). Solche Mechanismen der Partizipationskontrolle fehlen bei der computervermittelten Kommunikation. Deshalb schlagen wir vor, nach anderen Mechanismen, die zu einem ähnlichen Ergebnis führen, Ausschau zu halten.

Eine solche Strategie kann darin bestehen, dass auf die zentralen Überlegungen der Gruppe Einfluss genommen wird. Da dominante Gruppenmitglieder in der Face-to-Face-Kommunikation eine größere Konformität oder einen Meinungswandel bewirken können (Adrianson/Helmquist 1991; vgl. auch: Van Maanen/Schein 1979a), werden sie bestrebt sein, auch die Gruppen dazu zu bringen, bestimmte Themen eher in Face-to-Face-Sitzungen statt in computervermittelten Sitzungen (die ansonsten statusniederen Mitgliedern einen höheren Einfluss verschafft hätten) zu verhandeln. Anders könnte das Interesse von Statusniederen gelagert sein, die eher auf eine computervermittelte Sitzung Wert legen, bei der sie dem Einflussversuch einer statushohen Person eine (von der Entscheidungsfindung eher egalitäre) Gruppenvotierung entgegenstellen können (Poole u.a. 1991).

Wir gehen davon aus, dass Mitglieder mit hohem Status Gruppendiskussionen und Entscheidungsfindungen über wichtige Themen eher in Face-to-Face-

Sitzungen verlagern, wo sie aufgrund ihrer Einflussstrategien leichter auf die Gruppe einwirken können, während Mitglieder mit mittlerem Status versuchen werden, auf die Statusordnung der Gruppe durch eine E-Mail-Kommunikation einzuwirken. Diese Sichtweise trifft sich mit einer Konzeptualisierung der Medienwahl, die davon ausgeht, dass die Gruppenmitglieder danach streben, ihren Einfluss zu konsolidieren oder zu vergrößern.

So weit zusammengefasst lässt sich festhalten, dass die ansonsten besonders wirksamen Strategien des Statusmanagements – wie etwa die Kontrolle des Kommunikationsverhaltens anderer durch Unterbrechen oder durch das Setzen von Zugangsbeschränkungen – im Kontext von Kommunikationstechnologien nicht greifen. Wir gehen in der Tat davon aus, dass das Fehlen solcher ansonsten gegebener Zwänge am ehesten mögliche statusegalisierende Effekte erklärt. Trotzdem werden solche inhärenten egalitären Effekte untergraben, indem multiple Kommunikationskanäle (d.h. Mitgliedschaftslisten) geschaffen und die dort verhandelten Themen kontrolliert werden. Dadurch ergibt sich eine größere Selektivität in der Partizipation und Informationsverteilung und damit eine Begrenzung eines egalisierenden Effekts.

Unmittelbarkeit

Ein drittes Merkmal, mit dem wir einen Einfluss auf statusbezogene Interaktionen verbinden, ist die mit einer computervermittelten Kommunikation verbundene Begrenzung der Unmittelbarkeit oder der *sozialen Präsenz* (vgl. Short u.a. 1976). Dies wird üblicherweise aus den technisch begrenzten Möglichkeiten des Computers abgeleitet und meint die Kapazität eines Mediums, in wie weit es das Spektrum von verbalen und nonverbalen Hinweisen, wie es ansonsten bei der Face-to-Face-Kommunikation vorfindbar ist, übermitteln kann. Eine begrenzte soziale Präsenz gründet zudem darauf, dass unmittelbare oder synchrone Rückkoppelungen ausbleiben. Ausgehend von einer Perspektive des Statusmanagements erwarten wir, dass diese Unterschiede in der Präsenz und der Unmittelbarkeit wichtige Statuseffekte mit sich bringen, und zwar deshalb, weil die gegenseitigen Beobachtungen solcher Staussignale – und darauf bezogene Reaktionen wie z.B. Ratifizierungen, Ablehnungen, Unsicherheiten und Ängste, sich lächerlich zu machen – mit Blick auf die Konstruktion einer Statusordnung von zentraler Bedeutung sind (Owens 1998).

Rückkopplung

Geht man von einer gegebenen Stausordnung als einer sozial emergenten Konstruktion aus, so ist dabei vorausgesetzt, dass in der Gruppe ein Konsensus über diese Ordnung besteht (Owens/Sutton 1999). Erst wenn dies der Fall ist, kann auf die Statusordnung zum Zweck der Koordination Bezug genommen werden und nur dann kann eine Person verorten, was andere von ihr erwarten. Entsprechend kann eine Herausforderung an diese Ordnung nur vor dem Hintergrund verstanden werden, dass sie von der Gruppe getragen wird. In der Face-to-Face-Kommunikation geschieht dies in *real-time*, indem Individuen in einem Statusmanagement engagiert sind und die anderen wiederum darauf bezogen verbal wie nonverbal reagieren.

Owens (1998) berichtet, wie unbeholfene oder schwache Statusstrategien ignoriert, lächerlich gemacht oder mit einem „Augenrollen" von statushohen Mitgliedern begleitet werden – Reaktionen, die diese sofort als uneffektiv ausweisen. Effektive Schachzüge werden andererseits durch die Gruppe ratifiziert und damit signalisiert, dass mit den Aktivitäten zur Integration, Dominanz oder Herausforderung des Status quo der Gruppe fortgefahren werden kann. Das Recht, weiterreden oder das Thema wechseln zu dürfen, seine eigene Erfahrung einzubringen und seinen Wert in der Gruppe auszuloten oder anderweitig Einfluss auf die Gruppe zu nehmen, all das kann auf subtile Art und Weise, unmittelbar und schnell in der Präsenzkommunikation erfolgen. Alle in einem gemeinsamen Kontext eingebundenen Gruppenmitglieder verstehen die Muster, Ausdrucksweisen und Ergebnisse solcher strategischen Spielzüge. Und gerade durch solche unmittelbaren Beobachtungen und Mitwirkungen am Gruppengeschehen wird die soziale Ordnung der Gruppe aufrechterhalten.

Aufgrund der geringen Präsenz oder Unmittelbarkeit computervermittelter Kommunikation (Short u.a. 1976) gehen wir davon aus, dass ein auf die Gruppenordnung bezogenes Statusverhalten anders aussieht. Diesbezüglich nehmen wir dabei in einer ersten Annäherung an, dass es zu einer Statusegalisierung kommt, indem gerade statusniedrigen Mitgliedern ein weites Spektrum von Statusspielzügen offen steht ohne Gefahr zu laufen, dabei von anderen beeinträchtigt zu werden (vgl. z.B. Hiemstra 1982). In der computervermittelten Kommunikation kann beispielsweise nicht genau festgestellt werden wie lange es braucht, bis jemand zu seiner Rückantwort kommt, während dies bei einer Face-to-Face-Kommunikation gleich als Ausdruck von Cleverness oder Auffassungsgabe gewertet wird. Im Kontrast kommt es bei computervermittelten Kommunikationsprozessen zu einer Gleichschaltung zwischen Personen mit exzellenten Verbalfähigkeiten (das sind vor allem die auffälligen und ausgewiesenen Mitglieder mit hohem Status) und den ruhigen, reservierten Statusmitgliedern (die eher einen niedrigen Status haben). Ferner gehen wir davon aus, dass derartige Statuszüge bei einer gesicherten Zugänglichkeit nicht weiter hinterfragt werden. Das bedeutet wiederum, dass statushohe Personen dann nicht mehr über die volle Kontrolle über das Statusmanagement der Gruppe verfügen und (schon aus reinen Zeitgründen) nicht in der Lage dazu sind, auf alle Spielzüge, die die Statusordnung herausfordern, einzugehen.

Deshalb nehmen wir an, dass Personen mit hohem Status einen wesentlichen Teil ihrer Zeit und Energie damit verbringen, um vorausschauend auf das Geschehen in der computervermittelten Kommunikation einzuwirken und die Spielzüge der anderen zu überwachen. Indem sie früh eingreifen, kann es ihnen unter Umständen gelingen, Interaktionsnormen zu festigen, die den eigenen Statusstrategien entgegen kommen (Contractor/Eisenberg 1990; Fulk 1993; Schmitz/Fulk 1991; Yates/Orlikowski 1992). Wir erwarten von ihnen deshalb um so eher Nachrichten, die ausdrücklich die Form und den Umgangston in Diskussionsforen billigen oder negativ sanktionieren. Ein solches Verhalten entspricht im Übrigen der Übernahme einer formalen Rolle als Moderator, so wie sie bereits vorher beschrieben worden ist. Und nicht zuletzt kann eine solche Strategie dazu dienen, das Fehlen unmittelbarer Feedbackmöglichkeiten computervermittelter Kommunikation zu kompensieren.

Antwortlatenz

So wie das Timing von Reaktionen auf statusbezogene Aktivitäten anderer ein Statussignal darstellt, gilt dies auch für die Zeit, die man sich zur Beantwortung von Anfragen nimmt. Üblicherweise verlaufen die Interaktionen nicht immer in kurzer und unmittelbarer Folge. Deshalb ist gerade die Reaktionszeit ein besonderer Indikator der Statusbeziehungen in der Gruppe.

Unsere These ist, dass statusniedrige Personen weitaus schneller antworten als statushöhere und zwar direkt proportional zu der zwischen ihnen bestehenden Statusdifferenz: Je größer die Stausdifferenz, desto schneller die Antwort. Dem entgegen nehmen sich Statushöhere gegenüber Statusniedrigen mehr Zeit. Erst recht wenn die Statusdifferenz besonders hoch ist, sehen die Mitglieder mit hohem Status keine Bedrohung der Statusordnung durch Statusniedrigere. Mit der Antwortlatenz kommt dergestalt zum Ausdruck, dass die Nachricht und/oder der Sender wichtig genug sind, um eine sofortige Antwort erwarten zu können. Anders im Falle, wenn die Statusdifferenzen gering sind und deshalb der Status eher gefährdet ist. Hier ist eher eine schnellere Reaktion auf eine potentiell bedrohliche Nachricht zu erwarten. Wie schon gesagt, sehen wir auch in der Länge der Nachricht ein Statussignal, wobei kürzere, beziehungsbezogene Nachrichten von Oben nach Unten gesendet werden, umfangreichere aufgabenorientierte Botschaften hingegen eher von Mitgliedern der mittleren Führungsebene.

Zeigen von Emotionen

Auch wenn ein Defizit in der sozialen Unmittelbarkeit computervermittelter Kommunikation festgestellt wird, beklagen die Nutzer – insbesondere von E-Mail – wiederum eine große technische Unmittelbarkeit und Effizienz (Sproull/ Kiesler 1986), wenn sie Nachrichten erstellen und senden (oder fehlversenden). Hierzu gehört das *Flaming* bzw. eine schroffe oder unangemessene Kritik anderer (Martin u.a. 1992). Ein solches Verhalten tritt bei einer computervermittelten Kommunikation vor allem deshalb auf, weil die ansonsten nonverbal wirksamen Korrektive ausgeklammert werden (Sproull/Kiesler 1986). Gedeutet aus der Perspektive des Statusmanagements stellt eine solche, die Normen sprengende Entgleisung, einen *herausfordernden Spielzug* dar, wobei die *Dominanz- und Integrationszüge* wiederum die soziale Ordnung stärken.

Manche E-Mail Nutzer tappen schon aufgrund der Leichtigkeit, mit der Nachrichten erstellt und verschickt werden und vor allem dadurch, dass einmal verschickte Nachricht nicht wieder zurückgeholt werden können, in die Falle derartiger unangemessener Verhaltensweisen. Erst nachdem sie den Send-Befehl gegeben oder eine unerwartete emotionale Erwiderung bekommen haben stellen viele den relationalen Einfluss ihrer Nachricht fest.

Man kann es aber auch mit einem strategischen Verhalten zu tun haben. Mitglieder einer elektronischen Gruppe können oft nur erahnen, wie lange man brauchte, um eine Botschaft zu verfassen und zu versenden. Dabei kann ein aus dem Bauch kommendes Flaming gerade dadurch gerechtfertigt werden, dass damit ja der emotionale Zustand einer Gruppe ausgedrückt wird, wiewohl es durchaus besser wäre, solche Mitteilungen in einem Face-to-Face-Gespräch zu machen (vgl. Hiemstra 1982).

Doch wir denken, dass es gerade solche Rationalisierungen des Verhaltens sind, die zu einem den normativen Rahmen sprengenden Kommunikationsverhalten führen. Das Zeigen negativer Gefühle scheint in oberen Führungsebenen stärker zu sein (Gruenfeld u.a. 1999; Ridgewas/Johnson 1990). Noch mehr erwarten wir dies indessen bei jenen, die in der Staushierarchie weiter unten stehen, wobei dies durchaus statusegalisiernde Effekte haben kann.

So weit zusammengefasst hat die Begrenzung der Unmittelbarkeit computervermittelter Kommunikation wichtige Auswirkungen auf die statusbezogenen Interaktionen in der Gruppe. Das Entstehen einer gemeinsamen Statusstruktur hängt nicht zuletzt von dem Verhältnis, den Anforderungen der Statusordnung und den Verhaltensweisen der Gruppenmitglieder ab (Owens/Sutton 1999). Fehlen indessen visuelle und auditive Rückkopplungskanäle, dann müssen die Menschen neue Wege finden, ihr Feedback zu kommunizieren. Vor allem Statushöhere (also jene, die am meisten zu verlieren haben) werden, so unsere Annahme, auch jene sein, die dies besonders forcieren. Dabei folgen wir nicht unbedingt einer Restriktionshypothese, der zu Folge eine Begrenzung der Bandbreite notwendigerweise eine Reduktion der sozialen, emotionalen und relationalen Seite der Kommunikation (also auch Nachrichten, die eine Statusinformation transportieren) bedeutet. Vielmehr nimmt die relationale Kommunikation einen zentralen Stellenwert auch bei einer computervermittelten Kommunikation und erst recht bei solchen Gruppen ein, die nur wenige Möglichkeiten zu einer Kommunikation von Angesicht zu Angesicht haben.

Diskussion und Schussfolgerung

Auch wenn sich die Organisationsstrukturen einebnen und Gruppenarbeit immer mehr durch elektronische Kommunikation getragen wird – sei es aufgrund geographischer Bedingungen, der Aufgabenkomplexität oder aufgrund einer nur temporären Zusammenarbeit – so sind wir dennoch davon überzeugt, dass informale Ordnungen wie die Statusordnung weiterhin eine Bedeutung im Kontext der Gruppenarbeit und Aufgabenerfüllung haben werden. Während sich die in traditional strukturierten und in einem traditionellen organisatorischen Umfeld arbeitenden Face-to-Face-Gruppen auf Interaktionen mit einer unmittelbaren physischen Nähe verlassen können, muss die Statusordnung im Falle elektronischer Kommunikation durch nichttraditionelle Mittel getragen werden.

Die Art und Weise des Statusmanagements bei computervermittelten und Face-to-Face abgestützten Kommunikationen sind nicht identisch und spiegeln sich in vielfältigen Statusstrategien. Nutzer wenden alle möglichen Strategien an, um einen Statusvorteil zu bekommen. In dem Maße wie Statusstrategien weithin angewendet und verstanden werden zeigt sich zugleich, dass hier ein diesbezüglicher Sozialisationsprozess durchlaufen worden ist (Orlikowski u.a. 1995; Van Maanen/Schein 1997b). Ausgehend von der Face-to-Face-Kommunikation hin zu einer computervermittelten Kommunikation, ergibt sich mit dem Hinzukommen neuer Medien zugleich die Möglichkeit einer Neustrukturierung (Barley 1986), die grundlegende Einflüsse darauf haben kann, wie sich soziale Dynamiken – und so auch Statusherausforderungen – im Leben einer Gruppen entfalten (DeSanktis/Allupe 1987). Deshalb ist es, mit all den strategischen Implikationen, (Bowers 1992) wichtig, dass man versteht wie die Individuen die neuen Medien nutzen, um die Statusordnung der Gruppe hervorzubringen, anzupassen und zu verstärken.

Computervermittelte Kommunikation wird oft als statusegalisierend und partizipationsfördernd angepriesen. Und in der Tat erlaubt sie statusniedrigen Personen einen besseren Zugang zu Statushöheren. Doch bleiben viele der Möglichkeiten dieser Interaktionstechnologie unter der Kontrolle der Statushohen, schon dadurch, dass sie den Zugang bestimmen und den Entscheidungsprozess kontrollieren können. Wie stark ein Egalisierungseffekt schließlich sein wird, hängt nicht zuletzt von dem Kontext ab, in dem die Entscheidungen stattfinden und in den die Statusgruppe eingebunden ist.

Wir möchten den Leser daran erinnern, dass sich dieses Kapitel vor allem damit beschäftigt, wie Statusherausforderungen in der E-Mail-Kommunikation ausgespielt werden. Statuseffekte bei der Wahl anderer Technologien haben wir hierbei ausgeklammert. Wir haben uns zudem auf die Form und nicht auf den Inhalt der vermittelten Nachrichten bezogen, wiewohl es klar ist, dass das, was ein Mensch in einem bestimmten Kontext sagt, eine entscheidende Rolle bei seinem auf das Statusmanagement bezogene Verhalten spielt. Hiermit muss sich die Forschung noch weiter beschäftigen.

Abschließend lässt sich festhalten, dass computervermittelte Kommunikation Gruppengrenzen überwinden hilft. Gruppen hatten bisher klare Zeit- und Raumstrukturen, um zusammen zu arbeiten, wobei die Gruppenzugehörigkeit schon durch die physische Präsenz der Mitglieder angezeigt worden ist. Computervermittelte Kommunikation hat dies geändert, indem nun Treffen ohne einen gemeinsamen Ort und ohne zeitliches Ende ermöglicht werden. Und in einer solchen neuen Umwelt können statusbezogene Züge mit einer ebensolchen Leichtigkeit ausgespielt werden wie man Nachrichten via E-Mail verschicken kann. Man muss nicht mehr zehn oder vierzehn Tage warten, bis das nächste Meeting stattfindet. Man hat durchgehend Zeit, vierundzwanzig Stunden am Tag und sieben Tage die Woche, um die Statusstruktur herauszufordern. Und dabei geht es gerade darum, besser verstehen zu lernen, wie diese neuen Möglichkeiten in Gruppen und Organisationen gehandhabt werden.

Literatur:

Adrianson, L./Helmquist, E. (1991): Group processes in face-to-face and computer mediated communication. In: Behavior and Information Technology, 10(4), 281-296.

Asteroff, J. F. (1987): Paralanguage in electronic mail. Unpublished Doctoral Dissertation, Columbia University, New York.

Bales, R. F. (1951): Channels of communication in small groups. In: American Sociological Review, 16, 461-468.

Barley, S. R.:Technology as an Occasion for Structuring (1986): Evidence from Observations of CT Scanners and the Social Order of Radiology Departments. In: Administrative Science Quarterly, 31(1), 78-108.

Berger, J., Wagner, D. G., & Zelditch, M. J. (1985): Expectation states theory: Review and assessment. In: J. Berger & M. Zelditch (Eds.), Status, rewards, and influence. San Francisco, 1-72.

Berger, J., & Zelditch, M. (1985): Status, Rewards, and Influence. San Francisco

Blau, P. (1964): Exchange and Power in Social Life. New York.

Bloch, M. (1971): Decision-making in Councils among the Merina of Madagascar. In: A. Richards & A. Kuper (Eds.), Councils in Action. Vol. No. 6., Cambridge, 29-62.

Bowers, J. (1992): The politics of formalism. In: M. Lea (Ed.), Contexts of computer-mediated communication. New York: Harvester Wheatsheaf, 232-261.

Brown, P., & Levinson, S. C. (1987): Politeness: Some Universals in Language Usage. Cambridge: Cambridge University Press.

Contractor, N. S., & Eisenberg, E. M. (1990): Communication networks and new media in organizations. In: J. Fulk & C. Steinfield (Eds.), Organizations and communication technology. Newbury Park, CA: Sage Publications, 143-172.

Daft, R. L., & Lengel, R. H. (1984): Information richness: a new approach to managerial behaviour and organizational design. In: Research in Organizational Behaviour, 6, 191-233.

Daft, R. L., Lengel, R. H., & Trevino, L. K. (1987): Message equivocality, media selection, and manager performance: implications for manager performance. In: MIS Quarterly, 11, 355-66.

Daft, R. L., & Macintosh, N. B. (1981): A tentative exploration into the amount and equivocality for information processing in organizational work units. In: Administrative Science Quarterly, 26, 207-224.

DeSanctis, G., & Gallupe, R. B. (1987): A foundation for the study of group decision support systems. In: Management Science, 33, 589-609.

Dubrovsky, V. J., Kiesler, S., & Sethna, B. N. (1991): The equalization phenomenon: Status effects in computer-mediated and face-to-face decision-making groups. In: Human-Computer Interaction, 6, 119-146.

Fiske, S. T., & Taylor, S. E. (1991): Self-presentation and impression management.

Fulk, J. (1993): Social Construction of Communication Technology. In: Academy of Management Journal, 36(5), 921-950.

Goffman, E. (1959): Presentation of Self in Everyday Life. Garden City, New York: Anchor Press, Doubleday.

Grint, K. (1989): Accounting for failure: Participation and non-participation in cmc. In: R. Mason & A. Kaye (Eds.), Mindweave: Communication, Computers and Distance Education. Oxford: Pergamon Press, 189-192.

Gruenfeld, D. H., Keltner, D. J., & Cameron, A. (1999): The effects of power on those who possess it. Evanston, IL: Northwestern University, Kellog Grad. School of Management.

Gumpert, G., & Cathcart, R. (1986): Inter/Media: Interpersonal communication in a media world. (3 ed.). New York: Oxford University Press.

Herring, S. C. (1993): Gender and democracy in computer-mediated communication. In: Electronic Journal of Communication/La Revue Electronique de Communication, 3(2).

Hiemstra, G. (1982): Teleconferencing, concern for face, and organizational culture. In: M. Burgoon (Ed.): Communication Yearbook 6. Beverly Hills: Sage.

Hiltz, S. R., & Turoff, M. (1978): The Network Nation. Reading, MA: Addison-Wesley.

Huff, C. L., Sproull, L., & Kiesler, S. (1989): Computer communication and organizational commitment: tracing the relationship in a city government. In: Journal of Applied Social Psychology, 19(16), 1371-1391.

Johansen, R., Vallee, J., & Spangler, K. (1979): Electronic Meetings: Technical Alternatives and Social Choices. Reading, MA: Addison-Wesley.

Kelley, H. H. (1951): Communication in experimentally created hierarchies. In: Human Relations, 4, 39-56.

Knapp, M. L. (1978): Nonverbal Communication in Human Interaction. (Second ed.). New York: Holt, Rinehart and Winston.

Lee, A. S. (1994): Electronic mail as a medium for rich communication. MIS Quarterly.

Lenski, G. E. (1966): Power and Privilege. New York: McGraw Hill.

Mantovani, G. (1994): Is computer-mediated communication apt to enhance democracy in organizations? In: Human Relations, 47(1), 45-62.

Markus, M. L. (1994): Electronic mail as a medium of managerial choice. In: Organization Science, 5(4), 502-527.

Martin, L., O'Shea, T., Fung, P., & Spears, R. (1992): "flaming" in computer-mediated communication: Observations, explanations, implications. In: M. Lea (Ed.): Contexts of computer-mediated communication. New York: Harvester Wheatsheaf, 89-112.

Matheson, K. (1991): Social cues in computer-mediated negotiations: Gender makes a difference. In: Computers in Human Behaviour, 7(3), 137-145.

Orlikowski, W. J., Yates, J., Okamura, K., & Fujimoto, M. (1995): Shaping electronic communication: The metastructuring of technology in the context of use. In: Organization Science, 6(4), 423-444.

Owens, D. A. (1998): Negotiating Order in R&D Groups: A Model of Status Dynamics in Groups and Organizations. Unpublished Dissertation, Stanford University, Stanford, CA.

Owens, D. A., & Sutton, R. I. (1999): Status Contests in Meetings: Negotiating the Informal Order. In: M. E. Turner (Ed.), Groups at Work: Advances in Theory and Research (Vol. (In Press)). Mahwah, NJ: Lawrence Erlbaum and Associates.

Padgett, J. F., & Ansell, C. K. (1993): Robust Action and the Rise of the Medici, 1400-1434. In: American Journal of Sociology, 98, 1250-1310.

Poole, Holmes, & Desanctis. (1991): Conflict management in the computer supported meeting environment. In: Management Science, 37(8).

Rice, R., & Love, G. (1987): Electronic emotion: Socioemotional content in a computer-mediated communication. In: Communication Research, 14(1) 85-108.

Ridgeway, C., & Johnson, C. (1990): What is the relationship between socioemotional behavior and status in task groups. In: American Journal of Sociology, 95(5), 1189-1212.

Rifkin, W. D. (1990): Communication between technical and nontechnical people: The negotiation of expert status. Unpublished Dissertation, Stanford University.

Sarbaugh-Thompson, M., & Feldman, M. B. (1998): Electronic Mail and Organizational Communication: Does Saying Hi Really Matter. In: Organization Science, 9(6).

Schmitz, J., & Fulk, J. (1991): Organizational colleagues, media richness, and electronic mail: A test of the social influence model of technology use. In: Communication Research, 18(4).

Shea, V. (1994): Netiquette: Albion Books.
Sherblom, J. (1988): Direction, function, and signature in electronic mail. In: Journal of Business Communication, 25, 39-54.
Short, J., Williams, E., & Christie, B. (1976): The social psychology of telecommunications. New York: Wiley.
Siegel, J., Dubrovsky, V., Kiesler, S., & McGuire, T. W. (1986): Group process in computer-mediated communication. In: Organizational Behaviour and Human Decision Processes, 37, 157-187.
Sproull, L., & Kiesler, S. (1986): Reducing Social Context Cues: Electronic Mail in Organizational Communication. In: Management Science, 32(11), 1492-1512: Charts.
Sproull, L., & Kiesler, S. (1991): Connections : New Ways of Working in the Networked Organization. Cambridge, MA: MIT Press.
Strauss, A. L. (1959): Mirrors and Masks: The Search for Identity. Glencoe, IL: The Free Press.
Trevino, L. K., Daft, R. L., & Lengel, R. H. (1990): Understanding managers' media choices: a symbolic interactionist perspective. In: J. Fulk & C. W. Steinfield (Eds.), Organizations and Communication Technology. Newbury Park, CA: Sage Publications, 71-94.
Trevino, L. K. L., R., and Daft, R. L. (1987): Media Symbolism, media richness, and media choice in organizations: A symbolic interactionist perspective. In: Communication Research, 14, 553-747.
Turkle, S. (1984): The Second Self: Computers and the Human Spirit. New York, NY: Simon and Schuster.
Van Maanen, J., & Schein, E. (1979b): Toward a theory of organizational socialization. In: Research in Organizational Behaviour, Vol. 1, 209-59.
Van Maanen, J., & Schein, E. (1979a): Toward a theory of organizational socialization. In: Research in Organizational Behaviour, Vol. 1, 209-59.
Walther, J. B. (1992): Interpersonal Effects in Computer-Mediated Interaction: A Relational Perspective. In: Communication Research, 19(1), 52-90.
Walther, J. B., & Burgoon, J. K. (1992): Relational communication in computer-mediated interaction. In: Human Communication Research, 19(September), 50-80.
Weisband, S. P., Schneider, S. K., & Connolly, T. (1995): Computer-mediated communication and social information: Status salience and status differences. In: Academy of Management Journal, 38(4), 1124-1151: Charts, Equations.
Yates, J., & Orlikowski, W. J. (1992): Genres of Organizational Communication: a structurational approach to studying communication and media. In: Academy of Management Review, 17(2), 299-326.
Yates, J., Orlikowski, W. J., & Okamura, K. (1999): Explicit and Implicit Structuring of Genres in Electronic Communication: Reinforcement and Change of Social Interaction. In: Organization Science, 10(1), 83-103.

Metamorphosen des Liebesbriefs im Internet.[1]
Eine korpusgestützte textlinguistische und kommunikationswissenschaftliche Bestimmung des Liebesbriefs und seiner Pendants im Internet.

Eva Lia Wyss

Intermediale Beziehungen verändern Sprache, Sprachgebrauch und Spracheinstellungen

Steht ein neues Medium zur Verfügung, kommt es bei denjenigen, die einen Zugang zu diesem Medium haben oder finden, zu einer Umverteilung ihrer eigenen privaten und geschäftlichen Kommunikationen; das neue Medium wird im Rahmen der sich damit bietenden Möglichkeiten – wenn die soziokulturellen Kontexte dies unterstützen – auch genutzt, so dass es zu einer Ausdifferenzierung von Kommunikationsformen und bei längerem Gebrauch zu einer Änderung der Kommunikationsgewohnheiten führen kann. Ein neues Medium verändert in diesem Fall die alten Wertigkeiten der Medien, es entsteht eine Umverteilung der Funktionen und der Mediennutzung (vgl. Krotz 1998 und Krotz in diesem Band). Damit ist in der Regel ein gewisser Sprachwandel, sicher aber ein Sprachgebrauchswandel und nicht zuletzt ein Wandel der Spracheinstellungen zu erwarten, wie dies für die E-Mail-Kommunikation der Fall war und ist.[2]

Gerade für den Medienwechsel der Textsorte *Liebesbrief* und die damit etablierte Intermedialität mag gelten, was generell bei einem Medienwechsel beobachtet wird: der Medienwechsel wird von zwei fundamentalen leitenden Prinzipien geprägt, das konservative *stilistische Trägheitsprinzip* (Bausinger 1972: 81) auf der einen Seite, die *medienspezifische Innovation* auf der anderen Seite. So lautet die Frage: welche Aspekte des Alten lassen sich in das neue Medium integrieren und welche neuen Formen, Funktionen und Textkonstellationen sind zu beobachten? Welche Aspekte des Liebesbriefs werden im Medienwechsel verändert?

---

[1] Ganz herzlich danke ich den Studierenden in Zürich und Saarbrücken und den vielen BeirägerInnen aus Deutschland und der Schweiz für das Briefmaterial, das sie mir für das Liebesbrief-Projekt freundlicherweise überlassen haben.

[2] Auf den Sprachgebrauchswandel (für die deutsche Sprache) und den Wandel der Spracheinstellungen weisen auch die folgenden Arbeiten hin: vgl. Wichter (1991), Janich (1994), Günther/Wyss (1996), Hess-Lüttich (1997), Pansegrau (1997), Gruber (1997). Weitere Analysen zur E-Mail-Kommunikation vgl. Dürscheid (im Druck).

Ob sich dabei eine weitere bereits für das 20. Jahrhundert konstatierte Tendenz hin zu einer Verstärkung der Mündlichkeit in schriftlichen Texten und ob sich dabei eine weitere Ausdifferenzierung von Textsorten in diesem Spannungsfeld zeigt, soll hier für den Liebesbrief als ein Beispiel einer zwar stark verbreiteten, jedoch noch wenig untersuchten Textsorte geklärt werden (vgl. von Polenz 1999: 37ff.).

Dazu wird in einem ersten Schritt („Definition des Liebesbriefs") der Frage nach der Bestimmung des Liebesbriefs nachgegangen; im Abschnitt „Schriftlichkeit des Liebesbriefs" wird zu diesem Zweck die dem Liebesbrief eigene Schriftlichkeit beschrieben und im Abschnitt „Schriftlichkeit des E-Mail-Liebesbriefs" der Schriftlichkeit der E-Mail gegenübergestellt. Im Abschnitt „Flirtbriefe" und „E-Mail-Liebeskorrespondenzen" werden zwei neue schriftliche Kommunikationsformen vorgestellt, die als Metamorphosen des Liebesbriefs im Internet entstanden sind.

Zur Definition des Liebesbriefs

Von Savigny schreibt in seinem Buch zum Definieren eine Definition sei entweder „eine Behauptung in der Sprache" oder „eine Behauptung über die Sprache" (1972: 12). Da eine Behauptung nun aber nicht das Ziel der kulturwissenschaftlichen Arbeit sein kann, soll die *Bestimmung* diese ersetzen und dahingehend präzisiert werden, dass in diesem Abschnitt die Frage nach der deduzierenden Bestimmung des Liebesbriefs im Kontrast mit einer induktiv-empirischen Bestimmung versucht werden soll.

Deduzierende Bestimmung des Ausdrucks und des Gegenstands

Als Begriffsbestimmung wird die Definition[3] mit der klassischen Regel „defintio fit per genus proximum et differentiam specificam" (Menne 1992: 15) beschrieben. Für den Liebesbrief als Definiendum würde das Definiens wohl „ein Brief der Liebe" lauten mögen. Diese Genitivkonstruktion entlarvt sich bei genauerem Hinsehen jedoch sogleich als Ablenkungsmanöver, da das relevante und daher zu fokussierende Verhältnis zwischen Grund- und Bestimmungswort auf diese Weise geradezu unberücksichtigt, und schließlich vage, bleibt. Eine erste Annäherung an eine Bestimmung des Liebesbriefs soll daher bei den Lexikographen des 18. und 19. Jahrhunderts versucht werden. Wenn auch historische

---

[3] Eine interessante Abhandlung über das Definieren liefert von Savigny (1974) eine knappe, historische Einführung bietet Menne (1992).

Bedeutungsveränderungen hier nicht im Zentrum stehen können, finden sich in den älteren Wörterbüchern Anhaltspunkte für die Analyse des Ausdrucks beziehungsweise die Bestimmung des Gegenstands. Wörterbücher geben Auskunft über „Feststellungen über die Sprache" (vgl. von Savigny 1974: 30). Der deduzierende Weg berücksichtigt daher die „Behauptungen" und „Feststellungen" der *auctoritas*.

Adelung (1796) verweist auf den Ausdruck Liebe im engsten Sinn (damit meint er das Begehren)[4] und wendet zur weiteren Erläuterung eine metonymische Konstruktion an: ein *verliebter* Brief. Dem Brief sieht man an, dass der Verfasser verliebt ist. An dritter Stelle findet sich ein textinternes Kritierium, eine Äußerung zum Inhalt[5]: im Brief werde einer Person die Liebe erklärt oder versichert.

Der Liebesbrief, des – es, plur, die – e, Diminut. das Liebesbriefchen, in der engsten Bedeutung des Wortes Liebe, eine [sic!] verliebter Brief, ein Brief, worin man einer Person andern Geschlechtes seine Liebe erkläret oder versichert. (Adelung 1796: 2059)

Campe (1809) erwähnt explizit einen „Gegenstand oder Inhalt" des Briefes, der beim Liebesbrief die Liebe sei und führt dann zwei Beispiele vor die Liebeserklärung und die Versicherung der Liebe. Außerdem findet ein praktisch-kommunikativer Zweck Erwähnung: die Vereinbarung einer Zusammenkunft.

Der Liebesbrief, –es, Mz. –e; Vw. das Liebesbriefchen, ein Brief, dessen Gegenstand und Inhalt die Liebe ist, ein Brief, in welchem man einer Person anderen Geschlechts seine Liebe erklärt oder versichert, oder eine Zusammenkunft u. verabredet.[6] (Campe 1809)

Heyne (1892) führt neben der Liebeserklärung ein weiteres Kriterium an: das Verhältnis zwischen Absender und Adressat. Mit dem Ausdruck „Liebesleute" fokussiert er eine Reziprozität der Liebesgefühle und erinnert gleichzeitig an eine Textkonstellation: an die bürgerliche Praxis der eheeinleitenden Korrespondenz, an die Brautbriefe des 19. Jahrhunderts. So genannte Liebesleute sind

---

[4] Vgl. zur Analyse der lexikografischen Darstellung des Ausdrucks „Liebe" die Arbeit von Kapl-Blume (1988).
[5] Zu Inhalt vgl. Brinker (2001: 55), der diesen Terminus im Zusammenhang mit der thematischen Entfaltung nennt. Es ist in den Wörterbuchartikeln jedoch nicht explizit, ob mit beispielsweise der „Liebeserklärung" eine im Text eruierbare Textsequenz gemeint wird, oder ob es auch implizit sein, oder gar als funktionale Bestimmung des Liebesbriefs gelten könnte.
[6] u. ist Abk. für *untereinander*.

in dieser Lesart heimlich oder offiziell verlobte Paare, die einander während der Zeit der Verlobung, d.h. bis zur Heirat Liebesbriefe schreiben. Diese Briefe dienen dazu, sich besser kennenzulernen und die im realen Alltag in manchen Fällen nur wenig gelebte Beziehung mit Hilfe der schriftlichen Erzählungen und Berichte aufzubauen.

Liebesbrief, m. Brief der Liebe erklärt oder unter Liebesleuten geschrieben wird. (Heyne 1892: 650)

Der Liebesbrief wird – 100 Jahre später – im großen Duden-Wörterbuch (1999) nicht mehr ausschließlich über inhaltliche oder funktionale Kriterien bestimmt. Zentral ist ein sprechakttheoretischer Aspekt: der „Liebesbrief" ist ein *Brief einer liebenden Person*, welche ihrer Gemütsverfassung, ihrer Intentionalität in dem Brief Ausdruck verleiht. Liebe ist Intention oder Gefühl des Schreibers, was im Liebesbrief ausgedrückt wird. Das Kriterium der Liebeserklärung, des Themas oder der Versicherung der Liebe hinsichtlich einer Notwendigkeit zur Explizitheit korrigiert: Der konkrete Briefinhalt oder das Thema des Briefes bleiben unbestimmt. Es wird nicht (länger) eine Liebeserklärung oder eine Versicherung der Liebe erwartet. Das Bild des Liebesbriefs ändert sich auf diese Weise bedeutend. Er wird durch textexterne Faktoren, nämlich die Intentionalität der schreibenden Person bestimmt.

Liebesbrief, der: Brief, den jmd. an die Person, die er liebt (1b) schreibt u. in dem er seine Liebe ausdrückt: -e schreiben; einen L. bekommen. (Duden 199: 2426)

Dieser deduktiven Annäherungen an den Liebesbrief soll eine aus dem empirischen Material erarbeitete Bestimmung des Gegenstandes folgen. Die Wörterbücher fungieren als erster Schritt in der intersubjektiven Auseinandersetzung mit kulturellen, wissenschafts- und kulturgeschichtlichen Setzungen (vgl. Wyss, im Druck b).

Induktive Bestimmung des Liebesbriefs

Um die Veränderung der Textsorte im Medienwechsel zu beschreiben, ist es sinnvoll und – wie unten gezeigt werden kann – auch wesentlich, konkretes, d.h. authentisches[7] Material mit in die Untersuchung einzubeziehen. Neben der

---

[7] Die Berücksichtigung von elizitiertem Briefmaterial, von Briefen, die für eine Untersuchung hergestellt werden, vermag eventuell einen Zugang zu bewussten und sicherlich zu vorbe-

hypothetisch-deduktiven Bestimmung des Liebesbriefs, kann auf diese Weise eine induktive, an ‚realem' empirischen Material geprüfte Bestimmung erfolgen. Mit der empirischen Methodik gewinnt man überhaupt einen Eindruck von der Art und Breite der Variation beziehungsweise von einer gewissen – im Fall des Liebesbriefs bereits fast sprichwörtlichen – Standardisiertheit einer Textsorte, die weder in der lexikografisch-historischen noch in der introspektiven Methode rekonstruiert werden könnten.[8]

Die Briefe des Zürcher Liebesbriefarchivs[9] (ZLA) stammen von Menschen, welche in vielen Fällen selbst die Adressaten der Briefe waren. Dieser Umstand macht diese Personen in der Beurteilung der Texte zu Zuständigen. Gleichzeitig verbindet sich diese Zuständigkeit mit der Tatsache, dass diese Adressaten die Briefe als Liebesbriefe „gelesen" und beurteilt und dem ZLA zur Verfügung gestellt haben. Sperber und Wilson (1986) weisen auf die zentrale Bedeutung der Beurteilung von Sprechhandlungen aus Rezipientenperspektive – wenn ein als Liebesbrief verfasster Text, bei der rezipierenden Person, die auch Adressatin war, nicht als solcher verstanden würde, wäre es schwierig, diesen noch als Liebesbrief zu bestimmen. Dies ist besonders in denjenigen Fällen notwendig, in welchen Texte – wie dies für die intimen Liebesbriefe durchaus der Fall sein kann – von außenstehenden Personen nicht zugeordnet werden können. Die Wissenschaftlerin, der distanzierte Blick, schließlich bringt eine Korrektur, sozusagen eine Triangulation der Perspektive. Damit sollen Texte, die von sprachwissenschaftlichen Laien (die nicht RezipientInnen sind) keineswegs als Liebesbriefe bezeichnet würden, weil sie sich zu stark von einem Prototypus entfernen, trotzdem als Liebesbriefe behandelt werden. Die methodische Aufgliederung der Perspektiven und damit auch der Beurteilungsinstanzen (Wörterbücher – Briefe des ZLA – Beurteilung der Forscherin) führt bei der Bestimmung der Textsorte zu einer präziseren Differenzierung.

---

wussten *Meinungen von Briefeschreiberinnen über die Textsorte* zu geben, liefert jedoch nicht aber eine Aussage über die Textsorte, da die Texte des Kontexts enthoben sind (vergleichbar mit Texten in Briefstellern).

[8] Vgl. die Ausführungen von Adamzik (1998) zur Problematik der kontrastiven Textsortenstudien.

[9] Es handelt sich dabei um ein offenes Archiv mit einer Sammlung von über 5000 hauptsächlich deutschsprachigen Liebesbriefen (aller Medien). Vgl. Wyss (2000) oder http://www.unizh.ch/~elwyss/. Für die Untersuchung der E-Mail-Liebesbriefe konnte auf eine Auswahl von 250 E-Mail-Liebesbriefen aus der 2. Hälfte der 90er Jahre berücksichtigt werden. Es handelt sich dabei um zwei größere Korrespondenzen mit ca. 100 Briefen (vollständiger Briefwechsel) bzw. 50 Einzelbriefen (unvollst. Korr.) und vier kleinere ebenfalls lückenhafte Korrespondenzen mit je 10-30 Briefen. Als Vergleichsmaterial dienten ca. 400 handschriftliche Briefexemplare aus derselben Zeitspanne.

Die hier präsentierte Perspektiventriangulation erlaubt es also, aus der bei der Bestimmung von Textsorten meist gegebenen impliziten Senderperspektive herauszutreten und die zentrale RezipientInnen-Perspektive mit einfließen zu lassen. Wenn die Adressatin-Rezipientin nicht feststellt, dass es sich bei einem Brief um einen Liebesbrief handelt, ist nicht nur die Kommunikation nicht geglückt. Es stellt sich vielmehr auch die Frage nach der Realität der Textfunktion des empirischen Textes, die sich in manchen Fällen von der intendierten Funktion unterscheiden mag (vgl. dazu ausführlich Wyss 1998: 58ff., 62 und 101.).

Das Archiv versammelt eine Menge unterschiedlicher Liebesbriefe, die hier nicht im Einzelnen aufgeführt werden können. Es sollen vielmehr Elemente und spezifische Ausprägungen bezüglich der Unterscheidung zu E-Mail-Liebesbriefen fokussiert werden.

Schriftlichkeit des Liebesbriefs

Der prototypische Liebesbrief ist der handschriftliche Brief [10], zu Beginn des 20. Jahrhunderts ausschließlich mit Tinte verfasst, seit den 70er Jahren wird auch mehr und mehr anderen Schreibmedien wie Kugelschreiber, Filzstift Platz gemacht – der Bleistift hingegen kann sich bis zum Ende des 20. Jahrhunderts nicht durchsetzen. Lange Zeit wohl durch das Provisorische, das der Bleistift einem Schriftstück verleiht, später wohl als Resultat einer Konkurrenz zu den weiter verbreiteten Schreibmedien, wie der Kugelschreiber und der Filzstift. Der Bleistift kommt sozusagen aus der Mode. Es ist demnach nicht nur die Wahl der Schriftlichkeit, die beim Liebesbrief eine Normalform darstellt, sondern spezifischer die Wahl der Hand-Schriftlichkeit. In die Maschine schreibt man Liebesbriefe wenn es nötig ist, beispielsweise bei Handverletzungen oder auf dünnes Luftpostpapier, oder aus Lust am Maschinenschreiben.

Die Handschriftlichkeit ist zwar Normalform, doch besteht eine weitere stilistische Markiertheit. Der handschriftliche Liebesbrief wird – was im ersten Moment vielleicht banal klingen mag – schön geschrieben.[11] Die damit verbundene Anstrengung und Leistung ist nun aber bis heute nicht nur Ausdruck für Sorgfalt, sondern wird ebenso in der Metapher als *Ernsthaftigkeit* gelesen.

Dabei ist zu bedenken, dass der historisch weiter zurück liegende schriftliche Heiratsantrag des Mannes an die Frau anderen Ansprüchen gerecht werden musste, als die im Geheimen ausgetauschten Liebeserklärungen. Während der Liebesbrief, in welchem ein Heiratsantrag formuliert ist, Dokumentencharakter

---

[10] Vgl. Ermert (1979).
[11] Wie dies im Bürgertum von Kindesbeinen auf gelernt wird (vgl. Linke 1996: 291ff. u. von Polenz 1999: 43ff.).

erhält, ist der Liebesbrief der Liebeserklärung ein expressiver Text, der beeindrucken und Gefühle auslösen soll. Der schriftliche Heiratsantrag aber ist der erste Schritt, auf welchen – im Fall einer Zusage der Frau – umgehend von der offiziellen Anfrage (als „um die Hand der Tochter anhalten") bei deren Eltern folgen musste.[12] Und während der Verlobungszeit wurde dann korrespondiert. Die Schriftlichkeit des Liebesbriefs hat eine soziale Choreographie. Nicht selten wurden die Brautbriefe denn im Kreis der Familie vorgelesen (vgl. Wyss im Druck).

Obwohl in Befragungen immer noch eine deontische Norm zum Liebesbrief festgehalten werden kann, ist der reale Liebesbrief (des Zürcher Liebesbriefarchivs) seit den 70er Jahren nicht mehr sorgfältig oder gar korrekt und auch nicht ins Reine geschrieben.[13] Es macht sich eine Stilistik des Spontanen bemerkbar, die an die Stelle der Ernsthaftigkeit eine so genannte Authentizität des Gefühls treten lässt. Es zeigt sich eine Individualisierung des Liebesbriefs durch ausgeprägte (und stilisierte) Betonung einer persönlichen Handschrift und durch den Vorzug einer Expressivität, die sich nicht mehr länger um sprachliche Form kümmern muss. Sprachexperimente, ein spielerischer Umgang mit Sprachmaterial und Collagen sind Ausdruck einer modernen Schriftlichkeit. Der Brieftext wird zunehmend ungezwungener (vgl. Lütten-Gödecke/Zillig 1994: Wyss 2000). Weil gleichzeitig der Status von Jugendlichen sich hob, sie ein Anrecht auf eine von den Eltern losgelöste Privatsphäre erhielten, findet man eine Juvenisierung der Liebesbriefe. Sie werden nicht nur zunehmend auch von ausgesprochen jungen Leuten (12jährige) verfasst, sondern es sind allgemein deutlich mehr jugendsprachliche Kolloquialismen zu verzeichnen, die Liebesbriefschreiber geben sich jung.[14] Gleichzeitig wird der Liebesbrief ganz privat und intim; er wird nicht mehr vorgelesen. Die zeitgenössische Handschriftlichkeit etabliert sich hier in Anlehnung und Abgrenzung zum vertraulichen und intimen Gespräch am Telefon oder face-to-face.

Schriftlichkeit in Anwesenheit des Adressaten

Gerade diese Schriftlichkeit findet ganz spezifische Textkonstellationen, welche die raumzeitliche Zerdehnung auf eine zeitliche Zerdehnung reduzieren: die Schriftlichkeit in Anwesenheit des Adressaten.

---

[12] Vgl. Joris/Witzig (1995: 118).
[13] Kleinere Untersuchungen zum „guten Liebesbrief" von Studierenden meines Forschungsseminars in Saarbrücken wie auch das Erfurter Projekt (vgl. Höflich in diesem Band) zeigen, dass Liebesbriefe von Hand – sorgfältig und korrekt – geschrieben sein sollen.
[14] Bereits im 19. Jahrhundert war es das Privileg des jungen Mannes leidenschaftliche Liebesbriefe zu schreiben (vgl. Wyss 2000).

Jugendliche und Kinder vermeiden in der Schule mit Schülerbriefchen – einer schriftlichen Nebenkommunikation während des Schulunterrichts (Cherubim 1981), die mittlerweile eventuell durch die SMS-Kommunikation abgelöst wird – die emotional überfordernde Face-to-face-Situation. (vgl. Wyss im Druck) Erwachsenen dient die Schriftlichkeit bei Anwesenheit der Adressaten, beispielsweise in Form von Kopfkissenzettelchen oder Zettelchen am Kühlschrank, trotz Unzugänglichkeit des Adressaten, eine Nachricht zu hinterlassen. Die räumliche Anwesenheit der Adressaten ist gegeben; man vermeidet jedoch die direkte Kommunikation. Auf diese Weise wird der dissoziative Aspekt, den Schriftlichkeit immer hat, die raum-zeitliche Zerdehnung (Ehlich 1994: 19) in den Hintergrund, während durch die trägermediale Vermittlung die Indirektheit (Burger/Imhasly 1979: 23) des Schriftlichen und implizit auch ein weiteres wesentliches Moment – die Adressierung – betont wird (vgl. Häcki Buhofer 1985: 84). Diese ungewöhnliche Form der Schriftlichkeit kommt zum Einsatz, wenn die Kommunikation faktisch geheim gehalten werden soll. Sowohl der Produktionsprozess, wie auch die Feedbackmöglichkeiten werden von dem Adressaten oder weiteren anwesenden Personen nicht bemerkt. Es entsteht eine monologische Kommunikationssituation, die auch für die Rezeptionssituation meist beibehalten wird.[15]

In manchen Fällen wird die Schriftlichkeit damit zu einem schriftlichen Flüstern: man kommuniziert jedoch nicht nur „leise", ungehört, sondern auch unbemerkt zu Liebes-Kommunikation, bei welcher die Tatsache des Kommunizierens selbst geheim gehalten werden soll. Unter Ausschluss der in einem Raum gegenwärtigen Personen steckt man sich Liebesbriefchen zu. Mit diesem Potential erhält der Liebesbrief das Geheimnisvolle; ein nicht unwesentlicher Aspekt gerade in der höfischen Courtoisie.[16]

Schriftlichkeit in Abwesenheit des Adressaten

Vielfältiger und herkömmlich sind die Schreibanlässe und -zwecke für die gebräuchliche Textkonstellation der Schriftlichkeit in Abwesenheit des Adressa-

---

[15] Es wird wohl auch selten Fälle geben, in welchen dem Adressaten beim Lesen zugesehen wird, wo dann auch Pausen möglich sind, in denen der Adressat auf einzelne Textpassagen eingeht.

[16] Vgl. beispielsweise Madame de La Fayette „La princesse de Clèves" aus dem Jahr 1678. In Grimms Wörterbuch (1885) liest man zu diesem Thema Goethe: „Liebesbrief, m.: (...) kaum trat ich in die laufbahn, als ich alle die gemeinen manieren, liebesbriefe zuzustecken verachtete. (36, 73); Liebesbrieflein, n.: ein blättchen ist im busen leicht zu tragen, mit liebesbrieflein paarts bequem sich hier." (Goethe: 41, 97)

ten. Nicht selten liegen die Schreibanlässe gerade in dieser Abwesenheit der Adressaten begründet.

Ein Liebesbrief stellt beispielsweise einen ersten Kontakt her. In solch einem Brief werden in der Regel Gefühle mitgeteilt und es wird um ein Treffen gebeten: je nach Temperament des Schreibers kann es bereits in diesem Stadium zu einem Liebesbekenntnis, einer Liebeserklärung[17] kommen. Auch bei einer kürzeren oder längeren Trennung eines Paares, dienen Briefe dazu, die Trennung zu überwinden, den gemeinsamen Alltag und das Gespräch[18] weiterzuführen (vgl. Wyss im Druck). Schließlich kann bei einem Bruch der Beziehung durch schriftliche Kommunikation ein abgebrochenes Gespräch weitergeführt werden.

Die Schriftlichkeit erlaubt es, ohne eigene persönliche, räumlich geografische Bewegung, sich der anderen Person anzunähern. Der Brief erinnert an einen, an den Absender, um es mit dem Ausdruck Ehlichs (1984: 19ff.) zu sagen: man „verdauert" sich selbst im Liebesbrief.[19]

Dieser Aspekt wird nicht weniger deutlich, wenn das Medium tendenziell flüchtig erscheint, wie beispielsweise die Liebeszettelchen, die zur Begrüßung bzw. Verabschiedung in der Wohnung hintergelegt werden. Auch diese werden aufgehoben und gesammelt.

In einigen Fällen kann das Mittel der Schriftlichkeit (i. S. einer medialen Schriftlichkeit) nicht nur das räumliche Getrennt-Sein, sondern als Metapher vielmehr eine emotionale Distanz zum Ausdruck bringen. Auf die ambivalente Struktur des „an jemanden denken" verweist beispielsweise Barthes (1988) und zeigt mit Bezug auf Freud und Goethe, dass gerade im Moment der Erinnerung das Vergessen aufgehoben ist:

Was bedeutet dieses »an jemanden denken«? Es bedeutet: ihn vergessen (ohne Vergessen ist kein Leben möglich) und aus diesem Vergessen wieder und wieder erwachen. Viele Dinge führen dich durch Assoziationen in meinen Diskurs ein. »An dich denken« will nichts anderes besagen als diese Metonymie. Denn an sich ist dieses Denken leer: ich denke dich nicht, ich lasse dich einfach wiederauftauchen (in eben dem Masse, wie ich dich vergesse). Diese Form (diesen

---

[17] Im Unterschied zur mündlichen Liebeserklärung des „Ich liebe Dich", die den Initialteil eines reziproken Frage-Antwort-Schemas darstellt und dadurch stets paradoxe Kommunikationssituation herbeiführt (vgl. dazu Auer 1988), verlangt der Liebesbrief weit weniger stark nach einem Antwortschreiben. Eine historisch-systemtheoretische Darstellung liefert Luhmann (1982).
[18] Im Sinne von „Gespräch" wie Hölderlin den Ausdruck verwendet, vgl. „Die Liebenden", „Friedensfeier", „Der Abschied", vgl. http://www.hoelderlin-gesellschaft.de/
[19] Um den Liebesbrief entstand denn auch aus diesem Grund eine spezifische Kultur der Archivierung des Liebesbriefs. Die Briefe verdauern – überdauern – damit auch die Liebe.

Rhythmus) nenne ich »Denken«: ich habe dir nichts zu sagen, es sei denn dieses »nichts«, und du bist es, dem ich es sage: »Warum ich wieder zum Papier mich wende?« Das musst Du, Liebster, so bestimmt nicht fragen: denn eigentlich hab' ich Dir nichts zu sagen; Doch kommt's zuletzt in Deine lieben Hände.« (Barthes 1988 [1977: 65ff. [frz. 187ff.])

Als vorbereiteter, geplanter, bewusst strukturierter, also formulierter Text, kann mit der Schriftlichkeit – hier im Sinne auch der konzeptionellen Schriftlichkeit nach Koch/Oesterreicher (1994) – eine Form des präzisen und distanzierten Ausdrucks angezeigt werden. Die (emotionalen und emotionsbezogenen) Argumentationen sind in diesem Fall wohlüberlegt, zielgerichtet und strategisch. Das folgende Beispiel aus dem Jahr 1993 soll dies illustrieren:

Hallo M.

Obwohl Deine Aussagen am letzten Dienstag an und für sich klar genug waren, gehst Du mir einfach nicht aus dem Kopf. Du faszinierst mich, obwohl ich Dich, wie Du richtig bemerkt hast überhaupt nicht kenne, Sicherlich hältst Du mich jetzt für völlig verrückt, nach dem Du mir mitgeteilt hast, ich sei nicht Dein Typ. Aber wie heißt es doch so schön: Liebe macht blind, man verliert den Sinn für die Realität. Ich muss akzeptieren, dass Du mich ablehnst, wie hart und schmerzvoll das auch immer ist.

Schade, dass Du mir keine Chance gegeben hast, aber die Gesetze von Sympathie und Antipathie sind wohl unumstößlich. So, nun habe ich genug gejammert.

Ich wünsche Dir von Herzen frohe Weihnachten und einen möglichst reibungslosen Rutsch ins Neue Jahr.
Und vor allem eine möglichst <Nachname>-freie" Zeit.

Dein
P. <Nachnahme>

PS: Im Hintergrund ertönt gerade „I would do anything for love".

Im kontemplativen Schreiben wird der Liebesbrief einem Tagebuch ähnlich und wird zu einer selbstdarstellenden Form intimer Schriftlichkeit, wie es der untenstehende Ausschnitt aus einem Brief eines Mittelschülers aus den 70er Jahren zeigt.

Äs isch nüd ussgschlossä, dass ich mich, wänn mir eus ächli nächär könnäd, villicht i Dich verliäbä... Abär ich möchte eigentlich nöd. Ich wär für Dich gärn ächli me als än guätä Kolleg, aber din Fründ möchte ich eigentlich nüd wärdä. ich weiss ja nüd wiä Du dadrübär tänksch, abär villicht tönt's für Dich ächli nach Uusnützä, abär das dörft's uf kei Fall si. Wänn du das Gfühl häsch, muäsch unbedingt sägä. Gopf, ich weiss nüd was machä. Wänn ich dich amig i dä Schuäl „berührä" find ich das zimmli unbefriedigänd. Ich möchte dich meh ha, abär gfahr däbi isch, dass euis das zur Gwohnät wird und das möchte ich eigentlich nöd.

[Es ist nicht ausgeschlossen, dass ich mich, wenn wir uns etwas näher kennen, vielleicht in Dich verliebe... Aber ich möchte eigentlich nicht. Ich wäre für Dich gerne ein wenig mehr als ein guter Kollege, aber dein Freund möchte ich eigentlich nicht werden. Ich weiß ja nicht wie Du darüber denkst, aber vielleicht tönt es für Dich ein wenig nach Ausnutzen, aber das sollte es auf keinen Fall sein. Wenn du das Gefühl hast, musst du es unbedingt sagen. Mist, ich weiß nicht was tun. Wenn ich dich manchmal in der Schule „berühre" finde ich das ziemlich unbefriedigend. Ich möchte dich mehr halten, aber die Gefahr dabei ist, dass uns das zur Gewohnheit wird und das möchte ich eigentlich nicht.]

Liebesbriefe sind ebenso als kulturspezifische stark ritualisierte Kommunikationen des Alltags anzutreffen wie beispielsweise als Gratulationsschreiben oder als Ferienpostkarten.

Die Texte weichen bisweilen sogar stärker in ihrer äußeren Form von einem idealtypischen Briefschema ab, sind Zettelchen, Notizen, schriftliche Bemerkungen. Gerade seit den 80er Jahren finden sich viele Beispiele privater Schriftlichkeit, die als Produkte weder an leistungsorientierter Schulschriftlichkeit noch an professioneller Schriftlichkeit gemessen werden können; nicht, weil die Leute keine Briefe schreiben könnten, sondern weil gerade die kleine Form des Zettelchens als adäquates Kommunikationsmittel angesehen wird (vgl. Häcki Buhofer 1985: 245ff.).

Gleichzeitig fungieren diese Schriftstücke, die Liebesbriefe, immer als *kulturelles Metazeichen* der Liebeserklärung schlechthin; der Text ist ein Geschenk des Liebenden und eine Erinnerung an den Liebenden.

Schriftlichkeit des E-Mail-Liebesbriefes

Weder die Schreibmaschine noch der PC konnten sich durchsetzen – erst mit Internetanschluss bewährt sich der Computer als Medium der Liebeskommunikation, dem Medienwechsel vom handschriftlichen Brief zum E-Mail-Liebesbrief steht nichts im Weg.[20] Nicht nur dies, eine frühe amerikanische Studie von Rice und Love (1987) weisen zwar für Kommunikationsnetze sogar eine Erhöhung der informellen und sozioemotionalen Kommunikation nach. Dies beziehe sich sowohl auf die Häufigkeit der Messages, die geschrieben werden, wie auch auf den Anteil des sozio-emotionalen Inhalts dieser Messages und dies gelte besonders bei Personen, die nicht bereits in Gruppen formiert sind. Doch zeigt Schönberger (1999) ebenso sehr, dass die Leute gewisse Präferenzen haben bei der Auswahl der Adressaten ihrer E-Mails. So korrespondieren sie nicht mit Unbekannten, sondern mit Freunden (90%/61,3% Inland/Ausland) oder Bekannten (73,6%/52,9% Inland/Ausland). Vielleicht zeigen sich hier kulturelle Unterschiede.

Im Kontext der medialen Komplementarität steht der E-Mail-Liebesbrief in der Nachfolge- oder Komplementärkommunikation zur Chatkommunikation, bei welcher die Kontakte zu 79% hergestellt werden (vgl. Döring 2000: 53).

Im Vergleich zu einer Schriftlichkeit des Geschäftsbriefs finden sich im informellen E-Mail-Brief Phänomene, die mit Koch und Oesterreicher (1994) als „konzeptuelle Mündlichkeit" bezeichnet werden. Diese werden bisweilen auch unter den Stichworten „mündliche Schriftlichkeit" (Günther/Wyss 1996) und „Ikonizität" (Wyss 1999) thematisiert. Jakobs (1998) interpretiert dies als „Ausdruck einer im Entstehen begriffenen Netzkommunikationskultur" (S. 194). Da sich diese Phänomene nicht ausschließlich in E-Mail-Komunikation, sondern auch in Newsgroups, Mailinglisten, in Chats und MUDs finden, schlage ich vor, anstelle von einer Sondersprache (Haase et al. 1997: 53) nur bezogen auf die obengenannten ausgewählten Phänomene den Sammelbegriff *Internetcodes* zu etablieren. Unter dem Begriff ‚Internetcodes' lassen sich vereinfachend Phänomene zusammenfassen wie Smileys, Acronyms, comicssprachliche Abkürzungen und Onpos.

Mit diesen *Internetcodes* wird die mediale Einschränkung auf den ASCII-Zeichensatz mit ikonisierenden Strategien und neu entwickelten Zeichenkombinationen rückgängig gemacht.

---

[20] Einen guten Überblick zur Kulturgeschichte des Briefs liefert Nickisch (1991), vgl. auch Nickisch (in diesem Band). Pessimistisch äußert sich Yates (2000) im Zusammenhang mit der E-Mail-Schriflichkeit, der sowohl den kulturellen, wie auch den medialen Wandel der Briefkultur mit einer problematischen Ablösung der Archivierungsfunktion der Schrift in Bezug setzt. Man lässt mich jedoch wissen, dass die E-Mail-Liebesbriefe nicht selten sorgfältig archiviert werden.

WARUM BIST DU JETZT NICHT HIER VERDAMMT!!!! (3965)[21]

Gleichzeitig wird mit der Verwendung von Internetcodes die Zugehörigkeit zur Internetkultur dargestellt (vgl. Wyss 1999). Die E-Mails sind daher zweifach medial geprägt: in einem technologischen – durch das Träger-/Speichermedium – und andererseits auch in soziokulturellem Sinn, durch die Diskurstradition des Mediums. Es wird – besonders in informellen Schreiben, also auch in Liebesbriefen – der Formularhaftigkeit des Textes durch textlich inszenierte Individualisierungsstrategien entgegengewirkt.[22] In der folgenden Mail wurde die gesamte Mitteilung mit der Unterschrift ausschließlich in die Betreffzeile hineingeschrieben, und in einem darauf folgenden Beispiel lässt die gleiche Autorin den Brief in der Betreffzeile beginnen und schreibt dann ohne Metakommentierung, ohne explizite Gliederungssignale, in dem Textfeld für den Brieftext weiter.

Betreff: Schön, daß du wieder da bist - falls du mehr über mein Wochenende wissen willst ANRUFEN – Jasmin (3968)

Subject: Du
[...]
bringst mich um meinen Schlaf [...] (3956)

Dass sich hier eine Spannung aufbaut, wird deutlich, wenn man sich vergegenwärtigt, dass in der Mailbox des Adressaten bloß das Subject lesbar ist. „Du", ein Appell voller Emphase, ein Anruf an den Geliebten, wie er in den zuckersüßen Schlagertexten anzutreffen ist. Die Inszenierung ist hier jedoch ironisiert in der Folgezeile und lässt das Pathos zerfallen.

Im folgenden Beispiel fehlt die brieftypische abgesetzte Anrede, sie wurde in den Text integriert, eingeleitet von einem metatextuellen rhetorischen benevolentiae captatio, der hier die Knappheit und den Telegrammstil des Textes entschuldigt. Darauf folgt eine Repetition von Grußformeln verschiedenen Typs: „wir sehen uns nachher" – ein eingedeutschtes *see you*, dann ein „bis gleich", eine Verabschiedung, die in Face-to-Face-Kommunikation oder Telefongesprächen häufig Verwendung findet und schließlich die epistolare Grußformel („Dein X")[23] folgt:

---

[21] Die Ziffer zeigt die Archivnummer des Briefs an. Die Brieftexte wurden unter Einhaltung des Zeilenumbruchs des Originals beziehungsweise des Papierausdrucks ohne Korrekturen, mit den orthographischen Unregelmäßigkeiten, transkribiert.
[22] Zur Problematik der Formulare vgl. Grosse/Mentrup (1980).
[23] Zur Syntax und Pragmatik der Anrede und Grußformel vgl. Wyss (2000).

Nur kurz einen guten Morgen.
Wir sehen uns nachher.
Bis gleich
Dein überdimensionierter Megafruchtzwerg (3901)

Es zeigt sich, dass Nutzer alter und neuer Medien nach Möglichkeit für neue Kommunikationssituationen – in welchen eine kommunikative Handlung ansteht oder anzustehen scheint – mit neuen Medien alte, Teile von alten, aber auch durchaus in einem einzigen Text verschiedene Textmuster aktivieren. Heinemann/Viehweger (1991) weisen darauf hin, dass „globale Textmuster" aufgrund ihrer „individuellen Prägung keine konstanten Größen und daher auch in unterschiedlichem Grade merkmalhaltig" (Heinemann 2000: 21) sind. Gleichzeitig ist bekannt, dass bei der Analyse des Produkts (des Textes) Musterhaftes kaum eindeutig zu identifizieren ist, gerade weil es individuell ist (Häcki Buhofer 1985: 245ff.). Texte, Versatzstücke in Texten scheinen an eine individuelle Schreibbiografie gebunden. Vielmehr kann bei der Textanalyse einzig auf etwas Bezug genommen werden, welchem Intersubjektivität zukommt. Dies sind nicht Textmuster, sondern eher Textstereotype oder Text-Prototypen, beziehungsweise prototypische Textmuster (vgl. zu textlinguistisch-prototypischer Bestimmung einer Textsorte, Wyss 1998). Als Neuerungen kann für den E-Mail-Liebesbrief die Integration von Internetcodes bei gleichzeitigem Beibehalten von Briefmustern im Sinne von Elementen eines Briefprototyps ausgemacht werden. Dabei zeigt sich demnach die Wirkung des stilistischen Trägheitsprinzips, welches als Orientierungshilfe bei der Textgestaltung im Falle des Medienwechsels aktiviert wird. Aus anthropologischer Sicht handelt es bei diesem Trägheitsprinzip um ein Problemlösungsmodell für die kommunikationsbezogene Umorientierung bei der Nutzung noch nicht bekannter Medien oder bei der Orientierung in neuen Kommunikationssituationen.

Mediale Adaptionen des handschriftlichen Liebesbriefs

Wenn auch durch die Flüchtigkeit des Mediums, die Übermittlungsgeschwindigkeit und die Möglichkeiten der Virtualität des Mediums viele kurze, stark komplementär in weitere Kontexte eingebundene Texte zu erwarten wären, so lässt sich dies hier nicht bestätigen. Vielmehr weichen viele E-Mail-Liebesbriefe in ihrer formalen Ausgestaltung, abgesehen von den oben aufgeführten Spezifika der E-Mail-Schriftlichkeit, nur wenig von handschriftlichen Liebesbriefen ab. E-Mail-Briefe sind daher meist *mediale Adaptionen* des handschriftlichen Liebesbriefs.

Hallo meine Butterschnecke!

Hatte gerade ein wichtiges Meeting in der Firma und sitze nun am Computer und vermisse DICH!
Morgen sehe ich DICH, mein Schatz, zum Glück wieder.
Schlaf schön und träum von mir!
Ich liebe DICH!

Holger :-)))))))

I LOVE YOU!!!!!!!!!!!!!!! I LOVE YOU!!!!!!!!!!!!!!! I LOVE YOU!!!!!!!! (4887)

Dieser Schreiber folgt einer einfachen Briefstruktur und verwendet in seinem E-Mail-Liebesbrief verschiedene Internetcodes: ein Smiley; Großschreibung als Ausdruck für eine Verstärkung und mit demselben Ziel auch das ikonische Verfahren der Wiederholung.

Weit spezifischer ist hier nun die Kontextualisierung des Textes mit der ausdrücklichen Nennung des Schreibgeräts (Computer), des Schreiborts und der Schreibsituation im Arbeitsalltag („Hatte gerade ein wichtiges Meeting...").

Auch bei den E-Mails gibt es stark von einem Briefschema abweichende Texte. Es gibt Texte, die eher den Charakter einer Notiz, der Zettelchen-Kommunikation haben oder bisweilen – durch die Privatheit der Kommunikation und Vertrautheit der Kommunikationspartner – gar mit mündlichen Versatzstücken ergänzten Telegramm ähneln. Dies steht in großem Kontrast zur idealtypischen Vorstellung des Liebesbriefs, der sorgfältig, schön – als Codierungen der Liebe – geschrieben sein soll. Es ist anzunehmen, dass bei der Frage nach dem Liebesbrief gerade dieser Ideal- oder Prototypus aktualisiert wird, auf welchen sich dann eine Meinung, ein Statement bezieht. Es zeigt sich demnach, dass diese Meinungen zu Texten (oder Textsorten), die erfragt werden, ausgesprochen stark von der empirischen Realität abweichen. Es ist noch nicht auszumachen, ob sich Stilistiken (oder Schriftlichkeiten) entlang von vordefinierten Textsorten („Geschäftsbrief") oder auf der Ebene von kommunikativen Konstellation wie – Textfunktion, kommunikative/institutionelle/soziale Rolle der Beteiligten, Bekanntschaftsgrad – entwickeln.

Die Kommunikation per E-Mail ist ein Teil eines bereits mit/in unterschiedlichen Medien begonnenen Gesprächs und daher durch eine hohe Komplementarität gekennzeichnet. Man kommt vom Chat, geht zum Telefon, schreibt eine SMS.[24]

---

[24] Vgl. zur Komplementarität Häcki Buhofer (1985: 285) und Portmann (1982).

Es gibt auch komplexer strukturierte Texte, die stärker einer traditionellen Briefstruktur (salutatio, [benevolentiae captatio,] narratio, conlusio) folgen. Bisweilen sind die Briefe eher argumentativ, es finden sich aber durchaus auch lange, ausführliche narrative Liebesbriefe. (vgl. Abschnitt „E-Mail-Liebeskorrespondenzen – das (vermeintliche) Aufdecken der Identität").

Guten Morgen,

ich dachte ich schicke Dir mal vorab ein paar virtuelle Küsse, damit Du nicht vermönchst bis zum Donnerstag. Hoffentlich klappt das mit dem früheren Zug. Ich denke aber schon. Hast Du noch mal in Deiner Agenda nachgesehen, ob das auch wirklich klappt?

Ich wünsche Dir einen guten Start in die neue Woche. Energiegeladen bist Du ja bis zur Hutschnur, da klappt sicher alles wie geschmiert.

Ich freue mich auf Dich

Deine C. (3866)

Neben der Thematisierung des Arbeitsortes beziehungsweise des Schreibortes und des Schreibmomentes, wird auch der Ort und der Moment der Lektüre der Liebes-E-Mail erwähnt.[25] Bisweilen zeigt sich auch eine Verunsicherung über die Online-Präsenzzeiten des Kommunikationspartners. Dieser Verunsicherung[26] begegnet man mit Alternativformulierungen.

Viele liebe Gutenachtgruesse (oder guten Morgen?) (3809)

---

[25] Es handelt sich dabei, wie im Sammelband von Holly und Püschel (1993) an mehreren Stellen ausgeführt wird, um Formen der Medienaneignung. Vgl. auch Klemm/Graner (2000). Für die Analyse der Aneignungs-Kommunikation ist die Tatsache interessant, dass man durchaus auch auf *schriftliche* primäre Thematisierungen stößt. Dies spricht für eine starke Kontextbezogenheit während des Schreibprozesses. Diese primären Thematisierungen, diese inhaltlichen (impliziten und expliziten) Kommentare zum Internet und zur E-Mail-Kommunikation sind polyfunktional. Sie sind – in Analogie zu Püschels (1993 und 1996) Ausführungen zu primären Thematisierungen während des Fernsehens in der Gruppe – eine Form der wechselseitigen Unterstützung beim Verstehen und dienen als symbolisches Material für die Entwicklung und Bestätigung „gruppen"-eigener Werte.

[26] Diese Verunsicherung wirkt sich irritierend auf das kommunikative Verhalten aus. Sie steht neben der offensichtlicheren, beispielsweise von Klemm und Graner (2000: 172) bemerkten Verunsicherungen durch die Masken-Identitäten (vgl. unten).

Außerdem nimmt man Bezug auf das Medium oder andere Komplementärmedien, mit welchen man zu kommunizieren gedenkt.

War sehr verzweifelt und traurig, dass ich gestern Abend nicht mit Dir sprechen konnte. (5129)

Ich vermisse dich und hätte dir lieber alles am Telefon erzählt und dann gleich eine Antwort auf meine Fragen erhalten (3964)

Hallo mein Lieber, vielen Dank für Deine Postkarte. Ich wollte Dir mit dem Anruf nicht auf den Wecker fallen, ich dachte nur, Du seist vielleicht vor lauter Müdigkeit vor irgendeinen Baum gefahren. Ich habe mich ein bisschen gesorgt. Ich weiß, dass das etwas übertrieben ist. Aber nun ist Dir ja zum Glück nichts zugestoßen. Deine Mail habe ich noch nicht ganz gelesen. Mache ich aber sofort, (3850)

Während die Virtualität der Kommunikation durchaus bisweilen auch positiv oder neutral gesehen wird zeigt sich die Anonymität gar nicht, in negativ oder indirekt darauf Bezug nehmenden Sequenzen.

... eine zärtliche virtuelle Umarmung aus dem verschneiten B. (5137)

Allenfalls ist bis am Abend das Mail auch wieder hinfällig, weil ich in einem „hormonellen" Anfall doch noch telefoniere [...] Wie auch immer, ich freu mich, Dich bald zu sehen und nicht nur virtuell mit Dir verbunden zu sein. (5149)

Der Globalität und Anonymität im Internet begegnet die User mit Regionalisierungs- und Identifizierungsstrategien. In E-Mails findet man regional-lokale Ausdrucksweisen und identifizierende, sehr oft eher typisierende als individualisierende Nicknamens.

Also mein Nick, der Fesselnde. Ob der was mit meiner Neigung zu tun hat oder mit meiner Persönlichkeit (3953)

So wie du dich beschreibst, wundere ich mich über deinen Mail Namen: Phantast?! Du hörst dich eher sehr realistisch an. (3914)

Wieso nennst Du Dich „Traumtänzerin" (3928)

Während man im realen Leben den Namen erhält, sind die Nicknamen und User-IDs im Internet in vielen Fällen selber ausgewählt. Diese Pseudonyme werden zum Teil auch gerade für spezifische Kommunikationssituationen – den Auftritt auf einer Dating-Site, ein Antwortschreiben an eine interessante Person – gezielt ausgewählt. Zwar ist dann bei der interpersonalen Kommunikation der „wirkliche" Name nicht bekannt, doch man ist nicht eigentlich anonym[27] (vgl. Beisswenger 2001: 107ff.). Die Pseudonyme dienen dem Etablieren von Präsenz, dem Wiedererkennen und sind als Maske Repräsentationen einer selbst gewählten (fragmentarischen) Identität. Nun bildet das Aufdecken, das Demaskieren ein kommunikatives Problem. Es fehlen für diese Kommunikation Gattungen, als kommunikative das Problem lösende Handlungsabläufe, es gibt gleichzeitig potenziell unterschiedliche Erwartungshaltungen an die Kommunikation, an das Gespräch, welche einerseits bei einer Thematisierung gerade den Reiz des Gesprächs zunichte machen könnten und andererseits auch im Zusammenhang der Internetromanzen besonders deutlich zu Tage treten.

So wird verständlich, dass ein Schreiber die Selbst-„Entlarvung", diesen wohl eigentlich zur Vertrauensbildung vollzogenen Akt, in der Replik (humorvoll) sanktioniert.

Jasmin - so heisse ich richtig (3929)

Hallo Sabine,..........sorry, ich meine natürlich Jasmin (3915)

Neben Adaptionen von handschriftlichen Briefen finden sich zwei funktional verschiedene *briefliche Kommunikationsformen*, die sich in medienspezifischen, aber unterschiedlichen situativen Konstellationen herausbilden: zwei verschiedene schriftliche kommunikative Gattungen. (vgl. Günthner 1995) Es handelt sich hierbei um neue beziehungsweise wiederentdeckte Formen des Korrespondierens, die sich in den medialen und soziokulturellen Möglichkeiten und Bedingungen der E-Mail-Kommunikation herausgebildet haben: einerseits sind dies *Flirtbriefe*, eine andere Art ist die *E-Mail-Liebeskorrespondenz*, die im Folgenden beschrieben werden sollen.

Flirtbriefe – im Spiel mit der Identität

Das Internet bietet mit der Möglichkeit des Spiels mit Identitäten[28], Masken, Inszenierungen geradezu eine Bühne für Flirts. (vgl. Beißwenger 2001) Dieses

---

[27] Vgl. Gallery spricht von gradueller Anonymität, was m.E. kaum nachvollziehbar ist (2000).
[28] Vgl. Döring 1995, Döring 2000, Turkle 1995.

Nichtwissen über die Person, welches immer – wie gerade im Fall der Kommunikation mit Unbekannten im Internet – auch ein graduelles Nichtwissen ist, bildet für den Flirt eine zentrale Grundlage. Die Flirtaktivität kann im Internet sozusagen auf die Spitze getrieben werden, da die Kommunizierenden nicht wissen, wer sich hinter einer User-ID versteckt.[29] Im Unterschied nun zum Flirten in der so genannten „realen" Welt, wo flirten meist mit verbaler allenfalls auch mit nonverbaler Kommunikation in Verbindung gebracht wird, sind Flirtbriefe im Internet schriftliche Texte. Durch das Fehlen der visuellen und taktilen Präsenz des Gegenübers entsteht eine ausschließlich auf Texten basierte Kenntnis von einer Person, welche die anscheinend reizende Unsicherheit bezüglich der Identität des anderen nicht auszumerzen vermag. Gerade diese Spannung ist das Verlockende des Flirts.

Das Bekanntwerden verläuft nach einem stets gleichen Ablauf (vgl. Gaggia et al. 1999). Nach dem Kennenlernen im Chat oder MUD folgt ein erster Medienwechsel, die persönliche Kommunikation per E-Mail, später werden Bilder ausgetauscht, dann die Telefonnummern. Während in Cyberromanzen Intimität und Leidenschaft in den Vordergrund gerückt werden, ist für das schriftliche Flirten zentral, dass eine gewisse Unverbindlichkeit und Zweideutigkeit während der Kommunikation bestehen bleibt[30] (Döring 2000: 60). Flirtbriefe sind spielerische flüchtige, momentane minimalistische verbale Treffen ohne klare Zielrichtung (oder mit gut getarnter Zielrichtung).

dearest romeolino
wollte dir nur eine versuesste nacht wuenschen.....
angel (4889)

Sie kokettieren mit gespielter Verwirrung, interessanten Anspielungen, rhetorischen Fragen und erotisierende Nicknamen sozusagen selber gewählten Kosenamen[31] – was mit Kollmann (2001: 348) sinnvollerweise als Aufmerksamkeitssteuerung bezeichnet werden kann. Im Gegensatz zu den expressiven Liebesbriefen der Liebeserklärungen, haben wir es hier mit ausgesprochen ambivalenten expressiv-appellativen Texten zu tun.

---

[29] „Der epistemologische Status der Flirtenden ist notwendig ein defizienter" (Althaus 2000). Sie unterscheidet den spontanen, eigentlichen Flirt vom instrumentellen (wohl besser instrumentalisierten) Flirt. Im Duden-Herkunftswörterbuch (1963) liest man: „den Hof machen, kokettieren: Im 19. Jahrhundert aus gleichbed. engl. to flirt „herumflattern, herumtollen, sich schnell bewegen" entlehnt. Die weitere Herkunft ist unsicher – dazu das Substantiv Flirt (S. 170).
[30] Hier zeigt sich denn die Nähe des Flirts zu Scherzkommunikation (Kotthoff 1998) oder zum Frotzeln (Günthner 2000: 155-200).
[31] Vgl. Leisi (1983), Wyss (2000).

From: Orophea@xxx.com
To: beramis@xxx com
Subject: AW.: Romeo calling
Date: Tue, 17 Aug 1999 12:40:01 EDT
habe was vergesse...an was sind die philosophen gescheitert?? an der liebe etwa??? [...] kläre mich doch bitte auf... [...] (3975)

Neben der Unklarheit über die „wirkliche" Identität des Kommunikationspartners, ist nie klar und soll auch nicht klar sein, ob und wann der per Mausklick abgeschickte Brief gelesen würde. Hier kommt das Medium und die meist nur temporäre Mediennutzung dem Bedürfnis der Flirtenden entgegen. Ebenso unsicher und daher voller Spannung wird für die Korrespondierenden, wann – und ob – ein Antwortschreiben, ein neuer vieldeutiger Text eintreffen würde.

Wenn die Wirksamkeit und Eindringlichkeit dieser Texte, die Adressatenausrichtung, im Vordergrund steht, so wird klar, weshalb in diesem Kontext Verständlichkeit gerade nicht angestrebt wird. Nicht Klarheit (und Deutlichkeit), sondern sprachliche (und persönliche) Attraktivität und Interessantheit stehen im Zentrum (vgl. Sandig 1986: 228f.). Neben die Zweideutigkeiten kommen erotische oder romantische Namen, vielschichtige Metaphern zu stehen oder es wird zum Zwecke der Selbststilisierung nach Bedarf auch der milieuspezifische Wissensvorrat herbeizitiert.

wenn ich unwürdiger mit meiner frevelhaften hand
den heil'gen schrein, dies zarte bild entweiht,
so soll mein mund, zwei blühnde lippen der pilger sein,
den rohen druck durch süssen kuss zu mildern.
(englischer dramatiker) [sic] (4888)

Flirten per E-Mail ist außerdem eine Form der sprachlichen Beziehungsgestaltung.[32] Die Sprachhandlungen in Flirtbriefen sind ausgerichtet auf ein Gefallen, auf das Erwecken von Neugierde und Interesse, auf Erwiderung des Schreibens, aber immer bei Beibehaltung einer gewissen – bei gegenseitigem Einverständnis – durchaus positiv bewerteten emotionalen Distanz.

Die konzeptuelle Mündlichkeit in ihrer Realisierung auf einer stilistischen Ebene als „Sprache der Nähe" zeigt sich hier in einer Variante. Auf der Ebene des sprachlichen Stils konstatiert man eine so genannte Sprache der Nähe, fokussiert man jedoch die spielerisch-spielende Beziehungsgestaltung, so zeigt sich wenn nicht Distanz so doch bestimmt eine Ambivalenz.

---

[32] Vgl. Adamzik (1994), Sandig (1986: 239ff.)

Zu dieser Form von unverbindlicher Leichtigkeit gehören die schnellen Replys, welche die E-Mail-Kommunikation der synchronen Kommunikation auf einem Channel oder in einem Chatraum annähern. Dabei kann man in der Regel auch nicht mehr einer Briefstruktur folgen. Die E-Mail wird in dieser quasisynchronen, spiralförmigen Beschleunigung zu einem schriftlich verfassten Diskussionsbeitrag mit hoher Dialogizität und Responsivität.[33] Die Sprechsprachlichkeit wird betont. Ab und an verzichtet man auch auf Anrede und Grußformeln, es sind mitunter knappe Briefchen mit wenigen Textzeilen möglich. Gliederungssignale und Kohäsionsmittel werden inkonsequent gebraucht. Mitunter sind es rätselhafte, kryptische Texte mit erotischen Anspielungen, aus semantisch hochwertigem Metaphernmaterial, auch mit poetischem Charakter mitunter stereotype Versatzstücke des abendländischen Liebesdiskurses. Dazu gesellt sich eine oft eher assoziative Themenentwicklung.

habe das gedicht noch nicht gelöscht...ich muss sagen, es berührt mich doch... aber lieber wurde ich in einem boot dahergleitet bei mondschein und sternenhimmel, in die unendlichkeit oder, in einem meer aus rosen mich niederlegen und mich vom blütenduft berauschen lassen und den himmlischen stimmen folgen, die mich in die ewigkeit verlocken (3976)

Der Flirtbrief ist ein Abkömmling verschiedener mündlicher kommunikativen Gattungen und schriftlicher Textsorten: einmal das „Flirten" in der Face-to-Face-Situation, die informelle (romantische) Chatkommunikation und die informellen E-Mail-Textsorten.

E-Mail-Liebeskorrespondenz – das (vermeintliche) Aufdecken der (wirklichen) Identität

Gerade in die entgegengesetzte Richtung, nämlich in Richtung einer ausgeprägteren Schriftlichkeit, gehen die E-Mail-Liebeskorrespondenzen. Damit sind jene E-Mail-Briefe gemeint, in welchen sich die Menschen meist mit komplexer thematischer Entfaltung „ihren" Alltag schildern und von „sich" erzählen. Sie korrespondieren täglich oder gar mehrmals täglich, hier jedoch mit dem Ziel, sich näher kennenzulernen. In diesen Aspekten zusammen mit der Häufigkeit des Briefwechsels artikuliert sich der Wunsch nach sozialer Nähe (vgl. Götzenbrucker/Hummel 2001). Ein Briefwechsel kann beispielsweise folgenden zeitlich engen Rhythmus aufweisen:

---

[33] Erstaunlicherweise verwendet man bei einem Reply in den mir vorliegenden Beispielen jedoch äußerst selten die Zitierfunktion.

Mann, 20.9.97, 10:25	Frau, 28.9.97, 12:38
Frau, 23.9.97, 18:58	Mann, 28.9.97, 18:53
Mann, 24.9.97, 13: 25	Mann, 29.9.97, 07:45
Frau, 24.9.97, 17:37	Frau, 29.9.97, 18:05
Mann, 24.9.97, 22:18	Mann, 30.09.97, 07:09
Frau, 24.9.97, 23:03	Mann, 30.09.97, 19:02
Mann, 25.9.97, 11:20	Frau, 30.09.97, 22:20
Frau, 26.9.97, 00:49	Mann, 1.10.97, 07:31
Mann, 26.9.97, 09:17	Mann, 1.10.97, 22:28
Mann, 26.9.97, 16:45	Frau, 2.10.97, 00:17
Frau, 27.9.97, 17:02 *(mit einer Entschuldigung für die Verspätung)* **Erstes langes Telefongespräch. Ihr Server geht nicht.**	Mann, 2.10.97, 07:11
	Mann, 2.10.97, 13:26
	Frau, 21.10.97, 16:55
Mann, 3.10.97, 08:10	Mann, 22.10.97, 11:42
Mann, 3.10.97, 15:48	Mann, 23.10.97, 08:05
(Unterbrechung durch Reise des Mannes, über 20 Faxschreiben Gehen hin und her)	*(2 Faxschreiben, die Frau schickt Stadtplan, der Mann bestätigt Erhalt des Faxschreibens*
Frau, 20.10.97, 00:08	Mann, 23.10.97, 17:35
Mann, 20.10.97, 06:59	Frau, 24.10.97, 00:20
Frau, 21.10.97, 00:08	Mann, 24.10.97, 07:06
Mann, 21.10,97, 08:26	**Erstes Treffen, der Mann besucht die Frau** *(...)*

Tabelle 1: Schneller Schreibrhythmus einer E-Mail-Liebeskorrespondenz

Da es sich um emotional gefärbte private Briefe, also tendenziell gesprächshaft-dialogische Texte handelt, können sie zwar grundsätzlich eher als konzeptionell mündliche Texte gelten. Dennoch kommen sie etwas näher beim Pol der konzeptionellen Schriftlichkeit zu stehen als die weniger stark der Briefstruktur verpflichteten Flirtbriefe.

Die E-Mail-Korrespondenzen sind komplex vertextet in ihrer Struktur. Die Texte weisen sowohl argumentative, wie explikative und narrative Themenentfaltungen auf oder Mischformen dieser Strukturtypen.

Auf der Ebene der sprachlichen Beziehungsgestaltung hingegen tragen die sehr responsiven und kommunikativ kooperativen Briefe mit der Darstellung von Eigenem, von Privatem, von Empathie stärker zum Aufbau einer Beziehung bei.[34] Der Austausch von Persönlichem (von Erlebten, Meinungen, Interessen und expliziten Selbstdarstellungen)[35] dient dem Aufbau von Nähe und Vertrauen. Das Korrespondieren, das Briefeschreiben im wechselseitigen Austausch, ist ein Verfahren die gegenseitige „Bekanntschaft" zu vergrößern, die soziale und emotionale Distanz zu verkleinern.

Als Beispiel seien hier zwei aufeinander folgende Briefe aus einer E-Mail-Korrespondenz zwischen einer Studentin (aus Deutschland) und einem selbständigen PR-und Werbefachmann (aus der Schweiz), die sich aufgrund einer Kontaktanzeige im WWW kennenlernten, abgedruckt:

Hallo lieber ZZZZ,

Deine Tips und Deine telpathische Behandlung haben geholfen. Mir geht es fast wieder gut. Ich muss nur noch ab und zu schrecklich husten. Das hat die Leute im Konzert gestern auch etwas gestoert, fuerchte ich. Ich habe aber redlich versucht, mich zu beherrschen. Das Konzert fand ich grosse klasse. Ich bin zwar kein Musikkenner, aber ich weiss ob mir etwas gefaellt. Der Typ ist einfach bewundernswert. Kennst Du seine Geschicht? Sehr erstaunlich.
Es tut mir leid, dass Du Deinen Vater zu frueh verloren hast. Ich bin froh, dass meine Eltern so froh und munter sind. (Sie kamen letztes Wochenende von einer Bali-Java-Rundreise zurueck) Krankengeschichten in Bekanntenkreis ziehen einen ganz ordentlich runter. Ich habe bereits einen Freund an dieses fuerchterliche HI-Virus verloren und drei weitere sind positiv. Ich mag gar nicht daran denken, was da noch auf mich zukommt.
Ich habe aber eigentlich keine Lust auf traurige Geschichten. Lieber was erfreuliches!
Ich hatte heute ein Interview bei XXX. Kennst Du die Agentur? Dort habe ich prompt den Job bekommen. Sie zahlen mir 28,- DM die Stunde dafuer, das ich am Empfang sitze, das Telefon bediene und hoeflich „Guten Tag" sage. Leider gibt es dort am Arbeitsplatz keinen Computeranschluss. Eine feste Arbeitszeit gibt es auch nicht. Ich soll dort Vertretungsweise eingesetzt werden. Mal sehen ob ich sie davon ueberzeugen kann, dass sie mir einen festen monatlichen Betrag auszahlen und ich mich verpflichte z.B. 300 Stunden im Jahr abzuleisten. Faende ich ein ganz brauchbares Modell.

---

[34] Döring (2000) weist auf verschiedene erschwerende Faktoren hin, die eine Überführung der Cyberbeziehung in eine Beziehung im realen Leben in vielen Fällen scheitern lassen. Vgl. auch Turkle (1995) und ein Überblick über die neusten Erkenntnisse zur sozialpsychologischen Identitätsforschung gibt Döring (2001).

[35] Wie aus der telefonischen Lebensberatung bekannt ist, fällt manchem dort im Schutz der Anonymität die Preisgaben von Persönlichem und Intimem leichter.

Ich habe wirklich viel Glueck im Leben; es sei denn es dreht sich um Liebesangelegenheiten. Leider fuerchte ich, dass irgendwann der grosse Knall kommt und ich ordentlich auf die Schauze falle. Ich hoffe aber nicht.
Wie sagte doch Garfield: „Es muss doch mehr auf dieser Welt geben als Fressen und Schlafen. Ich glaube schon, ich hoffe nicht." Sogar bei Pferdewetten hatte ich schon Glueck. Ich habe mal 20,- DM auf ein Pferd gesetzt, weil es eine lustige weisse Nase hatte. Mein Bekannter, der im Vorstand des Frankfurter Rennclubs sitzt, hat wochenlang Zeitungen studiert, mit den Reitern gesprochen, er kennt sich also wirklich gut aus, hielt mich fuer schwachsinnig. Dieser Aussenseiter ist als Erster durchs Ziel, das Goldstueck. Ich habe etwa 500,- DM gewonnen. Fand ich toll und der hat ziemlich doof geguckt. Ich habe dann sofort aufgehoert zu wetten und mich ueber meinen Gewinn gefreut. Das ging an einem anderen Renntag noch mal so aehnlich, da hatte es mir der Name (Wellenfee) angetan. Mein Bekannter hat mich dann nicht mehr so oft mitgenommen. Schade. Ist eine aufregende Sache, wenn die Pferde so an einem vorbeigaloppieren.
Glaubst Du wirklich, dass Geld den Charakter verdirbt? Ich glaube es zeigt nur deutlich den sowieso vorhandenen schlechten Charakter. Geld macht nicht schlecht. Schlechte Leute machen die falschen Sachen, wenn sie zu Geld und Macht kommen. Jetzt wird es aber philosphisch. Wuerde das nach der Reform etwa Filosofisch heissen? Komische Tierart.
Was fuer Autoren magst Du denn besonders? Ich mochte die Buecher von Rita Mae Brown. Sie wird nach meinem Dafuerhalten immer schwaecher. Thomas Mann und Tolstoi habe ich auch verschlungen. Auch viele sogenannte „Frauenbuecher" habe ich gern gelesen. Eine der routinemaessigen Lesestoffe ist meine gliebte Geo. Ist immer was spannendes dabei fuer mich. Hoert sich ein bischen intellektuell an. Waere ich auch ganz gern, vielleicht bin ich es manchmal sogar, relativ betrachtet. Wars Du schon einmal auf der Frankfurter Buchmesse? Ist eine ganz tolle Sache. Ich gehe jedes Jahr hin, am liebsten zu den Fachbesuchertagen. Da ist es, wie man unschwer erraten kann, nicht so ueberfuellt. Findet immer im Oktober statt. Genaues Datum weiss ich jetzt nicht aus dem Kopf. Wenn es Dich interessiert, schau ich mal nach.
Gleich werde ich zum Apfelweintrinken abgeholt und muss mich noch ein bischen huebsch machen.
Ich wuensche Dir einen schoenen Abend und freue mich auf Deinen naechsten Brief.
Viele liebe herzliche Gruesse

YYYY (3817)

Liebe YYYY

Es ist doch einfach schön, wenn man am Morgen ins Büro kommt, und man weiss, dass der elektronische Briefkasten mit neuen Geheimnissen wartet, die entdeckt werden müssen. Auf jeden Fall freue ich mich wieder jeden Morgen ins Büro zu kommen, weil ich weiss, dass da in dieser Plastikkiste mit Chips und Drähten ein Mail von Dir drin ist. Es freut mich zu hören, dass es Dir wieder besser geht. Erstens weil ich es nicht mag wenn Freunde krank sind und ich nicht helfen kann, und zweitens weil ich dann bald einmal Deine Stimme hören werde. Dass Du im Wetten Glück hast finde ich super. In Zukunft werde ich einfach Dich an die Pferderennen oder ins Casino mitnehmen und Dir die Verwaltung des Wettgeldes überlassen. Der Gewinn wird natürlich sauber geteilt und Du erhälst eine zusätzlich Provision für den guten Riecher. Es ist einfach schön zu wissen, dass man eine Glücksfee an seiner Seite hat wenn man Geld wettet.

XXX kenne ich, auf jeden Fall habe ich schon Inserate und Fernsehspots gesehen. Sicher eine sehr gute Werbeagentur. Für meine Verhältnisse einfach zu gross. Meine Vision ist eine kleine Agentur mit max 8 bis 10 Leuten und einem internationalen Netzwerk das man von Fall zu Fall individuell einsetzen kann. Habe ich Dir eigentlich schon erzählt, dass wir mit dem Gedanken spielen, in Deutschland eine Agentur zu eröffnen. Ev. in Hamburg, die richtigen Verbindungen habe ich bereits und es ist nur noch eine Frage der Zeit, dass wir dort beginnen. Und wer weiss, vielleicht ergeben sich ja auch in Frankfurt ganz neue Wege. Du als Geschäftsführerin der ZZZZy Frankfurt an meiner Seite. Das sind Perspektiven die aufregend sind. Warten wir mal ab, was die Zukunft so bringt.

Das mit den Liebesangelegenheiten sieht bei uns ja ziemlich gleich aus. Ich hoffe wir können diesen Umstand ändern. Ich kann sehr gut damit Leben, dass ich im Spiel kein Glück habe (solange ich eine Glücksfee an meiner Seite habe), aber dass ich in der Liebe kein Glück habe, stört mich echt. Es bedrückt mich, weil eines meiner Grundbedürfnisse nicht gedeckt ist - Liebe, Zärtlichkeit, Wärme. Ich brauche eigentlich nicht viel zum Leben, aber was ich mit Sicherheit weiss, ist, dass ich jemanden an meiner Seite haben muss. Jemanden mit dem ich sprechen kann, jemanden dem ich meine Liebe geben kann, jemanden den ich halten kann. Was nicht ist, kann noch werden (hoffe ich auf jeden Fall).

Ja ich bin zu der festen Überzeugung gekommen, dass Geld den Charakter verderben kann. Ich habe das leider bei Leuten die ich kenne erleben dürfen. Nicht jeder Mensch kann mit Geld umgehen. Freundschaften gehen zu ende, nur weil gewisse Leute plötzlich über zu viel mehr Geld verfügen. Plötzlich wirst Du als Mensch uninteressant. Ob diese schlechten Charakterzüge aber bereits vor dem Geld da waren, weiss ich nicht. Mein Charakter ist auf jeden Fall vom Geld noch nicht verdorben worden. Lieber geniesse ich die schönen Stunden des Le-

bens und von denen gibt es ja viele. Ist nur eine Frage der Einstellung (Positives Denken).
Das mit der Buchmesse würde mich wirklich interessieren. Ich hoffe nur, dass diese nicht während meiner Ferien stattfindet. Die Buchmesse wäre doch ein guter Grund nach Frankfurt zu kommen. Dann könnte ich Dich endlich persönlich kennenlernen und Du mich. Auf jeden Fall müssen wir nach den Ferien einen Termin vereinbaren - Buchmesse hin oder her. So langsam tun mir die Finger weh vom vielen Schreiben. Nicht, dass ich das nicht gern machen würde, aber ich habe wirklich den inneren Wunsch Dich auch mal in Natura zu sehen. Das Wochenende vom 24. bis 26. Oktober ist in meinem Terminkalender noch frei. Vielleicht können wir ja dieses Datum mal vorsehen. Ich würde dann mit dem Auto kommen. Das einzige was Du für mich organisieren müsstest, wäre eine Übernachtungsmöglichkeit, also irgendein Hotel in Deiner Nähe. Überlege Dir diesen Vorschlag mal und vielleicht hast ja auch Du Lust den netten, sympathischen, gefühlsbetonten, liebevollen usw. usw. Typ aus der Schweiz persönlich zu treffen. Ein Nein könnte ich fast nicht akzeptieren ausser es gäbe einen wirklichen Grund dafür. Mein Auto und ich stehen auf jeden Fall bereit.
Wie war das Apfelweintrinken gestern. Ich hoffe gut. Mein Abend war mal wieder von vielen Überraschungen geprägt. Eigentlich wollte ich früh zu Bett gehen. Doch daraus ist nichts geworden. Zuerst eine Sitzung bis 20.00 Uhr und anschliessend noch ein Nachtessen mit dem Kunden. Um 01.00 Uhr war ich dann auch zu Hause. Das ist auch der Grund weshalb ich mich gestern nicht mehr gemeldet habe. Tut mir echt leit. Ich hoffe Du konntest trotzdem gut schlafen.

Ich glaube für den Moment habe ich alles gesagt, was mir auf dem Herzen liegt. Ich wünsche Dir einen wunderschönen Tag und hoffe schon bald wieder von Dir zu hören.

In Liebe
ZZZZ

P.S. Die Präsentation ist sehr gut gelaufen. Ob wir den Auftrag bekommen wird sich in der nächsten Woche entscheiden. Am Donnerstag um 10.00 Uhr steht dann die nächste Präsentation vor der Türe. Dabei geht es um ein Werbebudget von 1 Mio. Also vielleicht hast Du ja Zeit und denkst an mich. Hilft bestimmt.

Bis bald. (3818)

Wenn, wie Leisi schreibt, heutzutage für handschriftliche Briefe wenig Zeit mehr bleibe und wir „uns in einem „Druckknopf-Zeitalter" befänden, wo man dazu erzogen wird, die Erfüllung seines Wunsches sogleich nach der Äußerung zu erwarten." (1983: 71) so wird – wenn dies denn zutreffen würde – der Computer mit Internetanschluss diesen Bedürfnissen wohl entgegenkommen. Der Computer mit Internetanschluss erlaubt es, Liebesbriefe effizient und zweckrational und – nach 30 Jahren E-Mail-Software-Entwicklung – in benutzerfreundlicher Handhabung während der Arbeitszeit zu schreiben und – immerhin – per Mausklick zu verschicken. Eventuell wird sich der Leser des Briefs in einen Briefschreiber wandeln und in Windeseile eine Antwort formulieren. Mit diesen Möglichkeiten schafft das Internet eine Kommunikationskonstellation, die den Briefverkehr ankurbelt. Und der Vorteil: das Korrespondieren wirkt der Isolation am Computer in doppeltem Sinne entgegen.[36]

Auch die E-Mail-Korrespondenzen entstehen nachdem sich Menschen auf Internet kennengelernt haben. Eventuell hat eine Korrespondenz sogar als Internet-Flirt auch einen Anfang gefunden. Beim Korrespondieren verschwindet nun aber der spielerisch-leichte Aspekt und wird durch einen ernsteren Gestus ersetzt. Zwar sind Intimität und Leidenschaft auch hier im Zentrum des Interesses, doch eine (scheinbare) Verbindlichkeit nimmt zu, wenn Persönliches, Vertrauliches und Intimes ausgetauscht wird. Durch das Korrespondieren bilden sich intensive Beziehungen, i. S. von Zweierbeziehungen (vgl. Lenz 1998: 42),[37] die ihre Realität im Internet haben und nur ausgesprochen selten den Weg in die Wirklichkeit finden (vgl. Döring 2000, Turkle 1995: 206f.).[38]

Unter kulturgeschichtlicher und sprachhistorischer Perspektive findet sich mit diesen E-Mail-Korrespondenzen nach einer langen Zeit der Abwesenheit der vornehmlich schriftlichen Beziehungsgestaltung eine ältere Form des Korrespondierens in einem neuen Kleid: die E-Mail-Korrespondenzen sind den eheeinleitenden Korrespondenzen, den Brautbriefen des 19. Jahrhunderts ähnlich. (vgl. Lystra 1989, Ettl 1984, Joris/Witzig 1995, Linke 1996) Brautbriefe sind im 19. Jahrhundert diejenigen Briefe, die sich ein Paar in der Zeit der – öffentlichen oder heimlichen – Verlobung schreibt. Die Liebesbriefe zwischen Verlobten waren der Ort, an welchem es den Brautleuten erlaubt war, die Liebesbeziehung zu leben. Man schrieb sich mehrere Briefe wöchentlich bisweilen sogar mehrere

---

[36] Da das Schreiben von Liebesbriefen den werktätigen Menschen in ihrer Arbeitsmotivation wohl fördert, muss bei E-Mail-Software kein Boss-Key eingerichtet werden wie dies bei den (sehr viel Zeit in Anspruch nehmenden) Adventure Games noch der Fall war.
[37] Vgl. zu Beziehung, Beziehungsgestaltung Holly (1979), Adamzik (1984: 129f.), Sandig (1986: 239ff.), Adamzik (1994: 359ff.).
[38] Döring (2000: 63) weist im Zusammenhang mit der Frage nach dem Erfolg – der Möglichkeit die Beziehung zu stabilisieren und auch außerhalb des Netzes zu führen – auf die Wichtigkeit von reality checks hin.

täglich. Dadurch hielt man sich gegenseitig „auf dem Laufenden" über die je eigene emotionale Entwicklung, über den je persönlichen Alltag, über die Familie und man besprach die Hochzeitsvorbereitungen.

Bis in die 50er Jahre sind Brautbriefe in bürgerlichen und seit dem 20. Jahrhundert auch in kleinbürgerlichen Milieus als eheeinleitende Rituale im ZLA nachzuweisen. (vgl. Wyss 2000) In den 60er Jahren wie auch in den 70er Jahren ebensowenig wie in den 80er und frühen 90er Jahren finden sich im ZLA keine Korrespondenzen dieser Art. In den 60er Jahren erklärt sich dies teilweise mit der weiten Verbreitung des Telefons: das Telefon übernimmt die Funktion des Korrespondierens. In den 60er Jahren beginnt auch die Möglichkeit, sich zu treffen und sich persönlich zu unterhalten. Das vertrauliche Gespräch, gemeinsame Unternehmungen und eine gelebte Sexualität treten zunehmend an die Stelle des Korrespondierens. (vgl. Vincent 1995).

Die sprachliche Selbstdarstellung ist in den Brautbriefen wie in den E-Mail-Korrespondenzen ein Mittel der „Beziehungsarbeit", ein Mittel zur Herstellung von Nähe, Vertrauen und Intimität.[39]

Metamorphosen des Liebesbriefs im Internet

Wenn Benjamin über einen Brief Johann Heinrich Kants vom „sich schriftlich...anschmiegen" (19972: 18) schreibt, so ist dies eine Metapher für das kriecherische Verhalten des Bruders und dessen Frau und Kinder. Er zeigt damit jedoch gleichermaßen auf ein nonverbales Potenzial des schriftlichen Textes, auf die Möglichkeit des schrift-sprachlichen Verhaltens (des Absenders).

Diese fundamentalen Funktionen des Textes wird im Wechsel von der Handschrift zur Computer-Type am Monitor oder zum ausgedruckten Text in keiner Weise bedrängt. Vielmehr erweitern sich durch die neuen Kommunikations- und Textkonstellationen, als schriftliche kommunikative Gattungen die Funktionen der Schriftlichkeit, die Bedeutung und der Gebrauch schriftlicher Texte für die zwischenmenschliche Kommunikation.[40]

Ein Effekt des Medienwechsels zeigt sich in gewissen stilistischen Ausprägungen der Brieftexte in der Integration von Internetcodes. Ein weiterer Ausdruck des Medienaneignungsprozesses finden sich in verschiedenen schriftlichen primären Thematisierungen.

---

[39] In diesem vertrauensbildenden Kontext (framing) wird deutlich, dass die Demaskierung der Online-Identität beziehungsweise Eröffnung einer wirklichen und anderen Identität, zu einem immer schon zu späten Zugeben einer Lüge und daher auch (fast) verunmöglicht wird.

[40] Mit Spannung kann der Blick auf die immer besseren multimedialen Möglichkeiten der E-Mail-Kommunikation gerichtet werden.

Es bilden sich damit weitere Ausdifferenzierungen von Textsorten, die vielmehr als *mediale Überformungen* anzusehen sind: neben *medialen Adaptionen des handschriftlichen Liebesbriefs* bilden sich unterschiedliche Liebes-E-Mail-Kommunikationsformen heraus: *Flirtbriefe* und *Liebes-Korrespondenzen*.

Interessanterweise fallen in diesen Textsorten sprachlich-stilistische Nähe- oder Distanzcodes gerade nicht mit Nähe und Distanz auf der Ebene der sprachlichen Beziehungsgestaltung zusammen: Die Textsorte des Flirtens, die auf stilistischer Ebene eine Sprache der Nähe zeigt, gestaltet die eine distanzierende oder ambivalente Beziehung. Im Gegensatz dazu sind die Texte des Korrespondierens, die stärker der konzeptionellen Schriftlichkeit folgen, also näher am Distanzpol anzusiedeln sind, diejenigen Texte, die als beziehungseinleitende, vertrauensbildende Texte gelten.

Literatur:

Adamzik, Kirsten (1994): Beziehungsgestaltung in Dialogen. In: Fritz, Gerd/Hundsnurscher Franz (Hrsg.): Handbuch der Dialoganalyse. Tübingen, 357-374.
Adamzik, Kirsten (1984): Sprachliches Handeln und sozialer Kontakt. Zur Integration der Kategorie ‚Beziehungsaspekt' in eine sprechakttheoretische Beschreibung des Deutschen. Tübingen.
Adamzik, Kirsten (1998): Methodische Probleme kontrastiver Textsortenstudien. In: Danneberg L./Niederhauser J (Hrsg.): Darstellungsformen der Wissenschaften im Kontrast. Aspekte der Methodik, Theorie und Empirie. Tübingen, 103-130.
Althaus, Claudia (2000): Die Macht des Eros und die Notwendigkeit des Nichtwissens. Vortrag auf der Sommeruni in Koblenz am 05.07.2000, 16-18 Uhr. http://www.uni-siegen.de/~ifan/koblenz/althaus.htm.
Auer, Peter (1988): Liebeserklärungen; Oder: Über die Möglichkeiten, einen unmöglichen sprachlichen Handlungstyp zu realisieren. In: Sprache und Literatur in Wissenschaft und Unterricht 19. 1(61), 11-31.
Barthes, Roland (1988 [1977]): Fragmente einer Sprache der Liebe. Frankfurt a. M..
Bausinger, H. (1972/1984): Deutsch für Deutsche. Dialekte, Sprachbarrieren, Sondersprachen. Frankfurt a.M..
Beisswenger, Michael (2001): Das interaktive Lesespiel. Chat-Kommunikation als mediale Inszenierung. In: Beisswenger, Michael (Hrsg.): Chat-Kommunikation. Sprache, Interaktion, Sozialität und Identität in synchroner computervermittelter Kommunikation. Perspektiven auf ein Forschungsfeld. Stuttgart.
Benjamin, Walter (1972, Hrsg.): Deutsche Menschen. Eine Folge von Briefen. Auswahl und Einleitungen von Walter Benjamin. Suhrkamp Verlag, Frankfurt a. M..
Burger, Harald/Imhasly, Bernhard (1979): Formen sprachlicher Kommunikation. München.
Cherubim, Dieter (1981): Schülerbriefchen. In: J. Baurmann, D. Cherubim, H. Rehbock (Hrsg.): Neben-Kommunikation. Beobachtungen und Analysen zum nichtoffiziellen Schülerverhalten innerhalb und außerhalb des Unterrichts. Braunschweig, 107-168.

Diekmannshenke, Hajo (in Vorbereitung): „und meld' dich mal wieder!" Kommunizieren mittels Postkarte. In: Schmitz, Ulrich/ Wyss, Eva Lia (Hrsg.): Briefkultur des 20. Jahrhunderts. (= Osnabrücker Beiträge zur Sprachtheorie/OBST 64).

Döring, Nicola (1998): Sozialpsychologie des Internet. Die Bedeutung des Internet für Kommunikationsprozesse, Identitäten, soziale Beziehungen und Gruppen. Göttingen.

Döring, Nicola (2000): Romantische Beziehungen im Netz. In: Thimm, Caja (Hrsg.): Soziales im Netz. Wiesbaden/Opladen, 39-70.

Döring, Nicola (2000): Sozialpsychologische Chat-Forschung: Methoden, Theorien, Befunde. In: Beisswenger, M. (Hrsg.): Chat-Kommunikation. Sprache, Interaktion, Sozialität & Identität in synchroner computervermittelter Kommunikation. Perspektiven auf eine interdisziplinäres Forschungsfeld. Stuttgart, 141-186.

Dürscheid (im Druck).

Ehlich, Konrad (1994): Funktion und Struktur schriftlicher Kommunikation. Schrift und Schriftlichkeit. In: Günther, Hartmut/Ludwig, Otto (Hrsg.): Ein interdisziplinäres Handbuch internationaler Forschung. Berlin. New York. 1. Halbband, 18-41.

Ermert, Karl (1979): Briefsorten. Untersuchungen zur Theorie und Empirie der Textklassifikation. Tübingen.

Ettl, Susanne (1984): Anleitungen zur schriftlichen Kommunikation. Briefsteller von 1880 bis 1980. Tübingen, (= RGL 50).

Feldweg, Helmut/Kibinger, Ralf/Thielen, Christine (1995): Zum Sprachgebrauch in deutschen Newsgruppen. In: Schmitz, Ulrich (Hrsg.): Neue Medien. Osnabrücker Beiträge zur Sprachtheorie 50, 143-154.

Gaggia, Carsten/Gilli, Dunja/Ingerfurth, Christine (1999): Kontaktsuche und Kennenlernen im Internet. Http://www.nicoladoering.de/PESI/kontakt.doc..

Gallery, Heike (2000): „bin ich - klick ich2 – Variable Anonymität im Chat. In: Thimm, Caja (Hrsg.): Soziales im Netz. Wiesbaden/Opladen, 71-88.

Götzenbrucker, Gerit/Hummel, Roman (2001): Beziehungsdimension in computervermittelten Konversationen. In: Beisswenger, M. (Hrsg.): Chat-Kommunikation. Sprache, Interaktion, Sozialität & Identität in synchroner computervermittelter Kommunikation. Perspektiven auf eine interdisziplinäres Forschungsfeld. Stuttgart, 201-224.

Grosse, Siegfried/Mentrup, W. (1980): Bürger – Formulare – Behörde. Tübingen. (=Forschungsberichte des Instituts für deutsche Sprache 51).

Gruber, Helmut (1997): Themenentwicklung in wissenschaftlichen E-Mail-Diskussionslisten. Ein Vergleich zwischen einer moderierten und einer nichtmoderierten Liste. In: Weingarten, Rüdiger (ed.): Sprachwandel durch Computer. Opladen, 105-128.

Günther, Ulla, Wyss, Eva Lia (1996): E - Mail - Briefe - eine neue Textsorte zwischen Mündlichkeit und Schriftlichkeit. In: Hess - Lüttich. W. B Ernest, Werner Holly, Ulrich Püschel (Hrsg.): Textstrukturen im Medienwandel. Frankfurt am Main, Berlin, Bern, 61-86.

Günthner, Susanne (1995): Gattungen in der sozialen Praxis. Die Analyse ‚kommunikativer Gattungen' als Textsorten mündlicher Kommunikation. In: Deutsche Sprache 23, 193-218.

Günthner, Susanne (2000): Vorwurfsaktivitäten in der Alltagsinteraktion. Grammatische, prosodischse, rhetorisch-stilistische und interaktive Verfahren bei der Konstitution kommunikativer Muster und Gattungen. Tübingen. (RGL 221).

Haase, Martin/Huber, Michael/Krumeich, Alexander/Rehm, Georg (1997): Internetkommunikation und Sprachwandel. In: Weingarten, Rüdiger (Hrsg.): Sprachwandel durch Computer. Opladen, 51-85.
Häcki Buhofer, Annelies (1985): Schriftlichkeit im Alltag. Theoretische und empirische Aspekte – am Beispiel eines Schweizer Industriebetriebs. Bern. (= Zürcher Germanistische Studien 2).
Heinemann, W. /Viehweger, D. (1991): Textlinguistik. Eine Einführung. Tübingen.
Heinemann, Wolfgang (2000): Textsorten. Zur Diskussion um Basisklassen des Kommunizierens. Rückschau und Ausblick. In: Adamzik, Kirsten (Hrsg.) Textsorten: Reflexionen und Analysen. Tübingen, 9-29.
Hess-Lüttich, Ernest W. B. (1997): E-Epistolographie: Briefkultur im Medienwandel. In: Hepp, A.; Winter, R. (Hrsg.): Kultur - Medien - Macht. Cultural Studies und Medienanalyse. Opladen, 225-246.
Höflich, Joachim R. (in diesem Band).
Holly, Werner/Püschel, Ulrich (Hrsg.,1993): Medienrezeption als Aneignung. Opladen.
Holly, Werner (1979): Imagearbeit in Gesprächen. Zur linguistischen Beschreibung des Beziehungsaspekts. Tübingen (RGL 18).
Jakobs, Eva-Maria (1998): Mediale Wechsel und Sprache. Entwicklungsstadien elektronischer Schreibwerkzeuge und ihr Einfluss auf Kommunikationsformen. In: Holly, Werner/Biere, Bernd Ulrich (Hrsg., 1998): Medien im Wandel, Opladen, 187-209.
Joris, Elisabeth/ Witzig, Heidi (1995): Brave Frauen, aufmüpfige Weiber. Wie sich die Industrialisierung auf Alltag und Lebenszusammenhänge von Frauen auswirkte (1820-1940). Zürich.
Kapl-Blume, Edeltraud (1988): Liebe im Lexikon. Zum Bedeutungswandel des Begriffs „Liebe" in ausgewählten Lexika des 18. u. 19. Jahrhunderts. In: Jäger, Ludwig (Hrsg.): Zur historischen Semantik des deutschen Gefühlswortschatzes. Aachen.
Klemm, Michael/Graner, Lutz (2000): Romantische Beziehungen im Netz. In: Thimm, Caja (Hrsg.): Soziales im Netz. Wiesbaden/Opladen, 156-179.
Koch, Peter/Oesterreicher, Wulf (1994): Schriftlichkeit und Sprache. In: Günther, Hartmut/ Ludwig, Otto (Hrsg.): Ein interdisziplinäres Handbuch internationaler Forschung. Berlin. New York, de Gruyter. 1. Halbband, 587-604.
Kollmann, Karl (2001): Modellierung der Aufmerksamkeit – Erotik und Chat. In: Beisswenger, M. (Hrsg.): Chat-Kommunikation. Sprache, Interaktion, Sozialität & Identität in synchroner computervermittelter Kommunikation. Perspektiven auf eine interdisziplinäres Forschungsfeld. Stuttgart, 345-364.
Kotthoff, Helga (1998): Spaß verstehen. Zur Pragmatik von konversationellem Humor. Tübingen (Reihe germanistische Linguistik 196).
Krotz, Friedrich (1998): Digitalisierte Medienkommunikation: Veränderung interpersonaler und öffentlicher Kommunikation. In: Neverla, I. (Hrsg.): Das Netz-Medium. Opladen/ Wiesbaden, 113-136.
Krotz, Friedrich (in diesem Band)
Leisi, Ernst (1983 [1978]): Paar und Sprache. Heidelberg.
Lenz, Karl (1998): Soziologie der Zweierbeziehung. Eine Einführung. Opladen/Wiesbaden.
Linke, Angelika (1996). Spachkultur und Bürgertum. Zur Mentalitätsgeschichte des 19. Jahrhunderts. Stuttgart, Weimar.
Luhmann, Niklas (1994 [1982]): Liebe als Passion. Zur Codierung von Intimität. Frankfurt. a. M.

Lütten-Gödecke, Jutta/Zillig, Werner (Hrsg., 1994): „Mit freundlichen Grüssen". Linguistische Untersuchungen zu Problemen des Briefe-Schreibens. Münster.

Lystra, Karen (1989): Searching the Heart. Women, Men, and Romantic Love in Nineteenth – Century America. New York, Oxford, Oxford University Press.

Menne, Albert (1992): Einführung in die Methodologie. Elementare allgemeine wissenschaftliche Denkmethoden im Überblick. Darmstadt.

Nickisch, Reinhard M. G. (1991): Brief. Stuttgart. (=Sammlung Metzler 260).

Nickisch, Reinhard M. G. (in diesem Band).

Pansegrau, Petra (1997): Dialogizität und Degrammatikalisierung in E-Mails. In: Weingarten, Rüdiger (ed.): Sprachwandel durch Computer. Opladen, 86-104.

Polenz, Peter v. (1999). Deutsche Sprachgeschichte vom Spätmittelalter bis zur Gegenwart. Band III: 19. und 20. Jahrhundert. Berlin. New York.

Portmann, Paul (1982): Texte schreiben: Planung, Stil, Textsorten. In: Schweizerische Zentralstelle für die Weiterbildung der Mittelschullehrer, 48-65. (zit. nach Häcki Buhofer 1985).

Rice, Ronald E./Love, Gail (1987): Electronic Emotion. Socioemotional Content in a Computer-Mediated Communication Network. In: Communication Research 14/1, February 1987, 85-108.

Sandig, Barbara (1986): Stilistik der deutschen Gegenwartssprache. Berlin, New York, Sammlung Göschen 2229.

Schikorsky, Isa (1990): Private Schriftlichkeit im 19. Jahrhundert. Untersuchungen zur Geschichte des alltäglichen Sprachverhaltens kleiner Leute. Tübingen. (=RGL 107).

Schönberger, Klaus (1999): Neue Online-KommunikationspartnerInnen? Qualitative und quantitative Annäherungen. In: Reips, Ulf-Dietrich (Hrsg.): Current Internet Science. Trends, Tecniques, Results. Aktuelle Online-Forschung. Trends, Techniken, Ergebnisse. Http://www.dgof.de/tband/99/inhalt.htm.

Sperber, Dan/Wilson, Deirdre (1986): Relevance. Communication and Cognition. Oxford.

Storrer, Angelika (2000): Schriftverkehr auf der Datenautobahn: Besonderheiten der schriftlichen Kommunikation im Internet. In: Voß, G. G./Holly, Werner/Boehnke, K. (Hrsg.): Neue Medien im Alltag: Begriffsbestimmungen eines interdisziplinären Forschungsfeldes. Leverkusen, 153-177.

Storrer, Angelika (2001): Getippte Gespräche oder dialogische Texte? Zur kommunikationstheoretischen Einordnung der Chat-Kommunikation. In: Lehr, Andrea; Kammerer, Matthias et al. (Hrsg.) (2001): Sprache im Alltag. Beiträge zu neuen Perspektiven in der Linguistik. Herbert Ernst Wiegand zum 65. Geburtstag gewidmet. Berlin u.a., 439-466.

Thimm, Caja/Kleinberger, Ulla (2000): Soziale Beziehungen und innerbetriebliche Kommunikation: Formen und Funktionen elektronischer Schriftlichkeit in Unternehmen. In: Thimm, Caja (Hrsg.): Soziales im Netz. Wiesbaden/Opladen, 262-277.

Turkle, Sherry (1995) (dt. 1998): Life on the Screen. Identity in the Age of the Internet. New York.

Vincent, Gérard (1995): Eine Geschichte des Geheimen. In: Ariès, Philippe/Duby, Georges (Hrsg.): Geschichte des privaten Lebens. 5. Band: Vom Ersten Weltkrieg zur Gegenwart. (hg. von Prost, Antoine/Vincent, Gérard), 153-344.

Von Savigny, Eike (1974): Einführung in das wissenschaftliche Definieren. München.

Wyss, Eva Lia (1998): Werbespot als Fernsehtext. Mimikry, Adaptation und kulturelle Variation. Tübingen.

Wyss, Eva Lia (1999): Iconicity in the Digital World – an Opportunity to Create a Personal Image. In: Fischer, Olga, Nänny, Max (Hrsg.): Form, Miming, Meaning. New York/ Amsterdam, 285-304.

Wyss, Eva Lia (2000): Intimität und Geschlecht. Zur Syntax und Pragmatik der Anrede im Liebesbrief des 20. Jahrhunderts. In: D. Elmiger/ E. L. Wyss (Hrsg.): Sprachliche Gleichstellung von Frau und Mann in der Schweiz. Ein Überblick und neue Perspektiven. Neuenburg. (= Bulletin VALS/ASLA 72), 187-210.

Wyss, Eva Lia (im Druck): Liebesbriefe von Kindern, Jugendlichen und Erwachsenen. Eine Textsorte im lebenszeitlichen Wandel. In: Häcki-Buhofer, Annelies (et al.) Spracherwerb und Lebensalter. Kolloquium anlässlich des 60. Geburtstags von Harald Burger. Basel. 13 S. (= Basler Studien zur deutschen Sprache und Literatur).

Wyss, Eva Lia (im Druck): Liebesbriefe im 20. Jahrhundert. Texte im Spannungsfeld von Sprachgeschichte, Geschichte der Kommunikation und der Mediengeschichte. In Schmitz, Ulrich/Wyss, Eva Lia (Hrsg.): Briefkultur des 20. Jahrhunderts. Osnabrücker Beiträge zur Sprachtheorie 64.

Yates, Simeon, J. (2000): Computer-Mediated Communication. The Future of the Letter? In: Barton, David/Hall, Nigel (Hrsg.): Letter Writing as a Social Practice, 233-251.

Wörterbücher:

Adelung, Johan Christoph (1796): Grammatisch-kritisches Wörterbuch der Hochdeutschen Mundart, mit beständiger Vergleichung der übrigen Mundarten, besonders aber der Oberdeutschen. Zweyter Theyl, von F–L. (Zweyte vermehrte und verbesserte Ausgabe.) Leipzig bey Johann Gottlob Immanuel Breitkopf, Sohn und Compagnie.

Campe, Joachim Heinrich (1809): Wörterbuch der Deutschen Sprache. Veranstaltet und herausgegeben von Joachim Heinrich Campe. Dritter Teil. L – bis – R. Braunschweig. In der Schulbuchhandlung.

Duden (Hrsg., 1999): Das große Wörterbuch der deutschen Sprache in acht Bänden. hg. vom Wissenschaftlichen Rat der Dudenredaktion. Mannheim, Leipzig, Wien, Zürich. 3. völlig neu bearb. u. erw. Aufl. in 10 Bänden.

Grimm, Jacob und Wilhelm (1885): Deutsches Wörterbuch. Sechster Band. L.M. Bearbeitet von Dr. Moriz Heyne. Leipzig, Verlag von S. Hirzel.

Heyne, Moriz (1892): Deutsches Wörterbuch. Zweiter Band. H-O. Leipzig, Verlag von S. Hirzel.

Internet-Liebe: Zur technischen Mediatisierung intimer Kommunikation

Nicola Döring

Einleitung

An Online-Liebe oder Cybersex hatte Marshall McLuhan nicht gedacht, als er maschinenschriftlichen Text als *heißes Medium* charakterisierte. Etwas kontraintuitiv bezeichnete McLuhan (1994/1964, Kap. 2) gerade jene Medien als „heiß" (hot), die nach seinem Verständnis die Rezipienten eher kalt lassen, weil sie insgesamt *wenig persönliche Beteiligung* erfordern. Auf Maschinenschrift träfe dies zu, da die Präzision der Typographie und das sich allein auf den Sehsinn stützende konzentrierte Lesen keine besonders erwärmenden Erfahrungen liefere. Für Erhitzung des Publikums würden dagegen eher die in McLuhan'scher Terminologie „kalten" (cool) Medien sorgen, indem sie mehrere Sinnesmodalitäten gleichzeitig oder zusätzlich auch die Fantasie aktivieren (z.B. Fernsehen, Telefon).

Dass computervermittelte Textkommunikation durch die drastische *Kanalreduktion* defizitär, entemotionalisiert und nachgerade entmenschlicht ablaufe, war und ist auch eine gängige Befürchtung in der kulturkritischen Auseinandersetzung mit den sozialen Folgen der Vernetzung, wie sie gerade rund um das George Orwell-Jahr 1984 in Deutschland populär wurde: Am Bildschirm isoliert würden die Menschen zunehmend ihre soziale Kommunikationsfähigkeit einbüßen, einander standardisierte Botschaften zukommen lassen, anstatt sich auf das Wagnis echter zwischenmenschlicher Begegnungen einzulassen (z.B. Volpert 1985). Eine sterile, kalte, *berechenbare soziale Welt* wurde heraufbeschworen.

Am Beginn des 21. Jahrhunderts haben größere Bevölkerungskreise nun einige Jahre praktische Netzerfahrung hinter sich. Sozialwissenschaftliche Studien zeigen, dass *Computernetze* als Infrastrukturen zu begreifen sind, die *soziale Vernetzung* ermöglichen, unterstützen und verändern, nicht jedoch automatisch verhindern oder zerstören (z.B. Smith & Kollock 1999; Thiedeke 2000). Die pauschale Isolations- und Vereinsamungsthese im Zusammenhang mit Internet-Nutzung gilt als widerlegt (vgl. Döring 1996, 1997, 1999). Das Internet als *Transmedium* liefert durch die Vielfalt und Kombinierbarkeit seiner textbasierten und multimedialen Dienste diverse *Gebrauchsmöglichkeiten* in unterschiedlichen sozialen Kontexten, die das gesamte Spektrum von „heiß" bis „kalt" abdecken (Sandbothe 1996).

Im Hinblick auf Emotionalität hat sogar eine Art Paradigmen-Wechsel stattgefunden: Entgegen dem früheren Vorwurf an Maschinenschrift und computervermittelten Telekontakt, versachlicht und entsinnlicht zu sein, moniert man heute oft genau das Gegenteil: Imaginativ aufgeladen, hochgradig *romantisiert und erotisiert* gefährdeten Netzkontakte auf der Basis mehrdeutiger digitaler Botschaften das seelische Gleichgewicht der Beteiligten und brächten allzu schnell ihr geregeltes Ehe- und Familienleben durcheinander. In Online-Foren warnen sich Nutzer gegenseitig vor den Versuchungen und Enttäuschungen der Cyberliebe. Von psychotherapeutischer Seite liegen bereits Präventions-, Beratungs- und Therapieangebote vor, um die psychosozialen Gefahren von Internet-Liebe und Cyberuntreue zu bearbeiten (z.B. Gwinnell 1998).

Doch was ist überhaupt unter *Cyber-, Online-, Netz- oder Internet-Liebe* zu verstehen und wie verbreitet ist das Phänomen? Wo findet das Kennenlernen statt? Nach welchen Kriterien erfolgt die Partnerwahl? Welche Beziehungsformen werden realisiert? Welche besonderen Chancen und Risiken sind mit intimen Netzkontakten verbunden? Anhand von authentischen Fallbeispielen und sozialwissenschaftlichen Studien geht der Beitrag diesen Fragen nach. Wenn die Internet-Kommunikation zur Internet-Liebe führen kann, was bedeutet dies für unser Verständnis mediatisierter Kommunikation? Und welche Forschungsperspektiven ergeben sich für die Kommunikationswissenschaft?

Internet-Liebe

Ist es theoretisch gerechtfertigt, im Zusammenhang mit Internet-Kommunikation von echten sozialen Beziehungen oder gar Liebesbeziehungen zu sprechen? Und wie verbreitet ist die Internet-Liebe?

Internet-Beziehungen

Soziale Beziehungen, die primär auf computervermittelten Kontakten basieren und bei denen typischerweise schon der Erstkontakt im Netz stattfindet, werden sowohl umgangs- als auch fachsprachlich oft als *Cyber-, Online-, Netz- oder Internet-Beziehungen* etikettiert, manchmal auch konkreter als *E-Mail-* oder *Chat-Beziehungen* bezeichnet. Damit grenzt man sie als Sonderfall von herkömmlichen Sozialbeziehungen ab, bei denen der Erstkontakt und wichtige folgende Kontakte Face-to-Face stattfinden und die im Netz-Diskurs nun als *Offline-Beziehungen, Real-Life-Beziehungen, 3D-Relationships* oder *In-Person-Relationships* bezeichnet werden.

Lässt sich die Internet-Beziehung sinnvoll als „echte" soziale Beziehung charakterisieren? Definitionsgemäß entsteht zwischen zwei Personen eine soziale (zwischenmenschliche) Beziehung, wenn sie wiederholt miteinander Kontakt haben, also mehrfach zeitversetzt kommunizieren oder zeitgleich interagieren. Im Unterschied zum sozialen Kontakt als Einzelereignis erstrecken sich *soziale Beziehungen* über mehrere Zeitpunkte, so dass jeder einzelne Kontakt sowohl von den voraus gegangenen Kontakten als auch von der Erwartung zukünftiger Kontakte beeinflusst wird. Im Laufe der Beziehungsentwicklung lernen die Beteiligten einander kennen und müssen eine gemeinsame Beziehungsdefinition aushandeln, etwa indem sie wechselseitig ihre Erwartungen abklären und diese Beziehungsklärung immer wieder aktualisieren. Da die Beziehung in den Zeiträumen zwischen den einzelnen Kontakten weiter besteht, spielen neben dem offenen Kommunikations- und Interaktionsverhalten emotionale, motivationale und kognitive Begleitprozesse (z.b. gemeinsame Erlebnisse erinnern, Sehnsucht empfinden, das nächste Treffen vorbereiten) eine wichtige Rolle für die Qualität und Kontinuität der Beziehung.

Dieses sozialpsychologische Beziehungs-Verständnis (vgl. Hinde 1993) macht keinerlei Restriktionen hinsichtlich des Mediums der Einzelkontakte und lässt es somit theoretisch zu, auch dann von echten sozialen Beziehungen zu sprechen, wenn die Beteiligten ihre Kontakte vorwiegend oder ausschließlich mediatisiert realisieren, sei es nun postalisch im Zuge einer *Brieffreundschaft* oder computervermittelt im Zuge einer *Internetfreundschaft*. Welche Qualität mediatisierte Beziehungen zum jeweils betrachteten Zeitpunkt haben, wäre dann empirisch zu prüfen. Zu den Indikatoren der Beziehungsqualität gehören etwa die Entwicklung eines gemeinsamen Kommunikationsstils (z.B. Verwendung von speziellen Spitznamen, Insiderjargon), die Vielfalt der besprochenen Themen, Vertrauen und Verlässlichkeit, die über entsprechende Skalen per Fragebogen gemessen werden können (Parks & Floyd 1996).

Internet-Liebesbeziehungen

Soziale Beziehungen lassen sich grob in *formale* (z.B. Verkäufer-Kunde) und *informale* bzw. *persönliche* (z.B. Vater-Sohn) Beziehungen unterteilen, wobei die persönlichen Beziehungen noch in *schwache* (z.B. Bekanntschaft) und *starke* (z.B. Freundschaft) Bindungen zerfallen. Bei den starken persönlichen Bindungen bilden neben Eltern-Kind- und Geschwister-Beziehungen, Freundschaften und Liebesbeziehungen wichtige Teilgruppen. Weitgehend synonym wird statt von *Liebesbeziehungen* auch von *romantischen Beziehungen, Intimbeziehungen, Paarbeziehungen* oder *Partnerschaften* gesprochen. Liebesbeziehungen unterscheiden sich durch offene Sexualität von Freundschaftsbeziehungen und gemeinsam mit den Freundschaftsbeziehungen durch Wählbarkeit von den Verwandtschaftsbeziehungen.

Intimität (intimacy), Leidenschaft (passion) und Verbindlichkeit (commitment) sind gemäß der Triangel-Theorie von Robert Sternberg (1986) drei wesentliche Bestimmungsstücke von Liebesbeziehungen, deren jeweiliger Ausprägungsgrad sich über entsprechende Liebesskalen messen lässt (Sternberg 1998). Die Gewichtung der Faktoren innerhalb einer Liebesbeziehung ist von den individuellen Bindungs- und Liebesstilen der Beteiligten sowie deren wechselseitiger Passung abhängt (vgl. Bierhoff & Grau 1999). Abgesehen vom subjektiven Erleben und Handeln ist die Gestaltung von Liebesbeziehungen mitsamt ihrem Fortpflanzungs- bzw. Familienbildungs-Potenzial wesentlich auch durch das komplexe Wechselspiel von biologischen Grundlagen und gesellschaftlichen Rahmenbedingungen geprägt, wie interkulturelle und historische Vergleiche belegen (vgl. Asendorpf & Banse 1999, Kap. 2; Herrmann 2001). Theoretisch spricht nichts dagegen, dass eine Liebesbeziehung vornehmlich oder ausschließlich auf Netzkontakten basiert, da sich durch den zeitversetzten oder zeitgleichen Austausch von digitalen Text-, Ton- und/oder Bild-Botschaften prinzipiell Intimität (z.B. Unterstützung bei persönlichen Problemen), Leidenschaft (z.B. geteilte Erregung beim gemeinsamen Ausformulieren sexueller Phantasien) und Verbindlichkeit (z.B. regelmäßige Kontaktaufnahme) vermitteln lassen. Ob und wie Personen im Netz tatsächlich von diesen Optionen Gebrauch machen und welche Merkmale die daraus resultierenden *Cyber-, Online-, Netz- oder Internet-Liebesbeziehungen* haben, muss dagegen empirisch geklärt werden.

Die Internet-Liebes*beziehung*, die beiderseitige Beteiligung an sozialen Kontakten und die wechselseitige Anerkennung als Beziehungspartner voraussetzt, adressiert als Betrachtungseinheit die Dyade, während die Internet-*Liebe* auf das Individuum bezogen ist und auch einseitig bestehen kann (z.B. Verliebtheit auf der Basis der persönlichen Homepage). Wie nun unterschiedliche Varianten und Ausprägungsformen von Liebesgefühlen einerseits und verschiedene Möglichkeiten der Gestaltung sozialer Beziehungen andererseits zu konkreten Liebesbeziehungen gekoppelt werden, unterliegt im Zuge der Individualisierung und Pluralisierung der Lebensformen in zunehmendem Maße der interpersonalen Verständigung, da diesbezügliche soziale Normen, Werte und Vorbilder keinen Allgemeingültigkeitsanspruch mehr haben (vgl. Beck & Beck-Gernsheim 1990).

Bei der wissenschaftlichen Betrachtung von Liebesbeziehungen ist zu beachten, dass die bisherige Forschung nicht selten implizit normativ ist in dem Sinne, dass die *heterosexuelle monogame Lebensgemeinschaft* in den Mittelpunkt gestellt wird und andere Varianten von Liebesbeziehungen ausgeblendet bleiben, ohne dass dies genügend reflektiert wird. Zu den *untererforschten Liebesbeziehungen* gehören etwa bewusst befristete romantische Beziehungen, polygame Beziehungen, homo- oder bisexuelle Beziehungen, geheime Nebenbeziehungen, Fernbeziehungen oder auch Liebesbeziehungen mit einem für die Beteiligten selbst unklaren sozialen Status.

Dieser normative Bias, der die heterosexuelle monogame Lebensgemeinschaft als Realisationsform von Liebe verabsolutiert, lässt die Internet-Liebesbeziehung von vorne herein als eine Art *Defizit-Liebe* erscheinen (vgl. Lea & Spears 1995). Doch letztlich scheint es nicht sehr fruchtbar, die „Internet-Liebe" aufgrund ihres hohen Mediatisierungsgrades gegen die so genannte „reale Liebe" auszuspielen. Denn *Mediatisierung* durchzieht heute unseren Alltag und somit auch alle sozialen Beziehungen, egal auf welche Weise sie entstanden sind (vgl. Krotz 2001). Und ebenso wie sich die computervermittelte Kommunikation theoretisch und empirisch nicht einfach als Defizit-Form der Face-to-Face-Kommunikation verstehen lässt, sondern eigene Qualitäten besitzt (Döring 1999, Kap. 6), sollte auch die computervermittelte Liebesbeziehung in ihren Potenzialen ausgeleuchtet werden. Sie steht schließlich weniger in Konkurrenz als vielmehr in Ergänzung oder in – teilweise durchaus spannungsvoller – Wechselwirkung zu anderen Formen von Intimbeziehungen.

Dabei ist nicht zuletzt die Definitionsmacht der Beteiligten in Rechnung zu stellen. Gemäß dem *Rhetorik-Ansatz* (vgl. Duck & Pond 1989) konstituieren sich interpersonale Beziehungen wesentlich dadurch, dass die Beteiligten Bezeichnungen füreinander finden, Geschichten über ihre Liebe erzählen und damit ihrer Verbindung Sinn und Bedeutung verleihen. Diskurse über Liebe sind aus dieser Perspektive notwendiger Bestandteil einer Paarbeziehung. Mediatisierte Kommunikation verändert nun die Bedingungen für das Erzählen eigener und das Kennenlernen fremder Liebesgeschichten nachhaltig. Denn wir verzeichnen im Zuge der Mediennutzung eine in diesem Umfang und in dieser Form historisch neue private und öffentliche Dokumentation des intimen Beziehungsgeschehens samt einer breiten Organisation von Peer-Beratung (vgl. Döring, im Druck).

Für die empirische Erforschung der Internet-Liebe ergeben sich somit neben den reaktiven Ansätzen der Datenerhebung (z.B. Leitfaden-Interview, Fragebogen unter Verwendung einer standardisierten Liebes-Skala) neue Möglichkeiten der nonreaktiven Datensammlung (z.B. Inhaltsanalyse von im Netz publizierten Erfahrungsberichten von Cyberliebespaaren). WWW-Recherchen mit einschlägigen Suchbegriffen können einerseits dabei helfen abzuschätzen, wie gebräuchlich die unterschiedlichen Bezeichnungsvarianten sind (siehe Tab. 1), zum anderen erschließen sie Laienpublikationen mit Erfahrungsberichten aus erster Hand. So führte eine Inspektion der Fundstellen für die in Tabelle 1 aufgelisteten

Suchbegriffe (Zusammenschreibung beachten) zu zahlreichen Erfahrungsberichten (für ausführliche methodische Hinweise zur Online-Beziehungsforschung siehe Döring 2002).

Deutsche Suchbegriffe	Trefferzahl	Englische Suchbegriffe	Trefferzahl
Cyberliebe	89	**Cyberlove**	8.430
Onlineliebe	122	Onlinelove	944
Netzliebe	21	Netlove	7.530
Internetliebe	519	Internetlove	310
Chatliebe	483	Chatlove	860

Tabelle 1: Per Suchmaschine zugängliche Web-Publikationen zur Internet-Liebe (Suchmaschine www.google.com, Stand: 1. Februar 2002)

Verbreitung der Internet-Liebe

Um die Verbreitung des Phänomens Internet-Liebe in globalem Maßstab abzuschätzen ist folgende Rechnung möglich: Im Juli 2001 existierten 125.888.197 feste Internet-Rechner (Internet Domain Survey: http://www.isc.org/ds/). Diese Hosts versorgen oftmals mehrere Personen, die sich temporär ins Internet einwählen. Im Durchschnitt geht man von 3,5 bis 5 Nutzerinnen und Nutzern pro Internet-Host aus (Batinic, Bosjnak & Bereiter 1997: 201), so dass sich bei einem Faktor von 4 die Population der Internet-Nutzer auf ca. 500 Millionen Menschen für Mitte 2001 hochrechnen lässt. Von diesen wiederum sind etwa 20% regelmäßig mindestens einmal pro Woche in Chats, Diskussionsforen oder Online-Spielen aktiv (van Eimeren, Gerhard & Frees 2001: 387) und somit prädestiniert dafür, netzbasiert neue Bekanntschaften anzuknüpfen. Legt man nun zugrunde, dass 5% dieser sozial-expressiven Netznutzer/innen ihren Online-Kontakten gegenüber zuweilen auch romantische Gefühle entwickeln und diese zu Liebesbeziehungen vertiefen (wollen), so ist von rund 5 Millionen Menschen weltweit mit Erfahrungen in der Cyberliebe auszugehen.

Dieser – tendenziell eher konservativen – Schätzung für das Jahr 2001 sind empirische Einzelergebnisse an die Seite zu stellen: 14% von n=601 Bürgerinnen und Bürgern der USA mit Netzzugang berichteten 1995 in einer telefonischen Repräsentativ-Umfrage, sie hätten im Netz Menschen kennengelernt, die sie als „Freunde" bezeichnen, wobei leider nicht nach romantischen und nichtromantischen Bindungen differenziert wurde (Katz & Aspden 1997). Befragt man gezielt Personen, die in Usenet Newsgroups aktiv sind, so steigt der Anteil derjenigen, die enge Netzbeziehungen pflegen, auf 61% (53% Freundschaftsbeziehungen, 8% Liebesbeziehungen; Parks & Floyd 1996). Konzentriert man sich auf Personen, die an Online-Rollenspielen wie MUDs (Multi User Domains) teilnehmen, so steigt der Anteil derjenigen, die enge Netzbeziehungen pflegen, sogar auf 91% (Schildmann, Wirausky & Zielke 1995) bzw. 93% (67% Freundschaftsbeziehungen, 26% Liebesbeziehungen; Parks & Roberts 1997).

Es lässt sich also festhalten: Bei der Internet-Liebe handelt es sich weder um eine exotische Randerscheinung noch um ein Massenphänomen, sondern um eine Erfahrung, die zum Alltag eines nennenswerten Anteils der (weiterhin wachsenden) Netzpopulation gehört.

Kennenlernen im Internet

Mediale Umgebungen bringen einander bislang Unbekannte in kommunikative Reichweite, sei es durch Kontaktangebote zur gezielten Partnersuche oder Gelegenheiten zum beiläufigen Kennenlernen.

Gezielte Partnersuche

Bei der *gezielten Partnersuche* helfen zunächst einmal die *klassischen Massenmedien*: Videokontaktanzeigen und Kennenlernspiele im Fernsehen, Single-Sendungen im Radio und Kontaktanzeigen-Rubriken in Zeitungen und Zeitschriften. In ihren *Online-Ablegern* bauen Medienunternehmen *asynchrone Online-Kontaktbörsen* in der Regel besonders stark aus, da Publikumsbeteiligung und Interaktivität die Attraktivität von Netzangeboten steigern (z.B. Online-Kontaktanzeigen bei www.amica.de, www.sueddeutsche.de, www.spiegel. de; www.rtl.de). Online-Kontaktbörsen sind teilweise werbefinanziert und kostenlos, teilweise aber auch gebührenpflichtig. Online-Kontaktanzeigen finden sich nicht nur in den Online-Ausgaben von Zeitungen und Zeitschriften, sondern auch auf spezialisierten kommerziellen Websites (z.B. www.friendfinder.de). Eher selten werden sie selbst organisiert, etwa in nicht-kommerziellen Usenet Newsgroups (z.B. <uk.adverts.personals.gay-lesbian-bi>).

Online-Kontaktanzeigen haben gegenüber den herkömmlichen Print-, Audio- und Video-Formaten den Vorteil, dass über längere Zeiträume hinweg größere Anzeigen-Mengen in Datenbanken gesammelt und mit Suchfunktionen versehen angeboten werden können: Im Februar 2002 waren bei www.amica.de 51.290 Kontaktsuchende mit ihren Annoncen in der „Singlebox" präsent. Abgesehen von der Menge und Reichweite des Angebotes (z.B. Zugriff auf ausländische Kontaktbörsen) bieten Online-Kontaktanzeigen häufig mehr Informationen (z.B. Foto, Link zur persönlichen Homepage) sowie einen schnellen und anonymisierbaren Rückkanal per E-Mail, teilweise aber auch per Handy-Kurzmitteilung, Anrufbeantworter-Nachricht oder Telefonat.

Neben den asynchronen Online-Kontaktanzeigen-Börsen, die ein individuelles Feedback zum selbstgewählten Zeitpunkt vorsehen, existieren auch *synchrone Kontakt-Foren*, in denen Kontaktsuchende sich für den unmittelbaren Austausch zeitgleich einfinden. Im Unterschied zu Single-Kneipen oder Single-Parties sind solche *Single-, Flirt-, Erotik- oder Sex-Chats* (siehe zum Überblick z.B. www.webchat.de) rund um die Uhr aktiv und lassen sich niederschwellig nutzen – Anfahrts- und Rückfahrtswege entfallen ebenso wie Ausgaben für Eintrittskarten oder Getränke. Besonderes Styling ist nicht erforderlich, stattdessen können die Interessierten vom Arbeitsplatz, von einem Internet-Café oder von zu Hause aus anonymisiert auf Kontaktsuche gehen, wobei soziale und körperliche Risiken reduziert bzw. ausgeschlossen sind. Wie die im Netz live einsehbaren Nutzungsstatistiken zeigen (z.B. bei www.webchat.de), gehören gerade jene Chat-Foren, die der expliziten Kontaktsuche dienen, zu den beliebtesten deutschsprachigen Angeboten (Götzenbrucker & Hummel 2001: 207; Kollmann 2001: 352). Sie tragen unmissverständliche Titel wie „Flirtline", „Kuschelkanal" oder „Lustchat" und sind als kostenlos zugängliche Treffpunkte Gleichgesinnter abzugrenzen von kommerziellen Cybersex-Diensten nach dem Vorbild der Telefonsex-Angebote. Bei den kommerziellen Cybersex-Diensten haben die mediatisierten Kontakte und Beziehungen formalen Charakter und sind durch Geschäftsbedingungen gerahmt, so dass sie nicht in den Gegenstandsbereich der hier betrachteten informalen Beziehungen fallen (vgl. „Gezielte Partnersuche", siehe auch Döring 2000a). Obwohl vereinzelt Profis (z.B. von Begleitagenturen) in asynchronen Kontaktanzeigenbörsen und synchronen Kontaktforen Kundenakquise betreiben, hat die überwiegende männliche und weibliche Nutzerschaft dieser Angebote keine finanziellen Interessen.

Während einige der synchronen Kontakt-Foren selbst organisiert von den Internet-Nutzern betrieben werden (z.B. als Chat-Channels im IRC: Internet Relay Chat), sind insbesondere die Webchats Elemente von unternehmenseigenen Online-Plattformen. Dabei handelt es sich teils um neue Internet-Unternehmen (z.B. Metropolis AG als Betreiberin der www.metropolis.de Community-Plattform, die zahlreiche Kontakt-Chats enthält), teils um klassische Medien (z.B. die Zeitschrift Coupé, deren Online-Plattform www.coupe.de zu den reichweitenstärksten deutschsprachigen Websites gehört, und die auch Kontakt-Chats bietet). Der für die Nutzerinnen und Nutzer kostenlose Zugang zu den Kontakt-Chats wird typischerweise über Werbeeinahmen, E-Commerce, Adressenhandel oder sonstige Geschäftsmodelle refinanziert (vgl. Brunold, Merz & Wagner

2000). Durch die technische Systemgestaltung können die Chat-Anbieter die kommunikativen Handlungsspielräume der Nutzer mehr oder minder stark beeinflussen (z.B. Möglichkeit zur Einrichtung privater Chat-Separées, zur Selbstpräsentation durch Fotos oder Grafiken, zur Festlegung von Verhaltensregeln und Sanktionen). Während Online- und Offline-Kontaktanzeigen sich qualitativ zwar in bestimmten Aspekten unterscheiden, letztlich aber doch zur selben, der Bevölkerungsmehrheit vertrauten, Textsorte „Kontaktanzeige" zu zählen sind, scheinen die in Kontakt-Foren stattfindenden schriftlichen Kennenlern-Gespräche in ihrer direkten Sexualisierung für größere Gruppen (noch) einen stärkeren Novitätseffekt zu besitzen. Unverkennbar ist jedoch auch hier eine gewisse Konventionalisierung (siehe Abschnitt „Profilübereinstimmung").

Beiläufiges Kennenlernen

Generell steigt die Wahrscheinlichkeit, im Netz *ohne gezielte Suche* einen Partner zu finden, wenn die eigene Mediennutzung nicht nur rein sachlich-instrumentell erfolgt (z.B. Informationsrecherchen im WWW), sondern auch sozial-expressiv ausgerichtet ist und die – zeitintensive – aktive Teilnahme an computervermittelter Kommunikation mit anderen Menschen beinhaltet. Insbesondere drei Typen von Netzangeboten sind besonders einschlägig für beiläufiges Kennenlernen (vgl. Abschnitt „Verbreitung der Internet-Liebe"):
- Themenzentrierte Online-Foren, in denen man sich über Hobbies, Interessen, Beruf, Politik, Kultur oder persönliche Probleme austauscht und wechselseitig hilft, bringen Menschen mit ähnlichem Erfahrungshorizont in Kontakt.
- Gesellige Online-Foren, die dem Plaudern und unterhaltsamen Zeitvertreib dienen, schaffen Gelegenheiten zum Flirt.
- Mehrpersonen-Online-Spiele, seien es etwa Rollenspiele oder Gesellschaftsspiele, bieten über die gemeinsamen Spielaktivitäten Kennenlernanlässe.

Darüber hinaus ist ein beiläufiges Kennenlernen auch in anderen Internet-Kontexten möglich: So sind anekdotisch Paare bekannt, die erstmals durch fehladressierte E-Mails, in Folge eines privaten Kaufgeschäfts bei einer Online-Auktionsbörse oder über ein Tauschnetzwerk für digitale Musikstücke aufeinander aufmerksam geworden sind.

Insgesamt vergrößert sich der Kontaktradius durch aktive Teilnahme an computervermittelter Gruppenkommunikation, wobei man in spezialisierten Foren auf Menschen mit ähnlichen Interessen stößt, die im realen Umfeld teilweise schwer oder gar nicht erreichbar sind. Andererseits lassen sich auch Online-

Foren wählen, die durch ihren lokalen Bezug die Wahrscheinlichkeit erhöhen, gerade Kontakte in unmittelbarer Nähe zu knüpfen, was den Übergang vom Online- zum Offline-Kontakt erleichtert. Viele Community-Plattformen im Netz, die mehrere gesellige Online-Foren bieten, differenzieren ihr Angebot nach *geografischen Regionen* (z.B. „Kanal Dresden", „Ruhrpott Talk") und *Altersgruppen* (z.B. „Teen-Chat", „Kanal über 50").

Partnerwahl im Internet

Ob und wie ein Erstkontakt im Netz über weitere Kontakte zu einer intimen sozialen Beziehung vertieft wird, hängt davon ab, was die Beteiligten voneinander wissen bzw. preisgeben und welche Auswahlkriterien sie heranziehen. Ganz grob lassen sich eine eher rational gesteuerte Partnerwahl gemäß Profilübereinstimmung und eine eher intuitive Partnerwahl gemäß emotionaler Nähe oder Seelenverwandtschaft unterscheiden.

Profilübereinstimmung

Wie man bei der gezielten Partnersuche per Online-Kontaktanzeige einen geeigneten Kandidaten auswählt, berichtet „Franziska" im Online-Diskussionsforum der Zeitschrift Brigitte auf der Basis eigener Erfahrungen (www.brigitte.de; Forum „Kennen lernen"; 31.08.2001):

Man braucht etwas Zeit, eine ziemlich konkrete Vorstellung von dem Mann den man sucht (innen und außen) und Geduld. Unter ca. 50-60 Mails (ich hatte bei amica.de eine Anzeige geschaltet) waren schließlich 5 Männer, mit denen ich mich im richtigen Leben getroffen habe. Einer davon ist mein Traumprinz. Wir kennen uns jetzt ein Jahr, morgen unterschreiben wir den Mietvertrag für eine gemeinsame Wohnung. Lass dir auf alle Fälle relativ schnell ein Foto schicken (machen die meisten Männer), damit Du schon mal ein Bild hast. Wenn das symphatisch ist und auch die Mails ok sind, dann zusammen telefonieren. Ich wusste danach meistens, ob ein Treffen in Frage kommt oder nicht. Habe ziemlich kategorisch ausgesiebt und dadurch aber auch den Mann gefunden, nach dem ich schon immer gesucht habe.

Typisch für die gezielte Partnersuche per Kontaktanzeige ist die rationale Vorauswahl gemäß einem mehr oder minder *standardisierten Katalog von Attributen* (z.B. Geschlecht, Alter, Größe, Gewicht, Wohnort, Musikvorlieben, Kleidungsstil usw.). Durch Kurzbiografien, Selbstinterviews, Fotos oder Links zur persönlichen Homepage liefern Online-Kontaktbörsen häufig zusätzliche Hintergrundinformationen über die Inserierenden. Wer ein konkretes Wunsch-Profil im Kopf hat, kann das Angebot auf dem Kontaktanzeigenmarkt entsprechend systematisch durchforsten. Der Vorteil gegenüber der Offline-Kontaktanzeige ist die größere Effizienz. Dennoch sollte der Erfahrungsbericht von Franziska nicht täuschen: Nicht alle Inserierenden können mit einer derart großen und erfreulichen Resonanz auf ihre Anzeige rechnen. Ausbleibende oder profilkonträre Antworten gehören zum Alltag, wobei anekdotisch Männer stärker über mangelnde Resonanz klagen als Frauen. Doch systematische Vergleichsstudien hinsichtlich der Nutzergruppen und Erfolgsraten von Online- und Offline-Kontaktanzeigenbörsen fehlen.

Die Schritte bei der Kontaktanbahnung sind – wenn auf die Kontaktanzeige nach dem „Aussieben" ein *baldiges persönliches Treffen* folgt – bei Online- und Offline-Annonce ähnlich. Viele Online-Kontaktanzeigenbörsen werden von Personen genutzt, die einen *Lebens(abschnitts)Partner* im realen Leben suchen und deswegen auch eine persönliche Begegnung anstreben. Mit Blick auf die Beziehungskomponente der *Verbindlichkeit* (vgl. Abschnitt „Internet-Liebesbeziehungen) lässt sich durch ein Face-to-Face-Treffen prüfen, ob die Bereitschaft für ein Engagement außerhalb des Netzes vorhanden ist. Bei einem Offline-Treffen geben die Beteiligten ihre Anonymität auf und thematisieren oft auch aktuelle Lebensumstände (z.B. Wohnort, Familienstand, Kinderzahl, Beruf) und Zukunftspläne (z.B. Kinderwunsch), um festzustellen, ob eine Real- bzw. Nahbeziehung möglich ist (vgl. Abschnitt „Nahbeziehungen").

In synchronen Kennenlern-Foren wird das Profil des Gegenübers häufig spontan abgefragt und zwar typischerweise über den so genannten *Age-Sex-Location-Check*: „a/s/l" – „26/m/california". Weitere Kriterien (wie z.B. sexuelle Orientierung oder sexuelle Vorlieben) werden durch die Wahl eines entsprechend spezialisierten Kontaktforums deutlich (z.B. „Dykeline"; „Fetish-Chat") oder auch über einen plakativen Nickname annonciert (z.B. „satifaction22(m)"; „callmenow"; „sexgott21"; „blonder gold engel w"; „scharfe maus33"; „lang prall ohne 27"). Der zeitgleiche und flüchtige Austausch lässt die *aktuelle Verfügbarkeit und Erreichbarkeit* zum wichtigen Auswahlkriterium werden: Wer nur verzögert antwortet (z.B. wegen einer langsamen Netzverbindung, einer Parallelaktivität oder verminderter Lese-Schreib-Kompetenz), wird bald „weggeklickt". Profilüberstimmung in synchronen Kontaktforen läuft nicht selten auf eine unmittelbare Konsumption im Sinne von Cybersex oder Telefonsex hinaus (vgl. Döring 2000a). Dementsprechend spielt der Körperbezug als erotische Ressource eine wichtige Rolle, sei es in Form detaillierter verbaler Beschreibungen oder Fotografien, die digital ausgetauscht werden. Hierbei können die

Beteiligten mit realistischen, geschönten oder auch völlig fiktiven Körperdarstellungen (z.B. Fremdfotos) operieren. Nur wenn eine Audio- oder Videoverbindung live über das Netz zugeschaltet wird, sind die Freiheitsgrade der Körperkonstruktion eingeschränkt (zwecks Anonymisierung ist beim Video-Chat teilweise das Gesicht nicht im Bild). Gesucht ist in synchronen Kontakt-Foren tendenziell eher der *spontane Sexpartner*. Die Beziehungskomponente der *Leidenschaft* steht hier im Zentrum. Anstelle einer Übereinstimmung hinsichtlich alltäglichem Lebensstil, schlägt die Kompatibilität erotischer oder pornografischer Fantasien sowie – in belebten Chats – eine geschickte Strategie der Aufmerksamkeitserzeugung stärker zu Buche (vgl. Kollmann 2001).

Explizite Kontaktsuche in der hier beschriebenen Form ist freilich kein grundsätzliches Merkmal des Chattens. In Chat-Foren, die nicht der gezielten Partnersuche dienen, verstoßen a/s/l-Profilabfragen, sexualisierte Nicknamens sowie explizite sexuelle Anfragen gegen den Verhaltenskodex (Netiquette bzw. Chatiquette) und werden dementsprechend auch negativ sanktioniert (z.B. durch Ignorieren, Kritisieren, Forumsausschluss, vgl. Döring 2001).

Seelenverwandtschaft

Gerade beim beiläufigen Kennenlernen in themenbezogenen oder geselligen Netzforen wissen die Beteiligten oft zunächst wenig „harte Fakten" voneinander (wie in Kontaktanzeigen) und treten auch nicht sofort in eine sexualisierte Interaktion (wie in Kontakt-Foren), sondern setzen sich im Rahmen der öffentlichen Gruppenkommunikation auseinander. Übereinstimmende Meinungen, informative oder witzige Repliken oder auch ein origineller Schreibstil werden hier zur Attraktivitätsressource. So schildert die Nutzerin mit dem Nick „Desdemonia" im September 2001 im Brigitte-Forum, wie sie sich tatsächlich „auf den ersten Klick" im Netz verliebt hat:

Mir ist es selber vor einem knappen halben Jahr passiert, dass ich mich Hals über Kopf in einen Chatter verliebt habe. In die Art und Weise, wie er schrieb, was er schrieb – ich hatte ja nicht mal ein Foto von ihm oder wusste, wie seine Stimme klingt. Nichts. Ich kann nur immer wieder sagen, auch wenn es kitschig klingt – mit seinen Worten hat er in mir eine Saite zum Klingen gebracht, von der ich gar nicht wusste, dass sie überhaupt existiert...

Das beiläufige Kennenlernen beim nicht-angesichtigen Online-Kontakt wird von Beteiligten oft als ein *Kennenlernen von innen nach außen* (anstatt von außen nach innen), als Begegnung auf geistiger Ebene, als Erfahrung von Seelen- oder

Herzensverwandtschaft beschrieben. Das äußere Erscheinungsbild, das bei Face-to-Face-Begegnungen der primäre Kontaktfilter ist, spielt bei der „Interface-to-Interface-Begegnung" keine Rolle, sofern die Beteiligten eben auf einen Profilabgleich mit sofortigem Foto-Austausch verzichten. Während ein expliziter Profilabgleich im Rahmen von dezidierten Kontakt-Angeboten normkonform ist (vgl. Abschnitt „Profilübereinstimmung"), stellt er in anderen sozialen Netzkontexten eine Normverletzung dar. Hier kommt es stattdessen je nach inhaltlichem Forumsfokus auf Sachkompetenz, Freundlichkeit, Humor, Hilfsbereitschaft, Selbstoffenbarung, Engagement und guten Stil an. Und auf dieser Basis entwickeln die Beteiligten dann auch Interesse aneinander, das sie jenseits des Forums im privaten Online-Kontakt vertiefen können. Bei dieser Strategie prüft man erst, ob Gesprächsthemen und Kommunikationsstil harmonieren, ob sich ein Gefühl von Nähe einstellt, bevor dann Detail-Informationen über das eigene Alltagsleben oder das Aussehen preisgegeben werden. Jenseits von Kategorisierungen und Stereotypisierungen, die mit dem äußeren Erscheinungsbild einhergehen, ergibt sich zuweilen eine besonders unbefangene Annäherung.

Gerade die Tatsache, dass Offensichtliches noch verborgen bleibt und man einander dennoch Zuwendung gibt, lässt besonderes Vertrauen entstehen, wie „Michael" beschreibt (vgl. Döring 2000b: 55):

My name is Michael and I would like to tell everyone about my cyber love story, I met this girl who I really like, she is so understanding and considerate, it had been my first day on a chat forum and I met „Passion", we started talking and found that we had so much in common. So we have been talking ever since, she is a good friend and the love of my life, I can't wait to meet her this summer! I think what I like the most about her is that we have never met, and that she has based her feelings for me on my personality and not whether I'm cute or not, and that's one thing you can't find in girls these days. She is a good friend and someone I can talk to whenever I have a problem.

Im Unterschied zu Desdemonia, die Liebe bzw. Verliebtheit auf den ersten Klick erlebte, entwickelten sich bei Michael Liebesgefühle erst im Verlaufe einer längeren netzbasierten Kommunikationsphase.

Eine Besonderheit der Partnerwahl nach Maßgabe allein von subjektiver bzw. kommunikativer Übereinstimmung im Unterschied zum faktenbasierten Profilabgleich ist das erhöhte Risiko geografischer, kultureller und sozialer Distanzen. Während Franziska bei ihrer zielgerichteten Online-Partnersuche sofort all diejenigen aussiebte, die nicht in lokaler Nähe wohnten, um mit den verbleibenden Kandidaten ein Face-to-Face-Treffen zu vereinbaren (siehe Abschnitt „Profilübereinstimmung"), kultivierte Desdemonia über Wochen und Monate hinweg ihren romantischen Online-Kontakt zu einem Mann, der ihr zwar seelisch nah war, jedoch geografisch, wie sich schließlich herausstellte, fast 1000 km entfernt lebte. Auch Michael kann aufgrund geografischer Distanz seine große Chatliebe nur in den Ferien besuchen. Im Sinne eines „Romeo-und-Julia"-Effektes stehen Cyberliebespaare, die sich ohne Ansehen der realweltlichen Umstände auf rein emotionaler Ebene im Netz finden, nicht selten derartigen äußeren Widerständen gegenüber. Geografische Distanzen von mehreren Hundert bis Tausend Kilometern, sei es innerhalb eines Landes oder auf internationaler Ebene, sind bei Chat-Lieben keine Seltenheit (Cruickshank 2001; Döring 2000b).

Schließlich ist festzuhalten, dass faktenbezogener Profilabgleich und romantisiertes Kultivieren von Seelenverwandtschaft lediglich *Extrempole auf einem Kontinuum* strategischen Informationsaustauschs darstellen. Bei der Partnerwahl im Netz können reflektiert durchaus *beide Aspekte* in je unterschiedlicher Dosierung berücksichtigt werden. So hat Franziska bei der gezielten Partnersuche immer auch darauf geachtet, welche Anmutungen der begleitende Mailkontakt erzeugte. Umgekehrt hat Desdemonia nicht darauf vertraut, dass sich die durch Online-Kommunikation etablierte Intimität und Nähe automatisch in die richtige „Chemie" oder „Wellenlänge" beim persönlichen Treffen übersetzt und deshalb im Vorfeld für Telefonkontakte und Fotoaustausch gesorgt. Als dann das persönliche Treffen gut verlaufen war, entschied sie sich für einen Wohnortwechsel, um die räumliche Distanz zu überbrücken und ein gemeinsames Alltagsleben mit der Chatliebe zu ermöglichen.

Beziehungsformen bei der Internet-Liebe

Welchen Verlauf eine im Netz angeknüpfte soziale Beziehung nimmt, hängt davon ab, welche Kontaktmedien von den Beziehungspartnern herangezogen werden, wie verbindlich, exklusiv und dauerhaft sie ihre Verbindung verstehen und wie sie diese in ihr soziales Netzwerk integrieren. Eine vollständige Klassifikation von Beziehungsformen, die im Zusammenhang mit dem Kennenlernen im Netz von Bedeutung sind, liegt nicht vor. Allerdings lassen es Erfahrungsberichte, Ratgeberliteratur sowie explorative empirische Studien zu, einige wichtige Varianten zu differenzieren, ohne dass diese erschöpfend oder trennscharf behandelt werden könnten.

Generell lässt sich festhalten, dass nach dem Kennenlernen über eine Online-Kontaktbörse oder in einem öffentlichen Netzforum nur dann eine soziale Beziehung entsteht, wenn weitere private Kontakte folgen. Dies können im einfachsten Fall Netzkontakte sein, etwa per Chat, E-Mail, Instant Messaging usw., wobei man bei Bedarf anonymisiert bzw. pseudonymisiert agieren kann (vgl. Gallery 2000). Engagiertere weitere Schritte beim Medienwechsel sind der Austausch von Fotos, Telefonate sowie das Verschicken von Briefen und Geschenken – hierbei wird ein Teil der Real-Life-Identität enthüllt (Aussehen, Telefonnummer, Adresse). Nicht alle Online-Beziehungen gehen in dieses Stadium über (Döring 2000b: 62). Der letzte und verbindlichste Medienwechsel ist schließlich das Face-to-Face-Treffen, das im Wiederholungsfall die Frage aufwirft, ob es sich bei der Beziehung überhaupt noch um eine „Internet"-Beziehung handelt.

Unverbindliche Beziehungen

Die 15jährige Elizabeth äußert sich wie viele ihrer Altersgenossinnen im qualitativen Forschungsinterview enthusiastisch über die Möglichkeiten des Chattens (Schofield Clark 1998: 165ff.). Durch ihre besondere verbale Artikulationsfähigkeit und ihren Humor fällt es ihr im Netz sehr leicht, Aufmerksamkeit zu erregen, attraktiv zu wirken und Kontakte auszubauen. Der nicht-angesichtige Telekontakt ermutigt sie, offensiver und direkter zu kommunizieren, gleichzeitig kann sie in diesem Rahmen Zurückweisungen besser verkraften. Im realen Leben nicht sonderlich umschwärmt, schöpft sie die Kontaktmöglichkeiten in synchronen Online-Foren voll aus und war schon in bis zu vier Online-Romanzen gleichzeitig involviert:

You can be whoever you want to be, and the guys can be whatever they want to be. So it might not necessarily be an honest relationship, but it's fun. Because you don't get really serious, because, obviously you couldn't easily get involved with a guy on the Internet [when compared with one] you could actually talk to and see. So I think it's just for fun.

Die Vielfalt der gezielten und beiläufigen Kennenlernmöglichkeiten im Netz erzeugt eine Fülle von Anknüpfungspunkten für soziale Beziehungen. Unter den Bedingungen der räumlichen Distanz und Anonymisierbarkeit kann man relativ risikolos E-Mail-Adressen austauschen und zunächst unverbindlich abwarten, ob sich Folgekontakte ergeben und wie diese verlaufen. In einer Phase, in der die Kontakte netzvermittelt und anonymisierbar bleiben und sich etwa auf Chat, E-Mail und Instant Messaging beschränken, entstehen zunächst keine besonderen Verpflichtungen, erst recht nicht solche, die das Alltagsleben außerhalb des Netzes betreffen. Bei Bedarf kann man sich dem Kontakt jeder Zeit entziehen, sei es, indem man einfach das Bildschirmfenster schließt, den Chat verlässt oder den Nickname ändert und somit nicht wiedererkennbar ist. Mit dem Austausch von Telefonnummern oder Postadressen steigt der Verbindlichkeitsgrad, weil eine Netzbekanntschaft über diese Kommunikationskanäle in den Offline-Alltag eindringen kann. Sich nicht von vornherein auf eine dauerhafte Beziehung einzulassen, sondern das Fortführen des Kontaktes offen zu halten und etwa von Stimmungen oder dem Angebot an Alternativaktivitäten abhängig zu machen, ist gerade dann sinnvoll und notwendig, wenn man sehr viele Netzkontakte pflegt und somit rein zeitökonomisch selektieren muss.

Dennoch – oder gerade deswegen – sind solche im Rahmen der Unverbindlichkeit eingegangenen Beziehungen nicht unbedingt oberflächlich. Vielmehr ermutigt die mediale Distanz zur *Selbstoffenbarung*, da soziale und körperliche Risiken reduziert sind. Somit kann es durchaus vorkommen, dass in unverbindlichen Netzbeziehungen Dinge zur Sprache kommen oder virtuell bzw. symbolisch vollzogen werden, vor denen im „realen Leben" zurückgescheut wird. Selbstoffenbarung im Sinne der Preisgabe persönlicher Informationen über die eigene Person erfolgt gemäß der *Social Penetration Theory* (Altman & Taylor 1973) im Verlauf von Beziehungen wechselseitig in kleinen Schritten. Im Netz kann Selbstoffenbarung viel schneller erfolgen, da unter den Bedingungen von Anonymität und der Abkopplung vom Alltagsleben die persönlichen Informationen sich kaum missbrauchen lassen. Gratifikationen der Intimität und Leidenschaft lassen sich in unverbindlichen Cyberromanzen ausleben, ohne dass sie mit besonderen sozialen Kosten verbunden sind. Hier lässt sich etwa eine Parallele zum Beziehungstyp der *Ferienliebe* ziehen, die trotz (oder wegen) zeitlicher Beschränkung emotional intensiv und biografisch wichtig sein kann.

Prekäre Selbstaspekte lassen sich probeweise im Schutzraum des Netzes präsentieren, was im Falle positiver Resonanz das Selbstwertgefühl stärken und Lernerfahrungen vermitteln kann, die auf Offline-Kontexte übertragbar sind. So berichten Beteiligte anekdotisch, dass der unbefangene Online-Austausch ihnen geholfen hat, auch außerhalb des Netzes Hemmungen abzulegen. Andere dagegen erfahren keine solchen Übertragungseffekte, sondern nehmen einen starken Kontrast zwischen ihrem unvermittelten und ihrem mediatisierten Sozialverhalten wahr (vgl. Döring 1999, Kap. 7).

Unverbindliche Online-Beziehungen, die sich auf mediatisierte Kontakte beschränken, changieren zwischen dem Wahrheits- und Klarheitsanspruch interpersonaler Kommunikation einerseits und dem Fiktionalisierung- und Inszenierungspotenzial einer von Alltagsbezügen gelösten virtuellen Kommunikation mit Unbekannten andererseits. Wer häufig mit Unbekannten im Rahmen der Unverbindlichkeit chattet, organisiert diese Online-Kommunikation systematisch anders als die Chatkommunikation mit persönlich bekannten Menschen oder die Face-to-Face-Kommunikation:

Im Chat gehe ich ja von vornherein den Deal ein, dass es eine virtuelle Verbindung ist und man also nicht erwartet, dass man sich unbedingt die Wahrheit sagt.

Gemäß der Aussage dieses von Höflich und Gebhardt (2001: 33) zitierten Informanten wird die *Grice'sche Kommunikationsmaxime der Wahrheit* (Grice 1975) explizit außer Kraft gesetzt. Wenn einzelne oder wiederholte Internet-Kontakte mit Menschen, die man persönlich nicht kennt und auch nicht unbedingt Face-to-Face treffen möchte, unter dem Vorzeichen von Romantik und Erotik stattfinden, tritt an die Stelle der Wahrheits-Maxime eine *Stimulations-Maxime* (vgl. dazu auch Kollmann 2001: 362), die nach Goffmans (1974) Rahmenanalyse als strategische Täuschung in guter Absicht zu interpretieren ist: Nutzer akzeptieren gemäß dieser Maxime die wechselseitigen Selbstdarstellungen, sofern sie diese interessant und erregend finden – und zwar ganz unabhängig vom Realitätsbezug. Manche betrachten sogar den Gender Switch, d.h. den virtuellen Geschlechtertausch, in diesem Zusammenhang keinesfalls als bedrohlich (vgl. Döring 2000c): Das Gegenüber wird jenseits jeglichen Geschlechter-Essentialismus als das anerkannt, als was es sich kommunikativ überzeugend darstellt (vgl. McRae 1996).

Der hohe Intensitätsgrad, den unverbindliche Online-Beziehungen entfalten können, entsteht gemäß dem Filter-Modell der computervermittelten Kommunikation (Culnan & Markus 1987) durch beschleunigte Selbstoffenbarung sowie gemäß dem Simulations- und Imaginations-Modell (vgl. Döring 1999: 232ff.) durch das Zusammenspiel von beschönigender Selbstdarstellung und idealisierender Personenwahrnehmung: Verlaufen die Online-Kontakte angenehm, so etablieren die Kommunizierenden ein positives Bild voneinander und füllen Informationslücken beim Gegenüber entsprechend den eigenen Wunschvorstellungen auf. Der Textkanal entpuppt sich hier trotz der Präzision der Maschinenschrift als ein im McLuhan'schen Sinne kaltes Medium (vgl. „Internet-Liebe"), das die Beteiligten animiert, durch rege Fantasietätigkeit das Bild vom Gegenüber zu verlebendigen. Dass unter diesen Bedingungen die interpersonale Beziehung keineswegs entemotionalisiert oder entsinnlicht, sondern im Gegenteil sogar in besonderem Maße emotionalisiert oder erotisiert sein kann, beschreibt Joseph Walther (1996) mit dem Konzept der *hyperpersonalen Beziehung*.

Reflektierte Mediennutzer sind sich durchaus über den starken Projektions- und Idealisierungs-Charakter ihrer wechselseitigen Wahrnehmung bewusst, können im Rahmen der Unverbindlichkeit die Gratifikationen einer hyperpersonalen Beziehung jedoch ausschöpfen, wie eine Informantin von Maheu (2001) schildert:

I had an online affair, at the time it really helped my self esteem and confidence. It put a spring in my step and a smile on my face. It was a strange mixture of the elation that comes with 'falling in Love' and the knowledge it was in some way unreal. The emotions brought a real appreciation of the value of 'being in the moment' and enjoying it to the full without attachment to outcomes. We were on different continents so there was never the idea that anything would come of it. I didn't set out to have an online affair, it just evolved out of chatting, it became very physical and I can say I had more satisfying sex online with my cyberlover than I have had with some of my real lovers. We were both aware that we were constructing fantasies about each other as individuals but it didn't matter. The affair fizzled out as we discovered the other wasn't as we had imagined, that and the time difference between our countries. It was an interesting process to observe within myself and gave the opportunity for self exploration and self knowledge. The anonymity of cyberspace and the physical distances involved created safety in which I can explore new territory with confidence.

Inwiefern man Ansprüche an Wahrheit, Authentizität, Exklusivität und Verbindlichkeit im Zuge computervermittelter romantischer und erotischer Kontakte berechtigt anmelden kann und will, ist in stärkerem Maße der Aushandlung der Beteiligten überlassen. Ethisch bedenklich, da psychologisch teilweise sehr belastend, sind Konstellationen, in denen eine Person im Rahmen der Unverbindlichkeit operiert, während die andere Person den Netzkontakt als Vorstufe zu einer im Alltag gelebten verbindlichen Partnerschaft begreift (siehe Abschnitt „Beziehungen mit unklarem Status"). Diese *Rahmungskonflikte hinsichtlich Kommunikationsmaximen und Medienwahl* sind dafür verantwortlich, dass einige Netznutzer sich enttäuscht und teilweise auch empört darüber äußern, wie oft im Netz „gelogen" wird und wie „feige" man sich Offline-Treffen entzieht.

Das Filter-Modell der computervermittelten Kommunikation (Culnan & Markus 1987; vgl. auch Döring 1999: 214ff.) postuliert positive, aber auch negative Enthemmungs-Effekte, wenn räumlich getrennte Personen *schriftlich* telekommunizieren und dabei mangels audiovisueller Kontrolle soziale Hintergrundinformationen herausgefiltert sind. Gerade wenn es zu Konflikten oder Trennungen kommt, kann Enthemmung auch eine Steigerung aggressiven und antisozialen Verhaltens bedeuten, das sich etwa in Form von Beleidigung, Bedrohung, Verleumdung oder Verfolgung im Netz niederschlägt. Gescheiterte Paarbeziehungen innerhalb (aber auch außerhalb) des Netzes scheinen eine Hauptmotivation von *Cyber Stalking* (d.h. gezielter medialer Verfolgung und Belästigung) zu sein, von der besonders Frauen betroffen sind (vgl. Maxwell 2001).

Internet-Liebesbeziehungen, die sich kurz- und mittelfristig auf mediatisierte Kontakte beschränken, können im Hinblick auf erlebte Intimität und Leidenschaft sehr intensiv sein, behalten jedoch für die Beteiligten aufgrund ihrer Abkopplung vom Alltag und aufgrund des fehlenden Face-to-Face-Eindrucks in der Regel einen Sonderstatus, der zwischen Realität und Verpflichtung einerseits, Fiktionalität und Spiel andererseits changiert.

Nebenbeziehungen

Sowohl unter denjenigen, die gezielte Partnersuche im Netz betreiben (siehe Abschnitt „Gezielte Partnersuche"), als auch unter denjenigen, die ungeplant im Rahmen der Gruppenkommunikation im Netz romantische Beziehungen anknüpfen (siehe Abschnitt „Beiläufiges Kennenlernen"), befindet sich ein nennenswerter Teil von Personen, die bereits im realen Leben partnerschaftlich gebunden sind. Dass Cyberromanzen nicht selten auch Cyber*affären* sind, ergibt sich aus der sozialstatistischen Zusammensetzung der Netzpopulation: Von den n=9.177 Netzaktiven, die an der WWW-Umfrage von Cooper, Scherer, Boies und Gordon (1999) teilgenommen und angegeben hatten, unterschiedlichen Formen sexualbezogener Netzaktivitäten nachzugehen, waren 80% partnerschaftlich gebunden und rund 50% verheiratet, was den Verhältnissen in der Gesamtbevölkerung entspricht, die sich in den USA ebensowenig wie in Deutschland als „Single-Gesellschaft" darstellt (Hradil 1998). In einem von Döring (2000) inhaltsanalytisch ausgewerteten Archiv mit n=116 authentischen Erfahrungsberichten zur Cyberliebe, stellte sich heraus, dass in knapp jeder vierten Cyberromanze mindestens eine Person verheiratet (n=15) oder unverheiratet (n=12) partnerschaftlich gebunden war. Virtuelle Seitensprünge und Nebenbeziehungen sind somit ein virulentes Thema.

Online- und Mobil-Kommunikation erlauben es Partnern, die einen Haushalt teilen, Außenkommunikation weitgehend ohne wechselseitige Kontrolle zu realisieren. Diese *Erweiterung der Privatsphäre* mag je nach Beziehungskontext als Entlastung (Zugewinn an Autonomie) oder auch als Belastung (Steigerung von Eifersucht und Untreuerisiko) erlebt werden. Fremdgehende Eheleute stehen im Internet- und Handy-Zeitalter jedenfalls nicht mehr vor dem Problem, ihren Geliebten gegenüber die häusliche Telefonnummer verheimlichen zu müssen. Sie können einfach ihre persönliche Handy-Nummer angeben. Ebenso lässt sich der Austausch von E-Mails diskreter handhaben als der Austausch von Briefen. Schließlich können über Netzkontakte auch reale Treffen initiiert werden, wie ein weiterer Informant von Maheu (2001) schildert:

I had a monogamous married relationship for almost 25 years when I subscribed to a computer service provider and discovered the Gay and Lesbian Community Forum and also the various gay and lesbian chat rooms. One thing led to another, exchanging male homoerotic gifs, meeting, having sex with other men at a local motel. So far, I have not fallen in love with any man. I am, however, worried that my wife will find out and that our marriage will be jeopardized.

Mit *Cyberuntreue* sind Cyberkontakte oder Cyberbeziehungen außerhalb einer bestehenden Partnerschaft gemeint, die zum Problem werden, wenn die Paarbeziehung offiziell unter einem Exklusivitätsanspruch geführt wird. Das medial realisierte Doppelleben kann zu Gewissensbissen, Entfremdung und Konflikten bis zu ernsthaften Trennungskrisen führen. Aus Sicht der Betrogenen wiegt dabei in der Regel besonders schwer, dass Cyberkontakte und Cyberbeziehungen – durch mediale Enthemmung begünstigt – eine emotionale und sexuelle Intensität entfalten können, die den partnerschaftlichen Erfahrungshorizont bei weitem übertrifft. Misstrauische oder eifersüchtige Menschen, die Passwörter ausspähen und im Computer oder Handy ihres Partners auf Spurensuche gehen, werden durch die teilweise recht umfangreiche wortwörtliche Dokumentation des mediatisierten Beziehungsgeschehens (vgl. Abschnitt „Profilübereinstimmung") zu Zeugen von Verhaltensweisen, Gedanken und Gefühlen, die sie an ihrem Partner bislang nicht kannten. Wenn sich der mediale Seitensprung im gemeinsamen Haushalt vollzieht, wird dies oft als besonderer Vertrauensbruch gewertet. In der klinischen Psychologie wurden bereits *Therapieansätze für Paare zur Bewältigung von Cyberuntreue* entwickelt (Young, Griffin-Shelley, Cooper, O'Mara & Buchanan 2000). Teilweise wird Cyberuntreue auch als Symptom einer spezifischen Form von *Online-Sucht* betrachtet und in ihren Auswirkungen auf Ehe und Familie untersucht (vgl. Schneider 2000).

Mediatisierte romantische, erotische oder sexuelle Außenkontakte sind jedoch nicht nur unter dem Vorzeichen individueller oder partnerschaftlicher Störung bzw. Pathologie zu betrachten. Manche Paare erlauben einander nach bestimmten Spielregeln virtuelle Seitensprünge, etwa um offene Wünsche oder anderweitig nicht behebbare Defizite in der Partnerschaft zu *kompensieren*. Hierbei wird von manchen Paaren der mediatisierte Seitensprung oder die mediatisierte Nebenbeziehung als weniger ernst und bedrohlich konstruiert als das reale Fremdgehen (Turkle 1995: 224). In diesem Sinne äußert sich auch eine Informantin von Maheu (2001):

Is cyber sex cheating? In my opinion if you and your significant other agree that cyber sex is ok then it isn't cheating. It is cheating when someone hides it. Cyber sex has opened my eyes to a completely new world of sexual ideas. Where else can you openly talk about various sexual preferences with so many different people, especially when you're married. The anonymity allows people to be more open to explore their desires and fantasies. If you take the ideas and feelings you have discovered online to your real life bedroom, it can enhance your sexual relationship. I believe that cyber sex is a safe place for people who are in relationships in which sexual drives or tastes are not entirely compatible. It all depends on your level of openness with your significant other and the level of trust you share.

Da nur eine Minderheit der Paare offene Beziehungsformen lebt und virtuelle Seitensprünge erlaubt oder sogar gemeinsam praktiziert, ist das Konfliktpotenzial, das mit virtuellen Außenkontakten und Nebenbeziehungen verbunden ist, nicht zu unterschätzen. Es wäre empirisch zu untersuchen, inwiefern die leichtere Realisation von Nebenbeziehungen im Netz die Untreue-Raten in unterschiedlichen Bevölkerungsgruppen und bei unterschiedlichen Bindungstypen erhöht und welchen Einfluss dies auf die Interpretation von Monogamie-Normen hat. Dabei ist zu beachten, dass Cyberuntreue nicht nur die Relation von Offline-Partnerschaft und Online-Nebenbeziehung betrifft, sondern auch den Umgang mit mehreren Netzbeziehungen. So sind unverbindliche Online-Liebesbeziehungen im Anspruch der Beteiligten nicht automatisch offene Beziehungen, sondern beanspruchen für ihre jeweilige Dauer nicht selten besonderen Stellenwert, der etwa noch durch Symbole und Rituale oder die Bekanntmachung der Verbindung in der jeweiligen Online-Community unterstrichen wird (in Einzelfällen werden hier auch virtuelle Hochzeitszeremonien durchgeführt). Für Eklats sorgen Fälle, in denen bekannt wird, dass untreue Cyberliebhaber nicht nur verdeckt mehrere Netzromanzen gleichzeitig betreiben, sondern dabei auch teilweise Liebesbriefe mit gleichem Wortlaut versenden.

Fernbeziehungen

Wenn bei der Partnerwahl im Netz im Sinne von Profilübereinstimmung die geografische Nähe nicht von Anfang als Selektionskriterium fungiert, entstehen beim beiläufigen Kennenlernen oftmals Beziehungen zu Personen, die relativ weit entfernt wohnen. Dies gilt umso mehr, wenn das Kennenlernen in internationalen (typischerweise englischsprachigen) Online-Foren oder Online-Spielen erfolgt. Je größer die geografische Distanz, umso kostenintensiver sind Medienwechsel. Anekdotisch berichten Cyberliebespaare, die sich auf verschiedenen Kontinenten befinden, von horrenden Telefonrechnungen. Reisekosten sind dementsprechend hoch zu veranschlagen. Gemäß Cruickshank (2001), die n=16 Cyberliebespaare befragte, definieren geografisch entfernt lebende Cyberliebespaare ihre Online-Beziehung in eine Fern-Beziehung um, sobald ein Face-to-Face-Treffen erfolgreich verlaufen und eine Weiterführung der Beziehung inklusive weiteren Face-to-Face-Treffen geplant ist.

Gerade in diesen Konstellationen legen die Online-Paare teilweise verblüffendes Commitment an den Tag. Abgesehen von den finanziellen Investitionen, nehmen sie lange Wartezeiten zwischen den Face-to-Face-Treffen in Kauf und treffen riskante Umzugs-Entscheidungen, wie der folgende Erfahrungsbericht illustriert:

I'm Maggie and I live in Argentina. I began playing around with internet pen pals pages last August. I had over 900 replies to ads I had placed on the net at this time. In September I was writing to about 10 people I had met from around the world. One guy Walt seemed very interesting and I corresponded with him more frequently and chatted to him more often. Eventually by late september he was the only one I wanted to correspond with. We sent each other photos, music cassettes, letters, he sent me flowers we sent teddies and t shirts...by November we were falling in love. I was going on a trip to Europe (I live in Argentina) and decided to take up the offer of meeting Walt on my way back here. I finally met Walt on 7th January this year. He lives in Texas we went on a weeks vaccation to Mexico and during the last days there we actually decided to get married. We marry on 26th July 1997 in Texas then he will come back to Argentina to live with me. I had read about internet marriages etc in newspapers and never thought it would happen to me. One thing about getting to know someone over the net is communication its amazing how quickly you know someone mentally and spiritually. When we met in person it was like we had been together for year we are grateful to the modern age of computers who brought two people together Walt and Maggie without this technology we would never have met the one for us. (Quelle: http://lovelife.com/CLS/story136.html)

Da bei Cyberromanzen die Beteiligten nicht selten unterschiedlichen Ländern und Kulturen entstammen (vgl. Abschnitt „Beiläufiges Kennenlernen") und zudem wenig Gelegenheit für gemeinsame Aktivitäten außerhalb des Netzes hatten, stehen sie beim Übergang ihrer Online-Romanze in eine Offline-Beziehung nicht nur vor der Herausforderung, einen gemeinsamen Alltag zu gestalten, sondern auch – privat wie beruflich – kulturelle Differenzen zu überbrücken, die anfangs womöglich unterschätzt werden. Diesen Misserfolgs-Faktoren steht jedoch als möglicher Erfolgs-Faktor das Potenzial eines intensiven Kennenlernens der Gefühls- und Gedankenwelt in der Phase des Online-Kennenlernens gegenüber. Eine generelle Bindungsunwilligkeit ist Cyberliebenden nicht vorzuwerfen, vielmehr wäre noch empirisch zu klären, ob und unter welchen Bedingungen langfristige Trennungsrisiken nach der Paarbildung im Netz erhöht oder verringert sind. Insbesondere bikulturelle Paare sind hier vor die Aufgabe gestellt, besondere Anpassungsleistungen zu erbringen. Sei es, dass sie ihre Beziehung als Fernbeziehung weiterführen oder in eine Nahbeziehung umwandeln.

Nahbeziehungen

Aus Fernbeziehungen können sich im Zuge von Medienwechseln, besserem Kennenlernen und wachsender Verbindlichkeit durch Umzug schließlich Nahbeziehungen mit gemeinsamer Wohnung oder zumindest gemeinsamem Wohnort und regelmäßigen Face-to-Face-Treffen entwickeln. Bei Bedarf recht leicht in eine Nahbeziehung umwandeln lässt sich eine Cyberbeziehung, wenn die Beteiligten in geografischer Nähe wohnen, wie das beim folgenden Fallbeispiel zutrifft:

We met [on a chat-channel] and neither of us were specifically looking, so when we just happened to click it was wonderful. Im the type of person who wouldnt even consider a long distance relationship, so I only really paid attention when I realized he wasnt too far away. Similarities kept cropping up, and after a scant few days, I told him I liked him. He scoffed at it, giving me a whole spiel about „how could I like him after such a short time, over such a medium as this?" etc., but then he came to his senses *grin*. I now consider our relationship to be offline, (easier to explain to Grandma that way) - we merely use e-mail and IRC as a way to save on phone bills. I'd like to quote from an e-mail of his today: „I think that through the nature of our relationship we have developed a relationship that is much more pure than any „normal" relationship could be. Personal relationships get confused with a lot more crap that we sort out in text, because we have no choice. Non-personal relationships(i.e. ours) dont get confused in that way. I think in person if this is how our relationship had been from the beginning, we would not be nearly as close as we are now. In person it is so much harder to talk about what is necessary, and even unnecessary to talk about. It is both the necessary and unnecessary components that I think have helped us to bond/bind in the way/degree that we have. I love it, I love our relationship, and I love you." So there you have it, were still relatively short in our span of time together, but we are extremely close and can communicate about anything, both on-line and off. (Quelle: http://lovelife.com/CLS/ story142.html)

Es fehlen Querschnitt- wie Längsschnitt-Studien, die zeigen, ob durch die Beziehungsanbahnung im Netz systematische Unterschiede gegenüber herkömmlicher Beziehungsentwicklung auftreten. Zumindest wird bei der Betrachtung dieser Konstellation deutlich, dass die analytische Trennung zwischen Online- und Offline-Beziehung in der Praxis fließende Übergänge aufweist. Letztlich ist auch die Selbstdefinition der Beteiligten hier ein wesentlicher Faktor, sei es, dass sie durch das Etikett Cyberbeziehung Verpflichtungen zurückweisen oder durch die Umdefinition in eine Offline-Beziehung Verbindlichkeit signalisieren oder Stigmatisierung im Umfeld vermeiden wollen.

Beziehungen mit unklarem Status

Relativ problemlos sind Konstellationen, in denen die Beziehungspartner beide im Rahmen der Unverbindlichkeit ihre Online-Kontakte pflegen, oder gemeinsam über verschiedene Stufen des Medienwechsels bis zum Face-to-Face-Kontakt schließlich eine Nahbeziehung umsetzen. Problematisch wird es, wenn Rahmungsdifferenzen auftreten oder wenn im Zuge von Nebenbeziehungen oder Fernbeziehungen die bei der medialen Kommunikation entstandene Erhitzung und Sehnsucht auf massive äußere Widerstände stößt. Betroffene berichten von großem Stress, einem Gefühl der Zerrissenheit und Unruhe. In diesen Konstellationen erweist sich die Online-Beziehung dann keineswegs als harmonische Scheinwelt. Vielmehr kommt es neben der mediatisierten Liebeskommunikation auch verstärkt zu Streit, Kontaktabbrüchen, Klärungsversuchen, Ultimaten usw.

Der Beziehungsstatus kann über mehr oder minder lange Zeiträume hinweg ungeklärt bleiben, was bei Netzromanzen womöglich häufiger auftritt als bei herkömmlichen romantischen Beziehungen. Cyberromanzen mobilisieren mit der intensivierten Phantasietätigkeit romantische Liebesideale. Die Intensität des eigenen Erlebens kann zum Anlass genommen werden, die Cyberromanze als Schicksalswendung zu stilisieren und dabei äußere Hindernisse ebenso wie die Widerstände des Gegenübers zu ignorieren und einfach weiterhin zu warten und zu hoffen. Aufgelöst werden Beziehungen mit unklarem Status etwa, indem die Beteiligten zermürbt den Kontakt einschlafen lassen, sich bewusst voneinander abwenden und endgültig trennen (z.B. auch anlässlich äußerer Umstände wie etwa Aufdecken der Nebenbeziehung durch den Ehepartner). Im Einzelfall mag auch eine Transformation der Liebesbeziehung in eine Freundschaft möglich sein. Ein solcher Ausgang ist besonders dann möglich, wenn keine allzu große Abhängigkeit von der Cyberromanze besteht:

I was talking on this chat line, when I met a guy I thought was rather odd! He seemed to be a joker and I really didn't want much to do with him... He started emailing me and he got sad when I didn't reply, so I did! Pretty soon I found myself telling this individual absolutely everything! He seemed to understand me and to be able to accept me for who I was! He told me he loved me without even having seen my picture! I told him that I felt the same way...Both of us had been thinking the same thing but were too insecure to say it to one another! Every time I talked to him...it's hard to put into words! It was great! Sadly enough I realized how hard this was on me...I cared for this guy a lot! I didn't think it was possible that we would meet any time soon...So I decided to end it with him! Merely because I felt I would only grow closer and if I didn't meet him...well it would hurt all the more! He understood, it had been tearing him apart too! We still remain friends, and we have a really close bond! We live half a world away from each other...that's the boundary that we have to live with! My experience with cyber love...it may not have had a totally happy ending but I don't regret it for one moment! (Story 55)

In Online-Diskussionsforen zu Beziehungsfragen melden sich häufig Menschen zu Wort, die in eine Cyberliebesbeziehung mit unklarem Status verwickelt sind.

Forschungsperspektiven

Zwei Faktoren begünstigen es, dass im Zuge der Internet-Kommunikation Liebesgefühle entstehen:

- Faktor der Quantität: Ein großer und heterogener Pool an Kontaktinteressierten ist rund um die Uhr ortsunabhängig erreichbar. Damit steigt die Chance, attraktive potenzielle Beziehungspartner zu finden.
- Faktor der Qualität: Unter Unbekannten, die zunächst anonym bleiben können und vorwiegend durch ihre schriftlichen Textbeiträge füreinander präsent sind, kommt es im Sinne einer Enthemmung zu beschleunigter Selbstoffenbarung und verstärkter wechselseitiger Idealisierung. Dies fördert das Erleben von Intimität und Leidenschaft.

Gerade wenn die auf der Basis der Außeralltäglichkeit gewonnenen Gratifikationen der Internet-Liebe sehr groß sind, entwickeln die Beteiligten oft den Wunsch, häufigere und engere Offline-Kontakte zueinander zu haben. Wenn dies angesichts bestehender Partnerschaften oder geografischer Distanzen auf äußere Widerstände stößt, entstehen teilweise sehr belastende Konfliktsituationen. Andererseits verspricht Internet-Kommunikation auch ein Happy End, wenn die Beteiligten ihre Online-Kontakte von Anfang an auf Alltagstauglichkeit prüfen oder sie dezidiert als Cyberbeziehungen führen, die vom realweltlichen Alltag abgekoppelt sind und bleiben. Die hier skizzierten Konstellationen sind jedoch nur als heuristische Strukturierung zu verstehen, da systematische phänomenbeschreibende Studien zum Kennenlernen, zur Partnerwahl und zu Beziehungsformen auf der Basis der Online-Kommuniaktion weitgehend fehlen.

Internet-Liebe in ihren unterschiedlichen Erscheinungsformen ist ein Beispiel für die Folgen der *Mediatisierung* unseres Alltags: In dieser Quantität und Qualität ist mediatisierte *Liebeskommunikation* zwischen Unbekannten oder sich gerade erst Kennenlernenden historisch neu, wenngleich sich bei einzelnen Aspekten der Internet-Liebe Parallelen zu bekannten Kommunikationskontexten ziehen lassen (z.B. Ferienliebe; romantische Briefbeziehungen ohne vorherigen Face-to-Face-Kontakt zu Soldaten im Feld oder zu Gefangenen im Strafvollzug; vgl. Gwinnell 1998: 4).

Umgekehrt ist zu beachten, dass auch Paare, die sich *nicht* im Netz kennengelernt haben, ihre Kommunikation zunehmend mit Telekommunikationsmedien bestreiten. Herkömmliche Paarbeziehungen unterliegen in ihrer Kommunikation also ebenfalls der Mediatisierung, was sich ökonomisch etwa in dezidierten Partnertarifen im Mobilfunkbereich niederschlägt. Obgleich die Effekte hier nicht so prägnant sind wie bei Paaren, die sich erst im Netz kennenlernen, sollte auch diese – bislang in der Partnerschaftsforschung nicht beachtete – Dimension der Mediatisierung in den Blick genommen werden (vgl. Döring, im Druck).

Das Phänomen der Internet-Liebe lässt sich aus unterschiedlichen disziplinären Blickwinkeln betrachten und konstituiert ein interdisziplinäres Forschungsfeld: Die *Soziologie* ist angesprochen, da gesellschaftliche Rahmenbedingungen wie Individualisierung, Pluralisierung und wachsende Mobilitätsanforderungen mitbestimmen, welche Erwartungen Menschen an ihre Intimbeziehungen stellen und wie diese realisiert und institutionalisiert werden. Umgekehrt stellt sich für die Soziologie die Frage, inwieweit Praxen und Diskurse der Internet-Liebe emotions- und beziehungsbezogene Normen und Werte verändern. Wird etwa durch Kontaktforen im Netz eine Entkopplung von Intimität und Verbindlichkeit im Sinne situativer Intimität vorangetrieben, die den postmodernen Flexibilitätsansprüchen in einer globalisierten, beschleunigten Welt entspricht? Die *Psychologie* liefert zahlreiche Theorien, um das Beziehungsgeschehen von der ersten Attraktion bis zur Beziehungszufriedenheit, vom Konfliktverhalten bis zur Trennung zu modellieren und kann Unterschiede und Gemeinsamkeiten zwischen Online- und Offline-Paaren herausarbeiten. Die *Kommunikationswissenschaft* schließlich ist gefordert, die medialen Rahmenbedingungen zu analysieren, unter denen durch die technisch vermittelten Aktivitäten von Medienunternehmen und Mediennutzern Liebesgefühle und Liebesbeziehungen konstruiert werden.

Aus dem Blickwinkel der *Medienwirtschaft* relevant ist etwa die Tatsache, dass Medienunternehmen im Netz regelmäßig als Kontakt- und Beziehungsvermittler auftreten, indem sie Online-Kontaktanzeigen und -Kontaktforen organisieren, deren Gestaltungsmerkmale (z.B. Nutzerprofile, Verhaltensregeln) dann die interpersonalen Kennenlernprozesse maßgeblich beeinflussen (vgl. Abschnitt „Gezielte Partnersuche"). Unabhängig von der herkömmlichen redaktionellen Arbeit werden zur Umsetzung dieser neuen Kontakt- und Communitybasierten Geschäftsmodelle spezifische Kompetenzen im Medienunternehmen benötigt. Im Sinne von Medienkonvergenz ist hier etwa die Frage interessant, wie die unterschiedlichen Geschäftsbereiche verknüpft werden.

Medienrechtlich sind netzbasierte Kontaktbörsen und Kontaktforen als Teledienste einzustufen (Teledienstegesetz TDG 1997), durch die potenziell sehr viele Nutzerdaten gesammelt werden können. Schließlich legen die psychosozialen Implikationen intimer Onlinekontakte auch eine *medienethische* Betrachtung nahe: Unter Netznutzern wird jedenfalls kontrovers diskutiert, wie man mit medienspezifischen Möglichkeiten der Identitätskonstruktion im Spannungsfeld von reizvoller Imagination und schmerzvoller Enttäuschung verantwortungsbewusst und einvernehmlich umgehen soll. Nicht zuletzt sind Kenntnisse über Wechselwirkungen zwischen Mediennutzung und interpersonalen Beziehungen auch als Bestandteile der *Medienkompetenz* aufzufassen: Wirkungsvolle Anonymisierung, aussagekräftige Online-Selbstdarstellung, Prävention von Cyber-Stalking oder die sichere Verwaltung intimer Kommunikationsdokumente erfordern eine entsprechende Sensibilisierung, aber auch konkretes anwendungsbezogenes Wissen im Umgang mit neuen Informations- und Kommunikationstechnologien.

Für die *Medien- und Kommunikationstheorie* besonders interessant zu beobachten sind mögliche Grenzverschiebungen zwischen Privatheit und Öffentlichkeit im Zusammenhang mit Internet-Liebesbeziehungen. Auffällig ist zumindest die große Bereitschaft von Cyberliebespaaren, aber auch von herkömmlichen Liebespaaren, ihre persönlichen Liebesgeschichten in entsprechenden Online-Archiven oder auf ihren persönlichen Homepages zu publizieren (vgl. Döring 2000b). Die zunehmende Mediatisierung der Paarkommunikation erzeugt – gerade bei der digitalen Netzkommunikation – automatisch Dokumente des Beziehungsgeschehens, die archivierbar und wiederverwendbar sind, was entsprechende Medienproduktion unterstützt. Gerade in Zeiten postmoderner Erosion langfristiger Beziehungen spielen Dokumentation, Veröffentlichung (und damit mögliche bzw. tatsächliche Zeugenschaft) zur Beschwörung von Beziehungssicherheit vermutlich eine wichtige Rolle für Liebespaare (vgl. Reichertz 1998). Mediale Repräsentationen der Liebe sind damit nicht mehr Literatur, Film und Fernsehen vorbehalten, sondern werden durch verstärkte Laienpublikationen im

Netz ergänzt. Dies mag teilweise zur Relativierung bestimmter Stereotype führen (z.B. wenn „normale Leute" als Protagonisten sichtbar werden), andererseits sind Tendenzen der Standardisierung zu erwarten, wenn Menschen sich im Zuge der öffentlichen Darstellung ihrer eigenen Liebesbiografie oder Liebesbeziehung an medialen Vorbildern orientieren und diese fort- und festschreiben.

Medientechnisch ist es heute ansatzweise möglich, durch *Mensch-Computer-Interaktion* die textbasierte interpersonale Online- oder Mobilkommunikation überzeugend im Sinne eines Turing-Tests (1950) zu simulieren. In der Tradition des von Joseph Weizenbaum (1966) entwickelten Programms Eliza existieren eine Reihe von so genannten Chatter-Bots (siehe www.botspot. com), die auf Nutzeräußerungen mit sinnvollen Repliken antworten, so dass sich regelrechte Dialoge ergeben, die per Chat, E-Mail oder Handy-Kurzmitteilung geführt werden können. Auf dieser Basis können mediale Unterhaltungsangebote und Spiele entwickelt werden, bei denen parasoziale Kommunikation bzw. parasoziale Beziehung im Zentrum stehen. Die bisherigen Erfahrungen mit intimer Netzkommunikation zeigen zumindest, dass der digitale Textkanal „kalt" genug ist, um heiße Fantasien und Gefühle freizusetzen und dass eine Teilgruppe der Nutzer mit diesen Optionen bewusst spielerisch umgeht.

Literatur:

Altman, Irwin & Taylor, Dalmas (1973): Social penetration: The development of interpersonal relationships. New York: Holt, Rinehart and Winston.
Asendorpf, Jens & Banse, Rainer (1999): Psychologie der Beziehung. Bern: Huber.
Batinic, Bernad, Bosjnak, Michael & Bereiter, Andreas (1997): Der „Internetler" – Empirische Ergebnisse zum Nutzungsverhalten. In Lorenz Gräf & Markus Krajewski (Hrsg.): Soziologie des Internet. Handeln im elektronischen Web-Werk (S. 196-215). Frankfurt am Main: Campus.
Beck, Ulrich & Beck-Gernsheim, Elisabeth (1990): Das ganz normale Chaos der Liebe. Frankfurt am Main: Suhrkamp.
Bierhoff, Hans & Grau, Ina (1999): Romantische Beziehungen: Bindung, Liebe, Partnerschaft. Bern: Huber.
Brunold, Joachim/Merz, Helmut/Wagner, Johannes (2000): www.cyber-communities.de. Virtual Communities: Strategie, Umsetzung, Erfolgsfaktoren. Landsberg/Lech. http://www.cyberconcepts.de/communities/
Cerulo, Karen A., Ruane, Janet M. & Chayko, Mary (1992): Technological Ties that bind. Media-generated primary groups. Communication Research, 19 (1), 109-129.
Cooper, Alvin, Scherer, Coralie, Boies, Sylvian & Gordon, Barry (1999): Sexuality on the Internet: From Sexual Exploration to Pathological Expression. Professional Psychology: Research and Practice, 30 (2), 154–164. http://www.apa.org/journals/pro/pro 302154. html.
Cruickshank, Linda (2001): "We met on the Net": Romantic Internet Relationships and how

they evolve. School of Social Work and Social Policy, Faculty of Humanities and Social Sciences, University of South Australia. http://host01.ndr.com.au/users/elove/.

Culnan, Mary J. & Markus, M.Lynne (1987): Information technologies. In Fredric M. Jablin, Linda Putnam, Karlene H. Roberts, & LymanW. Porter (Eds.): Handbook of Organizational Communication: An Interdisciplinary Perspective (pp. 420-443). Newbury Park, CA: Sage.

Döring, Nicola (1996): Führen Computernetze in die Vereinsamung? Gruppendynamik, 27 (3), 289-308. URL http://psychologie.fernunihagen.de/SOZPSYCH/GD/Artikel/doer1.htm.

Döring, Nicola (1997): Einsamkeit in der „Informationsgesellschaft". ZUMA-Nachrichten, 40, 36-51.

Döring, Nicola (1999): Sozialpsychologie des Internet. Die Bedeutung des Internet für Kommunikationsprozesse, Identitäten, soziale Beziehungen und Gruppen. Göttingen: Hogrefe.

Döring, Nicola (2000a): Feminist Views of Cybersex: Victimization, Liberation, and Empowerment. *CyberPsychology and Behavior*, October 2000 Issue on "Women and the Internet", 3 (5), 863-884. URL http://www.nicola-doering.de/publications/cybersex-doering-2000.pdf

Döring, Nicola (2000b): Romantische Beziehungen im Netz. In Caja Thimm (Hrsg.): Soziales im Netz. Sprache, Beziehungen und Kommunikationskulturen im Netz (S. 39-70). Opladen: Westdeutscher Verlag. URL http://www.nicola-doering.de/publications/cyberromance-doering-2000.pdf

Döring, N. (2000c): Geschlechterkonstruktionen und Netzkommunikation. In: Caja Thimm (Hrsg.): Soziales im Netz. Sprache, Beziehungen und Kommunikationskulturen im Netz (S. 182-207). Opladen: Westdeutscher Verlag. URL http://www.nicola-doering.de/ publications/cybergender-doering-2000.pdf

Döring, N. (2001): Belohnungen und Bestrafungen im Netz: Verhaltenskontrolle in Chat-Foren. Gruppendynamik und Organisationsberatung - Zeitschrift für angewandte Sozialpsychologie, 32 (2), 109-143.

Döring, Nicola (2002): Studying Online Love and Cyber Romance. In: Bernard Batinic, Ulf-Dieter Reips & Bosnjak, Michael (Eds.): Online Social Sciences. Seattle, Toronto, Switzerland, Germany: Hogrefe & Huber Publishers.

Döring, Nicola (im Druck): Neuere Entwicklungen in der Partnerschaftsforschung: Wechselwirkungen zwischen Telekommunikation und Paarbeziehung. In: Hans-Werner Bierhoff & Ina Grau (Hrsg.): Sozialpsychologie der Partnerschaft. Berlin/Heidelberg: Springer.

Duck, Steve, & Pond, Kris (1989): Friends, Romans, countrymen, lend me your retrospections: Rhetoric and reality in personal relationships. In: Clyde Hendrick (Ed.): Close relationships (pp. 17-38). Newbury Park, CA: Sage.

Gallery, Heike (2000): „bin ich - klick ich2 - Variable Anonymität im Chat. In Caja Thimm (Hrsg.): Soziales im Netz. Sprache, Beziehungen und Kommunikationskulturen im Netz (S. 71-88). Opladen: Westdeutscher Verlag.

Goffman, Erving (1974): Frame Analysis. An Essay on the Organisation of Experience. New York: Harper and Row.

Götzenbrucker, Gerit & Hummel, Roman (2001): Zwischen Vertrautheit und Flüchtigkeit. Beziehungsdimensionen in computervermittelten Konversationen - am Beispiel von Chats, MUDs und Newsgroups. In: Michael Beißwenger (Hrsg.): Chat-Kommunikation. Sprache, Interaktion, Sozialität & Identität in synchroner computervermittelter Kommunikation. Perspektiven auf eine interdisziplinäres Forschungsfeld (S. 201-226). Stuttgart: ibidem.

Grice, H. Paul (1975): Logic and Conversation. In Peter Cole & Jerry Morgan (Eds.): Syntax and Semantics: Vol. 3 Speech Acts (pp. 41-58). New York: Academic Press.

Gwinnell, Esther (1998): Online Seductions. Falling in Love with strangers on the Internet. New York: Kodansha International.

Herrmann, Horst (2001): Liebesbeziehungen - Lebensentwürfe. Eine Soziologie der Partnerschaft. Münster: Telos.

Hinde, Robert (1993): Auf dem Wege zu einer Wissenschaft zwischenmenschlicher Beziehungen. In Ann Auhagen & Maria von Salisch (Hrsg.): Zwischenmenschliche Beziehungen (S. 7-36). Göttingen: Hogrefe.

Höflich, Joachim & Gebhardt, Julian (2001): Der Computer als Kontakt- und Beziehungsmedium. Theoretische Verortung und explorative Erkundungen am Beispiel des Online-Chats. Medien & Kommunikationswissenschaft, 49 (1), 24-43.

Hradil, Stefan (1995): Die „Single-Gesellschaft". München: Beck.

Katz, James & Aspden, Philip (1997): A nation of strangers? Friendship patterns and community involvement of Internet users. Communications of the ACM, 40 (12), 81–86. [auch als Online-Dokument] URL http://www.iaginteractive.com/emfa/friendship.

Kollmann, Karl (2001): Modellierung der Aufmerksamkeit - Erotik und Chat. In Michael Beißwenger (Hrsg.): Chat-Kommunikation. Sprache, Interaktion, Sozialität & Identität in synchroner computervermittelter Kommunikation. Perspektiven auf eine interdisziplinäres Forschungsfeld (S. 345-366). Stuttgart: ibidem.

Krotz, Friedrich (2001): Die Mediatisierung kommunikativen Handelns. Wie sich Alltag und soziale Beziehungen, Kultur und Gesellschaft durch die Medien wandeln. Wiesbaden: Westdeutscher Verlag.

Lea, Martin & Spears, Russell (1995): Love at First Byte? Building Personal Relationships Over Computer Networks. In Julia T. Wood & Steve Duck (Eds.): Understudied Relationships: Off the Beaten Track (pp. 197-233). Thousand Oaks, CA: Sage.

Maheu, Marlene (2001): Cyber-Affairs Survey. Selfhelp Magazine SHPM. URL http://www.shpm.com/articles/cyber_romance/

Maxwell, Angela (2001): Cyberstalking. Masters Thesis in Community Psychology. Department of Psychology at Auckland University, New Zealand. URL http://www.netsafe.org.nz/ie/downloads/cyberstalking.pdf.

McLuhan, Marshall (1994/1964): Understanding Media. Die magischen Kanäle. Basel: Verlag der Kunst Dresden.

McRae, Shannon (1996): Coming Apart at the Seams: Sex, Text and the Virtual Body. In Lynne Cherny & Elizabetz R. Weise (Hrsg.): Wired Women - Gender and New Realities in Cyberspace (S. 242-264). Seattle, Washington: Seal Press.

Parks, Malcolm & Floyd, Kory (1996): Making Friends in Cyberspace. Journal of Computer-Mediated Communication, 1 (4), March 1996 [Online-Dokument] URL http://www.ascusc.org/jcmc/vol1/issue4/parks.html

Parks, Malcolm & Roberts, Lynne (1997): "Making MOOsic": The development of personal relationships on-line and a comparison to their off-line counterparts. (Paper presented at the Annual Conference of the Western Speech Communication Association. Monterey, California. http://depts.washington.edu/spcom/parks/moosic.htm

Reichertz, Jo (1998): Stabilität durch Dokumentation, Zeugenschaft und Ritualisierung. Vom Nutzen der Sendung „Traumhochzeit". In Kornelia Hahn & Günter Burkart (Hrsg.):

Liebe am Ende des 20. Jahrhunderts. Studien zur Soziologie sozialer Beziehungen (S. 175-198). Opladen: Leske + Budrich.

Sandbothe, Mike (1996): Ist das Internet cool oder hot? Zur Aktualität von McLuhans Vision medialer Gemeinschaft. Telepolis 12.09.1996. http://www.heise.de/tp/deutsch/inhalt/co/2050/1.html

Schildmann, I., Wirausky, H. & Zielke, Andreas (1995): Spiel- und Sozialverhalten im MorgenGrauen. Hausarbeit für das Seminar „Technik und Gesellschaft" an der Universität Bielefeld. http://www.mud.de/Forschung/verhalten.html

Schneider, Jennifer (2000): Effects of Cybersex Addiction on the Family: Results of a Survey. Sexual Addiction & Compulsivity, 7 (1-2), 31-58.

Schofield Clark, Lynn (1998): Dating on the Net: Teens and the Rise of "Pure" Relationships. In Steven G. Jones (Ed.): Cybersociety 2.0. Revisiting Computer-Mediated Communication and Community (pp. 159-183). Thousand Oaks, CA: Sage.

Smith, Marc & Kollock, Peter (Eds.) (1999): Communities in Cyberspace. London: Routledge.

Sternberg, Robert (1986): A triangular theory of love. Psychological Review, 93, 119-135.

Sternberg, Robert (1998): Cupid's Arrow: The Course of Love Through Time. Cambridge: Cambridge University Press.

Thiedeke, Udo (Hrsg.) (2000): Virtuelle Gruppen. Charakteristika und Problemdimensionen. Opladen: Westdeutscher Verlag.

Turing, Alan (1950): Computing Machinery and Intelligence. Mind, Vol. 59, No. 236, pp. 433-460. URL http://www.oxy.edu/departments/cog-sci/courses/1998/cs101/texts/Computing-machinery.html

Turkle, Sherry (1995): Life on the Screen: Identity in the Age of the Internet. New York: Simon and Schuster.

van Eimeren, Birgit, Gerhard, Heinz & Frees, Beate (2001): ARD/ZDF-Online-Studie 2001: Internetnutzung stark zweckgebunden. Media Perspektiven, 8/2001, 382-397.

Volpert, Walter (1985): Zauberlehrlinge. Die gefährliche Liebe zum Computer. Weinheim und Basel: Beltz.

Walther, Joseph B. (1996): Computer-Mediated Communication: Impersonal, Interpersonal, and Hyperpersonal Interaction. Communication Research 23, 3-43.

Weizenbaum, Joseph (1966): "ELIZA - A Computer Program for the Study of Natural Language Communication between Man and Machine" Communications of the Association for Computing Machinery 9 (1966): 36-45.

Young, Kimberley; Griffin-Shelley, Eric; Cooper, Al, O'Mara, James & Buchanan, Jennifer (2000): Online Indidelity: A New Dimension in Couple Relationships with Implications for Evaluation and Treatment. Sexual Addiction & Compulsivity, 7 (1-2), 59-74.

SMS im Medienalltag Jugendlicher. Ergebnisse einer qualitativen Studie

Joachim R. Höflich, Julian Gebhardt, Stefanie Steuber

Ein Tag mit und ohne SMS

Das Nokia weckt Anna um halb sieben mit einer schrillen Melodie. Anna dreht sich langsam um und lässt es weiterspielen. Der neue Song der „No Angels" auf dem Handy – besser kann man kaum geweckt werden. Höchstens von Sven. Sven hat den Klingelton gestern im Internet gefunden und ihr sofort heruntergeladen. Es ist ihr gemeinsames Lieblingslied seit jenem Samstag in der Eisdiele. Anna stellt die Weckmelodie ab und tippt – noch etwas schlaftrunken, aber routiniert – mit dem Daumen in ihr Handy:
„guten morgen du schlafbär! ich habe heute nacht von dir geträumt und hoffe dass wir uns heute sehen. hdgdl :-)"
Sie schickt die Nachricht ab, räkelt sich im Bett und wartet auf die Antwort. Normalerweise schreibt Sven nämlich direkt zurück – eine Eigenschaft, die Anna besonders an ihm mag. Aber auch nach zehn Minuten ist noch keine Antwort da. Anna steht missmutig auf und macht sich für die Schule fertig.
Als sie im Bus sitzt, hört sie ein leises Piepen. Ein paar Leute kramen hastig ihre Handys aus den Taschen. War es Annas Handy, das gepiept hat? Sie hat ein bisschen Herzklopfen, als sie auf dem Display ihres Handy das Symbol des Briefumschlags sieht: eine SMS ist eingetroffen. „Endlich schreibt Sven zurück!". Aber dann ist es nur eine Nachricht von ihrer besten Freundin Lydia:
„Hi Maus, hast du die hausaufgbe für französich gemacht? ich hatte überhaupt keinen bock gestern...aber die schneider nimmt mich heute garantiert dran :-(cu"
Anna steigt aus dem Bus, und während sie noch die Antwort in ihr Handy tippt, läuft ihr Lydia schon über den Weg. „Hallo Anna! Was ist denn nun mit Französisch?". „Hi Lydia. Ich hab die Aufgaben gemacht. Du kannst sie in der Pause abschreiben." Lydia sieht sie von der Seite an: „Was ist denn los mit Dir? Hast Du schlecht geschlafen?". „Ach nix. Ich warte nur auf eine SMS von Sven und frage mich, was los ist", erwidert Anna. „Jetzt sei mal nicht so ungeduldig, der meldet sich schon noch. Ich hatte übrigens gestern mit meinem neuen SMS-Freund eine lange Unterhaltung. Wir haben uns bestimmt fünfzehn Nachrichten geschrieben." Lydia hat seit einiger Zeit Kontakt zu einem Unbekannten, der ihr irgendwann eine SMS geschrieben hatte, die sie richtig süß fand. Sie zieht ihr

Handy aus der Tasche und sucht in ihrem SMS-Speicher nach einer Nachricht, die sie Anna unbedingt zeigen will.
„dein fater muss ein dieb sein er hat die Sterne vom himmel geklaut und sie dir in die augen gesezt..." liest sie Anna vor. „Hmm, ganz süß", sagt Anna und überlegt, ob sie Lydia verraten soll, dass dieser Spruch aus den SMS-Flirt-Tipps der BRAVO stammt, über die sie sich mit Sven vor kurzem lustig gemacht hat. „Und außerdem haben die beiden sich ja noch nie gesehen, die kennen sich ja bloß übers Handy", denkt sie und muss an ihren Sven denken, der die schönsten blauen Augen hat, die es überhaupt geben kann.
Im Unterricht gilt ein strenges Handy-Verbot. Anna stellt ihr Handy lautlos und deponiert es so auf ihrer Schultasche, dass sie ab und zu einen Blick auf das Display werfen kann. Zwei Mitschüler schreiben unter der Bank SMS-Nachrichten und sind so dumm, sich erwischen zu lassen. Wütend kassiert die Lehrerin die Handys ein: „Die könnt ihr euch frühestens nach Schulschluss im Lehrerzimmer wieder abholen." Anna lässt ihr Handy tiefer in die Tasche gleiten, da sie nicht riskieren will, so lange im Ungewissen über Sven zu bleiben.
Während der Pause sitzt sie mit Lydia auf der Wiese. Lydia ist – wie fast immer – damit beschäftigt, Liebesbotschaften mit dem Unbekannten auszutauschen. Anna starrt auf ihr Nokia und wartet. Da keine Nachricht kommt, fängt sie an, ihren mittlerweile ziemlich vollen SMS-Speicher zu leeren. Sie schreibt die schönsten SMS (die meisten sind natürlich von Sven) in ein eigens dafür vorgesehenes Büchlein. Lydia macht sich darüber wieder einmal lustig, aber Anna ist das egal. Sie freut sich jedesmal, wenn sie darin blättert. Auf der ersten Seite steht:
„wollen wir zusammen ein eis essen gehen? um drei am park. sven."
„Damit hat alles angefangen", erinnert sich Anna. Aber warum antwortet Sven nicht auf ihre Guten-Morgen-SMS? Sie hält es nicht mehr aus. Sie wählt seine Handynummer und lässt es einmal klingeln, bevor sie schnell wieder auflegt. Sven hat nämlich einen Vertrag, und seine Gebühren sind viel niedriger als Annas Gebühren bei der Prepaid-Karte. Normalerweise ruft Sven sofort zurück, wenn er ihren Namen und darunter das Herz-Symbol auf dem Display sieht. Diesmal bleibt ihr Handy aber stumm.
Den Rest des Schultages ist Anna schlecht gelaunt und sie atmet auf, als die letzte Stunde vorbei ist. Lydia begleitet sie zum Bus und sagt zum Abschied: „Schreib mir doch nachher mal eine SMS." „Nein, schreib Du mir mal zuerst. Ich schreibe meistens als erste", sagt Anna. „Mal sehen. Also, mach's gut und sei nicht böse auf Sven", sagt Lydia und läuft davon. Anna sieht ihr hinterher und bemerkt, wie Lydia ihr Handy aus der Tasche zieht, um eine neue SMS zu lesen. „Die hat echt einen Handy-Tick!", denkt sie. Lydia gibt ihr gesamtes Taschengeld für Handy-Accessoires aus. In den letzten zwei Monaten hat sie sich

drei unterschiedliche poppige Gehäuse für ihr Handy gekauft und letzte Woche hatte sie sogar eine neue, zum Outfit passende Handy-Tasche dabei. „Na ja, sie kann es sich auch leisten. Ihre Oma zahlt ja die gesamten Gebühren", denkt Anna etwas neidisch. Ihre Eltern zahlen zwar auch einen festen Betrag zu ihren Prepaid-Karten dazu, aber seit sie mit Sven zusammen ist, geht für SMS mehr vom Taschengeld drauf, als es ihr lieb ist.
„Wie war es denn heute in der Schule?", fragt Annas Mutter beim Essen. „Ganz okay", murmelt Anna und schielt auf ihr Handy, das neben ihr liegt. „Sag mal, muss Dein Handy beim Essen eigentlich auf dem Tisch liegen? Ich fände es schön, wenn Du es ab und an mal ausstellen würdest und etwas mehr mit mir sprichst!", sagt Annas Mutter gereizt. „Ich habe eh keinen Hunger mehr!", motzt Anna, nimmt ihr Handy und läuft in ihr Zimmer. Sie schaltet den Fernseher ein und will sich mit einer Talkshow ablenken. „Sven kann sich langsam wirklich melden. Er ist an der Reihe, ich melde mich jetzt ganz bestimmt nicht mehr bei ihm!" In diesem Moment gibt ihr Handy den lang ersehnten Piep-Ton von sich. „Hoffentlich ist es diesmal Sven!" denkt Anna und und greift hektisch zu ihrem Handy. Tatsächlich!
„hallo süße. mein akku war leer. shit. konnte nicht schreiben oder anrufen :-o"
Hastig antwortet Anna:
„und ich hab mir schon sorgen gemacht du schlumpf. denk das nächste mal dran das handy abends aufzuladen.sehenwirunsheute?ichhablustaufshoppingoderauf schwimmen"
„Zu blöd, dass man immer nur 160 Zeichen hat!", denkt Anna und wartet auf Svens Antwort. Diesmal antwortet er sofort:
„klar! komme um fünf vorbei."
Fröhlich geht Anna ins Wohnzimmer, um sich bei ihrer Mutter zu entschuldigen. Jetzt ist alles wieder in Ordnung – sie freut sich auf den Nachmittag. „Vielleicht lade ich mir mit Sven gleich noch ein paar Handy-Logos aus dem Internet runter. Lydia hat mir da eine coole Website genannt..."

Jugendliche und SMS – zum Stand der Forschung

SMS – der Short Message Service, also die Möglichkeit, via dem mobilen Telefon kurze Textnachrichten mit einer Länge von bis zu 160 Zeichen zu versenden – ist relativ schnell zu einem Gegenstand der Forschung geworden. Nicht zuletzt interessieren dabei die sprachlichen Besonderheiten dieser neuen Form der schriftlichen Kommunikation (vgl. Adroutsopoulos/Schmidt 2001; Döring 2002a, b; Dürscheid 2002; Schlobinski u.a. 2001). Besonders die Tatsache, dass es gerade die Jugendlichen sind, die zum einen das Handy für sich entdeckt und hier wiederum vor allem den Short Message Service zu *ihrem* Medium gemacht haben, brachte es mit sich, dass sich auch die Forschung gerade dieser Nutzergruppen zugewandt hat. Allein schon als Gruppe früher Übernehmer gebührte ihnen eine diesbezügliche Aufmerksamkeit. Gerade vor dem Hintergrund, dass die Welt der Jugendlichen eine Medienwelt ist, stellt sich des Weiteren die Frage, wie Medien der Telekommunikation im Allgemeinen und das Handy im Besonderen in den Alltag der Jugendlichen eingebaut wird. Schließlich gibt es ein ausgeprägt kommerzielles Interesse. Die Jugendlichen von heute sind die Kunden von morgen. Die wird man dringend brauchen, denn die extrem hohen Ausgaben für die UMTS-Lizenzen müssen ja irgendwie wieder verdient werden. Allein mit dem Telefonieren wird sich das nicht bewerkstelligen lassen. Vielmehr wird es darum gehen, wie darüber hinausgehende Angebote akzeptiert werden. Zumal die Jugendlichen schon jetzt mehr machen als nur zu telefonieren wirft man einen begehrlichen Blick auf sie.

Finnland gilt als das Eldorado der Mobilkommunikation und damit als Vorreiter einer „Wireless Information Society" (vgl. Kasvio 2001). Zumindest gehört Finnland zu den Ländern mit der höchsten Anzahl von Mobiltelefonen pro Kopf der Bevölkerung (Puro 2002: 19). Kaum ein Jugendlicher verfügt über kein Handy – und der Short Message Service wiederum steht in der Gunst ganz vorne. Erst recht gemessen an anderen Ländern konnte sich die Forschung schon sehr früh diesem Phänomen zuwenden. Eine der ersten Studien zur Nutzung des Short Message Service stammt unseres Wissens in der Tat aus Finnland. Es handelt sich um qualitative Interviews, die im Oktober 1999 mit 21 Jugendlichen im Alter zwischen 15 und 18 Jahren von Timo Kopomaa in Helsinki durchgeführt worden sind (vgl. Kopomaa 2000: 60ff.). Die Studie hat einen explorativen Charakter, doch liefert sie bereits schon Erkenntnisse, die weitere Untersuchungen zum Teil schon vorwegnehmen. Timo Kopomaa, der die Ergebnisse in seinem Buch „The City in Your Pocket" zusammengefasst hat, stellt beispielsweise fest, dass es bei solchen Kurzbotschaften vor allem darum geht, Treffen auszumachen, neueste Nachrichten auszutauschen, Informationen weiter zu leiten, andere an etwas zu erinnern oder Freunde danach zu fragen, was sie vorhätten. SMS-Botschafen seien, so Kopomaa, eine Alternative zum Telefonat und sie werden gerade dann bevorzugt, wenn ein solches Telefongespräch nicht möglich ist, denn: „Text messaging allows the maintenance of social contacts in an unobtrusive way" (Kopomaa 2000: 65). Insbesondere wird der private Charakter betont, der eine SMS-Botschaft von einem in die Öffentlichkeit hineingetragenen Privatgespräch via Mobiltelefon unterscheidet. Es gibt geschlechtsspezifische Unterschiede: Mädchen würden eher zu einer sozioemotionalen Kommunikation neigen, was sich schon darin zeigen würde, dass sie vermehrt parasprachliche Substitute wie beispielsweise den Smiley verwenden. Allerdings werden Textnachrichten von den befragten Jugendlichen auch als Kontrolle empfunden. Sie seien überdies auch nicht für alle Zwecke geeignet, insbesondere dann nicht, wenn es um persönliche Angelegenheiten geht, die eine umfassende Diskussion erfordern. Schließlich stellt der Austausch von Textnachrichten eine ‚Sphäre der Freiheit' (S. 77) dar, die außerhalb der Kontrolle der Eltern oder der Lehrer liegen würde.

Das Nutzungsverhalten Jugendlicher stand auch im Vordergrund eines vom Information Society Research Center (INSOC) an der Universität Tampere durchgeführten Projekts, in dessen Rahmen im Zeitraum von 1997 bis 2000 knapp 1000 Kinder, Jugendliche und Erwachsene aus ganz Finnland befragt wurden (vgl. Kasesniemi/Rautiainen 2002a, b). Im Frühjahr des Jahres 1998 habe sich dabei ein Wandel angezeigt: Statt über Telefonate oder das Austauschen von Handyschalen zu sprechen haben die Teenager hervorgehoben, wie wichtig für Sie Textnachrichten seien, was nicht zuletzt auch dadurch unterstrichen worden sei, dass die Anzahl der Textnachrichten die der Telefonate überflügelt hat. Ergebnisse dieser Studien finden sich in der nachfolgenden Arbeit in diesem Band, so dass im Einzelnen nicht weiter darauf eingegangen werden muss. Ein Phänomen ist allerdings besonders hervorzuheben: die kollektive Dimension der SMS-Nutzung, die sich im Zeitablauf immer mehr über eine dialogische Kommunikation hinaus ausbildete. SMS-Botschaften werden nicht nur zwischen zwei Kommunikationspartnern ausgetauscht, sondern als Kettenmails an Viele verschickt. Darüber hinaus zeigt sich so etwas wie ein ‚Cyrano-de-Bergerac-Phänomen': Ein Freund oder eine Freundin, die sich als SMS-Virtuosen ausgewiesen haben, helfen bei Vermittlungsnotlagen, insbesondere dann, wenn es darum geht, Gefühle mitzuteilen. Das Forschungsprojekt spiegelt im Übrigen gleichwohl die erwähnten ökonomischen Interessen wider. Die im Rahmen des Information Society Research Centers durchgeführten Untersuchungen waren Teil des von der Nationalen Technologie-Agentur geförderten Progamms: „Telecommuni-cations – Creating a Global Village". An diesem Projekt beteiligten sich auch Nokia, der bekannte finnische Hersteller von Mobiltelefonen, und Sonera, ein Anbieter mobiler Dienstleistungen.[1]

Eine vergleichbar rasante Verbreitung des Mobiltelefons wie in Finnland ist auch in Norwegen festzustellen. Auch hier werden schon seit geraumer Zeit Studien zum Mobiltelefon durchgeführt, die insbesondere mit Telenor R&D, Norwegens größtes Forschungsinstitut auf dem Gebiet der Informations- und Kommunikationstechnologien und eng mit dem Namen Richard Ling verbunden

---

[1] Diese Unternehmen erwarben sich ein Vorrecht auf die ermittelten Ergebnisse, was zur Folge hatte, dass zumindest während der Projektphase kaum Informationen an die Öffentlichkeit gelangt sind.

sind.[2] Hier mögen einige Anmerkungen zur Nutzung des Short Message Service durch Jugendliche genügen. Auch für Norwegen gilt, dass der Short Message Service eine Domäne der Jugendlichen ist aus der heraus sich das mobile Telefonieren gewissermaßen erst entwickelt. Das führt schließlich dazu, dass solche Textnachrichten für über 40-Jährige kaum noch eine Rolle spielen (vgl. Ling 2001). Klar zeigt sich auch hier eine geschlechtsspezifische Prägung des Nutzungsverhaltens schon darin, dass Mädchen jüngeren und mittleren Alters mehr SMS-Nachrichten versenden als Jungs (vgl. auch Ling 1998 sowie Skog 2002). Ling (2001) hebt jedoch insbesondere hervor, dass die Perspektive der Funktionalitäten des Mediums den zentralen Punkt übersehe: Die Bedeutung des Mediums zur Selbstdefinition der Jugendlichen gegenüber älteren Generationen und damit deren Einfluss auf die Identitätsbildung. Besonders hebt Ling den (vor-) sozialisatorischen Einfluss auf adoleszente Mädchen hervor, indem auch und gerade über dieses Medium die Rolle zur Aufrechterhaltung sozialer Kontakte bzw. Netzwerke vermittelt werde. „This is a paradigm shift in the cultural understanding of the mobile telephone", so stellt Ling (2002, o.S.) fest. Mit Blick auf die Funktionalitäten des Mobiltelefons unterscheiden Ling und Yttri (2002) zwischen einer Mikro- und Hyperkoordinierung. Die Mikroorientierung verweist auf die instrumentelle Funktion, so wie sie insbesondere bei der Terminierung von Treffen zum Ausdruck kommt. Die Hyperkoordinierung wiederum geht darüber hinaus und hat zwei Dimensionen: Zum einen bezieht sie sich auf den expressiven Gebrauch des mobilen Telefons, zum anderen auf die In-Group-Kommunikation und angemessene Formen der Selbstpräsentation. Die Kommunikation Jugendlicher via Handy zeichnet sich nun nicht allein durch eine instrumentelle (aufgabenbezogene), sondern durch die sozio-emotionale, kommunikative Nutzung im Sinne der Hyperkoordinierung aus. Hier reiht sich auch der SMS-Gebrauch ein. In diesem Sinne stellen Ling und Yttri (2002: 158) mitunter fest: „At a more abstract level, these expressive messages are confirmations of a relationship. It is a type of social interaction in which the sender and receiver share a common, though asynchronous, experience. Sending a message refreshes the contact between the two."

Der Short Message Service hat sich in modernen Industriegesellschaften als ein Medium der Jugendlichen etabliert, und es scheinen sich auch Nutzungsmuster ausgebildet zu haben, die sich über unterschiedliche kulturelle Zusammenhänge hinweg ähnlich gestalten. Das gilt auch für Japan. Auch hier zeigt sich mit Blick auf das Mobiltelefon die Bedeutsamkeit gerade sozioemotionaler Bezüge. Solche Gemeinsamkeiten sind indessen nur die eine Seite der Medaille. Mediale Praktiken und so auch der Gebrauch des Handy respektive des Short

---

[2] Ein Überblick über die Studien findet sich unter: http://www.telenor.no/fou/prosjekter/ Fremtidens_Brukere/ publikasjoner.html.

Message Service sind kulturell eingebunden. Und gleichsam hat sich wiederum der Handygebrauch in die medialen Praktiken einer Kultur einzufügen.[3] Wenn auch nicht explizit kulturvergleichend angelegt verweist die Studie von Mizuko Ito (2001) in diese Richtung. Ito bezieht sich hierbei auf den Begriff der Machtgeometrie von Raum-Zeit-Verdichtungen.[4] Ihr Ziel ist es nachzuzeichnen „how Japanese youth's mobile phone use is both located within an existing powergeometry of space-time compression, and constitutive of different ones" (Ito 2001: 4). Sie weist darauf hin, dass die Zeit- und Raumstrukturen des Alltags japanischer Jugendlicher sehr stark durch die von Erwachsenen bestimmten Strukturen im häuslichen und schulischen Bereich geprägt seien. Der private Raum ist sehr eingegrenzt. Sozialkontakte mit Peers finden (schon mit Blick auf japanische Wohnverhältnisse) außerhäusig statt; es ist nicht üblich, dass die Jugendlichen ein eigenes (Festnetz-)Telefon in ihrem Zimmer haben. Hier schafft das Mobiltelefon Freiräume: „The mobile phone becomes a tool for overcoming some of the constraints inherent in the power geometries of both theses places, as well as a way for appropriating spaces of the street, restaurants, and public transportation" (Ito 2001: 6). So muss man nicht mehr die Barrieren eines als Familienmedium verstandenen häuslichen Telefons überwinden, um mit einem Freund oder einer Freundin in Kontakt treten zu können, erst recht, wenn dies zu einer nächtlich fortgeschrittenen Stunde geschieht.[5] SMS-Botschaften können wiederum dazu dienen, um die momentanen Kommunikationsumstände zu klären, so z.B. um nachzufragen, ob der gewünschte Kommunikationspartner wach ist und man ihn anrufen könne.

Die erste kommunikationswissenschaftlichen Studie im deutschen Sprachraum zur Nutzung des Short Message Service durch Jugendliche wurde im Juli 2000 auf der Basis einer Befragung von 204 Handybesitzern im Alter zwischen

---

[3] Das wird schon durch die Beiträge im Rahmen des Readers „Perpetual Contanct" deutlich (vgl. Katz/Aakhus 2002).

[4] Sie greift diesbezüglich auf Doreen Massey zurück, die festhält, dass „different social groups are placed in very distinct ways in relation to late modern flows of media, people, and capital. This point concerns not merely the issue of who moves and who doesn't, although that is an important element of it; it is also about power in relation to the flows and the movement. Different social groups have distinct relationships to this anywaydifferentiated mobility: some are more in charge of it than others; some initiate flows and movement, others don't; some are more in the receiving end of it than others; some are effectively imprisoned by it" (Massey 1993: 61).

[5] Das Zitat eines Kollege-Studenten illustriert dies (Ito 2001: 7): „...Compared to before, now you don't have to call a home phone and can call someone direct. Before, when you wanted to talk to someone, you had to call their home phone and ask the father, mother, brother or someone to get the person. Yeah, people say it is a hassle, I didn't feel like it's so much of a hassle. The thing for me is that I call late at night, so I felt of bad about that. If it's a mobile, at night, or whatever time of day it is, you're not bothering anyone."

14 und 18 Jahren durchgeführt (vgl. Höflich/Rössler 2001). Diese Studie ist insofern explorativ, da sie sich einem Phänomen widmet, das zur Zeit der Untersuchung recht neu war und bei dem zumindest damals noch nicht absehbar war, dass es sich so rasant zu einem Massenphänomen entwickeln würde. Es gab zu dieser Zeit auch kaum vergleichbare (publizierte) Studien; die Untersuchung von Kopomaa ist erst später ‚entdeckt' worden.[6] Sie hat insofern einen ausdrücklich kommunikationswissenschaftlichen Charakter, da sie sich auf den (zunächst) vor allem in der Massenkommunikationsforschung beheimateten Uses and Gratifications-Ansatz bezieht, dem zu Folge die Nutzer als (inter-) aktiv begriffen werden. Entsprechend lautet die Frage nicht, was die Medien mit den Menschen, sondern was die Menschen mit den Medien machen. Auch hier zeigt sich, dass die Nutzung des Short Message Service noch vor dem mobilen Telefonieren kommt und auch, dass es geschlechtsspezifische Effekte in dem Sinne gibt, dass Mädchen tendenziell mehr (und auch längere) SMS-Botschaften schreiben.[7] SMS-Botschaften dienen dabei vor allem dazu, um sich zu verabreden, um sich nach dem Befinden der Freunde zu erkunden (Rückversicherung) oder das eigene Befinden mitzuteilen, um immer erreichbar zu sein oder um Kontakte zu erhalten, wobei Eltern und Verwandte, wie unschwer zu vermuten, als Kommunikationspartner die geringste Rolle spielen. SMS-Botschaften werden dabei nicht zuletzt als ein Ersatz für ein Telefongespräch gesehen, schon deshalb, weil davon ausgegangen wird, dass man damit preiswerter kommunizieren könne. Interessant ist, dass trotz der mit dem Medium verbundenen Mobilität als häufigster Ort, an dem SMS-Nachrichten geschrieben werden, das häusliche Umfeld angegeben wird und nicht etwa, wenn man unterwegs ist. Das legt nahe, dem Mythos des Mobilen gegenüber skeptisch zu sein und dafür stärker den besonderen Charakter des Handys als einem ‚persönlichen Medium' in den Vordergrund zu rücken.

Die Untersuchung führt zu Ergebnissen, die durchaus auch durch die angeführten Studien gestützt werden. Allerdings bleiben dabei ‚Qualitäten' der Mediennutzung ausgespart. Dies zeigt gleichsam die Grenzen dieser Art der explorativen (und das heißt in diesem Fall zunächst ‚ersten' Annäherung). Gerade den qualitativen Momenten wurde in einer weiteren Untersuchung stärker Rechnung getragen. Die vorliegende Untersuchung versucht, Momente der SMS-Nutzung vor dem Hintergrund der Medienverwendung Jugendlicher allgemein und der Verwendung von Medien schriftlicher Kommunikation (Brief, E-Mail) im Besonderen nachzugehen (vgl. auch Höflich 2002), wobei in diesem Zusammen-

---

[6] Dank gebührt Dr. Timo Kopomaa, dass er uns die Studie nach einem persönlichen Treffen im November 2001 in Tampere umgehend besorgt hat.
[7] Das Beispiel eines ‚SMS-Tages' ist dabei in Anlehnung an die Ergebnisse dieser Studie konstruiert worden.

hang vor allem die Momente der strategischen Interaktion (Goffman1981: 75ff.) und der Medienwahl etwas stärker in den Vordergrund gerückt werden.

Ziele und Methodik der Studie

Im Weiteren beziehen wir uns auf die Ergebnisse von insgesamt 19 explorativen Gruppendiskussionen mit Jugendlichen, welche in der Zeit von Juni 2000 bis Januar 2001 im Rahmen eines umfassenden Projekts über die kommunikative Funktion des Briefes in einer telematischen Gesellschaft durchgeführt wurden. Wenngleich hierbei der ‚klassische' Brief und seine Bedeutung im Alltag unterschiedlicher sozialer Segmente im Vordergrund des Forschungsinteresses stand, wurde die Briefnutzung jedoch nicht isoliert, sondern im Verbund mit anderen medialen Alltagspraktiken – insbesondere mit solchen der schriftlich vermittelten interpersonalen Kommunikation (E-Mail und SMS) – betrachtet[8].

Vor diesem Hintergrund ist denn auch die Durchführung und Auswertung der Gruppendiskussionen zu sehen. Ziel war es, die Medienverwendung Jugendlicher unter Vielmedienbedingungen und einer sich damit wandelnden Vermittlungskultur zu verorten sowie die auf unterschiedliche Medien bezogenen kollektiven Orientierungs- und Bedeutungsmuster zu rekonstruieren, wie sie im Rahmen gruppendynamischer Interaktions- und Diskursprozesse artikuliert werden[9]. Ausgehend von der These, dass die in bestimmten sozialen Gruppen und Milieus vorherrschenden Bewusstseins- und Verhaltensstrukturen eher in solchen Diskussionsgruppen zum Vorschein kommen, deren Mitglieder sich durch eine gewisse Homogenität hinsichtlich solcher Merkmale, wie Bekanntheit, Bildung, Beruf, Status, Alter und Geschlecht auszeichnen (vgl. Mangold 1967: 233ff.), erschien es uns als sinnvoll, bereits bestehende informelle Kommunikationsgruppen zu befragen. Ziel war es, zwar insgesamt ein heterogenes Spektrum unterschiedlicher Gruppen zu erreichen, die jeweiligen Diskussionsrunden dabei aber eher homogen zusammenzusetzen. Auf diese Weise sollte ein Kommunikationsklima geschaffen werden, in dem die Explikation „tieferliegender" Meinungen, Einstellungen und Verhaltensmotive so wenig wie möglich gehemmt und durch die informellen Mechanismen sogar gefördert wird. Ebenso

---

[8] Zu den Teilstudien vgl. Höflich (2002).

[9] Damit grenzt sich die hier gewählte Methodik durchaus von ‚Gruppeninterviews', wie sie in der Marktforschung geläufig sind, ab. Während es bei letzteren primär darum geht, mit geringem personellen und sachlichen Aufwand mehrere Interviewte zugleich zu erreichen, stand hier die „methodologische Bedeutung von Interaktions-, Diskurs- und Gruppenprozessen für die Konstitution von Meinungen, Orientierungs- und Bedeutungsmustern in einem zugrunde liegenden theoretischen Modell (...)" (Bohnsack 1999: 123) im Vordergrund der Überlegungen.

sollte damit gewährleistet werden, dass sich gerade diejenigen handlungsrelevanten Gruppenmeinungen manifestieren können, die sich bereits im Alltag und nicht erst in der aktuellen Diskussionssituation unter den Mitgliedern eines betreffenden Kollektivs herausgebildet haben (vgl. Mangold 1967: 240). Um zu solchen Gruppen zu gelangen, entschieden wir uns dafür, die Diskussionsrunden wesentlich an Schulen durchzuführen und uns dabei auf die Befragung so genannter ‚Peer-Groups' zu konzentrieren[10]: Vier Gruppen wurden an einem Erfurter Gymnasium befragt, das sich vor allem durch eine gute Computerausstattung auszeichnete. Neun weitere Diskussionsrunden fanden an einem Augsburger Berufsschulzentrum statt, deren Schüler sowohl aus der Stadt Augsburg als auch aus deren Umland kamen. Gerade an diesem Berufsschulzentrum bot sich die Möglichkeit, ein besonders breites Spektrum jugendlicher Gruppen anzusprechen. Die einzelnen Diskussionsrunden bestanden sowohl aus Jugendlichen ohne Hauptschulabschluss und Lehre, aus Auszubildenden aus dem Bereich der Holz- und Metallverarbeitung, die über die mittlere Reife verfügten sowie aus Schülern einer Berufsfachschule, welche zum Teil die Hochschulreife erworben hatten. Hinzugenommen wurden ferner drei studentische Gruppen, deren Mitglieder an der Universität Erfurt im ersten Fachsemester Kommunikationswissenschaft eingeschrieben waren sowie drei weitere, frei zusammengestellte Diskussionsrunden. Hierbei handelte es sich um eine Gruppe von Besuchern eines Erfurter Jugendhauses, eine Gruppe von Mitgliedern des LetterNet-Clubs der Deutschen Post AG sowie eine Gruppe von Konfirmanden einer schwäbischen Kleinstadt.

Die einzelnen Diskussionsrunden bestanden in der Regel aus 6 bis 8 Teilnehmern, die (bis auf wenige Ausnahmen) vierzehn bis achtzehn Jahre alt waren. Etwa zwei Drittel der befragten Jugendlichen waren männlichen Geschlechts, lebten in einem Vier-Personen-Haushalt und stammten aus einer Gemeinde mit 100.000 bis 500.000 Einwohnern. Im Durchschnitt verfügten die Jugendlichen über eine monatliche Summe von 250 bis 500 DM, wobei gut ein Drittel der Teilnehmer weniger als 100 DM im Monat zur Verfügung hatte. Weit

---

[10] Dahinter steht die aus der Jugendsoziologie bekannte Annahme, dass solche Gruppen Gleichaltriger als derjenige soziale Ort anzusehen ist, „an dem genuin jugendliche Orientierungen innerhalb und in Auseinandersetzung mit der Gesellschaft zur Entfaltung und zur Artikulation gelangen." (Bohnsack 1989: 10). Anzumerken ist diesbezüglich, dass es uns nicht immer möglich war, nur solche Gruppen zu befragen, deren Mitglieder sich auch außerhalb des Schulalltags als Gruppe definierten. Während einige Diskussionsrunden den Eindruck machten, dass deren Teilnehmer sich durch eine hohe Identifikation mit der Gruppe auszeichneten, schienen andere Diskussionsgruppen eher „zufällig" und ohne ein solches „Wir-Gefühl" entstanden zu sein. Mögliche Verzerrungen, die sich daraus und in Bezug auf die „informelle Gruppenmeinung" ergeben haben, wurden bei der Analyse und Auswertung der Gesprächsprotokolle berücksichtigt.

über drei Viertel der Befragten waren im Besitz eines Handys (zumeist über einen ‚Pre-Paid-Kartenvertrag' finanziert) und hatte Zugriff auf einen Personal Computer, wobei davon nur knapp die Hälfte zusätzlich mit einem Internetzugang ausgestattet war.

Wenngleich die Heterogenität der Gruppen zum Teil sehr unterschiedliche Strategien erforderlich machten, um das Gespräch in Gang zu bringen bzw. die Diskussion am Laufen zu halten, hielt sich die Diskussionsleitung (in der Regel waren immer zwei Mitglieder des Forschungsteams während der Diskussionsrunden präsent) weitgehend zurück und gab nur von Fall zu Fall Gesprächsimpulse vor oder stellte klärende Fragen[11]. Wie bereits angemerkt, ging es bei den Gesprächen nicht allein um den Gebrauch eines einzelnen Mediums, sondern um die Verquickung unterschiedlicher medialer Handlungspraktiken – auch solche der Massenkommunikation. Je nach Zusammensetzung der einzelnen Gruppen sowie der jeweils vorherrschenden (medialen) Interessen, wurden dabei einzelne Medien durchaus unterschiedlich stark thematisiert. Während sich gewisse Gruppen nahezu ausschließlich mit dem Handy und dem Short Message Service (tendenziell die Gruppen des Berufsschulzentrums) auseinandersetzten, beschäftigten sich andere Diskussionsrunden intensiv mit dem Brief (z.B. die Gruppe des LetterNet-Clubs, aber auch einige der gymnasialen und studentischen Gruppen).

Die Interviews dauerten zwischen 30 und 180 Minuten, wobei die Zeit bei den Schülern ohne Hauptschulabschluss am Kürzesten und bei den studentischen Gruppen am Längsten war. Alle Diskussionen wurden elektronisch aufgezeichnet und wörtlich transkribiert. Die Auswertung der Gruppendiskussionen erfolgte unter zu Hilfenahme von MAXqda (VERBI-Software) – eine Software zur Analyse qualitativer Daten – und orientierte sich in ihrem Ablauf sowohl an der von Mayring (1988) beschriebenen „interpretativ-reduktiven" als auch an der von Bohnsack (1999) formulierten „interpretativ-rekonstruktiven" Metho-

---

[11] Der hierbei verwendete Leitfaden gliederte sich in verschiedene Themenblöcke, die sich jeweils auf die mit unterschiedlichen Medien (insbesondere: Brief, E-Mail und SMS) verknüpften Handlungspraktiken bezogen. So wurde zum Beispiel danach gefragt, welche Nutzungsmotive, Einstellungen und Gefühle mit verschiedenen Medien verbunden sind, welcher Personenkreis mit ihnen jeweils kontaktiert wird, wie bestimmte Medien eingeschätzt werden (z.B. hinsichtlich Glaubwürdigkeit, Aufdringlichkeit, Zuverlässigkeit) und wie Form und Inhalt der über unterschiedliche Medien vermittelten Botschaften gestaltet werden. Zusätzlich dazu wurden aber insbesondere auch Fragen hinsichtlich der Bedeutung verschiedener Medien innerhalb der Familie, der Schule und des Freundeskreises gestellt. Überdies wurde nach jeder Gruppendiskussion ein standardisierter Kurzfragebogen ausgeteilt, mit dem soziodemographische Daten der Teilnehmer sowie einige Angaben über deren Medienverhalten abgefragt wurden.

dik, wie sie etwa in der „qualitativen Inhaltsanalyse" und der „dokumentarischen Interpretation" verfolgt werden.

Zur Aneignung des Short Message Service (SMS) durch Jugendliche: Einige empirische Befunde

Das Handy als eigenes ‚persönliches Medium'

Der Gebrauch von Handy und SMS ist für die meisten Jugendlichen inzwischen zu einem selbstverständlichen Teil ihres (kommunikativen) Alltags geworden. Dabei stellt das Handy für sie jedoch nicht einfach nur eine weitere Kommunikationstechnologie dar, sondern wird von den Jugendlichen als ein integraler Bestandteil eines freien, unabhängigen und selbstbestimmten Lebens angesehen. Ein Handy gehört heute einfach dazu und wird auf diese Weise zu einem Identitätsmarker, der diesen Lebensstil sowohl nach innen – im Sinne einer kollektiven Selbstbestätigung – als auch nach außen und in Abgrenzung zu anderen Generationen demonstriert (vgl. z.B. Ling 2001; Skog 2002; Kaseniemi and Rautiainen 2002a). Dies kam beispielsweise in solchen Textpassagen zum Ausdruck, in denen sich die Jugendlichen mitunter äußerst kritisch mit der Handynutzung jüngerer Altersklassen auseinander setzten. Gerade für Kinder wird der Besitz eines Handys als unnötig und übertrieben angesehen, was vor allem damit begründet wird, dass Kinder schließlich nicht wie Jugendliche ständig „auf Achse" oder „unterwegs" seien und dies auch nicht sein sollten (vgl. Höflich 2002).

Wie bereits angedeutet, versuchen sich Jugendliche durch ihre Handynutzung jedoch nicht nur von jüngeren Altersklassen abzusetzen, sondern in gewisser Weise auch von der elterlichen Generation (vgl. hierzu auch: Ito 2001). Dies gilt insbesondere in Bezug auf die Nutzung des Short Message Service – eine Kommunikationsform, die von anderen weder eingesehen noch mitgehört werden kann. Über ein Medium zu verfügen, mit dessen Hilfe man unabhängig vom häuslichen Telefon und damit auch der elterlichen Kontrolle mit Freunden oder dem Partner kommunizieren kann, stellt in den Augen Jugendlicher in dieser Hinsicht also ein bedeutsames Mittel dar, um sich gegenüber der Elterngeneration zu emanzipieren und gleichsam einen weiteren Schritt in Richtung eines eigenen und von den Eltern unabhängigeren Lebens zu gehen[12].

---

[12] Obwohl sich in der Literatur auch Anhaltspunkte dafür finden lassen, dass das Handy von den Eltern auf der anderen Seite gerade dazu benutzt werden kann, um die Kontrolle über das Kind zu erhöhen (vgl. z.B. Logemann und Feldhaus 2002; Haddon 2000), machten die hier befragten Jugendlichen im Gegensatz dazu deutlich, dass ihre Handynutzung weitge-

Für das Handy als ‚eigenes' und ‚persönliches' Medium spricht indessen auch der Umstand, dass die meisten der befragten Jugendlichen das Handy und vor allem den Short Message Service nahezu ausschließlich für die Kommunikation mit der eigenen „peer-group", jedoch nur seltenen zur Kontaktnahme mit den Eltern oder den Verwandten nutzen. Dies liegt nicht zu letzt daran, dass die Elterngeneration aus Sicht vieler Jugendlicher zumeist gar nicht erst über dieses Medium erreicht werden könne – sei dies aufgrund mangelnder Ausstattung, fehlender Medienkompetenz oder inkompatibler Nutzungsgewohnheiten[13]:

Interviewer: Benutzen eure Lehrer Handys?
Michael: Nein.
Peter: Ich finde das sowieso immer zum Totlachen, wenn alte Knacker mit ihren Handys da stehen.
Lena: Wieso, das ist doch normal. Selbst meine Mutter mit 35 weiß, wie man ein Handy an- und ausschaltet.
Interviewer: Haben eure Eltern ein Handy?
Martin: Ja.
Interviewer: Können die auch SMS schreiben?
Michael: Nein, die meisten benutzen es nur zum Telefonieren.
Alle: Zustimmendes Lachen. (Gruppendiskussion Nr.5, Berufsschüler)

Obwohl diese Einschätzung sicherlich verzerrt ist – laut einer Online-Studie von TNS EMNID (2001) nutzen inzwischen immerhin schon 50% der handybesitzenden Internet-Nutzerinnen und -nutzer über 30 Jahre den SMS-Dienst –, so kommt darin doch zum Ausdruck, wie eng Jugendliche den Short Message Service mit ihrer eigenen Generation in Verbindung bringen.

Funktionalitäten der SMS-Kommunikation

Wie sich herausstellte, nutzen Jugendliche das Handy weniger um zu telefonieren, sondern vielmehr um Kurznachrichten (SMS) zu senden und zu empfangen,

---

hend unabhängig und losgelöst von den Eltern erfolgt. Dass das Phänomen des „remote mothering" (Rakow/Navaro 1993) für die hier teilnehmenden Jugendlichen nahezu keine Rolle spielt, ist sicherlich auf das relativ hohe Durchschnittalter (16,7 Jahre) der Diskussionsteilnehmer zurückzuführen.

[13] Die im Weiteren angeführten Zitate sind allesamt den Niederschriften der Gruppendiskussionen entnommen. Anzumerken ist, dass es hier nicht um ‚statistische' bzw. auf einer repräsentativen empirischen Basis beruhende Aussagen über Nutzungshäufigkeiten oder – motive geht, sondern um die Bedeutung, welche unterschiedliche Medien für Jugendliche aus deren Sicht besitzen.

auch wenn dies wiederum eher in Anlehnung an die funktionalen Images des Telefons geschieht (vgl. z.B. Höflich/Rössler 2001; Döring 2002; Höflich 2002): zur gegenseitigen Rückversicherung (z.b. um zu erfahren, was die Freunde oder der Partner machen und ob es ihnen gut geht), zur Pflege bestehender privater Kontakte (z.b. um (Liebes-)Grüße zu übermitteln oder um Verabredungen zu treffen) sowie zur Organisation des Alltags (z.b. um gemeinsame Aktivitäten mit Freunden zu koordinieren). Dabei ist der SMS-Dienst – und dies vor allem in Abgrenzung zum Telefon – insbesondere deshalb so beliebt, weil er es ermöglicht, dem anderen etwas mitzuteilen ohne diesen bei seinen momentanen Aktivitäten zu stören und dadurch als aufdringlich wahrgenommen zu werden – ein Nutzungsmotiv, das sich beispielsweise auch in der von Kopomaa (2000) durchgeführten Studie als äußerst dominant erwies:

Interviewer: Zu welchem Zweck benutzt man eine SMS?
Markus: Wahrscheinlich sind 80% nur Sprüche. Ansonsten aber auch viel für Verabredungen. Das ist halt bequem, weil man dem anderen schnell was mitteilen kann.
Jörg: Ja, auch ohne den anderen zu stören. Man schickt die SMS und wenn der andere beschäftigt ist, kann der sie sich fünf Minuten später auch noch anschauen. (Gruppendiskussion Nr.11, Berufsfachschule)

Es zeigte sich, dass solche interaktionsstrategischen Kalküle durchaus eng mit der SMS-Nutzung verbunden sind, denn wie die Jugendlichen berichteten, greifen sie häufig dann auf den Short Message Service zurück, wenn sie zwar bestimmte kommunikative Anliegen mitteilen möchten, dabei aber nicht gewillt sind, sich „persönlich" dem Kommunikationsgeschehen auszusetzen – ein Motiv, das beispielsweise auch in der Chat-Kommunikation eine tragende Rolle spielt (vgl. dazu: Höflich/Gebhardt 2001):

Interviewer: Beim Handy geht es augenscheinlich in erster Linie um SMS. Zu welchem Zweck nutzt ihr SMS? Worum geht es da hauptsächlich?
Michael: Um nicht anzurufen zu müssen und trotzdem mit den Leuten reden zu können. (Gruppendiskussion Nr.5, Berufsschüler)

Die Möglichkeit mit anderen im Verborgenen kommunizieren zu können, wurde als einer der wesentlichen Vorteile der SMS gegenüber anderen Medien – etwa dem Telefon aber auch dem persönlichen Face-to-Face-Gespräch – angesehen. Dies scheint dabei gerade schüchternen Jugendlichen entgegenzukommen, denen der SMS-Dienst auf diese Weise auch die Kontaktaufnahme zum anderen Geschlecht enorm erleichtern kann (vgl. auch Kasisniemi und Rautiainen 2002):

Interviewer: Flirtet ihr auch per SMS?
Christian: Ja klar, denn da schreibt man Sachen, die man sich am Telefon so nicht zu sagen traut.
Nicole: Ja, das macht man schon.
Steffan: Wenn man die Telefonnummer herausbekommt, dann macht man das schon per SMS, denn da traut man sich nicht gleich anzurufen. (Gruppendiskussion Nr.3, Berufsschüler).

In diesem Zusammenhang wiesen die befragten Jugendlichen noch auf einen weiteren und in ihren Augen wichtigen Vorteil der Handykommunikation hin. Wie eingangs bereits erwähnt, betrachten Jugendliche das Handy als ein ‚persönliches Medium' (Höflich 2001)[14], mit dem es möglich wird, den gewünschten Gesprächspartner direkt und ohne Einbezug der Eltern sowie der damit verbundenen sozialen Normierungen (z.B. das Einhalten bestimmter Tages- und Nachtzeiten) – wie das früher und beim häuslichen Telefon der Fall war – zu erreichen (vgl. auch: Kopomaa 2000; Ling and Yttri 2002):

Interviewer: Ist das Handy eine Flirt-Maschine?
Andrea: Ein bisschen schon. Wenn man jetzt zum Beispiel jemanden kennen lernt oder so, da schreibt man sich ja auch ab und zu mal.
Carsten: Aber es ist über das Handy auch viel leichter jemandem etwas zu sagen. Man sagt es ja nicht genau ins Gesicht, sondern über das Handy.
Interviewer: Meinst Du jetzt per Telefon oder per SMS?
Carsten: Mit einer SMS ist es einfacher.
Bernd: Es ist überhaupt leichter mit dem Handy (...) Früher hast du die Nummer von zu Hause gekriegt, aber da wolltest du ja auch nicht hundertmal anrufen. Und heute gibt man halt die Nummer ins Handy ein und erreicht dann gleich den, den man haben will. (Gruppendiskussion Nr.4, Berufsschüler)[15]

Hinzu kommt noch, dass Jugendliche – und dies ist etwa mit Blick auf anstehende Medienwahlentscheidungen von zentraler Bedeutung – wie selbstverständlich davon ausgehen, dass der andere das Handy stets bei sich trägt und somit (auch kurzfristig) immer über dieses Medium erreichbar ist (vgl. Kases-

---

[14] In diesem Sinne stellte bereits Roos (1993) fest: „The association with the PC is very apt: in the future, most of us work with texts and people will have both portable PC's and portable PP's (personal phones)."

[15] Es soll in diesem Zusammenhang nicht unerwähnt bleiben, dass das Handy respektive der SMS-Dienst zwar durchaus häufig zum Flirten oder zum Übermitteln einer Liebesbotschaft benutzt wird, die Jugendlichen und insbesondere die Mädchen aber vehement darauf verwiesen, dass eine SMS der sinnlich-emotionalen Qualität eines Liebesbriefes bei weitem nicht das Wasser reichen könne.

niemi und Rautiainen 2002a) – eine Möglichkeit, die beispielsweise in Bezug auf das häusliche Telefon, die E-Mail und den Brief so nicht gegeben ist:

Interviewer: Wenn Ihr die Briefkommunikation mit verschiedenen neuen Kommunikationsmedien, wie zum Beispiel SMS, E-Mail, Fax oder auch dem Telefon vergleicht. Gibt es da für jedes einzelne Medium eine bestimmte Präferenz für bestimmte Zwecke?
Anette: Ja, also, wenn ich mich jetzt mit jemandem treffen möchte oder schnell eine Nachricht verschicken möchte, dann nehme ich meistens die SMS. Also wenn ich mich in einer Stunde mit jemandem treffen möchte, dann kann ich natürlich keinen Brief schicken. SMS kann ich eben auch mal schnell in der Straßenbahn schreiben. Das ist halt der Vorteil gegenüber dem Brief (...) Also das dauert halt immer so lange mit dem Brief, da kann man einfach nicht so spontan sein. Brief heißt halt erst mal: Warten!
Wolfgang: Ja und ansonsten schicke ich auch noch viele SMS, gerade, wenn ich mich verabreden möchte, also immer dann, wenn es schnell gehen sollte und wo ich nicht unbedingt eine Rückantwort haben möchte. Also, wenn ich mich jetzt mit jemandem für heute Abend verabrede, dann schicke ich eher eine SMS als eine E-Mail, denn das ist mir zu viel Risiko, dass der andere sie dann auch liest. In so einem Fall rufe ich eben auf dem Handy an oder schreibe eine SMS.
(Gruppendiskussion Nr.19, Studenten)

Wenngleich die Möglichkeit, für andere immer erreichbar zu sein, von den hier befragten Jugendlichen als ein zentrales Motiv für den Erwerb eines Handys genannt wurde, so wiesen sie dennoch immer wieder darauf hin, dass diese Freiheit auch mit gewissen Zwängen verbunden ist, nämlich dem Zwang immer erreichbar sein zu müssen. Und wie in den Diskussionsrunden ausgiebig geschildert wurde, kommt zu dieser individuell empfundenen Aufdringlichkeit auch noch das Moment der öffentlichen Aufdringlichkeit hinzu, was in vielen Situationen gar als öffentliche Belästigung wahrgenommen wird (vgl. hierzu auch: Ling 2002):

Jörg: Wenn dich jemand durch das Handy kontrollieren möchte, die Eltern oder die Freundin und dir so richtig Terror machen, dann ist das schon richtig nervig (...) dauernd piept das Ding. Ich habe es dann aber immer ausgeschaltet, um meine Ruhe zu haben.
Hans: Ich habe zum Beispiel mal mit meiner Freundin ausgemacht, dass sie mich von der Baustelle abholt (...) Sie sollte mich um halb sechs anrufen. Viertel nach Fünf stehe ich also auf der Baustelle, mein Chef gerade neben mir, ich hatte das Handy in der Tasche und dann klingelte es. Da habe ich gleich aufgelegt,

weil ich dachte, die wird schon merken, dass da irgendetwas ist (...) Zehn Mal hat sie angerufen und ich immer wieder aufgelegt, bis mein Chef dann sagte, dass ich das Handy doch endlich ausmachen soll. Also so was ist dann schon richtig peinlich.
Alex: Es ist auch peinlich in der Werkstatt als Lehrling, wenn der Chef kommt und sieht, dass ich telefoniere. Der denkt doch, ich spinne. (Gruppendiskussion Nr.6, Berufsschüler)

Obwohl das Handy und mit ihm der Short Message Service zahlreiche neue kommunikativen Möglichkeiten offeriert, die von den Jugendlichen durchaus kreativ in ihren Alltag eingebaut werden (vgl. dazu v.a.: Kasisnemi und Rautiainen 2002), so verweist gerade der zuletzt genannte Aspekt darauf, dass dieser Aneignungsprozess nicht beliebig, sondern immer auch im Rahmen bereits vorstrukturierter Gebrauchsweisen und damit verbundener sozialer Normierungen erfolgt. In diesem Zusammenhang sind wir auf ein herausragendes Merkmal gestoßen, nämlich das der Reziprozitätsnorm (vgl. Höflich 2002).

Reziprozitätsnormen

Im Rahmen interpersonaler Austauschbeziehungen gilt Reziprozität als eine soziale und kommunikative Grundkategorie und bezeichnet das in sozialen Beziehungen wirksam werdende Prinzip der möglichst weitgehenden Ausgewogenheit von Leistung und Gegenleistung. Mortensen (1972: 264), der Reziprozität als ein generelles Kommunikationsprinzip versteht, umschreibt dieses wie folgt: „...whatever A does, B is under social constraint to do much the same." Auf diese Weise wird das kommunikative Geschehen gewissermaßen auf eine erwartbare Basis gestellt, womit Reziprozität insbesondere auf den interaktionsstabilsierenden Einfluss solcher gegenseitigen Erwartungshaltungen verweist: Wer viel kommuniziert bekommt auch viele Rückantworten. Die quantitative Seite stellt indessen nur eine Facette dar, die sich überdies intermedial manifestiert: Wer viele SMS verschickt, der schreibt auch eher viele E-Mails – und darüber hinaus auch eher Briefe[16].

---

[16] In diesem Zusammenhang sei noch darauf hingewiesen, dass es ausgeprägte geschlechtsspezifische Unterschiede gibt, denn Mädchen schreiben nicht nur mehr, sondern auch längere SMS-Botschaften – was im übrigen auch für E-Mails und Briefe gilt. Gerade was das Schreiben von Briefen anbelangt, so ergaben unsere Studien, scheint das Lesen von Büchern ein besonders guter Prädiktor zu sein und wie wir etwa aus den Ergebnissen der jüngst veröffentlichten PISA Studie wissen, sind es auch die Mädchen, die in ihrer Freizeit weitaus häufiger als Jungen zu einem Buch greifen (Deutsches Pisa-Konsortium 2001; vgl. auch Höflich 2002).

Wie die Auswertung der Diskussionsprotokolle ergab, beziehen sich die gegenseitigen Erwartungshaltungen bei medial vermittelten Kommunikationsprozessen sowohl auf den Zeitraum, innerhalb dessen eine Rückantwort erfolgen sollte, als auch hinsichtlich des Mediums, mit dem auf eine Botschaft zu antworten ist. Was die zeitliche Reziprozität betrifft, so kann in Bezug auf die SMS-Kommunikation festgehalten werden, dass hierbei in der Regel eine möglichst zügige Rückantwort erwartet wird – was aber auch kaum verwundern kann, wenn man bedenkt, dass ein Großteil der versendeten und empfangenen SMS-Botschaften ja gerade der spontanen Organisation gemeinsamer Gruppenaktivitäten dient:

Interviewer: Erwartet man, dass man auf eine SMS relativ zügig antwortet?
David: Ja.
Interviewer: Und wann wird es hingenommen, dass man nicht sofort antwortet?
Martin: Es kommt darauf an, was man schreibt, aber wenn es um eine Terminabsprache geht, erwarte ich schon, dass möglichst bald eine Reaktion zurückkommt. (Gruppendiskussion Nr.11, Berufsschule)

Diese Erwartungshaltung lässt sich jedoch nicht nur mit der zugrunde liegenden kommunikativen Absicht solcher instrumentell-organisatorischer Kurzmitteilung erklären. Wie sich herausstellte, kommt es im Zuge SMS vermittelter Kommunikationsprozesse nicht selten zu gesprächsähnlichen Dialogen, die – ebenso wie face-to-face abgestützte Begegnung auch – nicht nur durch einen schnellen Wechsel aufeinander bezogener Nachrichten gekennzeichnet sind, sondern solche unmittelbaren Rückbezüge nachgerade erfordern – sofern Irritationen bei den Gesprächspartnern vermieden werden sollen (vgl. Goffman 1971, 40f.). Dies kann in der SMS-Kommunikation aber auch – zumal in zeitlicher Hinsicht – zu einem Zwang der Reziprozität werden, der sich dann in einem Druck zur sofortigen Rückantwort manifestiert. Hierauf verweist etwa folgende Textpassage, bei der insbesondere auf den gegensätzlichen Charakter eines SMS-Dialoges und einer brieflich vermittelten Kommunikation – bei der ja schon allein aufgrund des verlängerten Phasenverzugs mehr Zeit zum Verfassen und Versenden einer Botschaft bleibt – hingewiesen wird:

Bernd: (...) Ich weiß nicht, also bei einem Brief ist das halt so, dass ich ihn erst mal losschicke und dann erst mal noch eine Woche Ruhe habe. Dann krieg ich wieder einen zurück und kann den lesen und schick dann wieder mal nach zwei Wochen einen. Bei der SMS ist es ja auch wieder dieses Suchtverhalten, jetzt muss ich wieder antworten und da antwortet der wieder und dann antworte ich wieder. Und dieses Hin und Her, das kann sich ja so richtig hochschaukeln. Bei der E-Mail, denke ich, kann das genauso passieren (...). (Gruppendiskussion Nr.18, Studenten)

Solche sich endlos in die Länge ziehenden Interaktionsspiralen scheinen im Rahmen SMS vermittelter Kommunikationsprozesse hingegen keine Seltenheit zu sein – und dies den Angaben der Diskussionsteilnehmer zufolge selbst dann nicht, wenn die Gesprächspartner im eigentlichen Sinne gar nicht mehr an der Aufrechterhaltung des Dialoges interessiert sind. Wie die befragten Jugendlichen berichteten, läge dies aber insbesondere daran, dass man einer aktuell eingegangene Botschaft häufig nicht entnehmen könne, ob diese nun das Ende oder bereits die Wiederaufnahme einer abgelaufenen Interaktionssequenz markiert und man sich daher häufig unsicher sei, ob und wann ein Dialog wieder abgebrochen werden kann ohne unhöflich zu wirken oder den Gesprächspartner gar zu verletzen. Die Organisation eines SMS vermittelten Dialoges scheint also in manchen Fällen durchaus mit gewissen Schwierigkeiten, zumindest aber mit nicht unerheblichen finanziellen Kosten verbunden zu sein:

Daniel: Also SMS ist eher so eine Kette (...) da schreibt der eine zurück und dann muss man darauf wieder antworten und dann schreibt der andere wieder (...) das geht richtig ins Geld. Also einmal habe ich drei SMS hintereinander losgeschickt, aber da hätte ich auch gleich anrufen können, weil man ja viel besser reden kann am Telefon. Also bei SMS muss man immer so viel fragen, dann hat man sich mal wieder verschrieben oder der andere versteht irgendwas wieder nicht (...) also das ist schon sehr umständlich (...) und natürlich auch sehr teuer. (Gruppendiskussion Nr. 13, Gymnasium)

Zugleich verweist dies aber auch darauf, dass sich im Falle des Short Message Service – und ebenso in Bezug auf andere, neu hinzukommende Medien, z.B. die E-Mail – (noch) keine allgemein verbindlichen Regeln für einen adäquaten Umgang mit diesen herausgebildet haben, mit anderen Worten noch nicht immer klar ist, wie und zu welchem Zweck ein jeweiliges Medium zu verwenden ist. Auch was die mediale Seite der Reziprozität anbelangt, stößt man beim SMS-Dienst (noch) auf solche Bedeutungsoffenheiten. So lässt sich zwar auch hier – wie im Übrigen bei allen Formen medial vermittelter Kommunikation – eine Tendenz dahingehend feststellen, dass die Kommunikation innerhalb des gleichen Mediums verbleibt. Eine dem Brief vergleichbare und verbindliche Regelung, lässt sich dabei jedoch kaum erkennen. Wie tief eine solche Normierung noch in der brieflichen Kommunikation verankert ist – ein Brief ist mit einem Brief zu beantworten – illustriert folgende Textpassage:

Interviewer: Kommt es auch manchmal vor, dass jemand, dem ihr einen Brief geschrieben habt, mit einer E-Mail oder einer SMS antwortet?
Ben: Also das ist mir noch nicht passiert, das fände ich aber auch blöd (...)!
Anette: Ja also normalerweise fühlt man sich doch dann auch verpflichtet einen Brief zurück zu schreiben (...) also mir ist das jedenfalls noch nie passiert und ich habe es auch noch nie gemacht (...) da würde ich aber eigentlich auch gar nicht draufkommen, weil wie gesagt (...) ein Brief sollte schon mit einem Brief beantwortet werden, weil das sonst auch die Wertigkeit verliert (...) und ich denke mal, dass derjenige dann auch enttäuscht wäre, denn der hat sich ja auch voll die Mühe gemacht und vom Geld mal abgesehen (...) die gedankliche Arbeit und das, was dahinter steckt, meine ich jetzt mal. (Gruppendiskussion Nr. 13, Gymnasium)

Mit Blick auf elektronische Medien scheint sich eine solche gegenseitige Erwartungshaltung wenn auch nicht aufzulösen, so doch zumindest zu relativieren, womit gleichsam ein Wandel in der Gültigkeit solcher Reziprozitätsnormen erkennbar wird. So kommt es bei der SMS-Kommunikation häufig zu überlappenden Praktiken und entsprechend wird eine Kurzmitteilung dazu genutzt, um ein Telefonat oder ein persönliches Treffen einzuleiten, um einen im Chat begonnenen Dialog fortzusetzen, um auf eine abgesendete E-Mail-Nachricht aufmerksam zu machen oder auch, um einen versäumten Brief anzumahnen. In diesem Sinne vermerkt bereits Kopomaa (2000: 74): „Text messages are not always replied to with another text message. Often the reply took the form of a voice call, especially when there were lots of things to say. Or the topic otherwise demanded it". Gerade solche sich überlappenden medialen Praktiken markieren einen Wandel von Vermittlungskulturen insbesondere unter Vielmedienbedingungen. Doch das heißt keineswegs, dass die Wahl eines Mediums – wie gesehen – bedeutungslos wird.

Die Widerspenstigkeit jugendlicher Nutzergruppen

Wenngleich das Handy sicherlich als dasjenige Medium angesehen werden kann, welches unter Jugendlichen die größten Begehrlichkeiten hervorruft, so zeigte sich auch, dass Jugendliche mit dieser Technologie und angeachtet deren Popularität eine ganze Reihe negativer Aspekte verbinden. Zum einen stellte sich heraus, dass die Allgegenwart des Handys in der privaten wie auch der öffentlichen Sphäre als äußerst störend und nicht selten sogar als ‚Bedrohung' empfunden wird – insbesondere dann, wenn beispielsweise ein face-to-face abgestütztes Treffen mit Freunden durch die Mobilkommunikation derart überlagert wird, dass dem SMS-Partner mehr Aufmerksamkeit entgegengebracht wird als den eigentlich und unmittelbar anwesenden Personen:

Berit: Also, wenn ich meine ganzen Freunde so anschaue, dann frage ich mich schon manchmal (...) Also meine beste Freundin zum Beispiel, die sitzt bei mir beim Kaffeetrinken und die ganze Zeit blinkt es. Mit der einen Hand raucht sie, mit der anderen mailt sie wieder irgendjemandem (...) also das finde ich schon ziemlich idiotisch und vor allem auch ganz schön unhöflich! (Gruppendiskussion Nr.4, Berufsschüler)

Dabei kann eine solche Wahrnehmung sogar zu ausgesprochenen Verweigerungshaltungen hinsichtlich der Nutzung dieser Technologie führen:

Interviewer: Ist man kommunikativ isoliert, wenn man kein Handy mehr hat?
Andy: Nein, absolut nicht. Die Leute, die mich erreichen wollen, wissen wo ich zu finden bin und die Leute, die ich erreichen will, erreiche ich auch auf anderem Wege. Ich habe jetzt seit gut einem halben Jahr kein Handy mehr und das ist auch gut so, denn jetzt habe ich einfach meine Ruhe. (Gruppendiskussion Nr.6, Berufsschüler)

Der Hauptkritikpunkt, der von den befragten Jugendlichen aber immer wieder gegen das Handy ins Feld geführt wurde, bezieht sich allerdings auf die als wesentlich zu hoch angesehenen finanziellen Kosten, die mit der Handykommunikation verbunden sind:

Interviewer: Welche Rolle spielt der SMS-Dienst bei euch?
Hans: Keine große.
Alex: Bei mir auch nicht.
Jörg: Ich finde das auch schlimm, wenn kleine Kinder, schon mit 14 oder 15 Jahren mit dem Handy ankommen und die ganze Zeit am tippen sind. Für mich ist das langsam extrem übertrieben. Es wird auch mit diesen ganzen Modellen total übertrieben. Es geht nur noch um Kommerz. Den Leuten ist es egal, was aus der Jugend wird. Die schauen nur noch auf das Geld.
Hans: Ich habe mal viele SMS verschickt, aber mittlerweile nicht mehr. Ehe ich irgendwie lange herumtippe, rufe ich lieber schnell an. SMS hat außerdem nur 160 Zeichen und bevor ich zwei oder drei SMS schreiben muss, um etwas zu erfahren, ist es billiger, einfach schnell anzurufen. (Gruppendiskussion Nr.6, Berufsschulzentrum)

All diese Beispiele machen deutlich, dass Jugendliche eine durchaus reflektierte Haltung gegenüber ihren medialen Verhaltensweisen einnehmen und dabei sehr wohl in der Lage sind, kritisch mit der eigenen Mediennutzung umzugehen – allemal sind sie preisbewusster, als dies Mobildienstleistern lieb ist (vgl. auch: Leppännen 2001). Dies wiederum gibt Grund zur Annahme, dass der Integrationsprozess einer neuen Kommunikationstechnologie keineswegs beliebig steuerbar oder beeinflussbar ist. Stattdessen hat man es bei den Jugendlichen mit einer zum Teil sehr ‚widerspenstigen' Nutzergruppe zu tun, die eben nicht auf alle Nutzungsofferten der Telekommunikationsindustrie einsteigt, sondern sich mitunter als äußerst resistent gegenüber wirtschaftlichen Interessen und daraus resultierenden Nutzungsformen erweist. Schmerzhaft musste dies zum Beispiel der finnische Mobildienstleister Sonera feststellen. Mit der Zed-Card wollte er hierzulande an der aufkommenden SMS-Euphorie teilhaben. Im Angebot waren verschiedene Prepaid-Karten, über die die Jugendlichen eine Reihe von Informationen, sei es über Events, Konzerte, Sportereignisse bis hin zu Traumdeutungen und Horoskopen und noch vieles mehr hätten abrufen können. Aber auch Fernsehwerbespots halfen nichts: Das Angebot wurde nicht angenommen und verschwand sang- und klanglos vom Markt.

Schlussbemerkungen

Die vorangegangene Untersuchung streicht deutlich heraus, wie tief das Handy und der Short Message Service bereits im Alltag Jugendlicher verankert ist und mit welcher Selbstverständlichkeit die meisten Jugendlichen diese Medien gebrauchen und für ihre Zwecke nutzbar machen.

Während sich das Handy neben dem Fernsehgerät, der Stereoanlage und dem Computer damit einen festen Platz in der Medienwelt Jugendlicher erobert hat, manifestiert sich das ‚Besondere' dieses Mediums nachgerade in seiner Eigenschaft des ‚eigenen' und ‚persönlichen', womit es sich in dieser Hinsicht durchaus von anderen und bereits etablierten Medien der Massen- wie auch der Individualkommunikation abgrenzt. Dies zeigt sich nicht zu letzt in der starken emotionalen Bindung, welche viele Jugendliche zu dieser Kommunikationstechnologie aufgebaut haben – eine Bindung, die häufig weit über den bloßen Objektbezug hinauszugehen scheint. Entsprechend nehmen Jugendliche das Handy nicht nur als einen integralen Bestandteil ihres kommunikativen Alltags wahr, sondern betrachten es viel mehr als einen wesentlichen Teil ihres Selbst – ein Phänomen, auf das etwa auch Virpi Oksman und Pirjo Rautiainen mit ihrer Charakterisierung des Handys als „body part" aufmerksam machen (Oksman/Rautiainen 2001). Das Verhältnis Jugendlicher zu ihrem Handy weist unabhängig davon jedoch durchaus ambivalente Züge auf, denn so eröffnet es ihnen zwar einerseits zahlreiche kommunikative Möglichkeiten und Freiräume, konfrontiert sie auf der anderen Seite aber zugleich mit einer ganzen Reihe von Zwängen und Restriktionen – seien diese nun sozialer oder finanzieller Natur. Dies wiederum verdeutlicht, dass der Integrationsprozess eines Mediums ebenso wie dessen situationsadäquate Nutzung nie voraussetzungslos erfolgt, sondern parallel dazu immer auch den Erwerb medienspezifischer Kompetenzen und Strategien durch die Nutzer erforderlich macht.

Welchen Stellenwert das Handy in Verbindung mit dem SMS-Dienst dabei im Zeitablauf und in der kommunikativen Alltagspraxis unterschiedlicher sozialer Segmente einnehmen wird und welche Bedeutung dies für den Wandel von Vermittlungskulturen haben wird, erscheint jedoch eingedenk der aktuellen und sich rasant vollziehenden Medienentwicklung (Stichwort: UMTS) kaum prognostizierbar zu sein. Wie lange es den Short Message Service in seiner heutigen Form also überhaupt noch geben wird und welches Interesse die Gesellschaft ihm in Zukunft entgegen bringt, wird sich daher erst noch zeigen müssen. Allemal kann davon ausgegangen werden, dass wir mit dieser spezifischen Form schriftlich vermittelter Kommunikation noch lange nicht am Ende medienkultureller Evolutionsprozesse und deren Erforschung angekommen sind. In diesem Sinne und mit Blick auf den sich stetig wandelnden und manchmal auch flüchtigen Charakter sozialwissenschaftlicher Problemlagen, vermerken bereits Lazarsfeld und Merton zu Beginn der 70er Jahre des vergangenen Jahrhunderts (1973: 447): „Fragestellungen, die die Aufmerksamkeit der Menschen erregen, wandeln sich, und das nicht zufällig, sondern zum großen Teil im Einklang mit den sich wandelnden Erfordernissen von Gesellschaft und Wirtschaft. Wenn ein Team wie das, das diesen Aufsatz geschrieben hat, vor ungefähr einer Generation zusammengearbeitet hätte, wäre der Inhalt der Erörterungen aller Wahrscheinlichkeit nach ein völlig anderer gewesen."

Literatur:

Androutsopoulos, Jannis/Schmidt, Gurly (2001): SMS-Kommunikation: Ethnografische Gattungsanalyse am Beispiel einer Kleingruppe. Eingereicht zur Publikation in: Zeitschrift für Angewandte Linguistik (ZfAL). URL: http://www.ids-mannheim.de/prag/sprachvariation /tp/ tp7/sms.htm.

Bohnsack, Ralf (1999): Rekonstruktive Sozialforschung: Einführung in die Methodologie und Praxis qualitativer Forschung. Opladen: Leske und Budrich.

Bohnsack, Ralf (1989): Generation, Milieu und Geschlecht. Ergebnisse aus Gruppendiskussionen mit Jugendlichen. Opladen: Leske und Budrich.

Deutsches Pisa-Konsortium (2001): PISA 2000: Basiskompetenzen von Schülerinnen und Schülern im internationalen Vergleich. Opladen: Leske + Budrich.

Döring, Nicola (2002a): „1xBrot, Wurst, 5Sack Äpfel I.L.D." – Kommunikative Funktionen von Kurzmitteilungen (SMS). In: Zeitschrift für Medienpsychologie 3/2002 (im Druck).

Döring, Nicola (2002b): „Kurzm.wird gesendet" – Abkürzungen und Akronyme in der SMS-Kommunikation. In: Muttersprache. Vierteljahresschrift für deutsche Sprache, Heft 2, 2002 (im Druck).

Dürscheid, Christa (2002): E-Mail und SMS – ein Vergleich. In: Ziegler, Anne/Dürscheid, Christa (Hrsg.): Kommunikationsform E-Mail. Tübingen (im Druck).

Goffman, Erving (1971): Interaktionsrituale. Über Verhalten in direkter Kommunikation. Frankfurt a. Main: Suhrkamp.

Goffman, Erving (1981): Strategische Interaktion. München: Carl Hanser.

Haddon, Lesslie (2000): The Social Consequences of Mobile Telephony: Framing Questions. Paper presented at the seminar "Sosiale Konsekvenser av Mobiltelefoni". Oslo.

Höflich, Joachim R. (2001): Das Handy als "persönliches Medium" – Zur Aneigung des Short Message Service (SMS) durch Jugendliche. In: kommunikation@gesellschaft, Beitrag 1, Jg. 2, 2001, Onlinepublikation: http://www.uni-frankfurt.de/fb03/K.G/B1_2001_Hoeflich.pdf.

Höflich, Joachim und Rössler, Patrick (2001): Mobile Schriftliche Kommunikation – oder: E-Mail für das Handy. Die Bedeutung elektronischer Kurznachrichten (Short Message Service) am Beispiel jugendlicher Handynutzer. In: Medien & Kommunikationswissenschaft, 49, 2001, 437-461.

Höflich, Joachim und Gebhardt, Julian (2001): Der Computer als Kontakt- und Beziehungsmedium. Theoretische Verortung und explorative Erkundungen am Beispiel des Online-Chats. Medien & Kommunikationswissenschaft, 49 (1), 24-43.

Höflich, Joachim R. (2002): Vermittlungskulturen im Wandel: Brief – E-Mail – SMS. (in diesem Band).

Ito, Mizuko (2001): Mobile Phones, Japanese Youth, and the Re-Placement of Social Contact: Paper Presented at the Annual Meeting fort he Society fort he Social Studies. Boston.

Kasesniemi, Eija-Liisa und Rautiainen, Pirjo (2002a): Das Leben in 160 Zeichen. Zur SMS Kultur finnischer Jugendlicher (in diesem Band).

Kasesniemi, Eija-Liisa and Rautiainen, Pirjo (2002b): Mobile culture of children and teenagers in Finland. In: Katz, James E. and Aakhus, Mark A. (Eds.): Perpetual Contact. Mobile Communication, Private Talk, Public Performance. Cambridge: Cambridge University Press.

Kasvio, Antti (2000): Towards a Wireless Information Society: The Case of Finland. Materials of Lectures Held in Autumn 2000. University of Tampere. URL: http://www.info.uta fi/winsoc/lect/progr.html.

Katz, James E./Aakhus, Mark (2002) (Eds.): Perpetual Contact. Mobile communication, Private Talk, Public Performance. Cambridge: Cambridge University.

Kopomaa, Timo (2000): The City in Your Pocket. Birth of the Mobile Information Society. Helsinki: Gaudeamus.

Lazarsfeld, Paul F./Merton, Robert K. (1973): Massenkommunikation, Publikumsgeschmack und organisiertes Sozialverhalten. In: Aufermann, Jörg; Bohrmann, Hans; Sülzer, Rolf (Hrsg.): Gesellschaftliche Kommunikation und Information. Bd.2. Fraknfurt/Main: Athenäum Fischer 1973, 447-470.

Leppänen, Sanna (2001): Having a Glimpse at the Future. In: The Consumer Research Project. Case Study: Mobile Services and Young Consumers. Tampere, November, 23-32.

Ling, Rich (1998): "We will be reached" The use of mobile telephony among Norwegian youth. Telenor R&D Report 16/98. URL: www.telenor.no/fou/prosjekter/Fremdtidens_Brukere/Artikler/Youth%20mobile.htm.

Ling, Rich (2001): Adolescent Girls and Young Adult Men: Two Sub-Cultures of the Mobile Telephone. Kjeller, Telenor Research and Development, R&D Report r34.

Ling, Richard and Yttri, Birgitte (2002): Hyper-coordination via mobile phones in Norway. In: Katz, James E. and Aakhus, Mark A. (Eds.): Perpetual Contact. Mobile Communication, Private Talk, Public Performance. – Cambridge University Press.

Logemann, Niels und Feldhaus, Michael (2002): Zwischen SMS und download – Erste Ergebnisse zur Untersuchung der neuen Medien Mobiltelefon und Internet in der Familie. In: kommunikation@gesellschaft, Beitrag 2, Jg.3, 2002, Elektronische Publikation: http://www.uni-frankfurt.de/fb03/K.G/B2_2002_Logemann_Feldhaus.pdf.

Mangold, Werner (1967): Gruppendiskussion. In: König, René (Hrsg.): Handbuch der empirischen Sozialforschung. Band 2: Grundlegende Methoden und Techniken der empirischen Sozialforschung. Erster Teil. – Stuttgart: Ferdinand Enke Verlag, 228-259.

Massey, Doreen (1993): Power-Geometry and a Progressive Sense of Place. In: Jon Bird u.a. (Eds.): Mapping the Futures: Local Cultures, Global Change. New York: Routledge, 59-69.

Mayring, Phillip (1988): Qualitative Inhaltsanalyse. Grundlagen und Techniken. – Weinheim.

Mortensen, David C. (1972): Communication. The Study of Human Interaction. – New York u.a.: McGraw-Hill.

Oksman, Virpi and Rautiainen, Pirjo (2001): „Perhaps It Is a Body Part". How the Mobile Phone Became an Organic Part of the Everyday Lives of Children and Adolescents. A Case Study of Finland. URL: www.nordmediakonferens.hi.is/papers/twelve/VOksman.rtf

Puro, Jukka-Pekka: Finland (2002): A Mobile Culture. In: Katz, James E. and Aakhus, Mark A. (Eds.): Perpetual Contact. Mobile Communication, Private Talk, Public Performance. Cambridge,19-29.

Rakow, Lana F. und Navarro, V. (1993): Remote Mothering and the Parallel Shift: Women meet the Cellular Telephone. In: Critical Studies in Mass Communication, Vol.10, 144-157.

Roos, J.P. (1993): Sociology of the cellualar phone: The nordic model (300 000 Yupies? Mobile Phones in Finland). In: Telecommunications policy, Nr. 6, Vol. 17. Online verfügbar unter: http://www.valt.helsinki.fi/staff/j.proos/mobiletel.htm.

Schlobinski, Peter u.a.(2001): Simsen. Eine Pilotstudie zur sprachlichen und kommunikativen Aspekten in der SMS-Kommunikation. Networx Nr. 22, 2001. URL: http://www.websprachenet/networx/docs/netwox-22.pdf.

Skog, Berit (2002): Mobiles and the Norwegian teen: identity, gender and class. In: Katz, James E. and Aakhus, Mark A. (Eds.): Perpetual Contact. Mobile Communication, Private Talk, Public Performance. Cambridge University Press.

TNS (Taylor Nelson Sofres) EMNID (2001): Deutsche Onliner sind SMS-Vielschreiber. Pressemitteilung, Hamburg, 2. Mai 2001. Erschienen als elektronische Publikation URL: http://www.emnid.tnsofres.com/presse/p-2001_05_02.html.

Das Leben in 160 Zeichen: Zur SMS-Kultur finnischer Jugendlicher[1]

Eija-Liisa Kasesniemi und Pirjo Rautiainen

„*Ich habe zwei Wochen gebraucht, um 100 Kurzmitteilungen zu sammeln. Und das waren noch nicht mal alle...!!! Weggelassen habe ich keine. Es handelt sich um Streitereien, um das Aufklären von Missverständnissen und solche Dinge. Aber viele dieser Botschaften sind auch einfach nur ‚sinnlos', z.B. wenn ich jemandem schreibe, der eigentlich neben mir steht oder wenn ich jemandem etwas völlig uninteressantes schreibe...nur so zum Spaß eben. Bei vielen SMS geht es aber auch um organisatorische Dinge, wie z.B. wo und wann man sich trifft und so weiter. Was soll ich dazu sagen? So grundlegende Alltagsangelegenheiten halt. Manchmal richtig langweilig. Diesen Monat habe ich 283 Textbotschaften versendet und ungefähr die gleiche Anzahl empfangen. Der Hauptgrund für das Simsen ist wohl der, die Jungen von nebenan kennen zulernen und sich mit ihnen irgendwelche Botschaften auszutauschen. Die meisten Mitteilungen sind wohl eher unnötig, machen aber trotzdem Spaß – es macht wirklich Spaß sie zu lesen!*" (Mädchen, 15 Jahre, aus einem Brief an einen Forscher)[2]

Im Jahre 1995 wurden in Finnland das erste Mal Textmitteilungen per Mobiltelefon von Privatpersonen verschickt. Eine solche Textbotschaft besteht aus digitalen Zeichen, die via Short Message Service (SMS) entweder von einem Mobiltelephon auf das andere oder von einer Schaltstelle zu einem anderen Mobilfunkteilnehmer übermittelt werden. Obwohl man anfangs davon ausging, dass der SMS-Dienst, der eigentlich als Nebenprodukt anderer mobiler Kommunikationsdienste konzipiert wurde, bei weitem hinter der Mobiltelefonie zurückbleiben würde, hat er inzwischen alle Erwartungen übertroffen. So wurden von den 5 Millionen Einwohnern Finnlands im Jahr 2000 insgesamt 1 Milliarde SMS Botschaften verschickt (Suomen tekstiviestimarkkinat 2001: 8). War die Nutzung des SMS Dienst anfangs noch vorwiegend auf Geschäftspersonen beschränkt, so entwickelte er sich innerhalb kürzester Zeit zu einem Medium der Alltagskommunikation. Inzwischen stehen zahlreiche SMS-Dienste zur Organisation des Alltags zur Verfügung, so z.B. aktuelle Tagesnachrichten, Informati-

---

[1] Übersetzung aus dem Englischen von Julian Gebhardt.
[2] Alle Zitate in diesem Artikel stammen direkt aus den Interviews, Briefen und Kurzmitteilungen der an dieser Studie teilnehmenden Jugendlichen.

onen zum Fernseh- oder Kinoprogramm, Horoskope, Adressverzeichnisse, Wetternachrichten, Sportergebnisse und Wörterbücher (ebenda: 22-24).

Neben Unterhaltung und persönlichen Kommunikationsdiensten etablieren sich auch zunehmend Transaktions- und Informationsdienste, wie z.B. die Möglichkeit via Handy Bankgeschäfte zu erledigen oder auch die Möglichkeit Flug- und Zugtickets zu buchen.

Das SMS Phänomen kann jedoch nicht einfach nur als eine Technologie erklärt werden, die der Befriedigung bestimmter Informationsbedürfnisse dient. Vielmehr zeigt die Entwicklung des SMS-Dienstes auf, wie aus einer Informationstechnologie eine Kommunikationstechnologie geworden ist. Nirgendwo sonst lässt sich dieser Prozess so eindrücklich verfolgen, wie am Beispiel der Aneignung des SMS-Dienstes finnischer Jugendlicher. Unter finnischen Jugendlichen wurde dieser Dienst im Jahre 1998 populär und inzwischen ist es für sie ganz normal, mehr Geld für SMS Botschaften als für Telefongespräche auszugeben. Ebenso wie das Fernsehen oder das Internet, hat sich auch der SMS Dienst zu einem alltäglichen Bestandteil jugendlicher Alltagskultur entwickelt. In der Tat ist die SMS Nutzung finnischer Jugendlicher, Ausdruck einer neuen mobilen Kommunikationskultur. Die hier vorgestellte Studie untersucht diese besondere Kommunikationsform in zweierlei Hinsicht: Zum einen dokumentiert sie SMS-bezogene Kommunikationspraktiken, wie sie von Teenagern und Jugendlichen angewendet werden. Zum anderen zeigt die Studie einige der so nicht vorhersehbaren Konsequenzen für die Herausbildung einer SMS Kultur auf.

Gegenstand der Untersuchung

Das hier vorgestellte und interpretierte Datenmaterial bezieht sich auf die SMS-Kommunikation Jugendlicher ab 13 Jahren. Die finnischen Jugendlichen versenden ihre Kurzmitteilungen in der Regel nicht an Familienmitglieder, sondern vor allem an Gleichaltrige. Durch die scheinbar limitierten Ausdrucksmöglichkeiten einer SMS wird die Popularität dieses Dienstes in dieser Altersgruppe offenbar nicht beeinflusst. Eine SMS-Botschaft beinhaltet nur Text und umfasst maximal 160 Zeichen. Obwohl auch Bilder oder sogar kleine Animationen per SMS verschickt werden können, bestehen auch diese ausschließlich aus den in der Handytastatur enthaltenen Zeichen. Trotz dieser Restriktionen dringt der SMS-Dienst dabei in Räume und Zeiten vor, in denen ein Telefongespräch unmöglich, zumindest aber unpassend wäre. SMS-Botschaften werden von Jugendlichen während des Schulunterrichts geschrieben, ermöglichen einem Liebespaar auch mitten in der Nacht Kontakt zueinander aufzunehmen oder weisen den minderjährigen Sohn bzw. die minderjährige Tochter diskret darauf hin, dass es an der Zeit ist, von einer Party nach Hause zu kommen.

Teenager nutzen den SMS-Dienst, um das ganze Spektrum an menschlichen Emotionen auszudrücken. Sie hassen, lieben, unterhalten und versöhnen sich via SMS und tun dies insbesondere dann, wenn ihnen der Mut fehlt, den Telefonhörer in die Hand zu nehmen oder wenn sie das Gefühl haben, dass ein anderes Kommunikationsmittel unpassend wäre. Eine SMS kann auch eine Hintertür für weitere Kommunikationen öffnen, wie etwa ein 16 Jähriges Mädchen, in ihrem Tagebuch vermerkt:

„Ich muss sagen, dass ich SMS absolut genial finde! SMS hat mir eine Freundschaft gerettet...eine Freundin war sehr böse auf mich und ging nicht mehr ans Telefon, wenn ich sie anrief...weil sie meine Nummer sah... und sie ließ mich auch nicht mehr herein, wenn ich bei ihr klingelte. So schickte ich ihr einfach eine SMS – und eine SMS liest man schließlich immer. So sind wir am Ende also doch noch Freunde geblieben."

Die Kommunikation unter Teenagern steht im Kontrast zur Kommunikation mit Familienmitgliedern. Jugendliche schicken ihrer Familie, ihren Eltern oder anderen Verwandten häufig dann eine SMS, wenn es darum geht, den Alltag zu organisieren, also z.B. Termine zu bestätigen oder Änderungen in der Terminplanung mitzuteilen. Entsprechend ist eine an die Familie adressierte SMS meistens durch einen sachlich-nüchternen Stil gekennzeichnet:

„Bin im Fußballtraining, hol mich bitte um 19.30 Uhr ab", oder *„Bin noch bei einem Freund. Wir essen bei McDonalds. Komme erst spät nach Hause."*

SMS-Nutzer werden immer jünger und verbunden damit wird die Kommunikation via SMS zu einem wichtigen Bestandteil im Alltag finnischer Familien. Kinder schicken ihre SMS-Botschaften vor allem an nahe Verwandte, wie zum Beispiel die Großeltern. Kurzmitteilungen haben für Kinder dabei in erster Linie die Funktion, den Kontakt zu den Verwandten aufrechtzuerhalten oder den familiären Zusammenhalt zu stärken. Weil es so einfach und unkompliziert ist, eine SMS zu schreiben, wird den Eltern auch häufig schnell eine Mitteilung ins Büro geschickt.

Ergebnisse und Methoden

Die Daten wurden im Rahmen eines Forschungsprojekts am Information Research Centre der Universität Tampere erhoben. Die Erforschung von SMS ist Teil eines umfassenderen Forschungsprojekts, welches im Jahre 1997 startete und die Handy Kultur finnischer Kinder und Jugendlicher fokussiert. Im Frühjahr 1998 ergab sich in Bezug auf das Untersuchungsfeld jedoch ein bedeutsamer Wandel. Plötzlich wollten die Jugendlichen nicht mehr über das Telefonieren oder über die bunten Handy-Schalen, mit denen sie ihr Mobiltelefon dekorieren, sprechen, sondern ihre Meinung zur SMS-Kommunikation äußern. Entsprechend überstieg die Menge an versendeten und empfangenen SMS die Anzahl der geführten Telefonate bei Weitem.

Wenngleich es wichtig ist, die SMS-Botschaften in Leitfadeninterviews zu fokussieren, so sind es doch die Textmitteilungen selbst, welche zur Klärung des Phänomens SMS beitragen. Aus diesem Grund wurde die Erforschung der Handykultur Jugendlicher um eine Sammlung von Textbotschaften erweitert. Die SMS-Datenbank umfasst inzwischen einen Korpus von über 9000 Kurzmitteilungen. Neben dieser SMS-Sammlung besteht das Datenmaterial auch noch aus den auf Tonband aufgezeichneten Interviews und deren Transkriptionen, aus Feldnotizen der Forscher, aus SMS-Tagebüchern Jugendlicher sowie aus Bildmaterial und Fotografien.

Seit 1997 wurden von den Forschern etwa 1000 Kinder, Jugendliche und Erwachsene aus allen Teilen Finnlands befragt. Die Interviews wurden mit einzelnen Personen sowie mit Freunden und Familien geführt. Ziel des qualitativen Ansatzes der Studie war es, die Distanz zwischen Forscher und Beforschten aufzuheben. Dementsprechend wurden die Befragten vom Forscher nicht einfach nur als passive Subjekte oder einfache Fragenbeantworter betrachtet, sondern vielmehr als Informanten und Experten ihrer jeweiligen Lebenswelt. Aus dieser Sicht heraus haben die Informanten auch das Recht eigene Fragen zu stellen und entsprechende Antworten zu bekommen. Sie werden als Mitwirkende am Forschungsprozess angesehen, die das Material in Kooperation mit den eigentlichen Forschern interpretieren. Auf diese Weise ist der Diskurs zwischen Forscher und Informant hilfreich, um unvorhergesehene Fragen bezüglich des Untersuchungsfeldes zu klären und das Vertrauen zwischen Forscher und Informant zu stärken. Die meisten Jugendlichen engagierten sich sehr stark in ihrer Rolle als am Forschungsprojekt Mitwirkende, wie etwa folgendes Zitat eines 17 Jährigen Mädchens verdeutlicht:

„Die SMS-Botschaften zu sammeln ist zu einer alltäglichen Routine geworden. Es war eine interessante Erfahrung! Ich habe jede einzelne Nachricht aufgehoben, da ich sehr gewissenhaft bin."

Obwohl das der Untersuchung zur Verfügung stehende SMS-Archiv sehr reichhaltig und umfassend ist, ist es zugleich auch sehr „indirekt". Vom Standpunkt einer Quellenkritik aus betrachtet, handelt es sich bei diesem Archiv um die auf Papier gebrachten Kopien digitaler Kurzmitteilungen, also deren nicht-digitalen Variante. Aus diesem Grunde ist es bei dieser Form der Datensammlung natürlich immer möglich, dass sich beim Sammeln der Kurznachrichten Fehler einschleichen. In Anbetracht der Tatsache, dass SMS-Nutzer ihre Mitteilungen nicht wie E-Mail Botschaften speichern können, erscheint die angewandte Methodik jedoch die einzig durchführbare zu sein. Die Möglichkeit die Botschaften direkt auf Video aufzunehmen, die so abgefilmten Displays den Forschern zur Verfügung zu stellen, um diese dann durch lautes Vorlesen auf Band zu dokumentieren wurde zwar in Erwägung gezogen, in Anbetracht der Tatsache, dass diese Methode sowohl zu aufwendig als auch zu ungenau ist, jedoch wieder verworfen.

Die Analyse orientierte sich an den Sinn- und Bedeutungszuschreibungen der Handelnden (einer „emic perspective" (Keneth L. Pike)). Entsprechend wurde das Phänomen nach Maßgabe der Klassifizierung der jeweiligen Informanten interpretiert. Die Interpretation der Daten basierte somit auf dem Wertesystem der Befragten, wobei jedoch immer wieder reflektiert wurde, inwiefern die Vorannahmen des Forschers die Interpretation der Daten beeinflusste. Obwohl qualitative Ansätze empirischer Sozialforschung die Beziehung zwischen Forscher und Beforschten immer wieder hervorheben, so erschöpft sich diese aber gerade nicht in einer einzelnen Frage-Antwort Sequenzen und steht damit in Kontrast zu konventionellen Markt- und Usability Studien.

SMS Kultur: Das Beispiel finnischer Jugendlicher

Unter finnischen Jugendlichen hat sich eine SMS-Kultur herausgebildet, die über eigene Sprachstile, Gewohnheiten und soziale Normen verfügt. Finnische Jugendliche haben dabei einen eigenen Wortschatz entwickelt, der eine distinkte SMS-Kultur ausweist. Entsprechend reden sie nicht davon Textbotschaften oder Kurzmitteilungen zu versenden, sondern benutzen Worte wie „tekstata" oder „viestailla", beides Verben, die den Hauptwörtern Text und Botschaft entnommen sind und diesen entsprechen. Hierbei handelt es sich um eine Kultur, die den besonderen Lebensbedingungen Jugendlicher entspringt. Die Inhalte der unter Jugendlichen ausgetauschten Botschaften umfassen die gesamte Bandbreite an Themen von der Empfängnisverhütung bis hin zum Tod. Unter der Woche tauschen Jugendliche SMS-Botschaften aus, um sich gegenseitig bei den Hausaufgaben zu helfen und an Freitagen, um sich nach Freunden zu erkundigen, sich zu verabreden oder um Bier zu verkaufen. In diesem Abschnitt beschreiben wir zunächst drei kulturelle Praktiken: das Sammeln von Textbotschaften, das Versenden von Ketten-SMS sowie das gemeinsame Lesen und Verfassen von SMS-Mitteilungen. Diese Praktiken demonstrieren, dass die SMS-Kultur eine kollektiv geteilte Erfahrung ist, welche die Identifikation des Einzelnen mit anderen Jugendlichen zum Ausdruck bringt. Im Anschluss daran gehen wir darauf ein, wie die Integration des SMS-Dienstes in den Alltag zu unvorhergesehenen Veränderungen im kommunikativen Verhalten der Jugendlichen führt. Wir beschreiben den durch die SMS-Kultur induzierten Wandel anhand der sozialen Netzwerke, des Sprachgebrauchs sowie der benutzten kommunikativen Formate.

Das Sammeln von Kurzmitteilungen und kollektive Kultur

Das vielleicht überraschendste Merkmal der SMS-Kultur finnischer Jugendlicher ist das Ausmaß, mit dem es gemeinsam geteiltes Verhalten zum Ausdruck bringt. Teenager teilen sich dabei das SMS-Material sowohl materiell als auch symbolisch. So werden die Textbotschaften unter Freunden ausgetauscht, gemeinsam verfasst, gemeinsam gelesen und passende Ausdrücke oder auch ganze Texte von anderen entnommen. Damit steht das Verhalten der Jugendlichen in scharfem Gegensatz zu dem in der Werbung regelmäßig propagierten Image der Mobilkommunikation als eine private und persönliche Angelegenheit.

Eine Kurzmitteilung besteht aus einer Anhäufung digitaler Zeichen, die für kurze Zeit im Speicher des Mobiltelefons verbleiben, wobei diese Zeitspanne von ein paar Minuten bis hin zu mehreren Wochen variieren kann. Da Jugendliche sehr viele SMS-Mitteilungen schreiben und empfangen, ist weder auf der SIM-Card[3] noch im Telefonspeicher genug Speicherkapazität vorhanden, um auch nur die interessantesten Nachrichten aufzubewahren. Dies macht es schwierig die Textbotschaften zu dokumentieren, denn eine heute eingegangene Mitteilung kann bereits morgen schon nicht mehr existieren. Dies ist sowohl für die Teenager als auch für die Forscher problematisch. Während einige Jugendli-

---

[3] Die SIM (Subscriber Identity Module) -Karte wird in das GSM Handy eingesetzt und enthält notwendige Informationen zur Identifikation des Anrufers. Sie kann auch dafür genutzt werden, um Informationen, wie zum Beispiel SMS-Botschaften und Telefonnummern zu speichern. Ohne eine solche SIM-Karte ist ein GSM Handy nicht funktionstüchtig.

che die wichtigsten Nachrichten im Handy speichern, haben andere Jugendliche spezifische Strategien entwickeln, um die Speicherwürdigkeit einer eingegangenen Nachricht zu beurteilen. Viele Jugendliche übertragen dabei ihre Nachrichten in Kalender, Tagebücher oder in speziell für diese Zwecke entwickelte SMS-Notizbücher, wobei all die genannten Archivierungspraktiken eine wichtige Rolle innerhalb der SMS Kultur spielen.

Die Sammelstrategien sind jedoch individuell verschieden: Manche Jugendliche sammeln jede Nachricht, andere wiederum speichern nur solche Nachrichten, die in irgendeiner Weise persönlich bedeutsam sind, so z.B. Botschaften von der Freundin oder dem Freund oder auch Mitteilungen des besten Freundes. Auf diese Weise dienen die gesammelten Botschaften dazu, um sich jemand anderen zu vergegenwärtigen, in Erinnerungen zu schwelgen und sich dadurch die Vergangenheit zurückzuholen.

„Interviewer: Überträgst Du eine Botschaft normalerweise in ein Notizbuch oder ähnliches, bevor Du sie aus dem Speicher löschen musst?
Mädchen: In dieses Notizbuch habe ich alle SMS geschrieben, die mir Aaro geschickt hat seitdem wir zusammen sind.
Interviewer: Wie bist Du auf diese Idee gekommen?
Mädchen: Der Speicher meines Handys war zu klein und ich wollte sie behalten, um sie später einmal wieder lesen zu können." (Mädchen, 16 Jahre)

Textbotschaften stellen zugleich Sammlungen dar, die aktiv mit Freunden verglichen und gehandelt werden. Diese Praktiken sind bei Mädchen jedoch wesentlich häufiger und differenzierter anzutreffen als bei Jungen und so sind es nahezu ausschließlich Mädchen, welche zu den Sammlern gehören.

„Sofort als ich mein Handy hatte, habe ich angefangen die Botschaften zu sammeln und meine Freunde haben mich wirklich gleich mit SMS Nachrichten bombardiert. Zuerst habe ich sie auf alle möglichen Papierfetzen geschrieben, die mir so in die Finger gekommen sind, aber dann musste ich mir doch so ein Notebook kaufen, um alle aufschreiben zu können. Meine Freunde waren mir eine große Hilfe beim Sammeln der SMS und sie haben mich häufig angerufen, nur um mir wieder ein paar neue zu geben. Du kannst sie sogar im Internet nachlesen." (Mädchen, 14 Jahre)

Jungen haben aus dem Sammeln von Textbotschaften kein vergleichbares Hobby gemacht und entsprechend gaben die Mädchen auch weitaus differenzierte Gründe dafür an, weshalb sie Textnachrichten sammeln. Am häufigsten wurden emotionale Gründe genannt. Im Gegensatz dazu schreiben männliche Jugendliche ihre SMS-Botschaften nur in seltenen Fällen ab und dies auch nur dann, wenn es sich um persönlich besonders bedeutsame Mitteilungen handelt.

„*Interviewer: Hast Du sie jemals aufgeschrieben, bevor du sie gelöscht hast?*
Junge: Naja, irgendwann hat Emma angefangen mir diese Gedichte zu schreiben. Als ich sie löschen musste, dachte ich mir, dass ich nur ein oder zwei Gedichte löschen sollte und dann habe ich halt angefangen die Gedichte einfach auf ein Stück Papier zu schreiben.
Interviewer: Was für Gedichte waren das?
Junge: Nun, was waren das für Gedichte...also eines ging so: ‚Wenn Du mich anschaust bist Du unendlich weit weg und wenn Du in den Himmel schaust, bist Du so nah.' Solche Sachen eben.
Interviewer: Warum waren sie so wichtig für Dich, dass Du sie dir aufgeschrieben hast?
Junge: Sie haben sich einfach gut angehört, und deshalb dachte ich, ich behalte sie einfach.
Interviewer: Wo hast Du sie jetzt?
Junge: Sie liegen in einer Schublade." (Junge, 17 Jahre)

Das Weiterleiten von Ketten-SMS

Eine weitere Sorte von Kurzmitteilungen, die von Teenagern gesammelt werden, sind sogenannte Ketten-SMS, die im Freundes- oder Bekanntenkreis kursieren. Ketten-SMS sind fertige Textbotschaften, die von einem auf das andere Handy weitergeleitet werden. Solche Botschaften sind die idealtypischsten Formen kollektiven Schreibverhaltens. Ketten-SMS können als direkte Nachfolger der Ketten-Briefe bezeichnet werden und stammen ebenso wie Kettenbriefe aus anderen volkstümlichen Quellen. Via solcher Ketten-SMS tauschen Jugendliche kurze Gedichte, Reime, Liedtexte, Witze und Glückwünsche aus. Dabei wird meistens eine bestimmte Kurzmitteilung zur ‚SMS der Woche' gekürt, ehe diese dann als langweilig eingestuft und wieder gelöscht wird. In der Tradition der Ketten Briefe stehend, versprechen sie dem Sender Geld oder Glück in der Liebe.

„*Wenn die Liebe Liebe liebt, weiß der Liebe Liebe nicht, wie sehr der Liebe Liebe von Liebe geliebt wird. Sende diese Nachricht an fünf Personen, dann wirst Du Glück in der Liebe haben!*"[4]

---

[4] Im Finnischen Originaltext wurden die einzelnen Wörter eins zu eins aus den Textmitteilungen übernommen. Tippfehler sowie Groß- und Kleinschreibung wurden in der Übersetzung

Manche Ketten-SMS sind speziell auf die Nutzer von Mobiltelefonen zugeschnitten und beziehen sich entsprechend auf das Mobiltelefon und dessen Nutzung. Diesbezüglich lässt sich sogar eine richtige Tradition des Hänselns erkennen, bei der über jeden Dienstanbieter oder jeden Hersteller hergezogen wird, der nicht vom Sender selbst genutzt wird. Solche Botschaften beinhalten häufig Themen und Witze, die sich auf ganz Skandinavien beziehen.

„Ich-bin-das-GSM-Virus-„Schweden"-Wenn-Du-mich-nicht-innerhalb-von-einer-Stunde-weiterleitest,-werde-ich-Dein-Handy-in-ein-bemitleidenswertes-Ericsson-verwandeln"

Unter den 13 bis 15 Jährigen finden sich die meisten Fans solcher Ketten-SMS. Im Gegensatz dazu gaben viele der älteren Handynutzer an, diese Ketten-SMS langweilig zu finden. In den Augen der Jugendlichen sind vor allem solche Ketten-SMS interessant, deren Inhalte sich auf das Erwachsenenleben beziehen, also typischerweise auf Themen wie Alkohol, Sex oder Zigaretten.

„DU HAST MICH BESUCHT UND ICH HATTE DAS RICHTIGE FÜR DICH. ZUERST WOLLTEST DU ES GAR NICHT. ABER DANN HAST DU ES DOCH IN DEINEN MUND GENOMMEN. DU KONNTEST SPÜREN WIE DER SCHAUM DEINE MUNDWINKEL HINUNTERFLOSS. AH: SO SCHMECKT EIN BIER!"

In gewisser Hinsicht stellen solche Ketten-SMS eine Möglichkeit dar, um den Bruch mit der eigenen Kindheit zu signalisieren. Entsprechend macht man sich in vielen solcher Kurzmitteilungen gerade über die Idole von Kindern lustig, so zum Beispiel über Disney Figuren, den Nikolaus und andere Figuren. Die Mobilkommunikation umfasst also sämtliche Lebensthemen eines Teenagers – auch die unanständigeren:

„Ich durfte sie in den Mund nehmen und fühlte dass ich alles von ihr haben konnte, Ich musste würgen, wurde rot und erstickte fast. Wie seltsam süß doch meine erste Zigarette schmeckte."

„Ich bin nicht so muskulös wie Arnold Schwarzenegger, bin nicht so behaart wie Mel Gibson und sehe auch nicht aus wie Brad Pitt...aber ich lecke wie Lassie!"

---

beibehalten. Die Anzahl der verwendeten Zeichen hängt jeweils vom Original bzw. dessen Übersetzung ab.

Einem ähnlichen Ziel dienen häufig auch populäre Logos und kleine Bildchen, mit denen man das Display seines Handys personalisieren kann. Anzügliche Ketten-SMS und Logos verkörpern damit den Aspekt des Heimlichen innerhalb der SMS Kultur Jugendlicher und sind dementsprechend gerade nicht für die Augen der Erwachsenen bestimmt. Signifikante Unterschiede zwischen Jungen und Mädchen gibt es in Bezug auf das Lesen, Versenden und Sammeln solcher Ketten SMS nicht. Auch scheint es nicht so zu sein, dass sich ‚wohlerzogene' Mädchen und ‚brave' Jungen von diesen Botschaften peinlich berührt fühlen würden. Im Gegensatz dazu äußersten sich Eltern, die solche oder ähnliche Nachrichten im Handy ihrer Kinder gefunden hatten, doch sehr besorgt. Jedoch gehören solche als ‚eklig' oder ‚unanständig' wahrgenommene Botschaften immer auch zum Erwachsenwerden dazu und können mit denjenigen Geschichten und Witzen verglichen werden, die sich Jugendliche auf dem Schulhof auch ohne Handy erzählen. Jugendliche nutzen solche Botschaften, um ihre Grenzen zu testen und aus der Rolle des Kindes herauszutreten.

Kollektives Lesen und Verfassen von Text-Botschaften

Die angewandten Praktiken stehen im Kontrast zum persönlichen und privaten Image der Mobilkommunikation. Dies liegt unter anderem an der Art und Weise, wie Jugendliche sich die Botschaften gegenseitig vorlesen. Sie speichern ihre Kurzmitteilungen im Handy oder in speziellen Notizbüchern, um so jederzeit auf sie zurückgreifen zu können. Viele der ausgetauschten Kurzmitteilungen sind damit alles andere als kurzlebig. Interessant ist in diesem Zusammenhang, dass der Empfänger einer solchen Botschaft entweder der Handybesitzer selbst oder auch dessen gesamter Freundeskreis sein kann. Entsprechend werden viele solcher Kurzmitteilungen in Kneipen, Cafes, in der Schule oder auf Parties vorgelesen – sei dies um sich gegenseitiges Vertrauen anzuzeigen, um seine Neugier zu befriedigen oder auch einfach nur um sich die Zeit zu vertreiben.

„Als wir das erste mal hierher kamen, saßen wir im Wohnzimmer, wo Liisa und Timo gegenseitig mit ihren Handys spielten. Sie lasen jeweils die Nachrichten des anderen und was weiß ich noch alles vor. Das sah wirklich ziemlich süß aus." (Mädchen, 16 Jahre)

Liebespaare stellen ihr Vertrauen zueinander häufig dadurch unter Beweis, dass sie dem anderen erlauben, die eigenen Botschaften zu lesen. Auch Freunde neigen dazu, andere die eigenen Nachrichten lesen zu lassen, deren Inhalt nicht selten Anlässe für Diskussionen bietet: ‚Warum hast Du das so formuliert?' Das gegenseitige Lesen von SMS-Nachrichten stellt aber auch eine Form subtiler Kontrolle dar, denn der Leser bekommt auf diese Weise jeweils mit, was im Leben des anderen vor sich geht und mit wem dieser in Kontakt steht. Viele Paare beschreiben das Lesen gespeicherter Nachrichten als Möglichkeit, sowohl die guten als auch die weniger guten Augenblicke ihres gemeinsamen Lebens zurückzuholen. So kann das wiederholte Lesen der Botschaften dabei helfen, die Beziehung aufzubauen und zu festigen.

„Interviewer: Glaubst Du, dass Dein Freund oder auch andere Leute ihre Kurzmitteilungen speichern?
Mädchen: Ja, Kai hat noch alle Nachrichten von mir. Es macht Spaß sie zu lesen, wenn Du zum Beispiel zuerst Deine eigenen liest und dann die von Kai."
(Mädchen, 16 Jahre)

Die Botschaften werden aber auch gemeinsam verfasst. Trotz des augenscheinlich intimen Charakters läuft die Kommunikation insbesondere zwischen Mädchen nicht immer eins zu eins ab. So steht zwischen Sender und Empfänger einer Botschaft nicht selten ein unsichtbarer aber bedeutsamer Vermittler, der so genannte „SMS-Berater". Dieser kann entweder ein naher Freund des Verfassers oder einfach nur ein sprachlich talentiertes und sensibles Mitglied des Freundeskreises sein. Solche SMS-Virtuosen werden in der Regel dann aufgesucht, wenn sich eine Beziehung gerade anbahnt oder sich in einer Krise befindet. Der talentierte Schreiber hilft dem Sender in solchen Fällen die Botschaft bzw. die wichtigsten Emotionen in 160 Zeichen zu verpacken, indem er den Text formuliert und passende Wörter vorschlägt. Viele der Mädchen berichten, dass die Inanspruchnahme eines solchen SMS-Beraters durchaus üblich ist und dies sogar dann, wenn sich die eigene Beziehung in einer relativ ruhigen Phase ohne besondere Probleme befindet: „Ich habe ihr meine Mitteilungen gezeigt und gefragt, ob man sie so formulieren kann", berichtet ein 15 Jahre altes Mädchen. Auf diese Weise hilft der SMS-Berater die Textbotschaften qualitativ zu verbessern. Gleichzeitig wird durch diese Zusammenarbeit die Gruppensolidarität der Mädchen untereinander gefestigt. Indem SMS-Nachrichten gemeinsam verfasst werden, werden zugleich aber auch die bestehenden Beziehungen geteilt. In der Regel wird eine Nachricht aber dennoch unter dem eigenen Namen abgesendet, so dass sich der Empfänger einer Botschaft normalerweise gar nicht bewusst darüber ist, wie viele Menschen tatsächlich am Zustandekommen dieser Nachricht beteiligt waren.

Diese drei unterschiedlichen und eben beschriebenen Praktiken des Sammelns von Textnachrichten, des Versendens von Ketten-SMS sowie des kollektiven Lesens und Schreibens von Kurzmitteilungen sind Mittel, mit denen Jugendliche ihre SMS-Kultur inszenieren. Durch die Nutzung von SMS setzten sich die Jugendlichen kollektiv füreinander ein und festigen dadurch ihre Beziehungen zueinander. Auf der anderen Seite decken diese Praktiken einige bisher nicht wahrgenommene oder unerwartete Wandlungsprozesse bezüglich der Grundlagen für das Zustandekommen von Kommunikation auf.

Beziehungen

Der in SMS Botschaften Jugendlicher angewendete Sprachstil kann sich von demjenigen, den sie sonst in ihrem Alltag gebrauchen, unterscheiden. Dies wirkt sich sowohl auf die Herstellung als auch den Erhalt einer sozialen Beziehung aus. Manchmal scheint es so, als habe der Einzelne zwei unterschiedliche Persönlichkeiten: eine extrovertierte SMS-Identität und eine eher schüchterne ‚Real-Life' Identität. Ein gutes Beispiel hierfür war ein 15 Jahre altes Mädchen, das den Forschern über einen Zeitraum von zwei Wochen hinweg ihre SMS-Botschaften zuschickte und das Forscherteam durch ihr ausgeprägtes Mitteilungsbedürfnis dazu veranlasste, sie zu interviewen. Ihre SMS-Mitteilungen waren gut verständlich und ließen auf ein großes Selbstbewusstsein schließen. Zum Zeitpunkt des Interviews fanden die Forscher hingegen ein eher schüchternes und verschlossenes Mädchen vor, das sich in ihrem Zimmer verkroch und auf kaum eine Frage etwas sagen wollte. Ganz offensichtlich passte ihre ‚Real-Life' Identität nicht mit ihrer SMS-Identität zusammen. Dies verdeutlicht, dass sich das Mädchen Praktiken und Fertigkeiten aneignete, um via SMS das auszudrücken, wofür ihr im wirklichen Leben der Mut fehlte.

Ein anderes Beispiel zeigt auf, wie sich ein Liebespaar zwar täglich in der Schule trifft, ‚echte' Liebesbekundungen oder Freundschaftsbezeugungen dabei aber ausschließlich auf die zur nächtlichen Stunde über das GSM-Netz ausgetauschten Kurzmitteilungen beschränken. Obwohl ein Junge einem Mädchen eigentlich nicht sagt, dass er sie liebt, bekommt sie des Nächtens dann auf einmal doch sehr stark emotional aufgeladene Textbotschaften voller Zärtlichkeiten von ihm zugeschickt.

„Junge: Jedes mal wenn wir uns in der Schule treffen, passiert das Gleiche. Wir sehen uns, sind zusammen, reden aber nicht darüber. Das läuft alles nur über SMS.
Interviewer: Warum redet ihr in der Schule nicht über eure Kurzmitteilungen?
Junge: Naja, so sind wir halt, weißt Du. Ich versuche ja auch, nicht darüber zu reden, besonders wenn wir uns gegenüberstehen. Ich wollte ihr das nicht direkt in der Schule oder an ähnlichen Orten sagen.

Interviewer: Glaubst Du, dass ihr so etwas wie zwei unterschiedliche Persönlichkeiten habt: eine Schul-Identität und eine SMS-Identität?
Junge: Ja genaue, so könnte man das sagen." (Junge, 17 Jahre)

Finnische Jugendliche sind daran gewöhnt, dass Technologien Teil ihrer Beziehungen werden und so bestätigen sie regelmäßig, dass das Handy quasi als dritte Person fungiert. Beziehungen werden oft über eine SMS hergestellt, via SMS weitergeführt und in manchen Fällen mittels einer SMS auch wieder beendet. Viele dieser Beziehungen enden aufgrund fehlender realer Begegnungen oder aufgrund von Enttäuschungen, die ein Treffen in der Realität mit sich bringen kann. Oder wie es einige der befragten Mädchen ausdrückten: „Am Ende hat sich der SMS-Prinz in einen Frosch verwandelt."

Neue mobile Sprachstile

Je weiter sich das SMS Phänomen verbreitete, desto häufiger wurden die Diskussionen in den Finnischen Medien darüber geführt, inwiefern Sprache und Schriftlichkeit der Jugendlichen davon beeinflusst werden. Ähnliche Fragen stellten sich auch in Bezug auf die E-Mail. In gleicher Weise kann die gegenwärtige Diskussion mit derjenigen verglichen werden, welche in den letzten Jahrzehenten in Bezug auf Comics oder Videofilmen und deren Einflüsse geführt wurde. Die Meinungen bezüglich des Einflusses der SMS-spezifischen Sprachstile sind unterschiedlich: Finnische Lehrer zeigten sich sehr besorgt über die negativen Auswirkungen, welche die zumeist formlosen und schnell verfassten SMS-Botschaften auf die Schreibkompetenzen der Schüler hätten, da sich deren SMS-Kommunikation normalerweise nicht an die Grammatik- und Interpunktionsregeln der offiziellen Schultexte hält. Jugendliche schreiben in ihren Kurzmitteilungen entweder alles klein oder alles in Großbuchstaben, kürzen Wörter nach belieben ab oder lassen Modulationen, welche charakteristisch für die Finnische Sprache sind, einfach weg. Wenn es schwierig ist, eine Botschaft in 160 Zeichen unterzubringen, dann werden auch Leerzeichen weggelassen oder es wird alles zusammengeschrieben.

„Wie haben uns solche Botschaften mit Kristo geschrieben und was immer wir geschrieben haben, haben wir ohne Leerzeichen geschrieben, so dass man sich das Ganze später zusammensetzen musste. Selbst wenn die 160 Zeichen ausreichen würden, würde man das ganze ohne Leerzeichen oder irgendwelche Satzzeichen schreiben." (Mädchen, 16 Jahre)

Einige Jugendliche haben regelrechte Systematiken entwickelt, die dem Empfänger dabei helfen, den Sinn einer Botschaft auch dann richtig zu entschlüsseln, wenn alle Wörter zusammengeschrieben sind. So wird zum Beispiel der Anfangsbuchstabe eines jeden Wortes einfach groß geschrieben.

„IchBinGeradeAufgestanden.WarSehrMüde."

SMS-Mitteilungen weisen eher Züge einer chiffrierten denn einer standardisierten Schriftsprache auf. Nicht zuletzt deshalb ist es für einen Außenstehenden nicht immer einfach, den Sinn einer mit SMS spezifischen Codes durchsetzten Kurzmitteilung zu entschlüsseln. Auf der anderen Seite eröffnet ein solcher Schreibstil aber auch viel Raum für Kreativität, und bereits ein falscher Buchstabe oder ein Tippfehler kann zur Schöpfung eines neuen Koseworts führen, das in der SMS Kommunikation dann entweder nur für kurze Zeit oder auch für immer beibehalten wird.

„Interviewer: Habt ihr in euren Botschaften einen besonderen Sprachstil entwickelt? Wenn sie ein Außenstehender lesen würde, könnte er sie dann verstehen?
Junge: Solche Dinge haben wir von Anfang an benutzt, dass wir zum Beispiel alles ohne Leerzeichen geschrieben haben oder jeden Anfangsbuchstaben groß geschrieben haben und alles andere klein. So kann man ganz gut erkennen, wann ein Wort endet und wann es anfängt. Auf diese Weise kann man sich viel Platz und die ganze Zeichensetzung sparen. Inzwischen gibt es auch dieses deutsche u mit zwei Punkten (ü), das zu so einer Art kleiner Smiley geworden ist. Es ist nur ein Buchstabe und so brauchst Du nicht zwei Zeichen verwenden. Und wie kürzen Wörter ziemlich oft ab.
Interviewer: Was für Wörter sind das?
Junge: Eine Abkürzung, die ziemlich gebräuchlich ist, ist zum Beispiel gn für gute nacht und all so was eben." (Junge, 17 Jahre)

Lehrer vermuten, dass Elemente einer solchen nicht-standardisierten Sprache auch in offizielle Texte Eingang finden – und teilweise habe sie auch Recht damit. Aber eher noch als die finnischen Mädchen, sind es die Jungen, die dazu neigen, sich der offiziellen Schreibweise zu verweigern. Allerdings sind die Texte von Jungen jedoch insgesamt kürzer und weniger emotional. In solchen Fällen ist es durchaus möglich, dass Elemente der SMS-Sprache auch in Texten benutzt werden, die nur ein oder zweimal im Monat geschrieben werden – etwa für einen Schulaufsatz. Demgegenüber lassen unsere Forschungsergebnisse jedoch auf einen eher positiven Effekt schließen. So berichten viele Jungen, dass sie zum Teil 15 oder 30 Minuten dafür verwenden, um eine ihnen wichtige

Nachricht zu verfassen. Dies lässt darauf schließen, dass Jungen ihre Nachrichten zumindest nicht nach dem Zufallsprinzip verfassen. Sie suchen nach passenden Wörtern, um die Bedeutung ihrer Mitteilungen auf den Punkt zu bringen und überlegen sich, wie sie etwas so formulieren können, dass es der Empfänger auch richtig interpretiert. Diese Aktivitäten verdeutlichen, dass das Schreiben nicht einfach nur mechanisch und sachlich verläuft, sondern durchaus zielgerichtete und emotionale Züge trägt. Und tatsächlich schreiben viele Jungen bedeutend mehr als zu der Zeit, in der es noch kein SMS oder E-Mail gab.

Die SMS-Nachrichten Jugendlicher weisen häufig fremdsprachliche Elemente auf. Das zeugt vom Interesse der Jugendlichen an Sprachen. Der Rückgriff auf andere Sprachen dient einem pragmatischen Ziel. Lange finnische Wörter werden durch knappe ausländische Ausdrücke ersetzt, um so die zu Verfügung stehenden 160 Zeichen effektiver ausnutzen zu können. Jugendlichen fällt es offensichtlich leichter, starke Gefühle in einer ausländischen Sprache auszudrücken und übersetzen deshalb Kosewörter oder Liebeserklärungen häufig ins Englische. Aus dem Englischen stammen darüber hinaus auch die meisten der in der von ihnen verwendeten Abkürzungen, wie z.B. „CU2MORROW@9".

Das Repertoire persönlicher Kurzmitteilungen

Viele Menschen glauben, dass die SMS-Botschaften Jugendlicher äußerst uniform und standardisiert sind. Diese Interpretation der SMS-Kultur Jugendlicher ist jedoch falsch. Wie die während des Forschungsprojektes gesammelten SMS-Botschaften aufzeigen, verfügen Jugendliche über ein überaus vielfältiges Repertoire an SMS spezifischen Ausdrücken und Redewendungen, was wiederum auf die Kreativität der Teenager hinweist, die ihre Botschaften jeweils den unterschiedlichen kommunikativen Bedürfnissen anpassen. So bekommt zum Beispiel der Geigenlehrer eine Nachricht, die sich eher an der formalen standardisierten Schriftsprache orientiert, während die eigene Mutter eine Entschuldigungs-SMS erhält, die eher der gesprochenen Sprache ähnelt. Im Gegensatz dazu bekommen die besten Freunde und Bekannte Kurzmitteilungen, in denen sehr viel Slang, Sprachspiele, lokale Dialekte, Wortwitze und Insider-Vokabulare enthalten sind. Romantische Mädchen und Jungen tauschen Botschaften aus, deren Vokabular sich stark mit demjenigen vergleichen lässt, das in romantischen Kurzgeschichten in Magazinen verwendet wird. Kurzmitteilungen weisen keine einheitlichen Züge auf, sondern lassen sich je nach Inhalt und Form in eine Vielzahl unterschiedlicher Stile differenzieren – und dies, obwohl sich die SMS Kommunikation Jugendlicher auf gemeinsame Wurzeln zurückführen lässt.

Wenn wir die Kurzmitteilungen heutiger Jugendlicher mit denen vergleichen, die noch vor ein paar Jahren verfasst wurden, lassen sich die Unterschiede deutlich erkennen. Die früheren Kurzmitteilungen ähneln noch sehr stark der in Briefen, Postkarten und Telegrammen verwendeten Sprache. Die Nachricht beginnt mit einer Begrüßungsformel und endet mit der Signatur des Senders und gleicht in ihrer Reinform – der „Postkarten-SMS" – einem Glückwunschschreiben oder einem Gruß, der die traditionelle Geburtstagskarte oder auch das „Post it" Merkzettelchen ablöst.

„HERZLICHEN GLÜCKWUNSCH! DIE KARTE IST UNTERWEGS.ABER BLÖD WIE ICH BIN, HABE ICH VERGESSEN SIE GESTERN ABZUSCHICKEN. SIE WIRD DANN MORGEN ANKOMMEN! SORRY."

Kurze, informative und pragmatische Wörter bilden den Kern der Stereotype bezüglich der SMS-Kultur männlicher Jugendlicher. Jungen neigen dazu, das Wesentliche in einem geradezu lakonischen Stil auszudrücken.

„Wir spielen morgen um 12:00 Uhr!"

„I DONT KNOW!"

Jugendliche nutzen den 160 Zeichen umfassenden Raum unterschiedlich. Die Botschaften der Mädchen sind voll von sozio-emotionalen Bezügen und Füllwörtern, mit denen sie ihre Erfahrungen mitteilen. Während Mädchen in ihren Kurzmitteilungen die Ursachen hinter bestimmten Ereignissen verhandeln und diesbezüglich umfangreiche Beschreibungen abliefern, schreiben Jungen in der Regel nur was, wann wo und wie passiert. Entsprechend ist die Sprache weiblicher Jugendlicher wesentlich facettenreicher aber auch verschlungener. Jungen nutzen die zur Verfügung stehenden 160 Zeichen typischerweise nicht aus und schreiben stattdessen 40 oder 50 Zeichen umfassende Botschaften. Mädchen ihrerseits betonen nachgerade, dass sie keine Probleme damit haben, den zur Verfügung stehenden Raum auszunutzen. Sie sprechen von „Füllmaterial", das genutzt wird, um die Botschaften zu ergänzen, nachdem das Wesentliche bereits gesagt wurde. Dieses „Füllmaterial" umfasst für gewöhnlich Klatsch und Tratsch oder Liebeserklärungen an die besten Freunde. Mädchen kritisieren auch häufiger die fehlenden Kompetenzen der Jungen zur adäquaten Interpretation einer SMS-Botschaft und betonen zugleich, dass sie ihre an Jungen adressierten Kurzmitteilungen immer in einer ausgesprochen leicht verständlichen Sprache ohne große Komprimierungen, Rückbezüge und Anregungen formulieren müssen.

„*Mädchen: Also zumindest mir geht es so, wenn ich an Jungen schreibe (...) da muss ich immer ganze Sätze schreiben (lachen) (...) sonst heißt es wieder: Was soll das jetzt heißen?*
Interviewer: Ist das wirklich der einzige Weg, um ihnen klar zu machen, was man meint?
Mädchen: Ja, sonst kapieren sie es einfach nicht...man muss wirklich sehr klar schreiben, damit sie es verstehen.
Interviewer: Wie ist das, wenn dir die Jungen eine Nachricht schicken? Unterscheiden die sich von solchen, die von Mädchen geschrieben wurden? Sind sie länger oder kürzer (...)?
Mädchen: Nein, die sind immer richtig kurz. Zum Beispiel: ‚Ich war zuhause, habe nicht´s besonderes gemacht!´ Manchmal sind sie richtig blöd und schreiben Dinge, die man normalerweise eigentlich gar nicht schreiben würde.
Interviewer: Warum nutzen Jungen ihre 160 Zeichen nicht, wenn sie schon dafür bezahlen?
Mädchen: Weiß nicht. Vielleicht...vielleicht ist ihnen das zu blöd...?
Interviewer: Hast Du überhaupt schon mal eine längere Mitteilungen von einem Jungen bekommen?
Mädchen: Nein.
Interviewer: Noch nie?
Mädchen: Gut, vielleicht irgendwann mal...aber sie nutzen solche Füllsel nicht so häufig wie wir." (Mädchen, 15 Jahre)

Ein wesentliches Merkmal der SMS Kultur ist, dass Schriftsprache in eine Art mündliche Konversation umgewandelt wird. Dies wird anhand der häufig verwendeten Frage-Antwort Sequenzen, die eine Reaktion erforderlich machen, deutlich. Bezüglich des Antwortverhaltens haben sich distinkte Gebrauchsweisen herausgebildet – und wie es scheint, wird es als durchweg unhöflich empfunden, wenn eine SMS Botschaft nicht beantwortet wird. Jugendliche gehen davon aus, dass jeder sein Handy immer und überall dabei hat. Dementsprechend verlangt der Absender einer Kurzmitteilung in den meisten Fällen eine Erklärung vom Empfänger, wenn dieser nicht rechtzeitig antwortet. Die meisten Befragten nannten eine Zeitspanne von 15 bis 30 Minuten, um eine Botschaft zu beantworten.

„ICH WAR WIRKLICH GANZ SCHÖN AM ENDE NACHDEM ICH TONI DIE SMS GESCHICKT HABE! DAS HÄTTE ICH BESSER NICHT TUN SOLLEN! ER HAT NÄMLICH NICHTS ZURÜCKGESCHICKT. VIELLEICHT IST JETZT SOGAR SCHLUSS! BIST DU AUFGEREGT WEGEN MORGEN?"

„Gemach, gemach meine Freundin! Vielleicht ist er gerade erst aus dem Spielcenter zurückgekommen und hatte noch keine Zeit zu antworten. Sollte ich mir auch Sorgen machen, wenn Du schon so gestresst bist? :) Mache ich nicht."

Jugendliche haben einen Weg gefunden, um SMS-Botschaften, die in Finnland etwa 12 Cent kosten, zu beantworten ohne dafür zu bezahlen. Da viele Kurzmitteilungen zwar eine Eingangsbestätigung erfordern, nicht aber eine ausformulierte Antwort, werden viele SMS einfach dadurch bestätigt, dass man es beim Sender zweimal klingeln lässt, ohne dass dieser dabei den Hörer abnehmen und für das Telefonat bezahlen muss. Die Nummer des Kurzmitteilungsempfängers erscheint dann auf dem Display des Angerufenen, der dies als Bestätigung dafür nehmen kann, dass die Nachricht übermittelt wurde. Solche Bestätigungs-Anrufe haben in verschiedenen Teilen Finnlands je unterschiedliche Namen – sie heißen zum Beispiel Juxtelefonate, Alarmanrufe, Bomben oder auch Killer, um nur einige Bezeichnungen zu nennen.

So wie sich jede andere Kommunikationsform ändert, wandelt sich auch das Simsen. Obwohl der Dialogstil sehr verbreitet ist, haben sich noch verschiedene andere Kommunikationsstile herausgebildet. Manche Kurzmitteilungen nehmen den Stil umfassender Diskussionen an, andere enthalten eine Sprache, die dem IRC oder allgemeiner dem Chatten entnommen ist. Eine Zeile in der Chatkommunikation entspricht dann ungefähr einem kurzen Wortwechsel auf dem Flur: „OK! Wir sehen uns dann!" Solche Textbotschaften ähneln dem Stil der Face-to-Face-Kommunikation. Sie sind sinnlich, impulsiv und vielschichtig.

05.54 pm
Wie war dein Sommer bis jetzt? Wir hatten heute morgen Konfirmation. Tolle Sache so eine Kirche, uh-huh!!
05:55 pm
Bis jetzt ganz o.k. die band hat eine Menge Auftritte diesen Sommer. Schau dir mal die Seite http://www.xxxx.xxxx.net an.
06:00 pm
Wo spielt ihr überall?
06:01 pm
auf parties, auf festivals, überall und hier im club.
06:05 pm
Spielt ihr auch eigene Stücke?
06:05 pm
Ja. Wir spielen nur eigene.
06:09 pm
O.K. Brich dir nicht die Beine oder sonst was.

Die kommunikative Qualität vieler SMS Botschaften wird auch am folgenden Beispiel deutlich, bei dem ein 17 Jahre altes Mädchen ihren Freund fragt, ob er ihr einen Gefallen tun könne.

09:52 pm
KÖNNTEST DU MIR EINEN RIESEN GEFALLEN TUN: BRING MIR BITTE EINES DIESER PERLENBESETZTEN HAARBÄNDER MIT? WENN NICHT, IST ES AUCH O.K.: SAG ES EINFACH: MACH DIR KEINE UMSTÄNDE?
09:55 pm
WENN SIE TEUER IST, SCHREIB MIR, O.K.? DU KRIEGST DAS GELD GLEICH NACHHER. KAUF BITTE EINE MIT WEISSEN UND NICHT MIT GELBEN PERLEN. DAAANKE!!!
10:02 pm
ICH WEISS NICHT; GLAUBST DU DASS GELBE EHER WIE RICHTIGE PERLEN AUSSEHEN?

Neue kulturelle Artefakte

Das Versenden und Empfangen von SMS schafft neue kulturelle Artefakte, die den Individuen dabei helfen, das Handy und den SMS-Dienst in den Alltag zu integrieren. Diese Neuerungen spiegeln sich in den oben beschriebenen Praktiken und kommunikativen Auswirkungen wider. Beispielsweise hat ein Anbieter ein spezielles SMS-Notizbuch entwickelt, das dem SMS-Enthusiasten dabei hilft, das ansonsten flüchtige Material zu archivieren. Ein anderes Beispiel dafür, wie tief das SMS-Phänomen bereits in der finnischen Gesellschaft verankert ist, stellen die zahlreichen SMS-Ratgeber dar, die fertige Kurzmitteilungstexte anbieten. Solche Bücher enthalten 160 Zeichen lange Aphorismen für jede nur denkbare Situation und helfen dem Verfasser dabei, Gefühle der Liebe oder Enttäuschung auszudrücken, so z.B.: „Sorry, ich glaube meine Tastatur klemmt heute mal wieder. Wir sehen uns!" oder „Wir haben eine ganz schön schlechte Verbindung, deshalb habe ich den Anbieter gewechselt. Der hört Dir ohne Unterbrechung zu, bietet kostenlose Telefonate an und bevorzugt nächtliche Diskussionen. Schlaf gut."[5]

Schließlich und in Anbetracht der Tatsache, dass viele Textbotschaften sehr häufig die Form eines Gesprächs annehmen und somit immer auch einen gewissen Zwang zu Rückantworten implizieren, wurden einige Neuerungen eingeführt, die das Eintippen einer Nachricht erleichtern. Ein separates Miniatur Tas-

---

[5] Laaksonen et al.: Tekstiviestejä sinulle (Sie haben eine Kurzmitteilung erhalten). Die Beispiele wurden aus dem im Jahr 2000 veröffentlichten Buch entnommen und übersetzt.

tenfeld, das an das Handy angeschlossen werden kann, führt eine dem Personal Computer ähnliche Tastatur in die Mobilkommunikation ein und beschleunigt dadurch das Schreiben einer SMS-Mitteilung. Einige Firmen haben verschiedene automatische Worterkennungsprogramme entwickelt und auf den Markt gebracht. Auf der Grundlage eines eingebauten Wörterbuches, antizipieren solche Programme den Inhalt einer Botschaft und bieten dem Verfasser entsprechende Wörter an, die er dann entweder annehmen oder ablehnen kann. Allerdings werden von dieser automatischen Worterkennung weder Slang noch Dialekte akzeptiert, es sei denn, der Benutzer hat bestimmte Ausdrücke vorher definiert. Ist der Nutzer nicht in der Lage oder willens, dem Programm solche Besonderheiten beizubringen, kann das Handy eben nur die Standardwörter ohne persönliche Bezüge erkennen. Die Frage ist, inwiefern diese neuen Schreibsysteme die Entwicklung der finnischen Sprache bzw. ihre Verwendung im Alltag beeinflussen. Wird sich das System oder der Nutzer anpassen?

Eine Kultur der geschriebenen Sprache

Unsere Studie untersucht, auf welche Weise Handynutzer bzw. deren Nutzungsweisen mobiler Kommunikationsdienste die gegenwärtige Kultur formen und dabei neue Lebensstile hervorbringen. Die vorliegende Studie rekonstruiert, wie das Handy und insbesondere der SMS-Dienst dazu genutzt werden, um bestimmte kommunikative Ziele zu verwirklichen. Das hier vorgelegte Datenmaterial lässt darauf schließen, dass das Mobiltelefon ebenso wenig wie die verschiedenen SMS-Dienste, die eigentlichen Gründe für das Versenden von Kurzmitteilungen sind. Der aussagekräftigste Faktor hinsichtlich der SMS-Kultur Jugendlicher ist der Inhalt der Kurzmitteilungen. Dies wird am deutlichsten, wenn man sich die Praktiken des Sammelns von SMS-Botschaften, des Weiterleitens von Ketten-SMS sowie des kollektiven Schreibens und Lesens von Kurzmitteilungen betrachtet. All diese Praktiken bilden sich in Bezug auf das Schreiben und Versenden von SMS-Botschaften heraus, erlauben den Jugendlichen einen spezifischen Lebensstil zu führen und dadurch ihre einzigartige soziale Position zwischen Kindheit und Erwachsensein zu organisieren.

Indes kann sich eine SMS-Kultur nur auf der Grundlage mobiler Technologien entwickeln, wobei die Art und Weise, wie Jugendliche diese Technologie in ihr Leben integrieren, nicht ohne Folgen für die Qualität und die Form jugendlicher Kommunikationsbeziehungen bleiben wird. Dies wird am deutlichsten, wenn man sich den Wandel von sozialen Beziehungen, Sprache und Kommunikationsstilen betrachtet. Diese Veränderungen werden von weiteren innovativen Verhaltensweisen begleitet, welche mit den jeweils vorherrschenden kulturellen Bedingungen konkurrieren. Dies wird etwa am Beispiel der Entwicklung der Kurzmitteilungen ebenso wie am Beispiel persönlicher Handy-Accessoires deutlich.

Abschließend soll noch erwähnt werden, dass man anfangs davon ausging, dass sich das Phänomen des mobilen Lebens – wie andere Modetrends auch – schnell wieder legen würde. So warnten beispielsweise die Herausgeber eine Lehrerzeitschrift bereits im Jahre 1997 finnischen Lehrkräfte vor der Nutzung des Handys und anderer technologischer Spielereien, die jedoch allesamt als eine kurzlebige Mode abgetan wurden. So stellte der Chefredakteur fest, dass „Handys und virtuelle Haustiere einfach nicht in das Klassenzimmer gehören und viele Schulen deshalb eine äußerst reservierte Haltung gegenüber solchen Dingen eingenommen hätten. Wenn diese Dinge jetzt nicht vollständig aus der Schule verbannt werden, wird deren Gebrauch über Hand nehmen und immer mehr technisches Spielzeug auf den Weg bringen." Im Jahre 2002 ist es bereits schwierig geworden, überhaupt noch jemanden zu finden, der diesen aussichtslosen Kampf aufzunehmen bereit ist. Die Handys haben inzwischen sogar den kleinsten Schulranzen und die engsten Hosentaschen der Teenager erobert, und in einigen Regionen Finnlands hat die Zahl der jugendlichen Handybesitzer die der Erwachsenen sogar schon überschritten. Wir stehen jedoch gerade erst am Anfang, die Rolle des Mobiltelefons, des Schreibens und Empfangens von Kurzmitteilungen und mobiler Lebensformen im Allgemeinen zu verstehen. Die Studie leistet dazu einen Beitrag, indem sie umfassend untersucht, wie Menschen mobile Kommunikationstechnologien und -dienste tatsächlich in ihren Alltag integrieren.

Literatur:

Ali-Yrkkö, Jyrki, Laura Paija, Catherine Reilly, and Pekka Ylä-Anttila (2000): Nokia – A Big Company in A Small Country. Series B of the Research Institute of the Finnish Economy, B126. Helsinki: Taloustieto.

Suomen tekstiviestimarkkina 1999–2002 (2001): [The short messaging service market in Finland]. Publications of the Ministry of Transport and Communications, 20/2001. Helsinki.

Kopomaa, Timo (2000): The City in Your Pocket: Birth of the Mobile Information Society. Helsinki: Gaudeamus.

Laaksonen, Annukka, Janne Koivulahti, Mark Mallon, and Tatu Polvinen (2000): Tekstiviestejä sinulle [Text messages for you]. Jyväskylä – Helsinki: Gummerus.

Ministry of Transport and Communications (2000): *Case Mobile Finland*. Publications of the Ministry of Transport and Communications, 16/2000. Helsinki.

Autorenverzeichnis

Bonka Boneva
Studium der Soziologie und Psychologie. Stationen von Forschung und Lehre: Institut für Sozialpsychologie an der bulgarischen Akademie der Wissenschaften, Anthropologisches Institut der Northwestern University, Psychologisches Institut der Universität Pittsburgh, Universität Sofia. Zur Zeit am Human Computer Interaction Institute an der Carnegie Mellon University tätig. Ihre Veröffentlichungen beschäftigen sich mit Persönlichkeit und Umweltfaktoren in der internationalen und inneren Migration, Kraftmotivation sowie sozialen und ethnischen Identitäten.
E-Mail: boneva@pitt.edu

Nicola Döring
Studium der Psychologie in Berlin. 1993-1998 als wissenschaftliche Mitarbeiterin am Institut für Psychologie der Technischen Universität Berlin, 1998-2000 Tätigkeit als wissenschaftliche Mitarbeiterin am Psychologischen Institut der Universität Heidelberg. Zur Zeit am Institut für Medien und Kommunikationsforschung der TU Ilmenau tätig. Arbeitsgebiete: Soziale Aspekte der Online- und Mobilkommunikation, Lernen und Lehren mit neuen Medien, neue Medien im Alltag.
E-Mail: nicola.doering@tu-ilmenau.de

David Frohlich
erlangte den PhD in Psychologie an der Universität Sheffield und beschäftigte sich mit Konversationsanalyse an der Universität York. Tätigkeiten als Berater, als Psychologe in der Forschung und als Lehrbeauftragter an der Universität Surrey bevor er 1991 seine gegenwärtige Arbeit bei HP Labs Bristol antrat. Zur Zeit ist er Senior Research Scientist für Hewlett Packard und Mitherausgeber von „Personal Technologies".
E-Mail: david.frohlich@hpl.hp.com

Wolfgang Fuchs
Studium der Wirtschafts- und Sozialwissenschaften an der Universität Augsburg. 1986-1994 Werbeberater bei der Siemens AG, seit 1994 Professor an der Hochschule der Medien in Stuttgart. Themen- und Forschungsschwerpunkte: Werbung, Marktkommunikation, integrierte Unternehmenskommunikation und transkulturelle Werbung.
E-Mail: wolf.fuchs@t-online.de

Julian Gebhardt
Studium der Soziologie, Kommunikationswissenschaft und Psychologie an der Universität Augsburg, M.A. im Sommer 2000, Doktorand. Seit 2000 Projektmitarbeiter an der Universität Erfurt. Forschungsschwerpunkte: Interpersonale Kommunikation, computervermittelte Kommunikation, qualitative Methoden der empirischen Sozialforschung.
E-Mail: julian.gebhardt@uni-erfurt.de

Joachim R. Höflich
Studium der Kommunikations-, Wirtschafts- und Sozialwissenschaft. Tätigkeiten an den Universitäten Augsburg, Hohenheim und Bamberg. Professor für Kommunikationswissenschaft mit Schwerpunkt Medienintegration an der Universität Erfurt. Forschungsfelder: Interpersonale Kommunikation, Vermittlungskulturen und Theorie technisch vermittelter Kommunikation, Mediennutzungen und -wirkungen. Publikation u.a.: Technisch vermittelte interpersonale Kommunikation. Opladen 1996; Mensch Computer und Kommunikation. Berlin 2002.
E-Mail: joachim.hoeflich@uni-erfurt.de

Eija-Liisa Kasesniemi
Studium der Ethnologie mit Hauptfach Volkskunde. Forschungsgebiete: SMS-Nutzung finnischer Jugendlicher, beteiligt am Forschungsprojekt „Handy-Kultur von Kindern und Jugendlichen in Finnland" am Information Society Research Centre (1997-1999). Forscht zur Zeit am VTT Information Technology, Human Interaction Technologies.
E-Mail: Eija-Liisa.Kasesniemi@vtt.fi

Robert E. Kraut
Sozialpsychologe, Professor of Human-Computer-Interaction an der Carnegie Mellon University (Pittsburgh). Arbeitsgebiete: soziale Auswirkungen des Computers, empirische Forschung über Büroautomatisierung und Arbeitsqualität, Kommunikationsbedürfnisse zusammenarbeitender Wissenschaftler, der Entwurf einer Informationstechnologie für Kleingruppenarbeit, der Einfluss nationaler Informationsnetzwerke auf Organisationen und Familien.
E-Mail: robert.kraut@cmu.edu

Friedrich Krotz
Diplommathematiker und Diplomsoziologe. Promotion in Soziologie, Habilitation in Journalistik/Kommunikationswissenschaft. Forschungsschwerpunkte: Kommunikationssoziologie und -psychologie, insbesondere im Hinblick auf

neue Medien, Kulturwissenschaft und interkulturelle Kommunikationsforschung, zudem qualitative Methoden und Methodenintegration. Zur Zeit Professor für Kommunikationswissenschaft an der Universität Münster.
E-Mail: friedrich.krotz@uni-muenster.de

Maragaret A. Neale
Professorin an der Stanford University (Organisations and Dispute Resolutions); 1982 PhD an der University of Texas, Austin. Forschungsschwerpunkte: U.a. Aushandlungsprozesse und Entscheidungsfindung, Zusammenarbeit, Lernen in Gruppen und Teams, Gruppenentscheidungsprozesse. Ausgewählte Publikationen: Information Processing in Traditional, Hybrid, and Virtual Teams: From Nascent Knowledge to Transactive Memory. Research in Organisational Behaviour. Elsevier Press. Londen 2001; Research in Managing Groups and Teams. Technology Greenwich. CT: JAI Press 2000.
E-Mail: neal_margaret@gsb.standford.edu.

Reinhard M.G. Nickisch
Promotion an der Universität Göttingen, akademischer Direktor am Seminar für deutsche Philologie der Universität Göttingen. Gastprofessuren an der Staatsuniversität Illinois/USA und der Universität Genf/Schweiz. Arbeitsgebiete: Briefforschung und Neuere deutsche Literatur. Veröffentlichungen u.a.: Die Stilprinzipien in den deutschen Briefstellern des 17. und 18. Jh. Göttingen 1969; Nachwort in Gellert, Ch. F.: Die epistolographischen Schriften. Stuttgart 1971; Brief. Stuttgart 1991.

David A. Owens
Assistant Professor of Management an der Vanderbilt University/Nashville TN. 1998 PhD an der Stanford University (Industrial Engineering/Organisational Behaviour). Arbeitsgebiete: Führungsmanagement, Organisationsverhalten und Dynamik von Arbeitsgruppen.
E-Mail: david.owens@owen.vanderbilt.edu.

Pirjo Rautiainen
Studium der Ethnologie mit Hauptfach kulturelle Anthropologie. Seit 1998 Mitarbeit am Forschungsprojekt „Handy-Kultur von Kindern und Jugendlichen in Finnland" am Information Society Research Centre.
E-Mail: pirjo.rautiainen@uta.fi

Klaus Schönberger
Studium der Empirischen Kulturwissenschaft, Neueren Geschichte und Neueren deutschen Literatur in Tübingen und Aix-en-Provence. 1997 – 1999 führte er das DFG-Projekt zur „Transformation der Alltagsbeziehungen von Internetnutzern" durch. Mitherausgeber des sozialwissenschaftlichen Web-Journals „kommunikation@gesellschaft. Soziologie – Technik – Kulturwissenschaft". Wissenschaftlicher Mitarbeiter am Tübinger Forschungsinstitut für Arbeit, Technik und Kultur (FATK) sowie am Ludwig-Uhland-Institut für Empirische Kulturwissenschaft der Universität Tübingen. Seit 2002 tätig am Institut für Technikfolgenabschätzung (Stuttgart).
E-Mail: klaus.schoenberger@ta-akademie.de

Christian Stegbauer
Wissenschaftlicher Assistent am Fachbereich Gesellschaftswissenschaften an der Universität Frankfurt. Promotion und Habilitation. Mitherausgeber des sozialwissenschaftlichen Web-Journals kommunikation@gesellschaft. Soziologie – Technik – Kulturwissenschaft. Arbeitsgebiete: Medienforschung, Netzwerkanalyse, Informationsgesellschaft. Veröffentlichungen: Electronic Mail und Organisation. Göttingen 1995; Euphorie und Ernüchterung auf der Datenautobahn. Frankfurt 1996; Internet für Soziologen (mit P. Tiedemann). Darmstadt 1999; Grenzen virtueller Gemeinschaften. Wiesbaden 2001.
E-Mail: stegbauer@soz.uni-frankfurt.de

Steffi Steuber
1999 – 2002 Studium der Kommunikationswissenschaft an der Universität Erfurt. Studentische Hilfskraft im Rahmen des Projekts: „Die kommunikative Funktion des Briefes in der telematischen Gesellschaft".
E-Mail: stefanie.steuber@uni-erfurt.de

Eva Lia Wyss
Germanistin/Medienwissenschaftlerin an der Universität Zürich, Promotion zur Fernsehwerbung. Arbeitsgebiete: Medien- und Internetkommunikation, Werbesprache, Text-Bild-Beziehungen, Literatursprache und interkulturelle Kommunikation. Habilitationsprojekt zum Liebesbrief im 20. Jahrhundert.
E-Mail: elwyss@ds.unizh.ch

Danksagung

Grundlage dieses Buches ist ein Symposium an der Universität Erfurt, an dem eine Reihe von Forschern aus dem In- und Ausland teilgenommen haben. Ihnen sei für ihr Mitwirken gedankt wie auch den weiteren Autoren, die dieses Buch mit Inhalt versehen haben. Gleichwohl wäre das Symposium und auch das Buch nicht ohne weitere Unterstützung möglich gewesen. Unser Dank gilt Frau Mandy Kluge, die mit größtem organisatorischen Geschick die Tagung ‚geschmissen' und den Kontakt zu den Autoren aufrechterhalten hat, und ebenso Herrn Benjamin Popp für die ‚technische' Unterstützung. Gedankt sei schließlich dem Sage Verlag, der das Copyright für den Beitrag über ‚E-Mail und interpersonale Beziehungen' zur Verfügung stellte, sowie der Deutschen Post AG, die dieses Projekt erst möglich machte.

Michael Wilker

Künstliche Intelligenz als technisierte Kommunikation

Das Verhältnis von sozialen und informationsverarbeitenden Systemen

Frankfurt/M., Berlin, Bern, Bruxelles, New York, Oxford, Wien, 2002. 237 S.
Europäische Hochschulschriften: Reihe 22, Soziologie. Bd. 364
ISBN 3-631-38857-8 · br. € 37.80*

Wie kommuniziert man mit einem Computer? Bleibt der Computer lediglich ein Kommunikationsmedium oder wandelt er sich zu einem kommunikativen Partner? Ist es Kommunikation, wenn sich zwei Computer unterhalten? Welcher theoretische Zugriff beschreibt am besten den Zusammenhang zwischen Künstlicher Intelligenz, Computernetzen und Gesellschaften? Michael Wilker untersucht das Verhältnis von sozialen Systemen und informationsverarbeitenden Systemen auf der Grundlage einer systemtheoretisch fundierten Techniksoziologie.

Aus dem Inhalt: Geschichte der künstlichen Intelligenz: Die zunehmende kommunikative Relevanz einer Technologie · Die Position der harten KI · Die philosophische Rezeption der künstlichen Intelligenz · Mediale Ebenen der Information · Die soziologische KI-Rezeption · Die soziologische Konzeptualisierung von Technik und Kommunikation · Die Systemtypik der Netzwerke · Exkurs: Grenzen der Entkopplung · Grenzen des Sozialen · Wie KI-elastisch ist die Gesellschaft

Frankfurt/M · Berlin · Bern · Bruxelles · New York · Oxford · Wien
Auslieferung: Verlag Peter Lang AG
Moosstr. 1, CH-2542 Pieterlen
Telefax 00 41 (0) 32 / 376 17 27

*inklusive der in Deutschland gültigen Mehrwertsteuer
Preisänderungen vorbehalten
Homepage http://www.peterlang.de

www.ingramcontent.com/pod-product-compliance
Ingram Content Group UK Ltd.
Pitfield, Milton Keynes, MK11 3LW, UK
UKHW021835210426
5322IPUK00021B/301